Revista de Direito Tributário

100

MALHEIROS EDITORES

Publicada sob os auspícios do
Instituto Geraldo Ataliba — IDEPE — Instituto Internacional de Direito Público e Empresarial
Presidente: Prof. Aires Barreto

ISS 0102-7956

REVISTA DE DIREITO TRIBUTÁRIO
publicação trimestral de
MALHEIROS EDITORES LTDA.
Rua Paes de Araújo, 29, 17º andar - conj. 171
CEP: 04531-940 - São Paulo, SP
Tel. (011) 3078-7205
Fax. (011) 3168-5495
Diretor Responsável: Álvaro Malheiros
Diretora: Suzana Fleury Malheiros

Assinaturas e comercialização:
CATAVENTO DISTRIBUIDORA
DE LIVROS S.A.
Rua Conselheiro Ramalho, 928
CEP 01325-000 - São Paulo - SP
Tel. (011) 3289-0811 - Fax. (011) 3251-3756
Supervisão Gráfica: Vânia Lúcia Amato
Composição: *Scripta*
Impressão: Paym Gráfica e Editora Ltda.

SUMÁRIO

CADERNOS DE DIREITO TRIBUTÁRIO

O CONCEITO DE "EXPORTAÇÃO DE SERVIÇOS" PARA FINS DE NÃO-INCIDÊNCIA DO IMPOSTO SOBRE SERVIÇOS DE QUALQUER NATUREZA 9
– Paulo de Barros Carvalho

SEGURANÇA JURÍDICA: SOBRE A DISTINÇÃO ENTRE AS COMPETÊNCIAS FISCAIS PARA ORIENTAR E AUTUAR O CONTRIBUINTE 19
– José Souto Maior Borges

ISS E TÍTULOS DE CAPITALIZAÇÃO: INEXIGIBILIDADE 27
– Aires F. Barreto

ICMS – VALOR ADICIONADO FISCAL – REPARTIÇÃO DE RECEITAS ENTRE MUNICÍPIOS EM FACE DA ATIVIDADE DE MINERAÇÃO 42
– Sacha Calmon Navarro Coêlho e Misabel Abreu Machado Derzi

REVISITANDO A IMUNIDADE RECÍPROCA, O PRINCÍPIO FEDERAL E A AUTONOMIA DOS MUNICÍPIOS 53
– Misabel Abreu Machado Derzi

DERECHO FINANCIERO: DINERO PÚBLICO Y POLÍTICA FISCAL 79
– José J. Ferreiro Lapatza

EQUIVALÊNCIA PATRIMONIAL E IMPOSTO SOBRE A RENDA 86
– José Artur Lima Gonçalves

NATURALEZA Y CONTENIDO DEL TRIBUTO COMO INSTITUTO JURÍDICO 97
– Ramón Falcón y Tella

UMA TEORIA FILOSÓFICA SOBRE O TRIBUTO 116
– Ives Gandra da Silva Martins

AS CONTRIBUIÇÕES NA CONSTITUIÇÃO BRASILEIRA. AINDA SOBRE A RELEVÂNCIA DA DESTINAÇÃO DO PRODUTO DA SUA ARRECADAÇÃO 122
– Estevão Hovarth

JUROS SOBRE CAPITAL PRÓPRIO: NÃO-INCIDÊNCIA DE PIS E COFINS 130
– Paulo Ayres Barreto

O PROCESSO DE EXECUÇÃO FISCAL E A NOVA EXECUÇÃO CIVIL 140
– Eduardo Domingos Bottallo

ICMS, FORNECIMENTO DE ENERGIA ELÉTRICA E DEMANDA DE POTÊNCIA 152
– Ricardo Lobo Torres

TRATAMENTO TRIBUTÁRIO DO ÁGIO: CONSIDERAÇÕES SOBRE SEU FUNDAMENTO 167
– Luiz Eduardo Schoueri

EXTENSÃO ÀS EMISSORAS DE RADIODIFUSÃO OPTANTES PELO *SIMPLES NACIONAL* DA SITUAÇÃO DE NÃO-INCIDÊNCIA DE ISS SOBRE A VEICULAÇÃO DE PUBLICIDADE 184
– Roque Antonio Carrazza

O CRIME DE SUPRESSÃO OU REDUÇÃO DE TRIBUTO 198
– Hugo de Brito Machado

IMPORTAÇÃO – POLÊMICAS TRIBUTÁRIAS 225
– José Eduardo Soares de Melo

TRINTA ANOS DE DOUTRINA

A *Revista de Direito Tributário* completa 30 (trinta) anos de existência. Seu primeiro volume saiu em setembro de 1978, depois de várias reuniões que GERALDO ATALIBA e seus seguidores mantiveram com o editor ÁLVARO MALHEIROS, para conceber o formato de um periódico que representasse a boa doutrina, acompanhando a evolução da experiência brasileira no campo dos tributos. Nunca se pretendeu que ela seguisse um plano rígido, vinculado à repartição severa dos conteúdos, programa que imprimiria excessivo caráter técnico aos textos publicados, segundo ponderava ATALIBA, pois a tecnicidade brigava com a índole científica que pretendíamos adotar. "*Deixemos que a categoria dos autores, com a autoridade de seus argumentos, conduza os destinos da obra*", diretriz que teria certamente o condão de sustentar os anseios de atualização que todos alimentávamos, preservando-lhe a fisionomia de revista produzida com os olhos voltados para a depuração da Ciência do Direito Tributário, assim como ele é no Brasil.

Com o passar do tempo, porém, visando a atender certas perspectivas que não poderiam ficar relegadas a segundo plano, a configuração inicial foi-se alterando até assumir a feição atual: textos abrangentes, autores de expressão internacional e temas que guardam sintonia com o que está acontecendo de mais relevante na vida jurídico-tributária brasileira. Acentuou-se a presença de professores estrangeiros, mas seus escritos foram selecionados tendo em vista a valorização empírica do nosso direito.

A verdade é que a progressão da obra chega ao número 100 (cem), demonstração eloqüente de perseverança e sinal de que os objetivos vêm sendo gradativamente conquistados. Afinal de contas, não é qualquer revista que logra atingir esse nível de seqüência.

O mérito da idealização e da fundação é todo ele atribuído a essa figura ímpar das letras jurídicas deste país: GERALDO ATALIBA. O prestígio de que desfrutava na elite do pensamento nacional, seu enorme vigor e sua impressionante disposição para o trabalho conduziu a revista por quase 20 (vinte) anos. Com seu desaparecimento remanesceu o espírito que animou, desde logo, o lançamento do projeto, ficando depositado nesses 100 (cem) volumes um traço característico do caráter empreendedor desse grande homem público: a certeza de que a paulatina reiteração nos propósitos e o entusiasmo no trabalho são os componentes imprescindíveis para o advento da tradição, tradição que já é marca indelével da *Revista de Direito Tributário*.

De parabéns, portanto, o meio jurídico-tributário brasileiro, que pode contar, dentro de padrões de regularidade que se tem firmado nos últimos anos, com uma coleção do mais alto nível doutrinário. E parabéns, também, à MALHEIROS EDITORES que sempre acreditou no bom êxito desta iniciativa.

São Paulo, abril de 2008.

Revista de Direito Tributário

CADERNOS DE DIREITO TRIBUTÁRIO

Fundador: Rubens Gomes de Sousa (†)

CADERNOS DE DIREITO TRIBUTÁRIO

O CONCEITO DE "EXPORTAÇÃO DE SERVIÇOS" PARA FINS DE NÃO-INCIDÊNCIA DO IMPOSTO SOBRE SERVIÇOS DE QUALQUER NATUREZA

PAULO DE BARROS CARVALHO
Professor Titular de Direito Tributário da PUC/SP e da USP

1. Delimitação do problema e aproximação metodológica. 2. A regra-matriz de incidência tributária: 2.1 Modelo constitucional para a regra-matriz do ISS – 2.2 Critério material da regra-matriz do ISS e o conceito constitucional de "serviço tributável". 3. A excepcional possibilidade de lei complementar disciplinar isenção de imposto municipal: 3.1 A isenção instituída pela Lei Complementar 116/2003. 4. Exportação de serviços: 4.1 Serviço tributável e o resultado do serviço. 5. Implicações da subcontratação na exportação de serviços. 6. Conclusões.

1. Delimitação do problema e aproximação metodológica

Todo trabalho sério há de ter sua metodologia, isto é, um conjunto de técnicas e processos utilizados para ultrapassar a subjetividade do autor e atingir o objeto demarcado, suscitando a possibilidade de conhecê-lo, pesquisá-lo, explorá-lo e, se for o caso, alterá-lo.

A consciência da linguagem liberta-nos de falsos problemas, desvelando a realidade subjacente. Tratando-se do Direito, a linguagem não só fala do objeto, como participa de sua constituição. Se é verdade que não há fenômeno jurídico sem normas, escritas ou não-escritas, também é certo que não podemos cogitar de normas sem uma linguagem, idiomática ou não, que lhe sirva de veículo de expressão. E esse elemento vem trazer nova sorte de problemas à compreensão do Direito: os problemas próprios da linguagem.

São grandes as vicissitudes de quem se propõe à aventura do conhecimento na área do social (objetos culturais). Se acrescentarmos a elas toda a sorte de dificuldades que acompanham o emprego da linguagem, poderemos antever o enorme desafio que representa a interpretação do Direito – se empreendida, naturalmente, com assomos de seriedade científica.

Saber o que é *exportação de serviços* e como identificá-la nas atividades empresariais desenvolvidas implica, inicialmente, transcender à consciência de que, dentre os muitos traços que lhe são peculiares, o Direito é linguagem. Não uma linguagem qualquer, mas um conjunto expressional prescritivo, que constitui a própria realidade jurídica.

Muita diferença existe entre os mundos do *ser* e do *dever-ser*. São duas realidades que não se confundem, apresentando peculiaridades tais que nos levam a uma consideração própria e exclusiva. São dois corpos de linguagem, dois discursos lingüísticos, cada qual portador de um tipo de organização lógica e de funções semânticas e pragmáticas diversas. Diferentemente do que ocorre na realidade do *ser*, em que a causalidade é natural, no mundo do *dever-ser* a causalidade é normativa, ou seja, demanda que o homem a construa, enlaçando um fato a uma relação jurídica mediante conectivo implicacional deôntico.

Em suma, o mundo do *ser* é disciplinado pela causalidade natural, em que há relações de implicação exprimindo um nexo formalmente necessário entre os fatos naturais e seus efeitos. Já no universo jurídico inexiste necessidade lógica ou factualmente fundada de a hipótese implicar a conseqüência, sendo a própria norma quem estatui o vínculo implicacional, por meio do *dever-ser*. Enquanto na lei da causalidade natural a relação entre antecedente e conseqüente é descritiva, na lei de causalidade jurídica é o sistema do direito positivo que determina, dentre as possíveis hipóteses e conseqüências, as relações que se devem estabelecer. É o ato de vontade da autoridade que legisla, expresso por um *dever-ser* neutro – isto é, que não aparece modalizado nas formas "proibido", "permitido" e "obrigatório" –, o responsável pela conexão deôntica entre proposição-antecedente e proposição-tese.

O direito positivo, sendo o conjunto de normas jurídicas válidas em determinado espaço e tempo, integra o mundo do *dever-ser*; quer dizer, seus enunciados são prescritivos, impondo como as coisas hão de ocorrer. Com isso, o Direito cria sua própria realidade. Ao empreender determinada definição o legislador não está simplesmente descrevendo algo, tal qual se encontra na realidade social: está imprimindo juridicidade àquele conceito e atribuindo-lhe realidade jurídica. É o que acontece com a expressão "exportação de serviços", referida no art. 156, § 3º, II, da Constituição da República e definida nos arts. 2º, I e parágrafo único, da Lei Complementar 116/2003. Se preenchidos os requisitos impostos por aqueles dispositivos, estaremos diante de *exportação de serviços*, juridicamente considerada, desencadeando os efeitos que lhe são próprios.

Muito bem. Feito esse preâmbulo, é tempo de dizer que empreenderei um estudo estritamente jurídico, tomando como eixo temático a análise de preceitos constitucionais e infraconstitucionais, mas sempre convencido de que tão-só a visão do direito positivo como um todo, assimilado nas suas relações internas de coordenação e subordinação (hierarquia) – tudo sob o manto dos grandes princípios que o sistema consagra e prestigia –, é que terá a força de efundir luzes para o discernimento apropriado do tema.

Não posso deixar de enfatizar que as colocações de caráter teorético serão básicas para a compreensão dos problemas levantados, além do quê tem sido o caminho que com mais eficiência e segurança me tem guiado na solução de questões práticas. Por esse motivo é que, consistindo o direito positivo no objeto de conhecimento do jurista, tecerei considerações a regra-matriz de incidência tributária e o arquétipo constitucional prescrito para o imposto sobre serviços de qualquer natureza/ISS, evidenciando sua materialidade e delimitação espacial, para, em seguida, identificar os serviços suscetíveis de tributação pelos Municípios. De posse desse material, procederei à análise sistemática do conteúdo veiculado pelo art. 2º, I e parágrafo único, da Lei Complementar 116/2003, enunciando conclusões sobre os requisitos para que se tenha configurada uma exportação de serviço.

2. A regra-matriz de incidência tributária

Norma jurídica, em acepção estrita, pode ser tida como a expressão mínima e irredutível (com o perdão do pleonasmo) de manifestação do deôntico, com sentido completo. Isso porque os comandos jurídicos, para serem compreendidos no contexto de uma comunicação bem-sucedida, devem revestir um *quantum* de estrutura formal. Certamente ninguém entenderia uma ordem, em todo seu alcance, apenas com a indicação, por exemplo, da conduta desejada: "Pague a quantia de 'x' Reais". Adviriam, desde logo, algumas perguntas; e, no segmento das respectivas respostas, chegaríamos à fórmula que tem o condão de oferecer o sentido completo da mensagem, isto é, a identificação da pessoa titular do direito, do sujeito obrigado e, ainda, como, quando, onde e por quê deve fazê-lo. Somente então estaríamos diante daquela unidade de sentido de que as prescrições jurídicas necessitam para ser adequadamente cumpridas. Em simbolismo lógico represento como **D[F→(S'RS")]**, que interpreto: *deve ser que, dado o fato* F, *então, se instale a relação jurídica* R *entre os sujeitos* S' *e* S".

Diante do princípio da homogeneidade sintática das regras de direito positivo, não pode ser outra a conclusão senão aquela segundo a qual as normas jurídicas tributárias ostentam a mesma estrutura formal de todas as entidades do conjunto, diferenciando-se apenas nas instâncias semântica e pragmática. Caracterizamse por incidir em determinada região do social, marcada por acontecimentos economicamente apreciáveis, os quais são atrelados a condutas obrigatórias da parte dos administrados e consistentes em prestações pecuniárias em favor do Estado-Administração.

Todavia, se o esquema lógico ou sintático permanece estável em toda a extensão do sistema, outro tanto não ocorre no plano semântico. Convém assinalar que, no domínio das chamadas *normas tributárias*, nem todas as unidades dizem, propriamente, com o fenômeno da percussão impositiva. Várias estipulam diretrizes gerais ou fixam providências administrativas para imprimir operatividade a tal pretensão. São poucas, individualizadas e especialíssimas as definidoras da incidência tributária, conotando eventos de possível ocorrência e prescrevendo os elementos da obrigação de pagar. Para uma aproximação mais breve, como expediente didático, pode-se até afirmar que existe somente uma para cada figura tributária, acompanhada por numerosas regras de caráter funcional. É firmado nessa base empírica que passo a designar *norma tributária em sentido estrito* aquela que assinala o núcleo do impacto jurídico da exação. E esta, exatamente por instituir o âmbito de incidência do tributo, é também denominada *norma-padrão* ou *regra-matriz de incidência tributária.*

A construção da regra-matriz de incidência, assim como de qualquer norma jurídica, é obra do intérprete, a partir dos estímulos sensoriais do texto legislado. Sua hipótese prevê fato de conteúdo econômico, enquanto o conseqüente estatui vínculo obrigacional entre o Estado, ou quem lhe faça as vezes, na condição de sujeito ativo, e uma pessoa física ou jurídica, particular ou pública, como sujeito passivo, de tal sorte que o primeiro ficará investido do direito subjetivo público de exigir, do segundo, o pagamento de determinada quantia em dinheiro. Em contrapartida, o sujeito passivo será cometido do dever jurídico de prestar aquele objeto. Essa meditação autoriza-nos a declarar que para obter a fórmula abstrata da regramatriz de incidência é mister isolar as proposições em si, como formas de estrutura sintática; suspender o vetor semântico da norma para as situações objetivas, constituídas por eventos do mundo e por condutas; bem como desconsiderar os atos psicológicos de querer e de pensar a norma. Efetuadas as devidas abstrações lógicas, identificaremos no descritor da norma um critério material (comportamento de uma pessoa, representado por verbo pessoal e de predicação incompleta, seguido pelo complemento), condicionado no tempo (critério temporal) e no espaço (critério espacial). Já na conseqüência observaremos um critério pessoal (sujeito ativo e sujeito passivo) e um critério quantitativo (base de cálculo e alíquota). A conjunção desses dados referenciais oferece-nos a possibilidade de exibir, na sua plenitude, o núcleo lógico-estrutural da proposição normativa:

D{[Cm(v.c).Ce.Ct]→[Cp(Sa.Sp).Cq(bc.al)]}.

Explicando os símbolos dessa linguagem formal, teremos: "D" é o dever-ser neutro, interproposicional, o qual, outorgando validade à norma jurídica, incide sobre o conectivo implicacional para juridicizar o vínculo entre a hipótese e a conseqüência. "[Cm(v.c).Ce.Ct]" é a hipótese normativa, em que "Cm" é o critério material da hipótese, núcleo da descrição fática; "v" é o verbo, sempre pessoal e de predicação incompleta; "c" é o complemento do verbo; "Ce" é o critério espacial; "Ct" o critério temporal; "." é o concectivo conjuntor; e "→" é o símbolo do conectivo condicional, interproposicional. "[Cp(Sa.Sp).Cq(bc.al)]" é o conseqüente normativo, onde "Cp" é o critério pessoal; "Sa" é o sujeito ativo da obrigação; "Sp" é o sujeito passivo; "Cq" é o critério quantitativo; "bc" é a base de cálculo; e "al" é a alíquota.

2.1 Modelo constitucional para a regra-matriz do ISS

O ISS, de competência municipal, encontra seu arquétipo previamente referido no Estatuto Maior. É o que se depreende da leitura do art. 156, III, o qual dispõe competir aos Municípios instituir imposto sobre "serviços de qualquer natureza, não compreendidos no art. 155, II, definidos em lei complementar".

Preenchendo o arranjo sintático da regra-matriz de incidência tributária com a linguagem do direito positivo – vale dizer, saturando as variáveis lógicas com o conteúdo semântico constitucionalmente previsto –, podemos construir a seguinte norma-padrão do ISS:

Hipótese

• *critério material*: prestar serviços de qualquer natureza, excetuando-se os serviços de transporte interestadual e intermunicipal e de comunicação;

• *critério espacial*: âmbito territorial do Município;

• *critério temporal*: momento da prestação do serviço.

Conseqüência

• *critério pessoal*: *sujeito ativo* – Município;[1] *sujeito passivo* – prestador do serviço;

• *critério quantitativo*: *base de cálculo* – preço do serviço; *alíquota* – aquela prevista na legislação do imposto.

Quero advertir que o esquema da regra-matriz de incidência é fórmula simplificadora, reduzindo, drasticamente, as dificuldades do feixe de enunciados constituidores da figura impositiva. Obviamente, não esgota as especulações que a leitura do texto suscita, porquanto o legislador lida com múltiplos dados da experiência, promovendo mutações que atingem o sujeito passivo, o tempo da ocorrência factual, as condições de espaço, a alíquota e as formas de mensurar o núcleo

1. Impende consignar que o Distrito Federal também é competente para instituir os impostos municipais, conforme disposto nos arts. 32, § 1º, e 147 do texto constitucional.

do acontecimento. Essa gama de liberdade legislativa, contudo, não pode ultrapassar os limites lógicos que a regra-matriz comporta. Se as mutações chegarem ao ponto de modificar os dados essenciais da hipótese e, indo além, imprimir alterações na base de cálculo, estaremos, certamente, diante de violação à competência constitucionalmente traçada. O emprego desse esquema normativo apresenta, portanto, extrema utilidade, possibilitando elucidar questões jurídicas mediante a exibição das fronteiras dentro das quais o legislador e o aplicador das normas devem manter-se para não ofender o texto constitucional.

2.2 Critério material da regra-matriz do ISS e o conceito constitucional de "serviço tributável"

Critério material é o núcleo do conceito mencionado na hipótese normativa. Nele há referência ao comportamento de pessoas físicas ou jurídicas cuja verificação em determinadas coordenadas de tempo e espaço, acompanhadas do relato pela linguagem prevista no ordenamento, acarretará o fenômeno da percussão tributária. No caso do ISS esse núcleo é representado pelo verbo "prestar", acompanhado do complemento "serviços de qualquer natureza", fazendo-se necessário consignar que a referida locução não engloba os serviços de transporte interestadual e intermunicipal e de comunicação, por expressa previsão do art. 156, III, da Constituição da República, bem como por integrarem âmbito de competência dos Estados e Distrito Federal, nos termos do art. 155, II, desse mesmo diploma normativo.

Examinando o conteúdo significativo da expressão "serviços de qualquer natureza", empregada pelo constituinte para fins de incidência desse gravame, percebe-se, desde logo, que o conceito de "prestação de serviço", nos termos da previsão constitucional, não coincide com o sentido que lhe é comumente atribuído no domínio da linguagem ordinária. Na dimensão de significado daquela frase não se incluem: (i) o serviço público, tendo em vista ser ele abrangido pela imunidade (art. 150, IV, "a", da Carta Fundamental); (ii) o trabalho realizado para si próprio, despido, que é, de conteúdo econômico; e (iii) o trabalho efetuado em relação de subordinação, abrangido pelo vínculo empregatício.

Para configurar a prestação de serviços é necessário que aconteça o exercício, por parte de alguém (prestador), de atuação que tenha por objetivo produzir utilidade relativamente a outra pessoa (tomador), a qual remunera o prestador (preço do serviço). *Prestar serviços* é atividade irreflexiva, reivindicando, em sua composição, o caráter da bilateralidade. Em vista disso, torna-se invariavelmente necessária a existência de duas pessoas diversas, na condição de prestador e de tomador, não se podendo cogitar de alguém que preste serviço a si mesmo. E mais: é imprescindível que o contrato bilateral tenha conteúdo econômico, fixando-se um *preço* em contraprestação à utilidade imaterial fornecida pelo prestador. A necessidade de que a prestação de serviço seja remunerada – apresentando, assim, conteúdo econômico – é decorrência direta do princípio da capacidade contributiva. Com efeito, a hipótese tributária de qualquer exação deve descrever aspectos identificadores de fato que manifeste, objetivamente, riqueza. Ao recortar, no plano da realidade social, aqueles fatos que julga de porte adequado para fazerem nascer a obrigação tributária, o legislador deve sair à procura de acontecimentos passíveis de serem medidos segundo parâmetros econômicos, uma vez que o vínculo jurídico a eles atrelado deve ter como objeto uma prestação pecuniária. É evidente que de uma ocorrência insuscetível de avaliação patrimonial jamais serão conseguidas cifras monetárias que traduzam, de alguma forma, um valor em dinheiro.

A mais desse fator, é forçoso que a atividade realizada pelo prestador se apresente sob a forma de *obrigação de fazer*. Eis aí outro elemento que caracteriza a prestação de serviços. Só será possível a incidência do ISS se houver um negócio jurídico mediante o qual uma das partes se obrigue a praticar certa atividade, de natureza física ou intelectual, a outrem, recebendo, em troca, remuneração. Por outro ângulo, a incidência do ISS pressupõe atuação decorrente do dever de fazer algo *até então inexistente*, não sendo exigível quando se tratar de obrigação que imponha a mera entrega, permanente ou temporária, de alguma coisa que já existe, sendo inexigível quando se tratar de obrigação que imponha ao devedor a entrega de alguma coisa já existente. Logo, a prestação de serviço passível de percussão pelo ISS verifica-se quando uma pessoa *executar obrigação de fazer em benefício de uma segunda pessoa*, mediante remuneração por parte desta.

3. A excepcional possibilidade de lei complementar disciplinar isenção de imposto municipal

O mecanismo das isenções é forte instrumento de extrafiscalidade. Dosando equilibradamente a carga tributária, a autoridade legislativa enfrenta as situações mais agudas, onde vicissitudes da natureza ou problemas econômicos e sociais fazem quase que desaparecer a capacidade contributiva de certo segmento social. A par disso, fomenta as grandes iniciativas de interesse público e incrementa a produção, o comércio e o consumo, manejando de modo adequado o recurso jurídico das isenções. São problemas alheios à especulação jurídica, é verdade, mas formam um substrato axiológico que, por tão próximo, não se pode ignorar. A contingência de não serem levados em linha de conta para a montagem do raciocínio jurídico não deve conduzir-nos ao absurdo de negá-los, mesmo porque penetram a disciplina normativa e ficam depositados nos textos do Direito posto. O intérprete do produto legislado, ao arrostar as tormentosas questões semânticas que o conhecimento da lei propicia, fatalmente irá deparar-se com resquícios dessa intencionalidade que presidiu a elaboração legal.

A isenção tem de ser veiculada por lei. Nem poderíamos imaginá-la, no contexto de sua fenomenologia, se assim não fosse. Sua dinâmica pressupõe um encontro normativo em que ela – regra de isenção – opera como expediente redutor do campo de abrangência de um dos critérios da hipótese ou da conseqüência da regra-matriz do tributo, impedindo que ocorra a incidência em relação às situações especificadas.

Na maioria das vezes as isenções tributárias são concedidas por meio de lei ordinária, expedida pela pessoa política competente. O art. 151, III, da Carta Maior veda expressamente que a União institua isenções de tributos de competência dos Estados, do Distrito Federal ou dos Municípios, proibindo, assim, a chamada *isenção heterônoma*. Em princípio, portanto, apenas o ente com competência para criar o tributo pode mutilar parcialmente um dos critérios da regra-matriz tributária, introduzindo isenção no ordenamento.

A própria Constituição da República, porém, excepciona essa regra em determinados casos, admitindo que a União, mediante lei complementar, conceda isenções. O constituinte elegeu esse diploma como o veículo adequado para pormenorizar, de forma cuidadosa, as várias outorgas de competência atribuídas às pessoas políticas, tornando compatíveis os interesses locais, regionais e federais, debaixo de disciplina unitária de âmbito nacional, sempre que os elevados valores do Texto Supremo estiverem em jogo.

Algumas matérias, dada sua relevância para a Nação, merecem cuidados especiais, exigindo que sejam disciplinadas de modo uniforme. É o que acontece na hipótese prescrita pelo art. 156, § 3º, II, do Texto Magno. A sistemática constitucional revela que o legislador constituinte pretendeu preservar o princípio da não-oneração das exportações com tributos que possam afetar a inserção comercial brasileira no mercado internacional. Em vista disso, e para evitar situações conflituosas entre os Municípios, é que autorizou à União, por meio de lei de caráter nacional, excluir da incidência do ISS as exportações de serviços para o exterior.

3.1 A isenção instituída pela Lei Complementar 116/2003

Com fundamento no permissivo veiculado pelo art. 156, § 3º, II, da Constituição da República, a União, ao editar a Lei Complementar 116/2003, inseriu dispositivo que disciplina a tributação, pelo ISS, das exportações de serviços, fazendo-o nos seguintes termos:

"Art. 2º. O imposto não incide sobre: I – as exportações de serviços para o exterior do país; (...).

"Parágrafo único. Não se enquadram no disposto no inciso I os serviços desenvolvidos no Brasil, cujo resultado aqui se verifique, ainda que o pagamento seja feito por residente no exterior."

O dispositivo que regula o assunto, assim como a quase-totalidade dos textos do direito positivo, tem suscitado discussões sobre o que seja "exportação de serviços" e quais os requisitos para que esta se configure. Nos itens a seguir procurarei trabalhar o assunto de forma pormenorizada, com o objetivo de delimitar o exato campo de abrangência dessa norma isentiva.

4. Exportação de serviços

Vimos que a prestação de serviços tributável pelo ISS consiste no exercício, por parte de alguém (prestador), de atuação que tenha por objetivo produzir uma utilidade relativamente a outra pessoa (tomador), a qual remunera o prestador (preço do serviço). Por isso, não obstante o sujeito passivo, destinatário constitucional da exigência, seja representado por quem realiza a atividade e aufere a correspondente contraprestação monetária, é preciso dizer que não se perde de vista o tomador do serviço. Ainda que não seja compelido ao pagamento do tributo e, na maioria das vezes, nenhum dever instrumental lhe seja imposto, quem recebe a utilidade produzida figura como importante fonte de referência para o esclarecimento de aspectos concernentes ao vínculo obrigacional. O tomador do serviço integra a relação jurídica privada que desencadeia o liame obrigacional, não podendo ser desprezado na determinação da incidência, especialmente quando se trata de pessoa localizada no exterior do país.

Em face do estipulado no art. 2º, I e parágrafo único, da Lei Complementar 116/2003, aquele que usufrui o serviço prestado tem relevância na determinação da exigência tributária. Ora, que é "exportação de serviço" senão a fruição, por pessoa localizada fora dos limites territoriais da Nação, do resultado da utilidade produzida? O serviço, considerado em sua acepção estrita, esgota-se no momento da sua execução. Trata-se de *obrigação de fazer*, e, como tal, não se prolonga além do instante da sua realização. Depois disso, o que permanece é seu resultado, quer dizer, o efeito decorrente da prestação do serviço.

É preciso diferençar, portanto, (i) o desenvolvimento do serviço e (ii) seu resultado. Tal distinção é confirmada pelo parágrafo único do art. 2º da Lei Complementar 116/2003. Referido diploma normativo, após isentar as exportações de serviços, determina não se enquadrar em tal hipótese o serviço que tenha sido *desenvolvido no país* e, cumulativamente, *aqui se tenha operado seu resultado.* Não se trata de exceção à regra isentiva, mas de verdadeira delimitação acerca do que seja *exportação de serviços.*

Diante dessas duas variáveis, identificamos quatro combinações logicamente possíveis:

caso	local em que o serviço é desenvolvido	local em que se verifica o resultado do serviço	figura jurídica
1	território nacional	território nacional	prestação interna de serviços
2	território nacional	exterior	exportação de serviços
3	exterior	território nacional	importação de serviços
4	exterior	exterior	exportação de serviços

1º Caso: quando o serviço é prestado em território nacional e aqui tem verificado seu resultado, está-se diante da prestação interna de serviços, tributável nos termos da legislação municipal.

2º Caso: sendo o serviço prestado em território nacional mas desencadeando seus efeitos no exterior do país, tem-se configurada hipótese de exportação de serviços.

3º Caso: ocorrendo a prestação do serviço no exterior com fruição da utilidade correspondente por pessoa situada no território brasileiro, presente está a hipótese de importação de serviços, referida pelo art. 1º, § 1º, da Lei Complementar 116/2003.[2]

4º Caso: operando-se no exterior tanto a prestação do serviço como seu resultado, tem-se caracterizada a exportação de serviços.

Duas, portanto, são as possibilidades de se ter exportação de serviço: (i) quando a atividade é desenvolvida no exterior e lá tem seu resultado verificado – caso 4; e (ii) quando a execução se realiza em território nacional mas os respectivos efeitos são desencadeados no exterior – caso 2.

Nota-se a substancial importância da delimitação semântica do vocábulo "resultado", nos termos enunciados pela Lei Complementar 116/2003. O emprego, pelo legislador, da expressão "cujo resultado aqui se verifique" demonstra que o fato de o resultado do serviço não ocorrer no Brasil é determinante para caracterizar exportação de serviço, para fins de incidência do ISS.

4.1 Serviço tributável e o resultado do serviço

No sentido comum da palavra, "resultado" significa "seguimento", "conseqüência", "derivação". Assim, para que haja efetiva exportação do serviço desenvolvido no Brasil, os efeitos ou conseqüências da atividade realizada devem ser desencadeados fora do território nacional.

Apresentando-se a prestação de serviços sob a forma de obrigação de fazer, entende-se por *resultado* o benefício decorrente da utilidade material ou imaterial desenvolvida. Ao executar o serviço, o prestador o faz para alguém, que dele se beneficia de algum modo. O resultado verifica-se, portanto, nos limites territoriais em que se situa o tomador do serviço, isto é, aquele que usufrui o serviço prestado.

Diante da assertiva acima, poder-se-ia indagar: isso não viola os termos do parágrafo único do art. 2º da Lei Complementar 116/2003, segundo o qual é irrelevante que o pagamento seja feito por residente no exterior? A resposta é negativa. Tem-se exportação de serviços *sempre que seu resultado seja verificado no exterior*, ainda que a atividade se desenvolva em território nacional. O requisito caracterizador da exportação de serviços é o desencadeamento de efeitos para fora do território nacional, não importando quem se responsabilize pela remuneração. Daí a necessária distinção entre o tomador do serviço, entendido como aquele que se

2. Em face dos objetivos propostos neste trabalho, deixarei de abordar questões que envolvam a constitucionalidade da tributação, pelo ISS, da importação de serviços.

beneficia da utilidade dele decorrente, e a pessoa que efetua o pagamento. Para configurar exportação de serviços não basta que a contraprestação seja paga por não-residente; é necessário que sejam *prestados para residente no exterior*.

O dispositivo examinado tem por finalidade evitar o desvirtuamento do incentivo fiscal, verificado nas hipóteses em que o serviço é prestado a pessoa domiciliada no país, sendo apenas seu pagamento oriundo de empresa estrangeira. Nesse sentido, a legislação em vigor leva-nos a concluir que a exportação de serviços se qualifica pela prestação de serviço a não-residente, sendo este o beneficiário final e real das atividades desenvolvidas. O efetivo tomador do serviço, aquele que irá usufruir os resultados da execução, é que deve ser levado em conta para identificar a exportação do serviço.

5. *Implicações da subcontratação na exportação de serviços*

Diante da complexidade de atividades a serem desenvolvidas para tomadores de serviços situados no exterior, pode surgir a necessidade de subcontratação de outras empresas, localizadas no território nacional, a fim de tornar viável o cumprimento do contrato no prazo fixado.

Por óbvio, o simples fato de o contratado realizar a prestação de serviços utilizando-se de meios próprios ou de terceiros não modifica a natureza da atividade: o contrato não tem modificada sua característica de exportação de serviços se assim era a obrigação originalmente assumida. O que interessa ao contratante é ter o serviço executado, e que isso seja feito pela empresa contratada – no caso, o prestador do serviço –, independentemente dos meios empregados para tanto. Nesse sentido, os serviços contratados caracterizam a *atividade-fim*, enquanto as prestações parciais direcionadas à sua implementação figuram como *atividades-meio*. As prestações desempenhadas pela empresa subcontratada são completamente vinculadas ao fim perseguido, consistente em prestar serviços à pessoa estrangeira, em caráter de exportação.

Em conseqüência, sendo a exportação de serviços abrangida pela isenção tributária, quaisquer atividades realizadas em território nacional porém com o escopo de cumprir contrato de exportação de serviços ficam fora do âmbito de incidência do referido imposto, pois são meras atividades-meio relativamente a um serviço não-suscetível de imposição pelo ISS. Em tal hipótese, a execução dentro do território nacional inclui-se, indissociavelmente, no serviço exportado, não podendo ser considerada isoladamente para fins de tributação pelo imposto municipal. Não faz senso, juridicamente, pretender desmembrar as várias atividades-meio necessárias a certa prestação, como se fossem serviços *parciais*, pois configuram etapas indispensáveis à consecução do serviço exportado. Todas se voltam à mesma finalidade: prestação de serviço para pessoa no exterior.

Tal entendimento aplica-se integralmente aos casos em que a empresa contratada, para maior celeridade ou em razão de peculiaridades técnicas, efetua subcontratação. Nesse caso não se tem nova prestação de serviço, diversa e independente daquela realizada pela subcontratante. Referida situação é muito bem explicada pela Teoria das Relações, subcapítulo da Lógica dos Predicados, mais precisamente conhecido pelo título "Lógica dos Predicados Poliádicos". Nesta estudam-se os cálculos de relações, dentre os quais nos interessa, no presente caso, a *inclusão de relações*. Uma relação está incluída em outra se – e somente se –, instaurando-se a primeira entre dois indivíduos, a segunda, inevitavelmente, também ocorrer. Esclarece Helmut Seiffert[3] que a relação de classe inclusiva se dá quando uma classe "A" contém totalmente uma classe "B". Nesse

3. Helmut Seiffert, *Introducción a la Lógica*, Barcelona, Herder, 1977, pp. 78-79.

caso, todo elemento de "B" é também elemento de "A", visto que "A" inclui "B".

Por esses motivos, concluo que, mesmo havendo subcontratações pelo prestador do serviço domiciliado em território nacional, isso não descaracteriza a relação de exportação de serviços. Os serviços subempreitados destinam-se, igualmente, ao implemento daquela atividade exportadora. Configuram prestações desenvolvidas no país mas cujo resultado é verificado fora dele, estando abrangidas pela regra de isenção introduzida pela Lei Complementar 116/2003.

6. Conclusões

Com fundamento no permissivo veiculado pelo art. 156, § 3º, II, da Constituição da República, a União, ao editar a Lei Complementar 116/2003, inseriu dispositivo que disciplina a tributação pelo ISS das exportações de serviços. Dispondo sobre o assunto, a Lei Complementar 116/2003, no art. 2º, I e parágrafo único, excluiu do conceito de "exportação de serviços" as atividades que sejam desenvolvidas no território nacional e que, cumulativamente, tenham seus resultados verificados no país.

Tomado o contexto da Lei Complementar 116/2003, a palavra "resultado" deve ser entendida como a conseqüência final do serviço prestado, consistente no proveito que dele decorre. Portanto, o elemento que enseja a incidência do ISS é a circunstância de o serviço executado em território nacional desencadear efeitos úteis ao tomador dentro do próprio país.

Por outro lado, tem-se *exportação de serviço*: (i) quando a atividade é desenvolvida no exterior e lá tem seu resultado verificado; ou (ii) quando a execução se realiza em território nacional mas os respectivos efeitos são desencadeados no exterior. Essas duas situações estão abrangidas pelo preceito isentivo veiculado na Lei Complementar 116/2003, não se sujeitando à incidência do ISS.

A isenção do ISS estende-se a quaisquer atividades realizadas com o objetivo de cumprir o contrato de exportação de serviços. Eventuais contratos de subempreitada figuram como *classe incluída* em relação ao pacto firmado entre o prestador e o tomado do serviço, o qual se apresenta como *classe inclusiva* daquela primeira. Logo, os serviços subempreitados, desenvolvidos para tornar possível o implemento da atividade-fim contratada por tomador localizado fora do país, também estão abrangidos pela regra que isenta a exportação de serviços, não se sujeitando ao referido imposto municipal.

CADERNOS DE DIREITO TRIBUTÁRIO

SEGURANÇA JURÍDICA: SOBRE A DISTINÇÃO ENTRE AS COMPETÊNCIAS FISCAIS PARA ORIENTAR E AUTUAR O CONTRIBUINTE

José Souto Maior Borges
Professor Honorário da PUC/SP – Consultor Jurídico em matéria tributária – Ex-Diretor da Faculdade de Direito do Recife

1. Divergências de critérios interpretativos: implicações constitucionais. 2. Eminência do princípio da segurança jurídica. 3. Implicações dogmáticas da divergência dos critérios entre Fisco e contribuinte. 4. Integração da segurança na legislação infraconstitucional.

1. Divergências de critérios interpretativos: implicações constitucionais

1.1 Em atenção ao princípio da proporcionalidade, manifestação da capacidade contributiva (CF, art. 145, § 1º), não se deve desconsiderar a diversidade radical de regimes jurídicos relativamente aos diversos graus de ilicitude tributária. Assim, deve-se distinguir entre ilícitos (i) advindos de faltas "leves", assim considerados os ilícitos decorrentes de meros erros interpretativos da legislação fiscal (erros de direito) e (ii) ilícitos correspondentes a graves infrações da lei fiscal, originários de atos dolosos dos contribuintes, tais como a ocultação deliberada do fato tributável (*fato gerador*), contrabando, descaminho, subfaturamento etc. Estes últimos podem ser abrangentemente conceituados como ilícitos tributários e penais, envolvendo sonegação no sentido lato.

1.2 Divergência de interpretação não é, em si, ilícito. É condição (i) necessária, não, porém, (ii) suficiente para concluir, por exemplo, que a interpretação fiscal é, ou não, a melhor e mais fundada para um dado caso concreto. Essa ponderação decorre da consideração de que a lei (sabemo-lo desde Kelsen) não comporta apenas uma alternativa de interpretação, a única correta, verdadeira. A interpretação fiscal somente pode prevalecer sobre a do contribuinte por implicação dogmática: o Fisco é titular do interesse público. Essa titularidade não investe, porém, seu entendimento de uma presunção absoluta de legitimidade. Desvios interpretativos são possíveis e ocorrem amiúde na área fiscal. Por isso – e não outro motivo –, são os atos de aplicação fiscal invalidáveis em sede administrativa ou jurisdicional de revisão (CF, art. 5º, XXXV).

1.3 Fiscalizar é um dever-poder dos agentes fazendários. Trata-se de atividade administrativa vinculada. Não consiste essa atividade em atos de administração discricionária, numa concessão teórica a esse dualismo tradicional *atos vinculados* e *discricionários*. A fiscalização, atividade administrativa que é, mostra-se inteiramente subsumida à legalidade, sobretudo e antes de tudo à legalidade constitucional. Assim, impõe-se, como condição *sine qua non* de regularidade da ação fiscal, uma primeira e indeclinável exigência do sistema tributário: sua conformidade com os critérios constitucionais, princípios e normas retores da tributação em todos – nenhum excetuado – os níveis da atuação infraconstitucional, desde as normas gerais do Código Tributário Nacional (CF, art. 146) até os regulamentos fiscais e atos de sua aplicação, como o lançamento, procedido ou não em auto de infração tributária. O dever-poder de autuar não é, pois, absoluto e ilimitado.

1.4 Salientar a submissão da Administração Fazendária à legalidade constitucional não consiste em digressão acadêmica ou simplesmente retórica, descomprometida com o sistema tributário positivo: é decorrência de princípios constitucionais fundamentais, que passaremos a enfrentar.

A Constituição contempla, em relação hierárquica de sintaxe normativa, não só (i) princípios e (ii) normas, mas também a distinção formal entre (iii) simples princípios e (iv) princípios fundamentais. Os princípios ligados à ordem econômica (i) são princípios ditos *gerais*, assim nomeados pela própria Constituição Federal. Não os reveste formalmente o atributo da fundamentalidade. Diversamente ocorre com os princípios expressamente nomeados como *fundamentais*, insuscetíveis, até, de deliberação congressual sobre sua supressão ("cláusulas pétreas" – art. 60, § 4º, da CF). Quais são esses princípios fundamentais, mais importantes que os outros princípios constitucionais? Não é fácil discriminá-los, até porque há princípios fundamentais no art. 170, I a IX, ao lado de princípios simplesmente gerais. Sua demarcação (caracterização) é, porém, muito tênue. Princípios gerais da atividade econômica são, também eles, ao cabo de contas, fundamentais: a soberania nacional (inciso I) e a defesa do meio ambiente (inciso VI) ilustram a procedência dessa ponderação. Os princípios do art. 1º da CF são, todos eles, qualificados como fundamentais e estão, alguns deles, reiterados no art. 170. Como, então, sustentar o dualismo: *princípios constitucionais fundamentais/princípios constitucionais gerais*? Todos os princípios fundamentais são gerais; todos os princípios gerais são fundamentais, numa concepção unificadora.

2. *Eminência do princípio da segurança jurídica*

2.1 Um dos princípios fundamentais sobreleva, porque não deve, a pretexto algum, ser desconsiderado (desaplicado). Trata-se da *segurança jurídica*, sem a qual o Brasil não poderia sequer se definir como Estado Democrático de Direito (CF, art. 1º, *caput*). Deveras: tão importante é a segurança jurídica, na arquitetônica do sistema constitucional, que a Constituição Federal a enuncia já no seu "Preâmbulo", assim como no art. 5º, *caput*. *Segurança* é direito e garantia fundamentais, não sendo possível desconsiderá-la em qualquer nível de aplicação infraconstitucional, isto é, nas leis e regulamentos fiscais e até nos atos de sua execução. É essa uma característica dos princípios fundamentais que permeiam a exegese constitucional em qualquer tópico de aplicação do sistema jurídico positivo, no plano hierárquico infraconstitucional, o das leis e regulamentos fiscais.

2.2 Como decorrência conseqüente com a fundamentalidade mesma do direito à segurança jurídica, ele terá aplicação imediata (CF, art. 5º, § 1º). Aplicação imediata implica auto-aplicação, porém é garantia mais efetiva que esta. Não pode haver aplicação imediata sem auto-aplicação. Relação assimétrica, entretanto: pode haver auto-aplicabilidade sem aplicação imediata. Dá-se essa "tolerância" na ordem temporal: quem pode aplicar preceito bastante-em-si não está, *ipso facto*, obrigado a imediatamente aplicá-lo. A recíproca não é, porém, simetricamente verdadeira: aplicação imediata implica mais que auto-aplicabilidade. Não há na Constituição Federal (i) imediata aplicação, sem (ii) imediata auto-aplicabilidade (relação lógica entre continente e conteúdo). Do contrário a aplicação constitucional, para sua efetividade, dependeria dos fios condutores da legalidade complementar e ordinária. É incompatível a aplicação imediata com qualquer exigência infraconstitucional de integração ("regulamentação") legislativa e mais ainda infralegal (administrativa), porque aí, então, o princípio constitucional da segurança jurídica não teria nem auto-aplicação, nem aplicação imediata.

2.3 E se se tratar de ato administrativo, como o lançamento, haverá, ainda, violação do princípio da legalidade se inexistir lei prevendo essa aplicação. Mostra-se, então, inescapável o dilema: ou se dá o primado da Constituição Federal sobre a lei integrativa, ou se afirma o primado distorcido da lei integrativa sobre a Constituição Federal. Essa distorção se dá, por exemplo, quando se alega a liberdade irrestrita de conformação do legislador ordinário à Constituição Federal. Nada mais equivocado. E a exigência de lei integrativa, como condição *sine qua non* para efetivar a segurança jurídica, envolve clara oposição aos objetivos visados pela Constituição Federal, nos seus princípios estruturais. Tanto procedem essas ponderações que a CF, no seu art. 5º, LXXI, instituiu o mandado de injunção para suprir a falta de norma regulamentadora sempre que essa carência torne inviáveis os direitos e liberdades constitucionais – e, dentre estes, a segurança jurídica. Num caso concreto, entretanto, não há impedimento algum à aplicabilidade imediata, e seu consectário, a auto-aplicabilidade, à situação que subjaz à ação fiscalizadora. Pode-se identificar na hipótese *excesso de exação*. Diversidade conceitual entre o entendimento fiscal e o de uma empresa, como pano de fundo, não deve fundamentar, por si só, uma autuação tributária. O ilícito tributário não decorre – nunca! – da mera divergência de opiniões, mas de um fato existencial, aqui e agora, concreto, suporte fático da existência de norma tributária (ato-fato ilícito, pressuposto concreto de antijuridicidade).

Não se deve esquecer que a interpretação do Fisco é metalinguagem, diante do ordenamento tributário (linguagem-objeto), tanto quanto a interpretação dos particulares. O ilícito, no entanto, aloja-se na linguagem-objeto (a do sistema normativo). Interpretar a lei e atos jurídicos não é ilicitude.

2.4 A diversidade de critérios interpretativos é, porém, comum na abordagem dos objetos culturais, como as normas jurídicas. No plano lógico a oficialidade do ato administrativo (autuação) não implica, por si só, seja a interpretação fiscal mais consistente e coerente com o sistema tributário que a do contribuinte. Mas no plano da vinculação só a interpretação adotada no ato administrativo poderá ter efeito vinculativo para o contribuinte. Daí a necessidade de sua desconstituição (anulação) pela antinomia que o revista diante do regime constitucional. Neste passo, impõe-se uma indagação fundamental: é compatível com a segurança jurídica, tal como contemplada na Constituição Federal, a autuação do contribuinte, numa primeira fiscalização, assim considerada a de ilícito "leve", por exemplo, o que decorre da divergência de interpretação fiscal? Autuação em decorrência de mera divergência fiscal sobre a aplicação da lei tributária? Neste tópico, o dever de orientar o contribuinte se sobrepõe ao dever de autuar. É inexorável conclusão decorrente da ponderação das circunstâncias que revestem a ação fiscalizadora, num determinado caso.

2.5 Considerar legítima a autuação em tal hipótese (que não é de sonegação fiscal), dizê-la compatível com a Constituição Federal, é fazer tábula rasa do princípio constitucional da segurança jurídica, instaurando, nas relações entre Fisco e contribuinte, subjetivismo incontornável. Deveras, não é possível ao contribuinte adivinhar (antecipar) o comportamento que adotará o Fisco. Mas a fiscalização é sempre feita sobre atos passados; atos já praticados pelas empresas. Em tais casos, impõe-se à autoridade fiscal, em primeira fiscalização, o dever de orientar o contribuinte, indicando-lhe a conduta que considera devida. Do contrário a ação fiscalizadora transformar-se-á numa espada de Dâmocles, pendente sobre os contribuintes. Essa insegurança concreta é incompatível com o Estado de Direito (CF, art. 1º).

2.6 Se o Fisco apurar, no limiar de procedimento fiscal, um ilícito caracterizável como sonegação (*lato sensu*), poderá desde logo – e deve – coibir o ato infracional, autuando-o. Em tal circunstância não há oposição à segurança jurídica, dado o ato doloso e fraudulento do contribuinte. E, a rigor, aí, sim, invertem-se as implicações jurídicas: a própria segurança impõe ao Fisco o dever de autuar num mundo jurídico invertido. Não seria razoável pretender fosse apenas orientado o contribuinte flagrado em grave infração tributária. Daí a inversão dogmática. Tão grave que envolve ilícito tributário e penal, ao mesmo tempo. Não haveria, então, espaço para o dever de orientar.

2.7 Essa autuação imediata é também exigência do princípio constitucional de igualdade, porque os contribuintes que cumprem diligentemente suas obrigações fiscais não podem ser tratados fiscalmente do mesmo modo que os sonegadores de tributos. Não há maior iniqüidade (exacerbação da desigualdade) do que tratar igualmente os desiguais. Daí a imediata autorização constitucional para autuar, em primeira fiscalização, nas infrações graves. Sob esse aspecto inapercebido, desoculta-se o originariamente oculto; agravo à isonomia individual que a autuação por divergência de critérios esconde. Sonegador e contribuinte equivocado, o mesmo para o Fisco.

A identidade de tratamento fiscal entre sonegadores e contribuintes de boa-fé manifesta-se, assim, como ato contra o princípio fundamental da isonomia. Tratar igualmente os desiguais é ato formal qualificado de contraposição material à isonomia fiscal. Na ordem lógica, o mais originário dos direitos individuais fundamentais do art. 5º da CF.

3. Implicações dogmáticas da divergência dos critérios entre Fisco e contribuinte

3.1 Em tais hipóteses de simples divergências de critérios interpretativos a autuação desde logo implica grave oposição ao princípio da segurança jurídica. E se dá simetricamente violação do princípio da moralidade objetiva da Administração (CF, art. 37, *caput*). Decerto é incompatível com a moralidade objetiva da Administração a conduta que atinge o contribuinte, surpreendendo-o com pesadíssima autuação, antes de orientação, ou seja, indicação prévia de caminho do qual, no entender do Fisco, ele se afastara. Essa ponderação se interpõe e impõe sempre, independentemente das circunstâncias subjetivas, geralmente objeto de multas elevadas, que cercam a pretensão fiscal, no geral pretensão retroativa (*ex tunc*). Mas que não ilidem sua objetiva antijuridicidade. O sistema constitucional decerto a repudia.

3.2 Sob esse aspecto, insinua-se uma conclusão do tópico em análise. A aplicação imediata do princípio constitucional da segurança jurídica dispensa qualquer ato de integração, embora essa aplicação não seja necessariamente incompatível com a competência para "regulamentação" legislativa. Deve, porém, prevalecer o princípio da segurança, na ausência da disposição expressa na legislação fiscal. Assim sendo, revela-se a desnecessidade de sua previsão legislativa. Mas o que sobra não faz mal à exegese da legislação integrativa, ou seja, hipóteses em que, aqui e acolá, a segurança se manifesta expressamente nessa legislação e que implicam reconhecimento oficial do seu império nas relações entre Fisco e contribuinte. Tal previsão será objeto das considerações subseqüentes.

3.3 E não se contraponha que a Administração Fiscal, como nos julgamentos pelos Conselhos de Contribuintes do Ministério da Fazenda, não pode apreciar matéria constitucional. Não se está a preconizar a decretação de inconstitucionalidade de lei ou regulamento pela Administração. Sustenta-se simplesmente que a Administração Fiscal não pode (i) aplicar a legalidade infraconstitucional (ii) desconsiderando a legalidade constitucional – coisa inteiramente diferente. E não pode muito menos (iii) desaplicar a segurança jurídica. Se assim não fosse o art. 5º, LV, da CF não teria eficácia nenhuma. Com a licença da linguagem metafórica, seria, aliás, uma "quebra" ou "mutilação" evidente de sua competência fosse subtraída aos Conselhos de Contribuintes a atribuição de *aplicar* a Constituição Federal. E não haveria como reconhecer incompetência para aplicar a Constituição Federal na esfera administrativa. À regência constitucional, supraordenada, estão subordinadas todas as esferas do poder político (Legislação, Administração, Judiciário). Competência para desaplicar a Constituição Federal seria limite teratológico: não a tem nenhuma autoridade administrativa. Porque descabe aplicar o direito infraconstitucional com desconsideração do direito constitucional.

3.4 Isso não é o mesmo que decretar a inconstitucionalidade de lei ou proclamar sua constitucionalidade; controle constitucional privativo do Judiciário. Não se discutem aqui no caso essas questões constitucionais. Questiona-se e se afirma algo diverso: o Estado de Direito é incompatível com a recusa em aplicar a Constituição Federal por qualquer autoridade administrativa. Não poderia aspirar à dignidade eminente de sistema hierárquico o plexo de normas em que os princípios constitucionais mais eminentes – por isso mesmo de aplicabilidade imediata (CF, art. 5º, § 2º) – pudessem ser desconsiderados pela autoridade administrativa, em qualquer dos níveis da Administração. Macularia o auto de infração vício insanável: desaplicação, em hipótese de imediata aplicação, do princípio da segurança jurídica. Incoincidência entre incidência e aplicação da legalidade denunciada, no seu tempo, por Pontes de Miranda.

4. Integração da segurança na legislação infraconstitucional

4.1 O dever de orientar o contribuinte sobre o critério a ser adotado para o futuro na aplicação da lei tributária envolve essa alternativa: ou o contribuinte (i) acata a orientação fiscal ou (ii) com ela não se conforma, recorrendo, em tal hipótese, à defesa (impugnação), pelas vias das reclamações e recursos em processos administrativos ou judiciais (CF, art. 5º, LV). Mas em qualquer dessas alternativas estará afastada a surpresa, o acontecimento futuro e incerto (autuação fiscal), incompatível com a segurança jurídica. Ambas as condutas dos contribuintes – cumprir ou descumprir de imediato a determinação fiscal – serão, pois, legítimas. Está uma empresa efetivamente submetida a relações de segurança diante do Fisco se a ilicitude de sua conduta decorreu, na ordem da pretensão fiscal, de simples divergência de critérios interpretativos das leis e regulamentos fiscais? A resposta negativa impõe-se claramente: estar-se-á diante de um procedimento contencioso fiscal (por exemplo, termo de início da fiscalização) e ato conclusivo desse procedimento (auto de infração) totalmente irregular, por oposição à segurança jurídica e à legalidade infraconstitucional (inexistência de lei, legitimando-o). Daí a ilegalidade manifesta do auto de infração que, desde logo, assim proceda.

4.2 Onde estava investida (i) do dever de abstenção de conduta sancionatória, a autuação teria vislumbrado (ii) dever de autuação. Onde estava revestida do dever de orientar (iii), ela teria autuado. A função administrativa é bem mais ampla que sua forma específica de exercício, a autuação do contribuinte. Relativamente, porém, ao dever de orientar, a ação fiscalizadora omitiu-se. A inversão dos pólos ação/omissão (inação) é flagrante e constitui erro capital em auto de infração.

4.3 Não se deve confundir as hipóteses diversas de (i) leis e regulamentos constitucionais e (ii) aplicação inconstitucional dessas leis e regulamentos. Na hipótese em análise, dar-se-ia aplicação de normas que não incidiram (repressivas), porque incidiram normas que determinam o dever de orientar o contribuinte. O ato de lançamento, via auto de infração, será, portanto, nulo, à falta de base constitucional e legal. *Administrar* – recorde-se bela lição de Seabra Fagundes – *é aplicar a lei de ofício.*

4.4 Nem se venha contrapor que inexistiria norma infraconstitucional proibitiva de autuação na hipótese. Porque somente inexiste norma proibitiva expressa. Norma implícita na legislação decerto se constata. A autuação é ato de autoridade competente. Mas a competência envolve, na sua complexidade conceitual: (i) *autorização* só para o exercício das funções compreendidas na sua outorga e (ii) *proibição* do exercício de quaisquer outras funções, não insertas nessa outorga, (iii) determinação da finalidade a que é ela, a competência, serviente. Ora, ao instituir a tripartição do Poder, a CF, no art. 2º, já de si limita a competência *dos* agentes fiscais. Não lhes assiste competência administrativa sem fulcro em lei, *praeter legem* (limitação). Essa competência para suprir as lacunas legais nem os regulamentos têm. Sob o prisma material, a sonegação implica o dever-poder de autuar (autorização). Mas a segurança jurídica veda a autuação se a hipótese é de mera divergência de critérios jurídicos (proibição ou limitação da competência para autuar). Esses critérios interpretativos não configuram, em si mesmos considerados, tipificação de ilicitude, porque apenas a afirmam ou negam no ato de interpretação (lícito para o contribuinte, ilícito para o Fisco). Por isso a segurança impõe em tais casos uma *limitação da competência fiscal*: incabível autuar, cabível *orientar* o contribuinte. Ainda assim está preservada a supremacia do interesse fiscal (interesse público) sobre o interesse das empresas (interesse particular), porque, se não houver impugnação formal da pretensão tributária, prevalecerá a interpretação do Fisco. Prevalência dogmática, não conceitual.

4.5 A segurança jurídica, *ex vi* da sua disciplina constitucional, está a permear toda e qualquer aplicação no âmbito da legislação integrativa (complementar e ordinária) e atos de sua aplicação. Ela pode assim ser exemplificada com o art. 103-A da CF, acrescentado pela Emenda Constitucional 45/2004: o STF poderá aprovar súmula vinculante na divergência de critérios de decisões entre os órgãos judiciários ou entre esses e a Administração Pública que acarrete *insegurança* jurídica. Como a segurança é valor, e, pois, bipolar e relacional, implica logicamente seu contravalor, a insegurança, ao qual se contrapõe. Ainda aqui é a insegurança repudiada no contexto constitucional. E na legislação integrativa não deverá ser – e nem efetivamente é – diferente. Os exemplos poderiam decerto multiplicar-se; em número indeterminável. Contraposição à segurança, que inverte, com a instauração da insegurança, o ordenamento constitucional tributário.

4.6 A segurança é, então, como uma bússola a nortear a exegese constitucional e a integração da Constituição Federal pela legislação ordinária, rumo à sua efetividade e concretização. A legislação infraconstitucional, aí, só encontra campo para ampliar sua eficácia – nunca para restringi-la.

O Código Tributário Nacional é um repositório de normas gerais de direito tributário a serviço da segurança jurídica. Destaca-se nele o art. 146, em cujos termos a modificação nos critérios jurídicos adotados pela autoridade administrativa (*sic*) no exercício do lançamento somente pode ser efetivada, em relação a um mesmo sujeito passivo, quanto a fato gerador ocorrido posteriormente à sua introdução. A rigor, é esta uma proibição de retroeficácia. É clara a aplicabilidade do art. 146 do CTN à hipótese em análise. Deve-se distinguir, na sua exegese, entre (i) a destinatária do preceito – a autoridade administrativa *in genere* – e (ii) a competência para lançar, esta especificamente privativa da autoridade administrativa fiscal (CTN, art. 142, *caput*). Note-se que o art. 146 não menciona critérios adotados pela autoridade *fiscal* (espécie), mas critérios adotados pela autoridade *administrativa* (gênero).

4.7 Mesmo se desprezada fosse a vedação de autuação fiscal em tais casos, a modificação de critérios jurídicos administrativos somente poderia ter – supondo-se que legítima fosse – efeitos prospectivos (*ad futurum* ou *ex nunc*). Nunca efeitos retrospectivos (*ex tunc*). Se a lei não deve retroagir para alcançar o ato jurídico perfeito (CF, art. 5º, XXXVI), muito menos o poderão atos infralegais, como o auto de infração (argumento *a fortiori*). Logo, também sob o aspecto temporal (retroatividade) a autuação será inconstitucional e ilegal. Mas toda autuação fiscal recai sobre fatos passados pretensamente ilícitos. Daí a impossibilidade de atuação na hipótese figurada, um mero exercício de "experiência mental". Como a atuação é atividade infralegal, o que não pode a lei (retroagir), menos ainda poderão os atos de agentes e autoridades administrativas. Os sentidos normativos da Constituição Federal (segurança jurídica) e da autuação (retroatividade) serão antinômicos. Logo, contra-significativos. Não estaria o auto de infração desvestido de significado, mas revestido de sentido em oposição à Constituição Federal. Seu sentido seria contra-significativo em relação de sintaxe jurídica, a se resolver pelo critério hierárquico – o primado da Constituição.

4.8 Não se invoque em socorro da competência para o auto de infração o disposto na CF, art. 37, XVIII, em cujos termos, dentro de suas áreas de competência e jurisdição, a Administração Fazendária e seus servidores fiscais terão precedência sobre os demais setores administrativos, na forma lei. Deveras: essa invocação, como recurso desesperado para salvar a autuação, não teria nenhuma pertinência, nem aplicabilidade à hipótese em apreço. Primeiro, porque esse dispositivo não é auto-aplicável, dependendo de integração legislativa. Essa precedência dar-se-á "na forma da lei" – é a dicção da Constituição Federal. Segundo, porque esse dispositivo constitucional manifesta gritante impropriedade técnica: tanto faz dizer que o MF tem precedência sobre os demais na sua área de competência quanto, em sentido inverso, afirmar que os órgãos dos demais Ministérios têm precedência sobre os do MF, no âmbito das suas respectivas atribuições. É dizer: uma afirmação implica simetricamente a outra. O preceito não oferta nenhum privilégio à ação fiscalizadora.

4.9 Impõe-se, doravante, invocar a legislação federal, base empírica infraconstitucional de corroboração expressa do que foi afirmado, como hipótese descritiva, sobre o dever de orientar o contribuinte, incumbido à autoridade administrativa.

A Lei federal 10.593, de 6.12.2002, no seu art. 6º, impõe em caráter privativo à autoridade fazendária, entre outras funções: "a) proceder à orientação do sujeito passivo no tocante à aplicação da legislação tributária por intermédio de atos normativos e solução de consultas".

Ato normativo é qualquer ato administrativo – geral ou individual – de disposição sobre a conduta alheia devida. Descabe, porém, restringir o dever de orientar, em interpretação distorcida desse preceito, circunscrevendo-o exclusivamente às hipóteses de consulta formulada pelos contribuintes. E mais ainda circunscrevêlo aos atos administrativos normativos gerais. Seria subtrair eficácia à Constituição Federal.

4.10 Em decorrência dessa atribuição de funções cumulativas (orientar/autuar), incumbe à autoridade administrativa tanto autuar o contribuinte como orientá-lo, a depender das circunstâncias de fato e de direito com que se depara a ação fiscalizadora. Tudo depende da razoável ponderação e da justa avaliação das circunstâncias. As competências (i) para orientar e (ii) para autuar em decorrência de ilícito não se preexcluem. Tanto uma quanto outra podem ser exercidas pela Fazenda Federal. Porém, não podem ser exercidas simultaneamente recaindo sobre um mesmo pressuposto de fato (hipótese de incidência). Insista-se nesse ponto capital: efeito de ilicitude não é necessariamente a autuação.

É surpreendente que relações sintáticas tão complexas entre os deveres, imputados à Administração Fiscal, de orientar e autuar os contribuintes não tenham sido objeto de preocupação doutrinária aprofundada. É a eterna tensão dialética entre poderes da Administração e direitos dos administrados.

Porém, as duas competências administrativas não podem ser simultaneamente cumpridas. Se a Administração cumpre o dever de orientar o contribuinte, desaplica (= abstém-se de aplicar) norma que lhe imponha o dever de autuar. Seria incabível essa autuação num determinado caso. Se incidir o dever de orientar, não incidirá o poder de autuar. Por esse, e não outro motivo, nos casos de sonegação fiscal, inverte-se a relação: incide o dever de autuar e não incidem normas sobre orientação do contribuinte. Autuar um contribuinte, em primeira fiscalização, por simples divergência de critérios interpretativos é uma caracterizada iniqüidade, incompatível com a segurança jurídica.

CADERNOS DE DIREITO TRIBUTÁRIO

ISS E TÍTULOS DE CAPITALIZAÇÃO: INEXIGIBILIDADE

AIRES F. BARRETO
Professor nos Cursos de Especialização em Direito Tributário do IBET, da PUC/COGEAE e da GV*Law*, da Fundação Getúlio Vargas

1. Sociedades de capitalização: 1.1 Disciplinas constitucional, legal e infralegal – 1.2 Diferenças entre os contratos de capitalização e os de seguro – 1.3 Contrato de capitalização, jogo e aposta: diferenças – 1.4 O sorteio como acessório do título de capitalização. 2. Competência para tributação das operações realizadas pelas sociedades de capitalização: 2.1 Competência tributária – 2.2 Competência tributária diante das operações com títulos de capitalização – 2.3 Municípios e Distrito Federal não detêm competência para tributar operações envolvendo os títulos de capitalização – 2.4 Da distribuição dos títulos de capitalização: 2.4.1 Distinção entre o conceito de distribuição e contrato de distribuição – 2.5 Somente os serviços de distribuição estão sujeitos ao ISS – 2.6 Na distribuição de títulos próprios não há serviço de distribuição. 3. Conclusões.

1. Sociedades de capitalização

1.1 Disciplinas constitucional, legal e infralegal

No ordenamento jurídico brasileiro as operações desenvolvidas pelas sociedades de capitalização encontram seu fundamento primeiro no art. 192, II, da CF, com a redação dada pela Emenda Constitucional 13/1996, que estabelece: "Art. 192. O sistema financeiro nacional, estruturado de forma a promover o desenvolvimento equilibrado do país e a servir aos interesses da coletividade, será regulado em lei complementar, que disporá, inclusive, sobre: (...) II – autorização e funcionamento dos estabelecimentos de seguro, resseguro, previdência e capitalização, bem como do órgão oficial fiscalizador; (...)".

No nível infraconstitucional as sociedades de capitalização estão disciplinadas pelo Decreto-lei 261, de 28.2.1967, que, em seu art. 1º, preceitua:

"Art. 1º. Todas as operações das sociedades de capitalização ficam subordinadas às disposições do presente Decreto-lei.

"Parágrafo único. Consideram-se sociedades de capitalização as que tiverem por objetivo fornecer ao público, de acordo com planos aprovados pelo Governo Federal, a constituição de um capital mínimo perfeitamente determinado em cada plano e pago em moeda corrente em um prazo máximo indicado no mesmo plano, a pessoa que possuir um título, segundo cláusulas e regras aprovadas e mencionadas no próprio título."

O decreto-lei suso-mencionado, no art. 3º e seus §§ 1º e 2º, estabelece a competência do Conselho Nacional de Seguros Privados/CNSP para fixar as diretrizes e normas da política de capitalização e regulamentar as operações das sociedades do ramo, ao passo que cabe à Superintendência de Seguros Privados/SUSEP executar a política de capitalização traçada pelo CNSP, cabendo-lhe fiscalizar a constituição, organização, funcionamento e operações das sociedades que pretendam atuar nesse campo.

É sabido, ainda, que muitas sociedades de capitalização realizam sorteios, a exemplo do que ocorre com as loterias, cuja exploração constitui serviço público da União, não suscetível de concessão, devendo obedecer aos ditames fixados pelo Decreto-lei 204, de 27.2.1967.

No âmbito da legislação infralegal – para não alongar desnecessariamente esta exposição – basta referir a Resolução 15/1991 do CNSP, que fixa as diretrizes e normas da política de capitalização, e a Circular 130/2000 da SUSEP, visando a executar a política de capitalização traçada pelo CNSP.

1.2 Diferenças entre os contratos de capitalização e os de seguro

Por vezes compara-se o contrato de capitalização com o contrato de seguro, bem como com os institutos do jogo e da aposta. Nada obstante, referidos institutos jurídicos não podem, de modo algum, ser equiparados e confundidos.

Iniciemos com a demonstração de que o contrato de capitalização não pode ser confundido nem equiparado ao contrato de seguro. O último, segundo o magistério de Maria Helena Diniz, "é aquele pelo qual uma das partes (segurador) se obriga para com outra (segurado), mediante o pagamento de um prêmio, a indenizá-lo de prejuízo decorrente de riscos futuros, previstos no contrato (CC, art. 1.432). O segurador é aquele que suporta o risco, assumido (*RF* 87/726) mediante o recebimento do prêmio, obrigando-se a pagar uma indenização. Assim, o prêmio é a quantia pecuniária que o segurado paga à seguradora para obter o direito a uma indenização se ocorrer o sinistro oriundo do risco garantido e previsto no contrato; daí ser denominado, por alguns autores, ágio do seguro; o risco consistirá num acontecimento futuro e incerto, que poderá prejudicar os interesses do segurado, provocando-lhe uma diminuição patrimonial evitável pelo seguro, e a indenização é a importância paga pela seguradora ao segurado, compensando-lhe o prejuízo econômico decorrente do risco e assumido na apólice pela seguradora".[1]

Do conceito anteriormente preconizado, compatível com as disposições do Código Civil (arts. 757 *usque* 777), podemos destacar os elementos principais do contrato de seguro: (i) contrato bilateral que visa a assegurar o risco de um acontecimento futuro e incerto. Esta incerteza acerca da ocorrência do evento futuro é o que se denomina *alea*. No ato da contratação o segurado paga ao segurador uma determinada quantia ajustada, denominada *prêmio*; (ii) pagamento de uma indenização, pelo segurador ao segurado, em virtude da ocorrência do sinistro, ou seja, do acontecimento futuro estipulado pelas partes no contrato, consignado na *apólice de seguro*. A aludida indenização somente é paga quando efetivamente ocorre o evento segurado pelas partes, dentro do prazo estipulado contratualmente.

Examinadas tais características, é forçoso concluir que distância abissal separa os contratos de seguro e de capitalização. Neste, o adquirente do título efetua o pagamento de determinada quantia, podendo efetuar o resgate de parte da referida quantia após o prazo estipulado, sem que tal resgate esteja condicionado à ocorrência de qualquer evento futuro e incerto.

1. Maria Helena Diniz, *Tratado Teórico e Prático dos Contratos*, vol. 4, São Paulo, Saraiva, 1999, p. 429.

Portanto, no contrato de capitalização não se verifica a presença da nota típica dos contratos de seguro, que é a *alea*. A incerteza verifica-se apenas quanto aos adquirentes dos títulos que serão sorteados. Mas tal incerteza somente reside no elemento acessório do título – a contemplação por sorteio –, e não em seu elemento principal, não se podendo, por conseguinte, caracterizar a *alea* relativamente ao contrato de capitalização, considerado em si mesmo. Ademais disso, no contrato de capitalização não se verifica o pagamento de uma indenização, mas apenas a devolução de parte dos valores despendidos pelo adquirente do título, ou o pagamento do valor sorteado. Por sua vez, o contrato de seguro tem seu traço característico na ocorrência de evento futuro e incerto, denominado de *alea*. Se tal evento se materializa, paga-se a indenização; se não ocorre, o segurado nada tem a receber.

A doutrina já reconheceu a impossibilidade de serem considerados análogos e com a mesma natureza jurídica os contratos de capitalização e de seguros. Acerca deste assunto, são os ensinamentos de Osvaldo J. Stratta, Miguel Maria de Serpa Lopes e Fran Martins, respectivamente:

"Difere fundamentalmente do seguro em geral, em que, como assinalam Planiol e Ripert, o contrato de capitalização não importa risco; não se pode dizer, sequer, exista o risco para a empresa de capitalização; no que respeita ao reembolso antecipado por sorteio, pois este é conhecido de antemão, no que se refere ao seu montante: tantos reembolsos quantas séries de títulos em vigência. A incerteza reside somente em saber quais dos subscritores serão os beneficiados. Encontra-se álea no seguro – ainda que eliminada praticamente no aspecto econômico, embora não no jurídico –, não existindo na capitalização senão em forma acessória, como temos reiteradamente visto".[2]

"*Contrato de capitalização e o contrato de seguro.* Se bem que a sociedade de capitalização, como sucede nas sociedades de seguros, seja igualmente submetida à tutela do Estado, contudo não se confundem as duas figuras contratuais: o contrato de seguro e o de capitalização. Como bem precisam M. Picard e A. Besson, no contrato de capitalização, em troca das contribuições periódicas, a sociedade se obriga a entregar ao subscritor ou aos seus sucessores um determinado capital, dentro num prazo prefixado, ou antecipadamente se a sorte o favorecer, circunstância estranha à proibição do jogo, porque a álea não tem outro resultado senão antecipar o reembolso.

"Por outro lado, embora a operação de capitalização comporte uma reserva matemática, como no contrato de seguros, ela não representa um seguro de vida, nem mesmo uma espécie de seguro qualquer, por isso que, fora da álea supramencionada, a empresa não toma a seu cargo nenhum risco e sobretudo nenhum risco dependente da vida humana."[3]

"Igualmente, não se confunde o contrato de seguro com o de capitalização. Nesta, os portadores de certas quotas contribuem para a constituição de um fundo específico em seu benefício, que lhes será devolvido em certa época ou ocorrendo determinado evento. A sociedade de capitalização permite, inclusive, sorteios para premiar os beneficiários antes de decorrido o prazo convencionado."[4]

É visível, pois, que o contrato de capitalização difere substancialmente do contrato de seguro.

1.3 Contrato de capitalização, jogo e aposta: diferenças

Assim como ocorre com o contrato de seguro, o contrato de capitalização não

2. Osvaldo J. Stratta, in *RF* julho/1948, p. 322.

3. Serpa Lopes, *Curso de Direito Civil*, 4ª ed., vol. IV, Rio de Janeiro, Freitas Bastos, 1995, pp. 436-437.

4. Fran Martins, *Contratos e Obrigações Comerciais*, 14ª ed., Rio de Janeiro, Forense, 1997, p. 367.

pode ser confundido com os institutos do jogo e da aposta.

A conceituação dos institutos do jogo e da aposta pode ser colhida nas lições de Maria Helena Diniz. Em consonância com os ensinamentos da insigne civilista, *jogo* "é o contrato em que duas ou mais pessoas prometem, entre si, pagar certa soma àquela que conseguir um resultado favorável de um acontecimento incerto, ao passo que *aposta* é a convenção em que duas ou mais pessoas de opiniões discordantes sobre qualquer assunto prometem, entre si, pagar certa quantia ou entregar determinado bem àquela cuja opinião prevalecer em virtude de um evento incerto".[5] E em ambos os contratos o resultado depende de um acontecimento futuro e incerto. Assim, presente, uma vez mais, a *alea* como elemento diferenciador, a exemplo do que ocorre com o contrato de seguro.

Em consonância com a previsão contida no art. 814 do CC brasileiro, "as dívidas de jogo ou de aposta não obrigam a pagamento; mas não se pode recobrar a quantia, que voluntariamente se pagou, salvo se foi ganha por dolo, ou se o perdente é menor ou interdito". Tal disposição aplica-se também, por força de seu § 1º, "a qualquer contrato que encubra ou envolva reconhecimento, novação ou fiança de dívida de jogo; mas a nulidade não pode ser oposta ao terceiro de boa-fé".

São timbres característicos do jogo e da aposta: (i) o resultado de ambos depende de um acontecimento futuro e incerto, estando presente, uma vez mais, a *alea*; (ii) a parte vencida sempre perde em favor da parte vencedora o valor objeto da aposta; (iii) as dívidas originárias destes contratos não obrigam ao pagamento. Conseqüentemente, não pode ser ajuizada ação judicial visando ao ressarcimento de quantias a este título, mas, tendo sido tais dívidas quitadas, não poderão ser objeto de pedido de devolução, salvo se ganhas em virtude de dolo ou envolvendo menor ou interdito.

Mais não é preciso para demonstrar que o jogo e a aposta não se confundem com o contrato de capitalização. Neste não há – como já salientado por ocasião da comparação com o contrato de seguro – a presença do elemento caracterizador da *alea*. Esta só se encontra presente nos sorteios realizados, os quais constituem acessório do próprio contrato de capitalização. Nos jogos e apostas há sempre uma parte vencida, cujo valor objeto de aposta será perdido em favor da parte vencedora. No contrato de capitalização isso não ocorre, tendo em vista que o adquirente do título, mesmo que não seja sorteado, receberá de volta o valor capitalizado, corrigido monetariamente e acrescido de juros.

Ademais, as dívidas oriundas dos contratos de capitalização – como, exemplificativamente, o não-pagamento do resgate do valor parcial do título após o término do prazo por este estipulado – podem ser cobradas judicialmente da empresa de capitalização, sem que se verifique qualquer vedação a esta conduta em nosso ordenamento jurídico. No jogo e na aposta a dívida não pode ser cobrada judicialmente, salvo se verificadas as hipóteses excepcionadas pelo art. 814, *caput* e seus §§, do CC.

A doutrina também é enfática no sentido de que não se há de confundir os conceitos de jogo e aposta com o contrato de capitalização. Recorramos, uma vez mais, respectivamente, aos ensinamentos de Miguel Maria de Serpa Lopes e Osvaldo J. Stratta:

"*O contrato de capitalização e o de jogo e aposta.* Embora o contrato de capitalização tenha também por objetivo o sorteio do respectivo título, todavia não é o sorteio o seu único destino, pois, como vimos, a sua função é a do desenvolvimento da economia privada, enquanto o jogo e a aposta são pura álea, de modo que há sempre um risco de perda, enquanto na

5. Maria Helena Diniz, *Tratado Teórico e Prático dos Contratos*, vol. 5, São Paulo, Saraiva, 1999, p. 288.

capitalização, quando o título não vier a ser sorteado, nem por isso há prejuízo para o seu portador, que finalmente receberá o capital acumulado, findo o prazo contratual".[6]

"Em rápido exame, verifica-se que o contrato de capitalização não se assemelha ao jogo, à aposta ou à sorte, porque estes requerem o azar (salvo os que sejam de destreza) e configuram contrato essencialmente aleatório. O contrato de capitalização só é aleatório, e, portanto, subordinado ao azar, em um de seus aspectos – o reembolso antecipado por sorteio –, modalidade não essencial, como já vimos. Também não deixaremos de assinalar que o jogo é sempre visto com prevenção pela lei, por constituir fator de perturbação patrimonial, com repercussão na ordem social. A capitalização, ao contrário, implica uma forma de economia digna de fomento, sempre, naturalmente, que o subscritor conte com as devidas garantias. No que tange à singular assemelhação do título de capitalização com o bilhete de loteria, é evidente a sua inadmissibilidade, pois este último só se adquire visando a um sorteio determinado, transcorrido o qual perde todo o valor para o possuidor se não foi contemplado. O primeiro (capitalização) constitui contrato único, com finalidade muito mais ampla, e que sobrevive a muitos sorteios, pois, embora não sendo beneficiado em nenhum deles, conserva os principais benefícios para o portador."[7]

Em síntese, o contrato de capitalização não pode ser confundido com os de jogo e de aposta. Considerando-se que as loterias constituem espécie de jogo lícito, autorizado pelo Estado, não há se confundir os dois contratos. Diferem, abissalmente, os títulos de capitalização dos bilhetes de loteria.

Dissemos, ao compararmos os contratos de seguro, jogo e aposta com o contrato de capitalização, que nesta espécie contratual não se verificava a presença da *alea*. Embora esse elemento esteja presente no sorteio, o certo é que – como se verá mais adiante – este é mero acessório do título de capitalização. O direito ao resgate do valor líquido, atualizado e acrescido de juros, é sempre assegurado, independendo de qualquer evento futuro e incerto.

1.4 O sorteio como acessório do título de capitalização

Contrato de capitalização, como vimos de ver, é aquele por intermédio do qual o adquirente do título emitido pela sociedade de capitalização efetua um pagamento mensal ou apenas de uma única vez de certa quantia em moeda corrente nacional a determinada empresa que, por sua vez, se compromete à devolução da quantia capitalizada, devidamente atualizada e acrescida de juros, após o término de certo lapso temporal estipulado no próprio título ou contrato, descontadas as despesas das quotas destinadas ao sorteio bem como aos dispêndios a título de administração.

Diante desta conceituação, podemos afirmar que o objetivo colimado pelo contrato de capitalização é a aquisição de um título, visando a promover uma poupança programada, sendo que, após o término do prazo consignado no referido título, receberá o adquirente parte do montante capitalizado, acrescido de juros e correção monetária. Mas, como acessório desta relação principal, é possível a existência de sorteios, que visam a proporcionar aos adquirentes dos títulos, se contemplados, o recebimento de prêmios que superam em centenas ou milhares de vezes o valor despendido com a aquisição do citado título.

Portanto, o sorteio previsto nos contratos de capitalização constitui acessório desta espécie contratual, na qual a característica principal é a capitalização, a poupança programada. E somente com relação a este elemento acessório se verifica

6. Serpa Lopes, *Curso de Direito Civil*, 4ª ed., vol. IV, p. 436.

7. Osvaldo J. Stratta, in *RF* julho/1948, p. 321.

a presença da *alea*, ou seja, do elemento futuro e incerto.

Lúcio Bittencourt, já nos idos de 1946, chamava a atenção para a impossibilidade de se ver o sorteio em si mesmo como finalidade precípua e inerente dos contratos de capitalização. São seus lúcidos ensinamentos:

"Não é pequeno o número dos que criticam a capitalização, equiparando-a a uma loteria ou a um jogo de azar.

"Nada, porém, menos acertado. A capitalização não se pode confundir com qualquer espécie de jogo. É, simplesmente, um sistema de economia, um sistema inteligente e prático, que usa de estímulos psicológicos para que o indivíduo persevere na poupança. O sorteio, que não constitui fim da capitalização e que não é essencial à sua noção, funciona tão-só como um estímulo para que o portador do título continue a recolher mensalmente uma parcela do capital, que a companhia lhe restituirá no fim do contrato, acrescida dos respectivos juros, independentemente de qualquer circunstância aleatória."

E conclui o insigne Mestre: "As críticas feitas à capitalização partem sempre de quem jamais se deteve no estudo da instituição e que, sem passar-lhe os fundamentos ou perscrutar-lhe o *substractum* jurídico, confundem-na, lamentavelmente, com as loterias, teimando em transformar o sorteio na finalidade mesma do contrato, sem atentarem para o fato de que, com essa afirmação, injuriam a classe popular, que compõem os milhões de portadores de títulos, considerando-a incapaz de fazer economia, senão apenas com o espírito de jogo – *c'est faire injure à la classe populaire que de la croire incapable d'épargener sans l'attrait des tirages!* –, como salientava Bonnevay, no seu Relatório sobre a Lei de 1917".[8]

8. Lúcio Bittencourt, *Repertório Enciclopédico do Direito Brasileiro*, vol. VII, Rio de Janeiro, Borsói, p. 119.

Portanto, os sorteios, dentro do panorama traçado nos contratos de capitalização, constituem mero acessório destes, tendo em vista que a *persecutio* principal é a capitalização, a poupança programada.

2. *Competência para tributação das operações realizadas pelas sociedades de capitalização*

2.1 Competência tributária

A Constituição estabelece quais os tributos que cada um dos entes políticos (União, Estados, Municípios e Distrito Federal) pode instituir. Essa repartição constitucional de atribuições denomina-se *competência tributária.*

Consoante preleciona o jurista Paulo de Barros Carvalho: "Competência legislativa é a aptidão de que são dotadas as pessoas políticas para expedir regras jurídicas, inovando o ordenamento positivo. Opera-se pela observância de uma série de atos, cujo conjunto caracteriza o procedimento legislativo. (...). A competência tributária, em síntese, é uma das parcelas entre as prerrogativas legiferantes de que são portadoras as pessoas políticas, consubstanciada na possibilidade de legislar para a produção de normas jurídicas sobre tributos".[9]

Competência tributária, segundo as lições do mestre Roque Antonio Carrazza, "é a aptidão para criar, *in abstracto*, tributos. No Brasil, por injunção do princípio da legalidade, os tributos são criados, *in abstracto*, por meio de lei (art. 150, I, da CF), que deve descrever todos os *elementos essenciais* da norma jurídica tributária. Consideram-se elementos essenciais da norma jurídica tributária os que, de algum modo, influem no *an* e no *quantum* do tributo; a saber: a *hipótese de incidência* do

9. Paulo de Barros Carvalho, *Curso de Direito Tributário*, 14ª ed., São Paulo, Saraiva, 2002, pp. 210-211.

tributo, seu *sujeito ativo*, seu *sujeito passivo*, sua *base de cálculo* e sua *alíquota*. Estes elementos essenciais só podem ser veiculados por meio de lei".[10]

A Constituição Federal, ao outorgar a competência a cada um dos entes políticos, o fez de modo a delimitar, rigidamente, quais os tributos passíveis de instituição, individualmente, pelos aludidos entes. Em outras palavras, estabeleceu caber privativamente à União a instituição dos impostos previstos nos arts. 153 e 154 da Carta Magna; aos Estados, os do art. 155; aos Municípios, os do art. 156; ao Distrito Federal, os dos arts. 147 e 155. Tal característica da competência é denominada *privatividade*.

Acerca da privatividade, o professor Roque Antonio Carrazza assevera: "Merece também registrado que a competência tributária – como todas as competências constitucionais – é de *ordem pública*. Assim, a pessoa política não pode nem usurpar competência tributária alheia, nem aquiescer que sua própria competência tributária venha a ser utilizada por outra pessoa política. Lembramos que, em linguagem constitucional, 'competência é sinônimo de direito próprio, exclusivo, essencial' (Aureliano Leal)".[11]

Dessa forma, a norma de outorga de competência tributária, ao mesmo tempo em que afirma a competência de uma pessoa política – habilitando-a à criação de um dado tributo –, nega a das demais, proibindo de virem a instituí-lo.

Outra característica da competência tributária é a *inalterabilidade*, por força da qual as pessoas políticas não podem modificar a competência constitucionalmente outorgada, instituindo tributos que invadam a esfera privativa de outras entidades. É dizer, cada pessoa política detém sua fatia na competência tributária, podendo, de um lado, utilizá-la em toda a sua amplitude; de outro, não invadir a seara alheia.

Por fim, devemos destacar que a competência é *indelegável*. Isto significa dizer que um ente político não pode transferir a competência que lhe foi outorgada constitucionalmente para outro ente político. O que pode ser delegado é a capacidade tributária ativa, ou seja, a aptidão para figurar no pólo ativo de obrigação tributária.

Rememoradas essas noções introdutórias, já se pode proceder ao exame da competência tributária em face dos títulos de capitalização.

2.2 Competência tributária diante das operações com títulos de capitalização

Os títulos de capitalização estão englobados na competência da União Federal, uma vez que o art. 153, V, da Carta Magna prescreve que "compete à União instituir impostos sobre operações de crédito, câmbio e seguro, ou relativas a títulos e valores mobiliários".

Conseqüentemente, só a União pode instituir tributo sobre as operações concernentes aos títulos de capitalização. Este ente político-constitucional – e só ele – é quem detém competência para tributar estas operações. Nenhuma outra entidade pode estabelecer tal tributação, visto que tais operações se subsomem ao arquétipo constitucional de tributo atribuído à competência da União.

Consigne-se que por determinado lapso temporal o IOF foi efetivamente cobrado das empresas de capitalização. Nos dias atuais, a alíquota para esta espécie de atividade é zero, ou seja, há isenção. Deveras, como ensina com proficiência o mestre Paulo de Barros Carvalho, "o legislador muitas vezes dá ensejo ao mesmo fenômeno jurídico de recontro normativo, mas não chama a norma mutiladora de isenção. (...) é o caso da alíquota zero".[12]

10. Roque Carrazza, *Curso de Direito Constitucional Tributário*, 16ª ed., São Paulo, Malheiros Editores, 2001, p. 415.

11. Idem, p. 432.

12. Paulo de Barros Carvalho, *Curso de Direito Tributário*, 14ª ed., p. 484.

Em resumo, somente a União, por intermédio do imposto descrito no art. 153, V, da CF, pode tributar as operações envolvendo os títulos de capitalização. Nenhum outro ente político-constitucional poderá fazê-lo, em face da privatividade da competência tributária, uma vez que a Carta Magna conferiu unicamente à União competência para tributar as referidas operações.

De que assim é, reconhece o próprio Conselho de Contribuintes do Rio de Janeiro, que, ao julgar o Recurso Administrativo nos autos do Processo 04/379.614/1993, realçou:

"É certo que é competência da União instituir impostos sobre operações de crédito, câmbio e seguro ou relativos a títulos ou valores mobiliários.

"É certo também que a operação de capitalização não constitui fato gerador do ISS."

2.3 Municípios e Distrito Federal não detêm competência para tributar operações envolvendo os títulos de capitalização

Cravada a premissa de que somente a União poderá tributar as operações envolvendo os títulos de capitalização, seria dispensável discorrer sobre a impossibilidade de os Municípios tributarem tais operações, porque, como acentuava Geraldo Ataliba em suas exposições, as competências são exclusivas, isto é, a atribuída a um implica vedação aos demais.

A despeito disso, anote-se que vigora entre nós o princípio da estrita legalidade tributária (CF, art. 150, I), que contém em suas dobras o princípio da tipicidade da tributação, cujas exigências são mais rigorosas que as vigorantes no direito penal. Não basta em matéria tributária o mero preenchimento de um tipo, porque, tratando-se de imposição de tributo, o princípio aplicável é o da tipicidade fechada, cerrada.[13]

Por isso, em matéria tributária, *ex vi* do princípio da tipicidade da tributação, desdobramento do princípio da estrita legalidade (art. 150, I, da CF), a subsunção há de ser rigorosa, justa, exata, precisa.

Daí que somente pode ser afirmada a correspondência de dada situação concreta à hipótese constitucionalmente descrita como pressuposto da cobrança do ISS (ou de qualquer outro) quando for possível fazê-lo para *além* de qualquer dúvida razoável. No caso do ISS, portanto, quando for possível concluir por uma "aderência capilar" do conceito do fato concretamente ocorrido ao conceito *constitucional* de serviço.

O art. 156 da CF estabelece a competência tributária dos Municípios. Preceitua este dispositivo: "Art. 156. Compete aos Municípios instituir impostos sobre: I – propriedade predial e territorial urbana; II – transmissão *inter vivos*, a qualquer título, por ato oneroso, de bens imóveis, por natureza ou acessão física, e de direitos reais sobre imóveis, exceto os de garantia, bem como cessão de direitos à sua aquisição; III – serviços de qualquer natureza, não compreendidos no art. 155, II, definidos em lei complementar".

Pois bem. A delimitação constitucional da outorga de competência aos Municípios esgota-se na possibilidade de criação desses três impostos.

O ISS poderá ser exigido pela prestação de quaisquer serviços, exceto sobre os dois conferidos à competência dos Estados. Em outras palavras, aos Estados é facultado criar imposto sobre prestações de serviços apenas no caso de transporte interestadual e intermunicipal e de comunicação.

13. Alberto Xavier, *Os Princípios da Legalidade e da Tipicidade da Tributação*, São Paulo, Ed. RT, 1978, pp. 47-49.

À vista do texto constitucional, pode-se definir *serviço tributável* como *o desempenho de atividade economicamente apreciável, produtiva de utilidade **para outrem**, porém sem subordinação, sob regime de direito privado, com fito de remuneração, não compreendido na competência de outra esfera de governo.*

A propósito dos limites da competência tributária do Município relativamente ao ISS, já havíamos advertido para o fato de que não pode a lei complementar, a pretexto de listar serviços, enumerar atividades que não o sejam.[14] E em outro trabalho, ao tempo da Carta de 1969, escrito com o saudoso mestre Geraldo Ataliba, consignamos: "Assim, os Municípios só podem exigir imposto (art. 24) sobre: (i) propriedade imobiliária e (ii) serviços. E tudo o que exceda esses conceitos é inconstitucional 'por invasão de competência alheia' (Amílcar Falcão, *Sistema Constitucional Tributário*, p. 52). Em conseqüência, qualquer fato que não configure uma dessas duas coisas não pode ser tributado pelo Município".[15]

Os Municípios não podem invadir a área de competência dos Estados ou da União para tributar, seja a que título for, operações relativas à circulação de mercadorias (ou os dois serviços que lhes competem) ou a industrialização, as operações financeiras, de câmbio, de seguros ou as relativas a *títulos* ou valores mobiliários.

Assim, inclui-se no conceito constitucional de serviço tributável pelo ISS o desempenho de esforço humano sempre que: (i) seja realizado como atividade econômica autônoma, em proveito de outrem, e não em proveito próprio; (ii) não configure operação mercantil; (iii) não configure operação de industrialização; (iv) não configure "operações de crédito, câmbio e seguro, ou relativas a *títulos* e valores mobiliários"; (v) nem configure outra atividade qualificada constitucionalmente como demarcadora do campo material de competência da União ou dos Estados (arts. 153 e 155 da CF).

Em sistema, como o nosso, de rígida repartição de competências tributárias entre as pessoas políticas é inconcebível que uma dada realidade jurídica seja simultaneamente considerada como prestação de serviço e *operação de crédito, câmbio e seguro, ou relativa a títulos e valores mobiliários.*

A Constituição apartou – quando menos, pelo critério da exclusão – o conceito "serviços de qualquer natureza" de conceitos tais como "operações com produtos industrializados", "operações relativas a títulos ou valores mobiliários", "operações relativas à circulação de mercadorias".

Em suma, o legislador municipal só tem competência para fazer incidir o ISS sobre "serviços de qualquer natureza" que não correspondam a atividades econômicas compreendidas na competência das demais pessoas políticas – pena de, exorbitando sua competência, invadir competência alheia, criando tributo inconstitucional.

E tal ocorreria, fatalmente, se o Município alargasse o conceito de "serviços de qualquer natureza" para alcançar outros *standards* (como as "operações *de crédito, câmbio e seguro, ou relativas a títulos e valores mobiliários*") atribuídos à União.

O Poder Judiciário já teve oportunidade de decidir acerca de atividades que não constituíam prestação de serviços, rechaçando, nesses casos, a incidência do ISS. Exemplificativamente, destaca-se o julgamento, pelo Pleno do egrégio STF, do RE 116.121-3, tendo por relator o Min. Marco Aurélio, no qual aquela Corte asseverou que a locação de bens móveis não constitui prestação de serviços e, conseqüentemente, não se sujeita à incidência do ISS. Preceitua a ementa desse julgado:

14. Cf. nosso "Tributação dos serviços ligados ao filme cinematográfico", *RDTributário* 35/184, São Paulo, Ed. RT.

15. Geraldo Ataliba e Aires Barreto, "ISS – Não incide sobre locação – Inconstitucionalidade das leis que prevêem serviços por definição legal", *RDTributário* 23-24/267, São Paulo, Ed. RT.

"Tributo – Figurino constitucional. A supremacia da Carta Federal é conducente a glosar-se a cobrança do tributo discrepante daqueles nela previstos.

"Imposto sobre serviços – Contrato de locação. A terminologia constitucional do ISS revela o objeto da tributação. Conflita com a Lei Maior dispositivo que imponha o tributo considerado contrato de locação de bem móvel. Em Direito, os institutos, as expressões e os vocábulos têm sentido próprio, descabendo confundir a locação de serviços com a de móveis, práticas diversas regidas pelo Código Civil, cujas definições são de observância inafastável – art. 110 do CTN".

Do voto do Relator, Min. Marco Aurélio, destacamos o seguinte trecho:

"Na espécie, o imposto, conforme a própria nomenclatura revela, e, portanto, considerado o figurino constitucional, pressupõe a prestação de serviços e não o contrato de locação. Indago se, no caso, o proprietário do guindaste coloca à disposição daquele que loca também algum serviço. Penso que não. Creio que aí se trata de locação pura e simples, desacompanhada, destarte, da prestação de serviços. Se houvesse o contrato para essa prestação, concluiria pela incidência do tributo.

"Em face do texto da Constituição Federal e da legislação complementar de regência, não tenho como assentar a incidência do tributo, porque falta o núcleo dessa incidência, que são os serviços. Observem-se os institutos em vigor tal como se contêm na legislação de regência. As definições de locação de serviços e locação de móveis vêm-nos do Código Civil, e, aí, o legislador complementar, embora de forma desnecessária e que somente pode ser tomada como pedagógica, fez constar no Código Tributário o seguinte preceito: 'Art. 110. A lei tributária não pode alterar a definição, o conteúdo e o alcance de institutos, conceitos e formas de direitos privado, utilizados, expressa e implicitamente, pela Constituição Federal, pelas Constituições dos Estados, ou pelas Leis Orgânicas do Distrito Federal ou dos Municípios, para definir ou limitar competências tributárias'.

"Em síntese, há de prevalecer a definição de cada instituto, e somente a prestação de serviços, envolvido na via direta o esforço humano, é fato gerador do tributo em comento. Prevalece a ordem natural das coisas, cuja força surge insuplantável; prevalecem as balizas constitucionais e legais, a conferirem segurança às relações Estado/contribuinte; prevalece, alfim, a organicidade do próprio Direito, sem a qual tudo será possível no agasalho de interesses do Estado, embora não enquadráveis como primários."

Em suma: se lei pudesse chamar de *serviço de qualquer natureza* o que serviço não é, para incluir nesse conceito típicas operações de crédito, câmbio e seguro, ou relativas a títulos e valores mobiliários, cairia por terra todo o sistema tributário constitucionalmente plasmado. Não foi por outra razão que o STF, nos autos do RE 71.758, relator o Min. Luiz Gallotti, afirmou: "Se a lei pudesse chamar de compra o que não é compra, de importação o que não é importação, de exportação o que não é exportação, de renda o que não é renda, ruiria todo o sistema tributário inscrito na Constituição".[16]

Portanto, as operações relativas a títulos de capitalização estão sujeitas ao IOF, cujo arquétipo está insculpido no art. 153, V, da CF. Conseqüentemente, não podem tais operações ser tributadas pelo ISS, pois: (i) não estão contidas na competência dos Municípios, em consonância com a previsão contida no art. 156 da Carta Magna; e (ii) não constituem prestação de serviços.

Ao tempo da Constituição de 1946, Rubens Gomes de Souza, autor da Emenda Constitucional 18/1965 e um dos elaboradores do Anteprojeto que culminou com a edição do Código Tributário Nacional,

16. *RTJ* 66/165.

já se debruçara sobre o tema da impossibilidade de tributação pelos Municípios das operações praticadas pelas sociedades de capitalização. Em parecer intitulado "O imposto de indústrias e profissões sobre as atividades bancárias, de seguros e de capitalização, no Distrito Federal", publicado na *Revista Forense*, assim se expressou esse Mestre:

"Todavia, tanto o contrato de depósito bancário como o de seguro e o de capitalização pertencem à competência legislativa da União, quer genericamente como incluídos na disciplina do direito civil ou do direito comercial, quer especificamente quanto às atividades bancárias ou às de seguro ou previdência. Essa competência legislativa federal, por sua vez, está efetivamente exercida: já referimos e analisamos pelo menos algumas das disposições legais expedidas pela União sobre o assunto. Por conseguinte, os contratos de depósito bancário, de seguros e de capitalização encontram-se, como atos jurídicos individualmente considerados, excluídos da competência tributária dos Estados e dos Municípios, por estarem incluídos na competência tributária privativa da União.

"(...).

"É principalmente em razão do pensamento exposto nessa conclusão que o critério econômico-jurídico preconizado por Seabra Fagundes nos parece efetivamente o melhor. Com efeito, por qualquer dos outros critérios propostos – o da intervenção administrativa, o da localização geográfica do ato ou o da interferência legiferante (que, aliás, poderia ser meramente supletiva ou marginal) –, haveria sempre o perigo de se chegar a uma ampliação da competência tributária dos Municípios, com base em características puramente formais do ato a tributar, ou em circunstâncias ocasionais e extrínsecas a ele, quando não adrede procuradas. Tendo-se em vista o caráter rígido, nominalístico e vinculado da competência municipal em matéria de impostos, qualquer ampliação dessa ordem seria uma brecha aberta no sistema constitucional da discriminação de rendas, com repercussões igualmente imprevisíveis sobre a economia interna do país, como sobre a sua própria estrutura política e jurídica.

"Mas, adotado que seja o critério de Seabra Fagundes, de nenhum modo se poderá considerar o contrato de depósito bancário, ou o de seguro ou o de capitalização como atos jurídicos tributáveis pelo Município com fundamento no art. 29, V, da Constituição. Com efeito: pelo critério administrativista de Barbalho, nenhuma interferência existe por parte das autoridades municipais na conclusão e no funcionamento de tais contratos; e, pelo critério jurídico-legislativo de Sá Filho, nenhuma lei municipal os poderia validamente regular, ainda que supletiva ou formalmente. Apenas pelo critério geográfico de Aurelino Leal se poderia talvez sustentar que a tributação – desde que alcançasse exclusivamente os depósitos efetuados e os prêmios pagos em estabelecimentos locais dos bancos ou companhias de seguro ou de capitalização – não excederia o âmbito da competência municipal."

E conclui o ilustre professor: "Recapitulando e resumindo as conclusões do presente trabalho, entendemos que o tributo instituído pela Lei do Distrito Federal 746, de 26.11.1952, como imposto de indústrias e profissões: (...) (d) incide efetivamente sobre os contratos de depósito bancário, de seguro e de capitalização, sendo por conseguinte inconstitucional também por invasão da competência tributária da União, prevista no art. 15, VI, da Constituição, de vez que os referidos contratos são atos jurídicos regidos por lei federal".

Analisando as lições anteriormente colacionadas, conclui-se que falece competência aos Municípios para tributar as operações com títulos de capitalização. Tal competência é única e exclusiva da União Federal, conforme previsão contida no art. 153, V, da Carta Magna.

2.4 Da distribuição dos títulos de capitalização

2.4.1 Distinção entre o conceito de distribuição e contrato de distribuição

Distribuição, segundo Caldas Aulete, é "a ação de distribuir, repartir. É o modo por que uma coisa se reparte ou se divide por diferentes lugares".[17]

Pois bem. A distribuição, considerada em si, importa a presença de duas pessoas: o remetente e o receptor. Quando, por exemplo, a empresa ("A") entrega diretamente seus produtos nos respectivos postos de venda, está efetuando a distribuição de bens por ela fabricados. É o que convencionamos chamar de "distribuição *pura e simples*".

No entanto, a distribuição poderá – ainda exemplificativamente – ser realizada por uma segunda pessoa ("B") contratada especificamente para promover a entrega de bens, mercadorias ou materiais. Essa segunda pessoa, ao "fazer" a distribuição de bens de terceiros, estará prestando os serviços do mesmo nome.

Podemos definir *contrato de distribuição* como aquele por intermédio do qual determinada pessoa (física ou jurídica) se compromete, mediante o recebimento de remuneração, a distribuir bens, coisas, produtos, mercadorias ou títulos de propriedade de terceiros.

O traço característico que diferencia a distribuição *pura e simples* do contrato de distribuição é que neste se verifica a existência da figura de uma terceira pessoa – o prestador dos serviços –, que assim age mediante o recebimento de determinada remuneração. Há o dispêndio do esforço humano em favor de uma terceira pessoa. Na distribuição *pura e simples* a distribuição é efetuada pelo próprio dono do bem, que o entrega ao destinatário sem recorrer a terceiros. Nesse caso o esforço humano é prestado em favor do próprio titular do bem. Não há nenhuma prestação de serviço, porque esta só pode ser caracterizada quando a distribuição envolve a presença de uma terceira pessoa, que, mediante o contrato de distribuição, despende seu esforço humano em favor de outrem. Em outras palavras, só em face de um contrato de distribuição é que haverá prestação de serviços.

2.5 Somente os serviços de distribuição estão sujeitos ao ISS

É preciso ter presente que o ISS não incide sobre contratos, mas sobre fatos. Todavia, não há prestação de serviços senão debaixo de contrato que a ilumine, identifique, individualize. Em outras palavras, nem todo contrato descreve uma prestação de serviços, mas toda prestação de serviços se opera, se assenta, no bojo de um contrato. É dizer, somente os serviços podem ser tributados pelo ISS.

Sobre a impossibilidade de serem tributados meros atos, distintos do ato material "prestar serviços", destacamos as lições de Cleber Giardino: "Não há, no caso, imposto do tipo 'documental', ou seja (na classificação exposta por Amílcar Falcão), incidente sobre o título expressivo da relação jurídica 'de serviços' estabelecida. Tampouco imposto sobre ato negocial: o fato da realização ou consumação do contrato de serviços. Na verdade, quando a Constituição alude a 'serviço de qualquer natureza', refere-se ao próprio ato material ou prestação concreta, especificamente o evento representativo da execução do contrato de serviços, que, embora só se verifique sob o pressuposto da antecedente contratação, com ela em rigor não se confunde".[18]

17. Caldas Aulete, *Dicionário Contemporâneo da Língua Portuguesa*, vol. 2, Rio de Janeiro, Delta, 1961, p. 1.261.

18. Cleber Giardino, "ISS – Competência municipal", *RDTributário* 32/219, São Paulo, Ed. RT.

Considerando-se que o critério material do ISS se constitui na conduta de *prestar serviços*, somente quando se estiver diante desse fato, embora sob o pálio de um contrato que consigne a avença pela qual uma pessoa "x" se compromete a despender esforços para a realização de uma atividade dessa natureza, é que poderá ocorrer a incidência do imposto municipal sobre serviços.

A distribuição *pura e simples*, como já salientado, é efetuada pelo próprio dono do bem. Assim, como não há a interferência de uma terceira pessoa, não se pode falar na existência de um contrato de distribuição. Conseqüentemente, não há nenhuma prestação de serviços, uma vez que só existe prestação de serviço onde houver um prestador e um tomador, sendo distintas essas pessoas.

A inexistência de prestação de serviços no caso da distribuição pura e simples decorre do fato de que o dono do bem efetua por si a distribuição deste, sem o concurso de terceiros. Desta forma, não está presente elemento essencial da prestação de serviço, que é a produção de esforço para *outrem*, uma vez que, neste caso, o esforço é produzido para si mesmo.

Na produção de esforço para si mesmo não há qualquer prestação de serviços, pois ninguém pode prestar serviços a si mesmo, é dizer, contratar consigo mesmo. Nesse sentido são as precisas lições do mestre Orlando Gomes: "Ninguém pode constituir uma relação jurídica na qual figure, ao mesmo tempo, como sujeito ativo e passivo. Contratar consigo próprio é logicamente impossível. O contrato é, por definição, o acordo de duas ou mais vontades, não se podendo formar, intuitivamente, pela declaração de uma só vontade".[19]

Pois bem. No caso da distribuição pura e simples é isso o que ocorre: uma prestação de serviços para si mesmo, logicamente impossível. Neste caso não há nenhuma prestação de serviço – o que nos conduz à inexorável conclusão de ser também impossível a incidência do ISS.

É, na verdade, impossível pretender atribuir significação econômica a um trabalho *para si mesmo*. Daí o impor-se discernir *trabalho* de *serviço*, para reconhecer que este é espécie daquele: que só este está compreendido na dicção constitucional demarcadora do campo material do ISS, dentro do qual irá operar o legislador ordinário.[20]

Por essas razões é que o STF declarou inconstitucional preceito da lei do antigo imposto federal sobre serviços de transporte que previa exigência desse imposto sobre o chamado "transporte próprio" (cf. RE 100.875-SP; RE 100.779-6-SP; RE 100.981-5-MG; RE 100.794-0; RE 101.538-1-SP; RE 101.191; RE 100.672; RE 101.170; RE 101.339).

Deveras, a Excelsa Corte obstou a tal pretensão porque, em tais casos, embora presente o *transporte* como fato puramente material, não havia *serviço de transporte*. Transporte, nesse caso, não seria serviço, porque ninguém poderia prestar serviços em seu próprio favor. O transporte não se realiza como atividade em favor de terceiros, senão do próprio prestador. Daí poder haver atividade de transporte sem que se possa falar em serviço de transporte.

Figuremos a tarefa de gerir e a de administrar negócios, empresas, empreendimentos ou bens. Uma coisa é o desempenho dessa gerência, a realização dessa administração para terceiros, como objeto de uma atividade econômica em si mesma considerada. Outra coisa é alguém gerir e administrar seus próprios negócios, empresas, empreendimentos ou bens. Com relação à primeira situação haverá incidência de ISS se esse esforço humano não for desempenhado como objeto de uma relação de emprego. Com relação à segun-

19. Orlando Gomes, *Contratos*, 3ª ed., Rio de Janeiro, Forense, 1971, p. 91.

20. Geraldo Ataliba e Aires Barreto, "ISS – Construção civil – Pseudo-serviço", *RDTributário* 40/91, São Paulo, Ed. RT.

da, por evidente a inexistência de *prestação de serviço*, não há incidência do ISS. Logo, não há suporte para a exigência do imposto municipal.

A incidência do ISS só ocorre se e quando se verificar uma efetiva prestação de serviços, a qual, no caso da distribuição, só será possível no interior de um contrato de distribuição. Logo, quando a distribuição é efetuada pelo próprio dono do bem não há incidência do ISS, pois ninguém pode prestar serviços para si mesmo. Sobre a impossibilidade de ser o *auto-serviço* tributado pelo ISS, Roque Antonio Carrazza averbou: "(...) refoge à tributação por via de ISS o auto-serviço, ou seja, o serviço que a pessoa presta a si própria. O que é evidente em relação às pessoas físicas (nunca se sabe da pretensão de se tributar, por meio de ISS, um indivíduo que fez sua própria barba, ou que engraxou os próprios sapatos) não o é em relação às pessoas jurídicas. Mas a solução jurídica é a mesma: a pessoa jurídica que presta um auto-serviço também está a salvo da tributação por via do ISS. Assim, por exemplo, a empresa que transporta seus próprios funcionários presta um auto-serviço e, por isto, não sofre a incidência do ISS".[21]

Já tivemos oportunidade de analisar a questão concernente à distribuição denominada *pura e simples* e à distribuição como prestação de serviços, oriunda da pactuação em contrato dessa natureza, relativamente aos filmes cinematográficos, em texto publicado na *RDTributário* 35/193, do qual extraímos o seguinte trecho:

"Convém manter na retentiva que ninguém presta serviços a si mesmo. Haver trabalho não significa a existência de prestação de serviço. Quem 'distribui' seus próprios filmes (os filmes que produziu) não presta serviços, assim como não o faz o industrial que 'distribui' (entrega) os produtos por ele fabricados e vendidos a vários comerciantes.

"(...).

"Colhendo exatamente esse aspecto, o voto do eminente Min. Décio Miranda, em recente decisão da Suprema Corte, espanca quaisquer dúvidas:

"'O serviço, na distribuição, é prestado ao proprietário da obra cinematográfica, mediante comissão sobre os direitos de exibição pagos pelo exibidor.

"'Não é prestado ao exibidor.

"'Ora, se o prestador do serviço e o dono da obra se confundem na mesma pessoa, o distribuidor, presta ele serviço a si mesmo, e não a terceiros, não incidindo o fato na cominação tributária' (RE 86.815)."

Resumindo: só há incidência do ISS diante de efetiva prestação de serviço no bojo de um contrato de distribuição, onde o desforço humano visando a proporcionar uma utilidade seja despendido em favor de outrem; se a distribuição é feita pelo próprio dono do bem não há falar em contrato de distribuição, bem como em prestação de serviços, pois é de ocorrência impossível a prestação de serviços para si mesmo.

2.6 Na distribuição de títulos próprios não há serviço de distribuição

Assentado não haver prestação de serviços tributável quando as ações ou atividades materiais são realizadas em favor do próprio prestador, tenha-se em conta que as empresas que atuam nesse setor econômico distribuem os próprios títulos que emitem. Logo, nesse caso não há se cogitar de prestação de serviços de qualquer natureza, passível de incidência pelo ISS, pois a hipótese é a de distribuição de títulos pertencentes ao próprio titular. É dizer: distribuição, mas não contrato de distribuição.

21. Roque Carrazza, "Impostos municipais", *RDTributário* 52/163, São Paulo, Ed. RT.

As empresas de capitalização limitam-se a contratar, com terceiros, a entrega (distribuição) dos seus títulos. São elas mesmas que efetuam a aludida entrega dos títulos, revelando-se impossível a configuração da prestação de serviços, pois o esforço humano é despendido em proveito próprio, e não de outrem.

Se alguma prestação de serviços pode ser caracterizada, será ela realizada por esses terceiros, os quais promovem a distribuição dos títulos entre suas agências para venda direta ao público. Mas, neste caso, se serviços existirem, estes serão prestados por esses terceiros, e não pelas empresas de capitalização. Estas não praticam nenhuma prestação de serviços, ensejadora da incidência do ISS. A distribuição por elas praticada – que resolvemos chamar de distribuição *pura e simples* – não se sujeita ao ISS. Nesse caso, há distribuição, mas não há serviços de distribuição.

É preciso atentar para o erro em que comumente alguns incorrem. Limitam-se certos aplicadores da lei a proceder à leitura dos itens da Lista, sem ter presente a necessidade de lhes agregar seu intróito: "serviços de". Sobre a necessidade de que o exame de todos os itens da Lista de Serviços deva obrigatoriamente incluir a cláusula inaugural "serviços de" são os precisos ensinamentos de José Souto Maior Borges: "Uma ponderação nuclear se interpõe (e essa ênfase não é retórica): todos os itens da Lista – nenhum excetuado – estão submissos à cláusula vestibular do seu próprio texto: 'serviços de' é em epígrafe a formulação genérica da Lista. É essa uma previsão que condiciona a exegese de todos os itens da mencionada Lista".[22]

Assim, o ISS só incide sobre os serviços de distribuição, mas nunca sobre a mera distribuição que o titular faz dos bens, coisas, valores ou títulos que lhe pertencem. Pois são os *serviços de distribuição* que figuram na Lista, e não a distribuição *pura e simples*.

3. Conclusões

3.1 Títulos de capitalização que atendam a todos os requisitos previstos na legislação em vigor não podem ser confundidos com qualquer espécie de jogo, nem com loteria ou aposta.

3.2 A competência para instituir tributos sobre as operações envolvendo títulos de capitalização é da União, nos termos do art. 153, V, da CF. Via de conseqüência, falece aos Municípios competência para a criação de qualquer tributo envolvendo tais operações.

3.3 Não presta nenhum serviço de distribuição empresa que distribui os títulos por ela mesma emitidos. Como ninguém presta serviços a si mesmo, não se verifica qualquer conduta típica a ensejar a incidência do ISS.

22. Souto Maior Borges, "ISS – Seguro-saúde", *RDTributário* 61/66, São Paulo, Malheiros Editores.

ICMS – VALOR ADICIONADO FISCAL – REPARTIÇÃO DE RECEITAS ENTRE MUNICÍPIOS EM FACE DA ATIVIDADE DE MINERAÇÃO

SACHA CALMON NAVARRO COÊLHO

Professor Titular de Direito Tributário da UFRJ (Faculdade Nacional de Direito) – Doutor em Direito Público pela UFMG – Presidente Honorário da ABRADT – Vice-Presidente da ABDF

MISABEL ABREU MACHADO DERZI

Professora de Direito Tributário da UFMG – Doutora em Direito Público pela UFMG – Professora Titular de Direito Tributário das Faculdades Milton Campos – Presidente da ABRADT

1. O miolo da "quaestio juris" e seus necessários distínguos. 1.1 Intróito – 1.2 O conceito de "valor adicionado" e a técnica de sua apuração adotada pela Lei Complementar 63/1990 – 1.3 As peculiaridades do ICMS e a técnica de distribuição do imposto entre Municípios – 1.4 O aspecto temporal do fato gerador (hipótese de incidência) dos impostos. Relevância jurídica – 1.5 Aplicação dos critérios de repartição do Valor Adicionado Fiscal constantes da Lei Complementar 63/1990 ao caso em análise – 1.6 A repartição de ¼ do ICMS destinado aos Municípios: a Lei estadual 13.803/2000 – 1.7 O Decreto estadual 38.714/1997 – 1.8 A jurisprudência de nossos Tribunais superiores. 2. Respostas aos quesitos.

CONSULTA

Fomos consultados acerca da repartição das receitas de ICMS (oriundas do VAF – Valor Adicionado Fiscal) entre dois Municípios limítrofes (aqui intitulados "Alfa" e "Beta"), as quais advirão da atividade minerária a ser desenvolvida nos mesmos.

Relatam-nos os Consulentes que existem três áreas exploráveis de minério de ferro na região, sendo a maior delas (e a que será lavrada inicialmente) situada no Município Alfa e as duas menores (que somente terão sua lavra iniciada após a finalização do minério de Alfa – o que se espera para daqui a 20 anos) localizadas no Município Beta.

Informam-nos, ainda, que a usina de beneficiamento do minério será instalada entre os limites das duas Municipalidades. Em Alfa estará situado o início do processo de beneficiamento (com a entrada do minério bruto extraído da jazida) e o seu final (mineroduto que dá saída física ao produto final, transportando-o até o porto).

Ao cabo, formulam-nos os seguintes quesitos:

"*1.* O posicionamento da usina de beneficiamento do minério altera a situação do Município Alfa no que tange à arrecadação do ICMS (VAF)?

"*2.* A saída do minério em direção ao porto (início do mineroduto), se ocorresse em Beta, geraria para este Município direito ao ICMS (VAF)?

"*3.* A existência de jazidas em Beta, mesmo durante a época em que não forem as mesmas exploradas, acarretará a imposição de divisão proporcional do ICMS (VAF)?"

Ao que passamos a responder.

PARECER

1. O miolo da "quaestio juris" e seus necessários distínguos

1.1 Intróito

A questão central do parecer reside na repartição da parcela do ICMS constitucionalmente destinado aos Municípios entre as cidades de Alfa e Beta.

A CF, em seu art. 158, IV, estabelece que 25% do produto da arrecadação do imposto estadual incidente sobre operações relativas à circulação de mercadorias e sobre prestações de serviços de transporte interestadual e intermunicipal e de comunicação (ICMS) pertencem aos Municípios, ditando os seguintes critérios:

"Art. 158. (...).

"Parágrafo único. As parcelas de receita pertencentes aos Municípios, mencionadas no inciso IV, serão creditadas conforme os seguintes critérios: I – três quartos, no mínimo, na proporção do valor adicionado nas operações relativas à circulação de mercadorias e nas prestações de serviços, realizadas em seus territórios; II – até um quarto, de acordo com o que dispuser lei estadual ou, no caso dos Territórios, lei federal."

O art. 161 do Texto Magno ainda prevê a edição de lei complementar para *definição do valor adicionado* e para o acompanhamento, pelos beneficiários, do cálculo das quotas e da liberação das participações previstas nos arts. 157, 158 e 159.

A Lei Complementar 63, de 11.1.1990, ao regulamentar a Constituição, estabeleceu em seu art. 3º: "§ 1º. O valor adicionado corresponderá, para cada Município: I – *ao valor das mercadorias saídas*, acrescido do valor das prestações de serviços, *no seu território, deduzido o valor das mercadorias entradas*, em cada ano civil; (...)" (grifos nossos).

Ou seja, consoante a legislação federal que disciplina a matéria, o VAF é obtido a partir de uma simples operação aritmética:

VAF = valor das saídas de mercadorias - valor das entradas de mercadorias

Prosseguindo, a Lei Complementar 63/1990 traz ainda os seguintes esclarecimentos acerca dos valores que deverão ser computados como saídas de mercadorias: "§ 2º. Para efeito do cálculo do valor adicionado serão computadas: I – as operações e prestações que constituam fato gerador do imposto, mesmo quando o pagamento for antecipado ou diferido, ou quando o crédito tributário for diferido, reduzido ou excluído em virtude de isenção ou outros benefícios, incentivos ou favores fiscais; II

– as operações imunes do imposto, conforme as alíneas 'a' e 'b' do inciso X do § 2º do art. 155 e a alínea 'd' do inciso VI do art. 150 da Constituição Federal".

É fácil concluir – uma vez que está literalmente consignado na Constituição – que a norma fundamental adota como critério de distribuição do ICMS entre os Municípios o da territorialidade do valor adicionado. Segundo esse critério básico e obrigatório em todo o âmbito nacional, *cada Município fica com o valor adicionado produzido em seu próprio território. E o VAF é considerado produzido quando há saída, pelo território do Município, da mercadoria.* É este, aliás, o aspecto temporal e espacial do fato gerador do ICMS que, como não poderia deixar de ser, foi adotado pela legislação federal competente para definição do VAF.

1.2 O conceito de "valor adicionado" e a técnica de sua apuração adotada pela Lei Complementar 63/1990

Como visto, a Lei Complementar 63/1990, em seu art. 3º, exige a *saída* da mercadoria como critério para cômputo no valor adicionado. Portanto, não basta a produção em si, e nem mesmo a venda que ainda não se concretizou pela *saída* da mercadoria.

São, assim, *termos relevantes* da operação de apuração do valor adicionado, segundo a Lei Complementar 63, de 11.1.1990: (i) o valor das mercadorias *saídas*, acrescido do valor das prestações de serviços, *em cada território*, (ii) deduzido do valor das mercadorias entradas.

São irrelevantes, segundo a mesma lei complementar: (i) o valor das mercadorias produzidas ou estocadas; (ii) o valor das mercadorias já vendidas ou alienadas que ainda não saíram do estabelecimento do contribuinte.

A *saída*, por conseguinte, e o *local* onde se dá a saída são os critérios legais decisivos para a apuração do valor adicionado.

Assim é que *o valor adicionado corresponderá* à diferença entre o valor das mercadorias-insumos tributadas e o valor das mercadorias (ou serviços)-produtos *saídas* e tributadas no mesmo período. É a técnica da *base-contra-base*, adotada pela Lei Complementar 63/1990 para cálculo do índice de participação municipal no ICMS.

1.3 As peculiaridades do ICMS e a técnica de distribuição do imposto entre Municípios

A Constituição Federal consagra a *territorialidade do valor adicionado* como critério para apuração do índice de participação de cada Município na arrecadação do ICMS (art. 158, parágrafo único, I) e atribui à lei complementar a tarefa de: "I – definir o valor adicionado para fins do disposto no art. 158, parágrafo único, I".

Por sua vez, a Lei Complementar 63/1990, como já alertamos, faz coincidir o conceito de "valor adicionado" à diferença que resultar da dedução feita entre o valor das mercadorias saídas, no seu território, e o valor das mercadorias entradas, em cada ano civil. Mas logo alerta, no § 2º do art. 2º, que são relevantes para esse cálculo apenas as operações e prestações que constituam fato gerador do imposto, ainda que isentas, excepcionando algumas imunes.

Neste ponto já podemos extrair os seguintes princípios fundamentais atinentes ao VAF:

(A) Nem tudo que integra o processo econômico de uma empresa entra no cômputo do valor adicionado diretamente, mas apenas as mercadorias e serviços tributáveis pelo ICMS, objeto de operações de circulação.

(B) O valor adicionado somente é apurado entre as operações mercantis (transferência de posse ou de propriedade) de mercadorias saídas do estabelecimento, deduzidas daquelas entradas no mesmo período.

(C) Pertence a cada Município, segundo o art. 158, parágrafo único, I, da CF, o valor adicionado realizado em seu próprio território, sendo, portanto, de alta relevância o *local onde se dá a saída das mercadorias* objeto da operação de circulação.

A *saída*, que corresponde a uma real operação mercantil de circulação de mercadorias, é substancial à concretização da hipótese de incidência do tributo. Ela marca, a rigor, *o momento* da materialização do fato descrito na hipótese de incidência do ICMS.

Analisemos, então, a *saída de mercadorias como aspecto temporal do fato gerador do ICMS.*

1.4 O aspecto temporal do fato gerador (hipótese de incidência) dos impostos. Relevância jurídica

Um dos subscritores do presente já asseverou, em livro escrito há mais de duas décadas, que os fatos que constituem a hipótese de incidência da norma de tributação apresentam aspectos através dos quais podem ser reconhecidos. Ditos aspectos são vários, mas os significativos são quatro: o pessoal, o material, o temporal e o espacial. O aspecto pessoal da hipótese de incidência diz respeito à pessoa envolvida com o fato eleito como jurígeno – para fins tributários – pelo legislador. O aspecto material, nuclear, entronca com o fato mesmo: ser proprietário, ter renda, fazer circular mercadorias, ter imóvel valorizado por obra pública, receber alvará de funcionamento fornecido por autoridade administrativa etc. O aspecto espacial define as coordenadas espaciais ligadas ao *fato*; e o aspecto temporal, as coordenadas de tempo, tornando possível determinar o momento da sua ocorrência.

As hipóteses de incidência das normas tributárias contêm *descrição de fatos*. É importante, assim, repisar quais os aspectos mais salientes da *descrição*. Em primeiro lugar há o *aspecto material*, a descrição do fato mesmo. Depois, o fato ou os fatos são devidamente enquadrados nas coordenadas de tempo e lugar. Daí advirão os aspectos *temporal* e *material* da hipótese de incidência. O fato, assim, passa a se qualificar em função dessas coordenadas espaço-temporais. Mas não é só. É inegável a autonomia de um *aspecto pessoal* na hipótese, como acabamos de ver.

Há fatos já descritos (aspecto material) e situados no espaço e no tempo que só ganham sentido se conotados com certas qualidades das pessoas (daí termos acrescentado mais um elemento à topografia básica da hipótese de incidência das normas tributárias). Quanto ao *fato mesmo* (aspecto material), é mister frisar que necessariamente terá que ser um *fato lícito*. Se o fato for ilícito não teremos tributo, mas multa (norma sancionante), pois toda regra punitiva tem como hipótese, como suposto, um fato ilícito, razão para a aplicação da sanção. O fato, sobremais, não poderá ser contratual (não se contrai dever tributário por querer, por avença, *ex contractu*). O *fato jurígeno* que desencadeia o dever-de-pagar-tributo é previsto unilateralmente. Corresponde aos deveres heterônomos referidos por Kelsen, impostos *ab extra* por uma vontade estranha à da pessoa destinatária do dever. As hipóteses de incidência das normas tributárias decorrem de *descrições legislativas* de fatos lícitos que possuem virtudes jurígenas *ex lege*, contendo quatro aspectos: material, temporal, espacial e pessoal.

Isto posto, é de se perguntar – a questão é pertinente – quando ocorre o *fato gerador do ICMS.*

O momento em que ocorre o fato gerador é deveras importante, por isso que marca a incidência da lei tributária. Diz o art. 144 da Lei 5.172/1966 (Código Tributário Nacional): "Art. 144. O lançamento reporta-se à data da ocorrência do fato gerador da obrigação e rege-se pela lei então vigente, ainda que posteriormente modificada ou revogada".

E o art. 116 diz que o fato gerador da obrigação reputa-se ocorrido e existentes os seus efeitos (relação jurídica tributária), tratando-se de situação de fato, no momento (temporalidade) em que se verifiquem as circunstâncias materiais imprescindíveis à sua realização. *No caso vertente, não basta produzir, nem estocar, nem vender.* É necessário que a mercadoria saia (real ou fictamente), pois só então, com a tradição, a coisa é do dono e com ele perece (*res perit domino*).

A saída da mercadoria marca, assim, o momento da ocorrência do fato gerador.

1.5 Aplicação dos critérios de repartição do Valor Adicionado Fiscal constantes da Lei Complementar 63/1990 ao caso em análise

Assentadas as premissas que vimos de ver, cumpre-nos, agora, subsumir a situação fática dos Consulentes às normas jurídicas atinentes à repartição do ICMS entre os Municípios Alfa e Beta.

A grande área de exploração mineral que será utilizada pela mineradora está situada em Alfa. Jazidas residuais situam-se em Beta, porém somente serão exploradas dentro de duas décadas, aproximadamente (quando o minério de Alfa já estiver findando).

À extração do minério seguir-se-á a entrada na usina de beneficiamento. Tanto a extração como dito ingresso no estabelecimento industrial ocorrerão em Alfa. Apesar de a maior parte das etapas do beneficiamento do insumo ocorrer em Beta (posto que nesta localidade estarão mais de 80% da planta industrial), a saída física do minério já beneficiado ocorrerá por Alfa. Assim, teremos a seguinte situação:

Fase I: Produção mineral em Alfa

Fase II: Entrada no estabelecimento industrial em Alfa

Fase III: Beneficiamento do minério em Alfa (pequena parte do processo) e Beta (maior parte do processo)

Fase IV: Saída física do minério por Alfa, sem passagem do produto final por Beta

A par de tais considerações fáticas, o domicílio fiscal da mineradora será também o Município Alfa, no qual serão emitidas as notas fiscais de saída e mantidos todos os documentos contábeis da empresa.

Dessarte, a situação que se tem é a seguinte: a grande área de mineração, partes importantes da usina de beneficiamento (em especial a entrada e a saída do minério da mesma) e o domicílio fiscal da mineradora estarão situados em Alfa. Sendo assim, a circulação jurídica da mercadoria coincidirá com sua circulação econômica e física, posto que *a saída (aspecto temporal e espacial da hipótese de incidência do ICMS) se dará de fato e de direito por Alfa.*

Nessa toada, considerando-se o critério de repartição do VAF constante da Lei Complementar 63/1990 e já explicitado nos itens precedentes, podemos afirmar que caberá a Alfa a integralidade do ICMS relativo à parcela de 75% dos 25% constitucionalmente atribuídos aos Municípios, haja vista ser aplicável para tal repartição o critério do VAF, delineado pela Lei Complementar 63/1990.

Quanto à parcela do ICMS a ser distribuída entre os Municípios conforme critérios estabelecidos em lei ordinária estadual (25% dos 25% previstos na Constituição de 1988), cumpre-nos analisar o que dispõe a legislação mineira.

1.6 A repartição de ¼ do ICMS destinado aos Municípios: a Lei estadual 13.803/2000

Esclarecido o critério a ser observado na repartição de ¾ do ICMS destinado aos Municípios, o estudo do ¼ restante – a ser distribuído na forma definida pela legislação estadual – torna-se necessário, à luz da Lei 13.803/2000. O referido diploma, intitulado "Lei Robin Hood", cura da repartição, no Estado de Minas Gerais, de ¼ dos 25% de ICMS atribuídos pela Constituição aos Municípios.

De acordo com a lei mineira, a divisão do ICMS se dará observando-se diversos critérios, elencados em seu art. 1º, a saber: (i) Valor Adicionado Fiscal; (ii) área geográfica; (iii) população; (iv) educação; (v) produção de alimentos (área cultivada, número de produtores e existência de órgãos governamentais de apoio); (vi) patrimônio cultural; (vii) meio ambiente (serviços públicos de coleta de lixo e tratamento de esgoto); (viii) saúde; (ix) receita própria.

De resto, uma cota mínima (art. 1º, XI, da Lei 13.803/2000) será invariavelmente destinada a todos os Municípios.

Infere-se, portanto, que o VAF é apenas um dentre os diversos critérios utilizados pela lei mineira para fins de repartição entre os Municípios da arrecadação de ¼ dos 25% do ICMS constitucionalmente destinados às Municipalidades.

Todavia, o "VAF mineiro" difere substancialmente do VAF mencionado pela Constituição de 1988 e regulado pela Lei Complementar 63/1990. Isso porque a Lei 13.803/2000 traz critérios estranhos àqueles adotados pela Lei Complementar 63/1990 para fins de cálculo do VAF. Confira-se: "Art. 3º. Para se estabelecer o valor adicionado relativo à produção e à circulação de mercadorias e à prestação de serviços tributados pelo ICMS, *quando o estabelecimento do contribuinte do imposto se estender pelos territórios de mais de um Município, a apuração do valor adicionado será feita proporcionalmente, mediante acordo celebrado entre os Municípios envolvidos e homologado pela Secretaria de Estado da Fazenda*" (grifos nossos).

Ou seja, havendo estabelecimento situado em território de mais de um Município, a lei mineira determina a repartição das receitas, nos percentuais definidos em acordo a ser celebrado entre os entes envolvidos e homologado pela Secretaria de Fazenda do Estado. Vale lembrar, neste ponto, que o VAF responde por 4,68% do total de ICMS a ser repartido entre os Municípios nos termos da Lei estadual 13.803/2000 (conforme Anexo I da mesma).

A legislação mineira prevê, ainda, critérios específicos para repartição do ICMS entre os Municípios alagados por barragens de usinas hidrelétricas e aquele no qual ocorre a efetiva geração da energia.[1]

Contudo, nenhuma menção faz quanto à divisão dos 4,68% a título de VAF quando se tratar de estabelecimento minerário estendendo-se por mais de um Município, hipótese na qual se aplica a regra geral do art. 3º, *caput*, da Lei 13.803/2000, supratranscrito. Neste caso – que é justa-

1. É o que dispõem os §§ 1º e 2º do art. 3º da Lei 13.803/2000:

"Art. 3º. (...).

"§ 1º. Com relação às operações de circulação de energia elétrica, entendem-se como estabelecimentos de usina hidrelétrica as áreas ocupadas pelo reservatório de água destinado à geração de energia, pela barragem e suas comportas, pelo vertedouro, pelos condutos forçados, pela casa de máquinas e pela subestação elevatória.

"§ 2º. O valor adicionado relativo a usina hidrelétrica cujo estabelecimento ocupe território de mais de um Município será creditado conforme os seguintes critérios: I – 50% (cinqüenta por cento) ao Município onde se localizarem a barragem e suas comportas, o vertedouro, os condutos forçados, a casa de máquinas e a estação elevatória; no caso de um ou alguns desses componentes se situarem em território de mais de um Município, o percentual será dividido em tantas partes iguais quantos forem os Municípios envolvidos, a cada qual atribuindo-se uma delas; II – 50% (cinqüenta por cento) aos demais Municípios, inclusive ao Município-sede a que se refere o inciso anterior, respeitada a proporção entre a área do reservatório localizada em território do Estado e a localizada em cada Município, de acordo com o levantamento da Agência Nacional de Energia Elétrica – ANEEL, sem prejuízo de termo de acordo a ser celebrado entre os Municípios."

mente o objeto da presente análise, posto que a indústria de beneficiamento se espraia por dois Municípios – a celebração de acordo entre as Municipalidades é o comando legal a ser observado.

1.7 O Decreto estadual 38.714/1997

Ponto relevante a ser gizado é também o decreto supra-referido, posto que o mesmo regulamenta, no âmbito do Estado de Minas Gerais, a repartição das receitas de ICMS entre os Municípios.

Pela sua redação, o referido decreto cura tanto do VAF previsto na Lei Complementar 63/1990 quanto da distribuição prevista na Lei 13.803/2000. Vale conferir a cita normativa: "Art. 1º. *Do produto da arrecadação do imposto sobre operações relativas à circulação de mercadorias e sobre prestações de serviços de transporte interestadual e intermunicipal e de comunicação (ICMS)*, 75% (setenta e cinco) por cento constituem receita do Estado e *25% (vinte e cinco por cento) serão destinados aos Municípios na forma prevista neste Decreto*" (grifos nossos).

Prosseguindo em seu mister, averba o decreto: "Art. 2º. *Do montante destinado aos Municípios*: I – *75% (setenta e cinco por cento) lhes serão distribuídos na proporção do valor adicionado nas operações* relativas à circulação de mercadorias e nas prestações de serviços de transporte interestadual e intermunicipal e de comunicação *realizadas em seus territórios*; II – *25% (vinte e cinco por cento) serão distribuídos segundo o disposto na Lei n. 13.803*, de 27 de dezembro de 2000" (grifos nossos).

E, mais adiante, define *Valor Adicionado Fiscal*: "Art. 3º. O valor adicionado corresponderá, para cada Município: I – ao valor das mercadorias saídas, acrescido do valor das prestações de serviços no seu território, deduzido o valor das mercadorias entradas em cada ano civil; (...)".

Até este ponto nenhum reparo merece o diploma em comento, posto que, exercendo seu papel meramente regulamentador, busca concretizar o comando inserto na legislação complementar e na Lei estadual 13.803/2000. Esta a função do decreto, que não pode se afastar do comando legal, como, de resto, preceitua o art. 99 do CTN ao assertar que "o conteúdo e o alcance dos decretos restringem-se aos das leis em função das quais sejam expedidos".

Entretanto, sem base em norma legal (seja da legislação complementar – que é a constitucionalmente competente para definir o VAF –, seja das leis estaduais), o decreto estipula o que se segue quanto à repartição das receitas nas atividades minerárias: "§ 3º. Para se estabelecer o valor adicionado relativo à produção de substâncias minerais, quando a área da jazida se estender por mais de um Município mineiro, a apuração será feita proporcionalmente, levando-se em consideração a área correspondente a cada Município, conforme concessão de lavra expedida pelo órgão competente".

Nenhum esforço exegético é suficiente para conferir validade ao citado dispositivo. Aparentemente buscando um critério de justiça para fins de repartição do VAF, a norma determina a divisão do ICMS entre os Municípios nos quais houver jazida, na proporção da área outorgada pela concessão de lavra do órgão competente. Todavia, o decreto, neste ponto, não possui qualquer supedâneo legal, sendo flagrantemente ilegítimo.[2]

2. Ainda que se pretendesse efetivamente aplicar o art. 3º, § 3º, do Decreto 38.714/1997, parece-nos que o VAF seria igualmente devido a Alfa. Isso porque, apesar de o decreto se referir à área de *jazida* (termo que, de acordo com o art. 4º do Código de Mineração, corresponde a "toda massa individualizada de substância mineral ou fóssil, aflorando à superfície ou existente no interior da terra, e que tenha valor econômico", não se confundindo com a *mina*, que é a "jazida em lavra, ainda que suspensa", de acordo com o mesmo Código), para fins de VAF é essencial que haja exploração econômica, que enseje saídas de mercadorias tributáveis (ainda que haja regra isentiva) pelo ICMS. Ou seja, de nada vale,

A única regra válida que determina a repartição do ICMS entre Alfa e Beta é a constante do art. 3º da Lei 13.803/2000, que pedimos vênia para novamente transcrever: "Art. 3º. Para se estabelecer o valor adicionado relativo à produção e à circulação de mercadorias e à prestação de serviços tributados pelo ICMS, *quando o estabelecimento do contribuinte do imposto se estender pelos territórios de mais de um Município, a apuração do valor adicionado será feita proporcionalmente, mediante acordo celebrado entre os Municípios envolvidos e homologado pela Secretaria de Estado da Fazenda*" (grifos nossos).

A mesma é refletida no Decreto mineiro 38.714/1997, em seu art. 3º, § 4º, *in verbis*: "§ 4º. Para se estabelecer o valor adicionado relativo à produção e circulação de mercadorias e à prestação de serviços tributados pelo ICMS, quando as atividades do contribuinte do imposto se estenderem pelos territórios de mais de um Município, ressalvada a existência de acordo celebrado entre os Municípios envolvidos, a apuração do valor adicionado será feita proporcionalmente: I – à localização de sua área industrial ou comercial, conforme certidão expedida pelo Instituto de Geociências Aplicadas (IGA), vinculado à Secretaria de Estado de Ciência, Tecnologia e Ensino Superior; II – à área explorada ou colhida, quando se tratar de produtos agropecuários ou florestais".

Com a ressalva de que o art. 3º, § 4º, do Decreto 38.714/1997 pretende, equivocadamente, modificar a definição de VAF constante da lei complementar, parece-nos viável sua aplicação para fins de repartição do "VAF mineiro" descrito na Lei 13.803/2000 (que corresponde a 4,68% do ¼ dos 25% da arrecadação de ICMS repartida pelos Estados com os seus Municípios). Afinal, o Estado é livre para dispor – mediante lei – sobre a destinação de ¼ dos 25% do ICMS destinados aos Municípios – em que pese à atecnia patente no caso em análise, haja vista que a expressão "Valor Adicionado Fiscal" somente pode ser compreendida com o conteúdo que lhe conferiu a Lei Complementar 63/1990, a qual não é passível de modificação por lei estadual, menos ainda por decreto.

1.8 A jurisprudência de nossos Tribunais superiores

Diante do caso ora analisado, parece-nos que a redação do Decreto 38.714/1997 poderá ocasionar contencioso entre os Municípios Alfa e Beta. Todavia, a razão assistirá a Alfa.

Tal conclusão encontra apoio na jurisprudência do STF, como se depreende da análise do caso a seguir. Tratava-se de ação movida por Mauá, cidade da Grande São Paulo, para ter computada em seu favor parte da riqueza gerada pela Petroquímica União S/A, cujo estabelecimento, registrado para fins fiscais em Santo André, se estende em parte sobre seu território. O feito foi julgado pelo TJSP nos seguintes termos:

"Um grande complexo industrial, a Petroquímica União S/A, tem sua área parte no Município de Mauá e parte no de Santo André. *Sua produção se escoa, atualmente, pelos dois Municípios. Acontece que o seu domicílio fiscal se situa em Santo André. Assim, todas as operações tributadas pelo ICM são consideradas como ocorridas em Santo André.*

"Pleiteia o Município de Mauá mandado de segurança para que também tenha participação no produto da arrecadação do ICM proveniente das operações da referida Petroquímica União S/A. Tal participação deverá ter em conta a área do estabelecimento situada em Mauá, ou, pelo menos, que se considerem ocorridas em Mauá as

para fins de cálculo do VAF, a existência de jazida inerte sob a superfície.

Como no caso em análise a exploração do minério de ferro ocorrerá, nos 20 primeiros anos, somente em Alfa, a melhor exegese do art. 3º, § 3º, é a de considerar devida ao referido Município a integralidade do VAF, consoante o critério de "extensão da jazida" trazido pelo Decreto 38.714/1997.

operações que ensejarem saída de mercadorias pelo seu território.

"No julgamento deste processo, o Sr. Relator concedia a segurança só quanto às saídas de mercadorias ocorridas no Município de Mauá; o Sr. Des. César de Moraes denegava o *writ*; e os Des. Rodrigues Porto e Pinheiro Franco concediam a segurança quanto à área do estabelecimento. Esta conclusão prevaleceu como vencedora.

"Com efeito: a procedência do pedido se impunha. Se a produção é feita nos dois Municípios, concomitantemente, a saída eventual por um deles não pode servir como fato gerador do ICM. Não deve ficar a exclusivo critério do contribuinte a escolha do local onde o ICM é recolhido: no caso, desde que o estabelecimento abranja dois Municípios, ambos têm direito à participação do ICM, como prevê a CF no art. 23, § 8º.

"O critério para essa repartição deve ser objetivo; na hipótese em foco, o mais recomendável é o da área do estabelecimento. Assim, do ICM arrecadado totalmente da Petroquímica União S/A, seja por Santo André, seja por Mauá, deverá ser a parcela de 20% dividida entre esses dois Municípios, em proporção da área ocupada em cada um pelo complexo industrial. Para esse fim é concedida a segurança" (extraído do voto do Min. Humberto Gomes de Barros nos autos do REsp 38.344-7-PR).

Chamado a se pronunciar em grau de recurso, manteve o STF a decisão da Corte Paulista na parte em que atendia à pretensão do Município de Mauá, apesar de o estabelecimento estar registrado somente em Santo André; mas alterou a forma de repartição do VAF entre as duas localidades: *em vez da porcentagem da área do estabelecimento situada no território de cada uma, o valor das saídas efetivadas através do território de cada qual.*

Confiram-se os seguintes trechos do voto do Relator da causa no STF, Min. Oscar Dias Corrêa:

"A solução do v. acórdão, *data venia*, não nos parece aceitável. O fato de a produção fazer-se nos dois Municípios não condiz com a natureza do tributo e o seu fato gerador, que é a operação de circulação de mercadorias, especificada no art. 1º do Decreto-lei n. 406/1968. Das hipóteses previstas no art. 1º, seria a saída de mercadorias a que se aplicaria ao caso, *já que a área do estabelecimento localizada em cada um dos dois Municípios não pode prevalecer, se não é critério legal da cobrança do tributo.*

"(...).

"Afirma-se a ocorrência de operações relativas à circulação de mercadorias do complexo industrial no território dos dois Municípios, sem que se tenha cuidado de demonstrá-lo, *limitando-se a alegação à localização física de instalações, e, ainda assim, objeto de discussão*, como se vê dos documentos de fls. 17 e 155.

"*Tal critério, obviamente, não deve prevalecer, pois não é o que serve ao fato gerador do ICMS.*

"(...).

"Aqui (...), *a contribuinte promove a saída econômica de seus produtos pelo território de Mauá e pelo território de Santo André.*

"A circunstância de o *domicílio fiscal* estar em Santo André não elide o direito do autor.

"O domicílio, pela legislação estadual, tanto podia ser em Mauá como em Santo André, porque 'a inscrição deve ser feita na repartição em cuja área territorial de autuação esteja localizado o estabelecimento' (art. 12 da Lei estadual n. 440/1974).

"Registrado num Município, não tira o direito do outro.

"Se, havendo desmembramento de Municípios, por exemplo, a quota é dividida (art. 2º, § 4º, do Decreto-lei federal n. 1.216/1972), não se justifica conclusão diversa, no caso pendente.

"(...).

"*A saída – dizem os doutores – 'é mero aspecto temporal da hipótese de incidência. É o momento que o legislador reputou adequado para estabelecer a presunção de consumação do fato imponível.* Pressupôs o legislador que, ao sair a mercadoria do estabelecimento, já foi consumada, verificada, realizada, a operação mercantil que lhe deu causa' (Geraldo Ataliba, ob. cit., p. 125).

"Ou, como diz Souto Maior Borges (ob. cit., p. 271), 'a saída é um elemento identificador da preexistência de uma operação de circulação de mercadorias'.

"*E poderá ser o critério adotado (art. 1º, § 1º, do Decreto-lei n. 1.216/1972).*

"*Atender-se-á, desta forma, ao texto constitucional e ao do Decreto-lei 1.216/1972, que, explicitamente, se refere 'à proporção do valor adicionado nas operações realizadas no território de cada Município', na apuração do qual critério do § 1º pode ser adotado.*

"Caberá fixar-se o montante dessas operações, e, se a tarefa não há de ser fácil, não cabe ao julgador, mas aos executores do decidido.

"E com isso se consulta a realidade econômico-jurídica do imposto, de tanta importância na finança municipal" (STF, 1ª Turma, RE 94.613-6-SP, rel. Min. Oscar Dias Corrêa, *DJU* 24.5.1985, p. 7.981 – grifos nossos).

O precedente aplica-se como uma luva ao caso *sub examine*, ainda que leve a conclusão distinta da que teve o STF no caso-paradigma. É que aqui todas as saídas se darão pelo Município Alfa, onde, inclusive, estará o domicílio fiscal da mineradora.

Assim, o direito de Alfa ao cômputo integral do VAF previsto na Lei Complementar 63/1990 decorre de duas circunstâncias: (i) do fato de constituir o domicílio fiscal da mineradora (local das saídas jurídicas); e (ii) do fato de concentrar em seu território igualmente todas as saídas físicas de minério, que não é entregue para nenhum cliente a partir do território de Beta.

Irrelevante, como decidido pelo STF – corrigindo a interpretação distorcida do TJSP –, o fato de o estabelecimento se espraiar pelo território de mais de um Município. Importa o local das saídas físicas; e, *in casu*, todas se dão nos limites do território de Alfa.

A jurisprudência do STJ não destoa, como se pode inferir dos seguintes arestos:

"Tributário – Financeiro – Mandado de segurança – ICMS – VAF (Valor Adicionado Fiscal).

"1. O art. 158, inciso IV, da CF/1988 determina que 25% do produto da arrecadação do ICMS pertence aos Municípios.

"2. As parcelas de tais receitas serão creditadas aos Municípios por força do acima referido princípio constitucional, conforme critérios estabelecidos no parágrafo único do art. 158 da CF/1988, isto é, ¾, no mínimo, na proporção do valor adicionado nas operações de ICMS realizadas em seus territórios; e até ¼ de acordo com o que determinar lei estadual específica.

"3. A lei do Estado onde ocorre o fato imponível do ICMS é a que disciplina a forma de distribuição de tais parcelas aos Municípios.

"4. Cabe, outrossim, à lei complementar federal, no caso, a de n. 63/1990, o valor adicionado para os fins previstos no art. 158, parágrafo único, inciso I, c/c o art. 161, inciso I, da Carta Magna.

"5. Correto o ato administrativo que, com base na lei estadual, fixa os índices de participação no VAF de acordo com as operações de maior número e de maior volume na arrecadação de ICMS.

"6. Energia elétrica. *O fato gerador do ICMS é a sua saída do estabelecimento do produtor – Não-influência para a formação dessa situação do lugar onde está formado o lago para produzir energia.*

"7. Recurso improvido" (STJ, 1ª Turma, REsp 331.876-MG, rel. Min. José Delgado, *DJU* 22.10.2001 p. 281 – grifos nossos).

O STJ, no precedente citado, adotou os critérios da saída física e da saída econômica para fins de determinar a qual Município deve ser computado o VAF, na linha do entendimento já manifestado pelo STF.

Sendo assim, pode-se afirmar que, do ICMS a ser distribuído aos Municípios, 75% deverão ser pagos ao Município Alfa, integralmente (parcela da Lei Complementar 63/1990). Quanto aos 4,68% (percentual de VAF) dos 25% restantes, será necessário acordo entre Alfa e Beta para definição da participação de cada ente federado nas receitas do imposto estadual.

2. Respostas aos quesitos

1. O posicionamento da Usina de Beneficiamento do Minério altera a situação do Município Alfa no que tange à arrecadação do ICMS (VAF)?

Pelo critério da Lei Complementar 63/1990 (que corresponde a 75% do ICMS destinado aos Municípios), o importante para o repasse do imposto é a saída da mercadoria (física, econômica e jurídica). Como a saída (em seus três aspectos) ocorrerá pelo Município Alfa, a localização da usina não importará para fins de distribuição do VAF.

Já pelo critério da Lei estadual 13.803/2000 ("Lei Robin Hood") será necessária a divisão de parte do ICMS entre Alfa e Beta, tendo em vista que o estabelecimento industrial se estenderá por mais de um Município. Para tanto, é imperiosa a celebração de acordo entre os Municípios interessados, o qual será homologado pela Secretaria Estadual de Fazenda.

2. A saída do minério em direção ao Porto (início do Mineroduto), se ocorresse em Beta, geraria para este Município direito ao ICMS (VAF)?

A saída considerada para fins de cálculo do VAF deve ser física, jurídica e econômica (e, na hipótese, a saída jurídica ocorrerá por Alfa). Sendo assim, a saída física de per si não conferirá direito a Beta, porém enfraquecerá a pretensão de Alfa no que tange ao recebimento integral do ICMS repassado com base no VAF.

3. A existência de jazidas em Beta, mesmo durante a época em que não forem as mesmas exploradas, acarretará a imposição de divisão proporcional do ICMS (VAF)?

Não, haja vista que o aspecto espacial (que também se confunde com o material) do fato gerador do ICMS é a saída (física, jurídica e econômica) de mercadorias, não importando para tal o fato de existirem jazidas de minério – mormente se inexploradas – em outra localidade.

É o que nos parece.

CADERNOS DE DIREITO TRIBUTÁRIO

REVISITANDO A IMUNIDADE RECÍPROCA, O PRINCÍPIO FEDERAL E A AUTONOMIA DOS MUNICÍPIOS

MISABEL ABREU MACHADO DERZI

Professora dos cursos de Graduação e Pós-Graduação da Faculdade de Direito da UFMG – Professora Titular da Faculdade de Direito Milton Campos – Membro do Grupo de Pesquisa Europeu de Finanças Públicas/GERFIP – Presidente da Associação Brasileira de Direito Tributário/ABRADT – Advogada e Consultora

1. As imunidades e os princípios. 2. Fundamentos da imunidade recíproca. Nova posição da Constituição de 1988: 2.1 Evolução e funções do Estado Federal – 2.2 A imunidade recíproca como expressão do princípio da capacidade econômica – 2.3 A imunidade recíproca na Constituição de 1988. 3. Evolução da jurisprudência quanto aos conceitos de "renda", "patrimônio" e "serviços", para fins de imunidade. As importações. 4. Finalmente, um retorno a Aliomar Baleeiro? O falso dilema entre interpretação jurídica ou econômica. 5. Em resumo.

1. As imunidades e os princípios

Do ponto de vista jurídico, em geral, todos se põem de acordo em que a imunidade: (i) é regra jurídica, com sede constitucional; (ii) é delimitativa (no sentido negativo) da competência dos entes políticos da Federação, ou regra de incompetência; (iii) obsta ao exercício da atividade legislativa do ente estatal, pois nega competência para criar imposição em relação a certos fatos especiais e determinados; (iv) distingue-se da isenção, que se dá no plano infraconstitucional da lei ordinária ou complementar.[1]

Aliomar Baleeiro, o autor clássico das imunidades, define-as, por seus efeitos, como *limitações constitucionais ao*

1. Assim lecionam: Pontes de Miranda, *Comentários à Constituição de 1946*, vol. 1, São Paulo, Max Limonad, 1953, p. 156; Geraldo Ataliba, *Natureza Jurídica da Contribuição de Melhoria*, São Paulo, Ed. RT, 1964, p. 231; Gilberto de Ulhôa Canto, *Temas de Direito Tributário*, vol. 3, Rio de Janeiro, Alba, 1964, p. 340; José Souto Maior Borges, *Isenções Tributárias*, 1ª ed., São Paulo, Sugestões Literárias, 1969, p. 206; Sacha Calmon Navarro Coêlho, *Comentários à Constituição de 1988. Sistema Tributário*, Rio de Janeiro, 1990, p. 304; Paulo de Barros Carvalho, *Curso de Direito Tributário*, 4ª ed., São Paulo, Saraiva, 1991, p. 117; Bernardo Ribeiro de Moraes, *Sistema Tributário na Constituição de 1969*, São Paulo, Ed. RT, 1973, p. 467; Ruy Barbosa Nogueira, *Curso de Direito Tributário*, 5ª ed., São Paulo, Saraiva, p. 172; Ormezindo Ribeiro de Paiva, *Imunidade Tributária*, São Paulo, Resenha Tributária, 1981; Ives Gandra Martins, *Sistema Tributário na Constituição de 1988*, São Paulo, Saraiva, 1989.

poder de tributar.[2] Não obstante, são limitações constitucionais ao poder de tributar, ainda, os princípios da legalidade, da anterioridade, da igualdade, da vedação do confisco etc. Também a Constituição Federal intitula a Seção II do Capítulo VI [do Título VI] de "Limitações ao Poder de Tributar", e dentro dela inclui não apenas as imunidades propriamente ditas, como os grandes princípio e normas reguladores dos direitos e garantias dos contribuintes.

Qual seria, então, a especificidade das imunidades? Como distingui-las no seio das demais limitações constitucionais ao poder de tributar?

Criticando a todos que tratam o tema de forma difusa e interdisciplinar (com considerações político-econômicas e sociais), reduzindo-o a uma "limitação constitucional às competências tributárias", Paulo de Barros Carvalho observa, com a argúcia que lhe é peculiar: "Mas é curioso refletir que toda atribuição de competência, ainda que versada em termos positivos e categóricos, importa uma limitação. Entretanto, nem por isso estaríamos autorizados a falar em imunidades para os casos que ultrapassem os limites conferidos. Se assim não fosse poderíamos declarar-nos imunes à tributação de nossas rendas e proventos de qualquer natureza pelo Município, uma vez que tal iniciativa se encontra inequivocamente defesa, nos dizeres da Constituição. Nesse mesmo rumo, todos os administrados estariam imunes a exigências tributárias não determinadas por lei, em virtude de existir princípio lapidar que consagra o cânone da estrita legalidade. E, assim por diante, cada investida do Fisco violadora dos primados da igualdade, da anterioridade, da universalidade, da jurisdição e de todo o amplo catálogo de direitos e garantias que o Estatuto maior prevê suscitaria a invocação do versátil instituto da imunidade. Forçando mais o raciocínio, não seria desatino reduzir o Capítulo I do Título VI da Constituição a uma tábua de limitações, que passaríamos a denominar 'Imunidades Tributárias'".[3]

E propõe o seguinte conceito de *imunidades*: "classe finita e imediatamente determinável de normas jurídicas, contidas no texto da Constituição Federal, e que estabelecem, de modo expresso, a incompetência das pessoas políticas de direito constitucional interno para expedir regras instituidoras de tributos que alcancem situações específicas e suficientemente caracterizadas".[4]

Entretanto, convém observar que há certas imunidades que, por serem logicamente dedutíveis de princípios fundamentais irreversíveis, como a forma federal de Estado e a igualdade/capacidade contributiva, independem de consagração expressa na Constituição. É o caso das imunidades recíprocas das pessoas estatais e das instituições de educação e assistência social, por exemplo. Por essa mesma razão é que as imunidades, como regra geral, contemplam impostos. Eventualmente, por imperativo de justiça, a Constituição consagra a imunidade daqueles reconhecidamente pobres, em relação a certas taxas e emolumentos (art. 5º, LXXIV e LXXVI). Mas é exceção.

Caso diferente, entretanto, comprova o ditado do art. 151, I, da CF, que estatui: "É vedado à União: I – instituir tributo que não seja uniforme em todo o território nacional ou implique distinção ou preferência em relação a qualquer Estado, ao Distrito Federal ou a Município, em detrimento de outros, admitida a concessão de incentivos fiscais destinados a promover o equilíbrio do desenvolvimento sócio-econômico entre as diferentes regiões do país; (...)".

2. Aliomar Baleeiro, *Limitações Constitucionais ao Poder de Tributar*, 5ª ed., Rio de Janeiro, Forense, 2005, p. 12.

3. Paulo de Barros Carvalho, *Curso de Direito Tributário*, 4ª ed., p. 117.

4. Idem, ibidem.

Ora, o mencionado art. 151, I, não regula uma imunidade;[5] apenas reafirma o princípio da uniformidade no Estado Federal, que é uma especialização da igualdade. Princípio não é imunidade, embora imunidades estejam expressamente consagradas, por causa de valores e princípios fundamentais. Qual será, então, a especificidade conceitual da imunidade? Por que razão, tradicionalmente, legalidade, irretroatividade, anterioridade, capacidade econômica de contribuir, vedação do confisco e outros princípios não são imunidades, embora sejam, todos, limitações constitucionais ao poder de tributar?

Observe-se que aquilo que se convencionou chamar de *imunidade* (assim como acontece com a isenção, no plano das leis) é regra parcial, de exceção. A imunidade e a isenção jamais são totais ou coincidentes (no sentido negativo), no primeiro caso, com a norma atributiva de poder tributário, no segundo, com o âmbito de incidência do tributo. Se o forem, equivalerão à cassação da competência ou à revogação da lei tributante. Daí a explicável analogia, feita pela doutrina, entre imunidade e isenção, em que pese às suas diferenças substanciais.

A imunidade é regra constitucional expressa (ou implicitamente necessária) que estabelece a não-competência das pessoas políticas da Federação para tributar certos fatos e situações, de forma amplamente determinada, delimitando negativamente, por meio de redução parcial, a norma de atribuição de poder tributário. A imunidade é, portanto, regra de exceção e de delimitação de competência, que atua não de forma sucessiva no tempo, mas concomitantemente. A redução que opera no âmbito de abrangência da norma concessiva de poder tributário é tão-só lógica, mas não temporal.

Os princípios e as imunidades geram os mesmos efeitos: limitam o poder de tributar. Mas os princípios são normas e diretrizes gerais, que não estabelecem a incompetência tributária sobre certos fatos ou situações determinados, enquanto as imunidades são normas que somente atingem certos fatos e situações, amplamente determinados (ou necessariamente determináveis) na Constituição; além disso, as imunidades reduzem parcialmente o âmbito de abrangência das normas atributivas de poder aos entes políticos da Federação, delimitando-lhes negativamente a competência; e, sendo proibições de tributar expressas (ou fortes), têm eficácia ampla e imediata; criam direitos ou permissões em favor das pessoas imunes, de forma juridicamente qualificada.

von Wright distingue entre o *permitido fraco*, meramente implícito, que resulta de um juízo negativo, segundo o qual o que não está proibido está permitido; e um *permitido forte*, no sentido de que algo pode não estar proibido ou ser obrigatório, mas, ainda, submetido à norma.[6] Não obstante, o que não está proibido e não é obrigatório é permitido, no sentido bilateral de facultado, em espaço juridicamente qualificado e sujeito à norma se a permissão é modo deôntico jurídico. Pondera Vilanova que a permissão, como modo deôntico, mesmo implícita e resultante de juízo negativo, é juridicamente qualificada e tem caráter normativo. Esclarece que a conduta permitida é relacional como toda outra. É intersubjetiva.

"Poder-se-ia pensar que a permissão estivesse regrada por norma não-jurídica, caso em que ter-se-ia juridicamente a anomia, como mera possibilidade factual de conduta. Mas ocorre que o ordenamento não fica indiferente à forma relacional (intersubjetiva) de conduta. O ordenamento,

5. Apesar de Paulo de Barros Carvalho supor o contrário (*Curso de Direito Tributário*, 4ª ed., p. 113).

6. "An act will be said permitted in the weak sense if it is not forbidden; and it will be said to be permitted in the strong sense if it is not forbidden but subject to norm" (G. H. von Wright, "Norm and action, an essay in Deontic Logic and the general theory of action", *Acta Philosophica Fennica* XXI/86, Amsterdã, North-Holland Publising Co., 1968).

expressa ou tacitamente, confere faculdade de fazer ou omitir tudo o que suas normas não proíbem ou não ordenam (E. García Maynez, ob. cit., p. 202). Se temos a permissão de fazer ou omitir o que não se proíbe ou ordena, é que norma jurídica existe, expressa ou tácita, que nos concede a permissão, como direito, e impõe aos demais sujeitos o dever (jurídico) de não impedir a conduta permitida."[7]

A imunidade, as isenções (incluída a alíquota zero), são permissões explícitas do ponto de vista do contribuinte e configuram proibições ou deveres de omissão aos entes estatais. Uma proibição aos entes políticos da Federação de instituir imposto (no caso da imunidade) ou uma proibição à cobrança de tributo (no caso da isenção ou da alíquota zero). Mas a situação do não-contribuinte, do ponto de vista eficacial, não é diversa da daquele isento ou imune. Apenas implícita. A permissão transparece, então, como direito à conduta permitida e como proibição ou obrigação (dever de tolerar, de não fazer) da conduta contrária que obstaculize o exercício do facultado. O caráter constitutivo do "direito do contribuinte isento", a que se refere Alberto Xavier, próprio da isenção, é exatamente o mesmo nas demais permissões implícitas do ordenamento, englobantes do campo de não-incidência da norma tributária.

É possível sustentar, então, que tanto as permissões sujeitas a norma expressa como aquelas decorrentes de norma implícita formam, em conjunto com as obrigações, o estatuto do contribuinte, com seu complexo de deveres, obrigações e direitos ou permissões, sem perda de coerência.

Acresce, ainda, que a imunidade não se confunde com a incompetência deduzida ou inferida, da qual também resultam direitos para o contribuinte, tão eficazes e atuantes quanto aqueles expressos nas imunidades, que são um conjunto de normas proibitivas de exceção (proibitivo forte). Se existe uma regra de não-competência segundo a qual falece poder ao Município para instituir imposto sobre ativos, o contribuinte pode se opor à exigência descabida. Mas o fenômeno não é regra de não-competência imunitória, porque tal regra não atua sobre outra de atribuição de poder tributário ao Município, reduzindo-lhe a extensão. Bem se vê que as imunidades são um *non sense* se analisadas isoladamente (como seriam as isenções, no plano das leis da pessoa tributante). Somente relacionadas a uma norma atributiva de poder tributário perdem o sentido absoluto de "regra de incompetência", assumindo a dimensão que devem ter: regra de incompetência que atua parcialmente sobre outra, reduzindo-lhe a extensão. Não dizemos que somos "imunes" a impostos sobre a renda instituídos pelo Município, porque a essa pessoa pública estatal falece poder originário para tributar a renda. Não obstante, dizemos que os "templos" são imunes ao IPTU, porque há uma norma constitucional que atribui ao Município a faculdade de instituir imposto de tal natureza.

No plano das isenções passa-se fenômeno similar. Paulo de Barros Carvalho afirma, com propriedade: "Guardando a sua autonomia normativa, a regra de isenção investe contra um ou mais critérios da norma-padrão de incidência, mutilando-os, parcialmente. É óbvio que não pode haver supressão total do critério, porquanto equivaleria a destruir a regra-matriz, inutilizando-a como norma válida no sistema. O que o preceito de isenção faz é subtrair parcela do campo de abrangência do critério do antecedente ou do conseqüente".[8]

E, explicando seu modo de enfocar o tema, diz: "Acreditamos haver respeitado, pelo caminho que escolhemos, o princípio da simultaneidade da dinâmica

7. Cf. Lourival Vilanova, *As Estruturas Lógicas e o Sistema do Direito Positivo*, São Paulo, Ed. RT, 1977, p. 169.

8. Paulo de Barros Carvalho, *Curso de Direito Tributário*, 4ª ed., pp. 328-329.

normativa".[9] Não são inadequados – pensamos – os termos "mutilar", "suprimir" ou "subtrair parcialmente", utilizados pelo citado jurista para explicar o fenômeno da isenção; assim como não há inconsistência no uso dessas mesmas expressões para referir os efeitos que a norma imunitória provoca na norma atributiva de poder.

Ora, a norma isencional – e é irrelevante que seja criada, simultaneamente, na lei que institui o tributo ou em outra, posterior –, uma vez posta, atuará na norma de tributação, reduzindo-lhe o campo de incidência. A atuação é logicamente concomitante, e não sucessiva, no tempo. Assim também a imunidade – e é irrelevante que venha consagrada em texto constitucional originário ou derivado, por emenda ou revisão – delimita, demarca, reduzindo a norma atributiva de poder tributário, de forma lógica e não sucessiva, no tempo. Em um e outro instituto os fenômenos de mutilação, supressão parcial, subtração, redução ou restrição são o ponto analógico de ligação.

Se tomamos a palavra "competência" no sentido de poder tributário *já delimitado* (como pretende Paulo de Barros Carvalho), então, a norma de competência é um conjunto que resulta da seguinte subtração: norma de atribuição de poder – norma denegatória de poder (imunidade). O que é preciso registrar é que as imunidades somente adquirem sentido e função uma vez relacionadas com as normas atributivas de poder, cuja abrangência elas reduzem. Nesse sentido, elas são: (i) endógenas, em relação às normas atributivas de poder tributário, porque lhes delimitam negativamente a extensão, atuando dentro delas para reduzir-lhes o âmbito eficacial; (ii) negações parciais, um *non sense* se analisadas isoladamente, que não se prestam a ditar as diferenças especificantes de cada espécie de competência tributária (assim como as isenções, por serem também negações parciais, não contêm a diferença especificante de cada espécie de tributo).

9. Idem, p. 334.

Os princípios jurídico-constitucionais limitam o poder de tributar, mas são funcional e logicamente diferentes. Leciona Geraldo Ataliba:

"Agustín Gordillo – notável mestre de Direito Argentino – ensina que o princípio é ao mesmo tempo norma e diretriz do sistema, informando-o visceralmente (*Introdución al Derecho Administrativo*, vol. I, p. 176), e demonstra que mesmo as normas constitucionais não têm igual eficácia, mas, pelo contrário, se estruturam de forma piramidal, como entende a Escola de Viena, liderada pelo incomparável Kelsen. Aliás, José Afonso da Silva (*Aplicabilidade das Normas Constitucionais*) dá a melhor demonstração prático-teórica da robustez desse postulado. O princípio aponta a direção, o sentido em que devem ser entendidas as normas que nele se apóiam, e ressalta não poder o intérprete extrair conclusão que contrarie um princípio ao alicerce de um edifício, lhe comprometa as exigências, ou lhe negue as naturais conseqüências. Por isso Juan Manuel Teran compara o princípio ao alicerce de um edifício, já que suporta o sistema e lhe dá consistência.

"Ouçamos um dos mais autorizados publicistas brasileiros (Celso Antônio Bandeira de Mello), expondo magistralmente lição fundamental: 'Entende-se por *princípio* a disposição, expressa ou implícita, de natureza categorial em um sistema, que conforma o sentido das normas implantadas em uma dada ordenação jurídico-positiva. Com efeito, na lição magistral de Juan Manuel Teran, 'toda categoría lógicamente es un concepto bajo el cual se ordenan una serie de nociones y conceptos. Toda categoría es un concepto básico, en tanto que comprende otros. Existe un concepto como categoría, en tanto que a el se subordina o de el se infieren otros conceptos (...). En otras palabras, sólo son categorías los conceptos fundamentales con relación a cierta orden; es decir, cuando sirven de apoyo para compresión dentro de cierta esfera' (*Filosofía del Derecho*, 1952, Porrúa, México, p. 87). *Princípio* é, pois, por definição, mandamento nuclear de um sistema, verdadeiro alicerce dele, disposição fundamental que se irradia sobre diferentes normas, compondo-lhes o espírito e servindo de critério para sua exata compreensão e inteligência, precisamente porque define a lógica e a racionalidade do sistema normativo, conferindo-lhe a tônica que lhe dá sentido harmônico'".[10]

A rigor, os princípios, como mandamentos nucleares, como conceitos básicos ou alicerces do sistema jurídico, tanto inspiram as normas atributivas de poder como aquelas imunitórias. Ora explicam o sentido e a função de uma imunidade, ora a distribuição de poder entre os entes federados, ora são requisitos ou critérios de validade formal ou material para a criação de normas jurídico-tributárias. Compreendê-los é condição inafastável para a interpretação de qualquer regra.

Legalidade, igualdade, proibição de confisco, anterioridade, irretroatividade, por exemplo, dizem respeito aos requisitos a serem observados para o exercício válido da competência tributária. Sendo direções traçadas ao legislador, criam também direitos subjetivos em favor dos contribuintes, mas sua observância levará à formação de normas de conduta válidas, eficazes e aplicáveis à instituição regular e eficiente do tributo. São diretrizes que norteiam o bom exercício da competência tributária.

Ao contrário, no caso das imunidades, como normas que retiram certos fatos ou pessoas do âmbito de abrangência das normas atributivas de poder, a observância dos princípios da legalidade, irretroatividade, anterioridade, vedação do confisco, igualdade etc. será inútil, porque se esbarra em uma proibição ou denegação expressa de competência para tributar aqueles fatos ou pessoas. As imunidades não norteiam o bom exercício da competência tributária, mas denegam o poder tributário, limitando-o relativamente a certos fatos. Com razão, explica Sacha Calmon:

"O legislador constituinte autorizou ao Município criar o ITBI, proibindo, no entanto, sua incidência sobre a transmissão desses bens ao patrimônio de pessoa jurídica em realização de capital (colocação de bens imóveis ao capital de sociedade). Nesse mesmo passo, deu à União competência para instituir o ITR e aos Estados a faculdade de criar impostos sobre operações relativas à circulação de mercadorias. Proibiu à União, todavia, tributar com o ITR as glebas rurais de área mínima e vedou aos Estados fazer incidir o ICMS sobre produtos industrializados remetidos ao exterior. Os prédios urbanos estão sujeitos ao IPTU de competência municipal, mas esta exação sobre o patrimônio não pode incidir sobre os 'templos de qualquer culto', em virtude de imunidade expressa.

"Nos exemplos figurados constata-se que o constituinte, ao mesmo tempo em que concedeu poder e competência às pessoas políticas para a instituição de imposto sobre a propriedade territorial rural e sobre operações relativas à circulação de mercadorias, vedou o exercício dessas mesmas competências sobre certas transmissões imobiliárias, sobre determinado tipo de propriedade rural, sobre certas operações de circulação de mercadorias (as que destinam ao exterior produtos industrializados) e sobre a propriedade predial de algumas pessoas jurídicas, expressamente nominadas.

"Inquestionavelmente, não fossem as imunidades – restrições à competência impositiva –, e tais situações seriam perfeitamente tributáveis."[11]

Não obstante, as imunidades somente se explicam e se justificam se buscarmos os princípios que as inspiram. Portanto, o princípio federal tanto norteia a distribuição de renda e de poder tributário, posi-

10. Cf. Geraldo Ataliba, *Instituições de Direito Público e República*, São Paulo, 1984, pp. 35-36.

11. Sacha Calmon Navarro Coêlho, *Comentários à Constituição de 1988. Sistema Tributário*, 1990, pp. 340-341.

tivamente conferido às pessoas estatais, como também dá sentido à imunidade recíproca, que lhes delimita a competência. Como ensina Celso Antônio Bandeira de Mello, os princípios são conceitos categoriais básicos, dos quais se desprendem as mais distintas noções do sistema, seu alicerce, suporte e sentido.

Então, os princípios limitam o poder de tributar porque subordinam o exercício válido e eficiente da competência a critérios e requisitos; as imunidades (que só ganham sentido em razão dos princípios que as inspiram) limitam-no porque reduzem a extensão das normas atributivas de poder, em relação a certos fatos determinados, modelando a competência.

Assim, ambos, princípios e imunidades, não se aproximam apenas em razão dos efeitos que provocam: limitações ao poder de tributar. Mas uma imunidade representa ainda a conseqüência expressa ou implícita (se necessária) de um princípio. A imunidade recíproca das pessoas públicas estatais deriva da autonomia que lhes é inerente quando se adota o princípio federativo; a imunidade das instituições de educação e assistência social deriva da ausência da capacidade econômica. E como tais princípios, o federativo e a igualdade, são irreversíveis e fundamentais, porque não podem ser afastados por emenda à Constituição, as referidas imunidades teriam de ser deduzidas ainda que inexistisse menção expressa na Carta Magna.

Mas nem por isso ambos podem ser confundidos. Os princípios são diretrizes gerais, mandamentos alicerçantes e basilares do sistema jurídico que tanto podem inspirar concessões, prerrogativas, faculdades, negações ou privações totais ou parciais. Muitas vezes limitam o poder tributário, subordinando seu exercício ao cumprimento de certos requisitos materiais ou formais. Nesse caso, pressupõem a existência da competência cujo exercício disciplinam (citem-se os princípios da legalidade, da irretroatividade, da isonomia, da anterioridade etc.).

As imunidades, como normas denegatórias de poder relativas a certos fatos específicos e determinados, mutilam parcela do âmbito de validade da norma atributiva de poder, delimitando a competência da pessoa estatal. Emanam de relevantes princípios constitucionais, que lhes dão sentido harmônico e coerente. Mas têm, tradicionalmente, sua especialidade definida em que pressupõem a inexistência de competência em relação àqueles específicos fatos imunes.

2. Fundamentos da imunidade recíproca. Nova posição da Constituição de 1988

Como sabemos, a imunidade recíproca assenta-se basicamente no princípio federal. Esse princípio, consagrado desde a primeira Constituição republicana brasileira, informa o Estado, no qual tanto as descentralizações político-jurídicas regionais e locais (Estados e Municípios) como a Federação (ou União) têm natureza estatal. O Estado é essencialmente poder.[12] É o monopólio de coerção social, quer o encaremos do ponto de vista estritamente sociológico, como realidade que causa o Direito, quer o vejamos como coercibilidade própria do Direito (à moda kelseniana), portanto produto e conseqüência da ordem jurídica.

Já constatou Miguel Reale[13] que não há poder social organizado que não seja jurídico. Por conseguinte, com a descentralização política própria do Estado Federal se dá, necessariamente, uma descentralização jurídica. O enfoque estritamente jurídico da questão leva-nos a constatar o inverso. A descentralização jurídica corresponderá à política, já que o poder estatal, sob tal ângulo, é mera validade e eficácia da ordem jurídica.

12. Ruy Cirne Lima, *apud* Alfredo Augusto Becker, *Teoria Geral do Direito Tributário*, 2ª ed., São Paulo, Saraiva, 1972, p. 158.

13. Miguel Reale, *Teoria do Direito e do Estado*, 2ª ed., São Paulo, Martins, 1960, pp. 106-107.

Ora, no federalismo, como forma de Estado, dá-se uma descentralização jurídica e política.

Para Hans Kelsen as formas de Estado Unitário e Federal (ou descentralizado) podem ser estudadas sob dois ângulos: o estático e o dinâmico. Do ponto de vista estático a descentralização representa a convivência, em um mesmo Estado, de ordens jurídicas locais ou regionais que, no seu todo, compõem a ordem jurídica nacional. Diz-se apenas "estático" em razão de as ordens jurídicas parciais (locais ou regionais) emanarem do poder central. É mera descentralização quanto ao âmbito de validade territorial da norma, não enseja descentralização do poder, podendo ocorrer tanto na forma unitária de Estado como na federal.

Não obstante, a descentralização jurídica no sentido dinâmico do termo pressupõe descentralização do poder e se reconhece "quando a ordem jurídica, válida somente para uma comunidade parcial, é criada por órgãos eleitos simplesmente pelos membros dessa comunidade parcial. Como exemplo poderia citar-se um Estado Federal em que as leis válidas para o território de um Estado-membro unicamente podem ser expedidas pelo legislativo local, eleito pelos cidadãos desse Estado-membro".[14]

A descentralização no sentido estático e dinâmico acima referido, a rigor, é que caracteriza o federalismo, pois somente ela atinge a essência do Estado, o poder, pela criação de diversas e próprias fontes de produção jurídica, as quais, por sua vez, gerarão as ordens jurídicas parciais. É importante a relação quantitativa entre descentralização e centralização, pois esses fenômenos são sempre relativos, nunca se dando em grau máximo. A centralização radical precipitaria o Estado em unitário, e a descentralização, levada a seu ponto extremo, provocaria a total dispersão da comunidade nacional em ordens jurídicas independentes e soberanas. É esse o princípio da simetria e da dessimetria de Pontes de Miranda, lembrado por Vilanova:

"O *quantum* de simetria não pode ir além de certo ponto sem o Estado Federal desfazer-se numa pluralidade de Estados soberanos".[15]

Daí, no Estado do tipo Federal, a isonomia entre as ordens jurídicas que nele coexistem é corolário lógico e necessário da descentralização dinâmica (jurídico-política). Se as ordens jurídicas válidas apenas para o Estado e para o Município (descentralização estática) nascem de fonte jurídica própria, por meio de órgãos estatais, eleitos por membros de cada uma dessas comunidades (descentralização dinâmica), não pode haver hierarquia ou relação de supra-ordenação de um poder parcial sobre o outro (quer federal, estadual ou municipal). Caso contrário a descentralização dinâmica, característica essencial do federalismo, estaria prejudicada.

Tanto a União quanto os Estados e os Municípios (no caso brasileiro) exercem a própria autonomia política, que lhes foi institucionalmente conferida. Uma descentralização política horizontal relativa é sua característica, enquanto no Estado Unitário se dá uma concentração.

Segundo Richter e Schuppert, o Tribunal Constitucional alemão assim resumiu o fenômeno:

"Os Estados são membros do Estado Federal – embora também delimitados um frente ao outro – com soberania estatal própria não derivada da Federação, porém por ela reconhecida".[16]

14. Cf. Hans Kelsen, *Teoría General del Derecho y del Estado*, 2ª ed., trad. de Eduardo García Maynez, México, Imprenta Universitaria, 1958, p. 268.

15. Lourival Vilanova, *As Estruturas Lógicas e o Sistema do Direito Positivo*, p. 124.

16. Richter e Schuppert, *Casebook Verfassungsrecht München*, Verlag C. H. Beck, 1987, p. 358.

Como lembrou Baleeiro, o princípio da imunidade recíproca é inerente ao Estado Federal, resultou remota e indiretamente da "teoria dos poderes implícitos" de Hamilton e nunca constou expressamente de nenhum dispositivo da Constituição dos Estados Unidos ou de suas emendas. Se em nosso país figurou, desde logo, no bojo do art. 10 de nossa primeira Constituição republicana, foi por influência da doutrina e da jurisprudência daquela nação da América do Norte.

Sendo corolário de uma relativa descentralização político-jurídica do Estado Federal, que se assenta na isonomia das ordens jurídico-estatais que nele convivem, a imunidade recíproca não precisa estar expressamente prevista em carta constitucional.

Aliás, a evolução da teoria da imunidade recíproca dependeu, em suas linhas básicas, da evolução da teoria do Estado Federal.[17]

2.1 Evolução e funções do Estado Federal

A função histórica do Estado Federal tem sido apontada, tradicionalmente, na manutenção da unidade, com preservação das diferenças sociológicas, culturais, éticas e econômicas locais, no respeito às multiplicidades regionais. Esse enfoque é dado, especialmente, nos federalismos historicamente formados da periferia para o centro, da dessimetria para uma simetria incipiente (como é o caso dos Estados Unidos).

Em outros países, em que resultou menos da pressão da realidade, como fato sociológico anteposto, e mais de uma decisão político-jurídica, o princípio federal cedo passou a cumprir uma importante função adicional, que não pode ser negligenciada: a de configurar uma evasão do poder vertical e uma preservação da democracia.

Convém lembrar a experiência germânica, em certo grau similar à nossa. Embora já tivesse dado origem a uma Confederação de Estados independentes (de 1815 a 1866), o Estado Alemão esteve unificado por mais de 10 anos, durante a ditadura do Nacional Socialismo de 1934 a 1945. Por isso, explicam Richter e Schuppert, deu-se uma decisão em favor do Estado federativo, no ano de 1949, por quatro motivos: (i) o surgimento da República Federativa que encontra os já existentes Estados federativos; (ii) a manutenção em aberto da República Federativa para o ingresso de outros Estados; (iii) a insistência das forças de ocupação ocidentais na adoção do princípio federal; (iv) o desejo de evitar a ditadura do III *Reich*, que caracterizou a consciência dos novos democratas.[18]

Embora não tenhamos tido fortes raízes históricas ligadas ao federalismo, a intermitência da democracia brasileira recomendou e ainda recomenda a adoção dessa forma de Estado e sua manutenção. E não importam as críticas que possam ser levantadas. O papel que cumpre o Estado Federal, como garantia adicional da liberdade e da República democrática, é suficiente para legitimá-lo. Por essas mesmas razões é perfeito o resumo que faz Stein, na Alemanha, das vantagens da decisão em favor do federalismo. Confira-se:

17. No mesmo sentido, entendendo a imunidade recíproca como necessária decorrência do princípio federal, tendo idêntica eficácia se meramente implícita: Aliomar Baleeiro, *Limitações Constitucionais ao Poder de Tributar*, 5ª ed., pp. 91-172; Francisco Campos, *Direito Constitucional*, vol. 1, Rio de Janeiro, Freitas Bastos, 1956, p. 18; Oswaldo Aranha Bandeira de Mello, "Tributação dos bens, das rendas e serviços das entidades da Federação", *Revista de Direito* 9/124-125; Zelmo Denari, *Elementos de Direito Tributário*, São Paulo, Juriscredi, 1973, pp. 185-186; Gilberto de Ulhôa Canto, in *RDA* 52/35; Geraldo Ataliba, *Sistema Constitucional Tributário*, São Paulo, Ed. RT, 1986, p. 54; Paulo de Barros Carvalho, *Curso de Direito Tributário*, 2ª ed., São Paulo, Saraiva, 1992.

18. Richter e Schuppert, *Casebook Verfassungsrecht München*, p. 358.

"O sentido do princípio federativo é visto, hoje, menos na manutenção de peculiaridades regionais que em uma segurança adicional da liberdade. A divisão dos Poderes, segundo Montesquieu, quase não tem mais significado prático.

"A tendência do moderno Estado administrativo a uma acumulação de poder cada vez maior, que já levou, na Alemanha, uma vez, a um totalitarismo funesto, precisa ser detida, por isto, com outros contrapesos. A isto serve também, entre outros, a distribuição do poder estatal entre a Federação e os Estados. Como nova forma de evasão da força ('evasão do poder vertical'), ela deu bons resultados nas décadas passadas em muitas oportunidades. Isto não deveria ser esquecido quando se acentuam, por outro lado, as muitas desvantagens do princípio estatal federativo. Por longo período seu futuro vai depender de qual uso os Estados fazem de suas competências".[19]

Não se nega a possibilidade de a forma unitária de Estado conviver com regimes políticos que adotam o princípio democrático, nem tampouco o princípio federal representa defesa absoluta contra os regimes ditatoriais. Mas a descentralização de poder, peculiar à forma federal de Estado, acarreta mais facilmente a República democrática, dificultando o totalitarismo. Afinal, enriquecer o federalismo, dotando de maior autonomia os entes estatais que convivem no mesmo Estado, ampliar a competência legislativa de Estados-membros e Municípios, é dar maior espaço à co-deliberação e à autodeterminação popular.

Em um país de grande extensão territorial e elevado número de habitantes, como o nosso, restabelecer o equilíbrio federativo, através da concessão de maior autonomia aos entes regionais e locais, é fazer crescer a representação legislativa do cidadão, o qual passa a interferir na formação de ordens jurídicas que têm base territorial menor. Crescer a liberdade política de Estados e Municípios é, sem dúvida, fazer crescer o nível de participação política de cada um em particular.

Portanto, *a decisão por um Estado Federal é uma decisão pela liberdade e não deixa de ser uma decisão pela igualdade*, na medida em que se respeitam as diferenças e peculiaridades locais e regionais. Tal respeito, ao mesmo tempo, torna essas disparidades menos relevantes ou menos radicais.

Está claro que a democracia republicana, como forma de governo, e o federalismo, como forma de Estado, são conceitos inconfundíveis. Mas guardam conexões, pois se assentam ambos na liberdade e na igualdade, em maior ou menor grau. Pois, à medida que mais se fortalece e se enriquece o Estado Federal naquilo que é sua característica (descentralização jurídico-política), mais ganha, em termos qualitativos, a República democrática, que, nas distintas esferas estatais, obtém novas e mais latas oportunidades de co-decisão e co-participação popular na ordem jurídica.

Ora, a Constituição de 1988 representa a culminância de um processo de abertura política já lentamente iniciado, para o restabelecimento da vida democrática nacional. Por isso, como não poderia deixar de ser, cuidou de reforçar o federalismo, como garantia adicional da liberdade, cuidou de aumentar o espaço legislativo dos Estados, do Distrito Federal e dos Municípios. Em relação ao direito tributário, impostos antes atribuídos ao campo de competência da União passaram ao Poder Legislativo estadual, como o incidente sobre serviços de transporte intermunicipal e interestadual e de comunicação, sobre minerais, combustíveis líquidos e gasosos e energia elétrica. Além disso, o imposto incidente sobre transmissão *causa mortis* e doação de quaisquer bens ou direitos, como espécie nova, foi conferido aos

19. Stein, *Staatsrecht*, *apud* Richter e Schuppert, *Casebook Verfassungsrecht München*, p. 329.

Estados-membros. Permitiu-se aos entes estaduais criar adicional ao imposto de renda pago à União.

Dois outros impostos passaram a compor o elenco dos tributos de competência municipal, a saber: o de transmissão *inter vivos*, a qualquer título, por ato oneroso, de bens imóveis e o de vendas de combustíveis a varejo. Porém, a Emenda Constitucional 3/1993 determinou a extinção paulatina do adicional estadual e do imposto municipal de vendas de combustíveis no varejo.

É evidente que no direito tributário a questão assume dupla importância, envolvendo tanto o fortalecimento político quanto o financeiro. Ao conferir maior renda tributária a Estados, Distrito Federal e Municípios, quer pela participação de um ente estatal no produto da arrecadação de outro, quer pela participação em fundos de redistribuição, quer pela atribuição mais lata de competência tributária, a Constituição dotou-os de maior autonomia política, legislativa e financeira. Sem dúvida, especialmente o crescer da autonomia político-jurídica do Estado Federal é que configura fruto e reflexo de um ser democrático de direito.

Mas não se suponha que o cognome "Estado Democrático de Direito", em que se funda a República Federativa do Brasil, leve ao retorno de um federalismo dualista ultrapassado e isolacionista. Feitas as aparas ao excessivo centralismo, atenuado o controle do poder central sobre funções formalmente consideradas estaduais ou municipais, entretanto, as necessidades de desenvolvimento nacional, de planejamento econômico e de redução das desigualdades sociais e regionais levam ao Federalismo integrativo ou financeiro. Alerta José Alfredo de Oliveira Baracho[20] para o fato de que a aceitação do planejamento econômico marca a passagem da teoria clássica do federalismo dualista ao corporativo, integrativo ou financeiro. Deve-se considerar, ainda, que a destinação de recursos por meio de fundo especial (art. 159, I, "c", da CF/1988) às regiões mais carentes ou menos desenvolvidas do país – como Norte, Nordeste e Centro-Oeste – e outros critérios de redistribuição são normas constitucionais expressivas do federalismo cooperativo.

A evolução do princípio federal, compreendido como garantia adicional da liberdade – forma de evasão da concentração de poder – e profundamente impregnado da igualdade, da redução das grandes disparidades econômico-materiais, em favor de um desenvolvimento harmonioso e solidário – federalismo cooperativo –, se faz sentir, como demonstra Aliomar Baleeiro,[21] na teoria da imunidade recíproca.

2.2 A imunidade recíproca como expressão do princípio da capacidade econômica

Como acabamos de registrar, a imunidade recíproca é explicada pela maioria dos juristas como necessária decorrência da opção pela forma federal de Estado, assentando-se, em primeiro lugar, na autonomia das pessoas estatais. Por essa razão, estende-se a imunidade apenas a impostos, espécie de tributo na qual o poder de império do Estado tributante se manifesta em grau máximo, o que é incompatível com o federalismo.[22] Por essa mesma razão, as modificações evolutivas da imunidade recíproca podem ser explicadas de acordo com as alterações por que passou o Estado Federal.

Garantia adicional da liberdade e da democracia, o Estado Federal se compenetrou da igualdade, da necessidade de re-

20. José Alfredo de Oliveira Baracho, *Teoria Geral do Federalismo*, Belo Horizonte, FUMARC/UCMG, 1982, p. 239.

21. Aliomar Baleeiro, *Limitações Constitucionais ao Poder de Tributar*, 5ª ed., pp. 234 e ss.

22. V. Geraldo Ataliba, *Apontamentos de Ciência das Finanças, Direito Financeiro e Tributário*, São Paulo, Ed. RT, 1969, p. 265.

dução das grandes disparidades regionais e das metas intervencionistas que caracterizam o federalismo integrativo e cooperativo, trazendo limitações à imunidade recíproca: ela não se estende a particulares, nem deve beneficiá-los, de modo que são tributáveis as remunerações de servidores públicos, sem distinção de cargo ou função, e a renda dos títulos da dívida pública; igualmente se excluem da imunidade recíproca os serviços públicos concedidos e a atividade empresarial do Estado, na qual ele persegue o lucro e se submete às regras do direito privado, despindo-se do seu poder de império.

Outros juristas, no entanto, preferem fundamentar as imunidades dos entes estatais na ausência de capacidade contributiva. Nesse caso, o princípio se estenderia às Municipalidades e entes autárquicos, mesmo sendo unitária a forma de Estado, uma vez que a riqueza estatal se destina a fins públicos.[23]

De fato, esse é outro prisma pelo qual a questão também deve ser examinada, não se podendo reconhecer nas atividades estatais próprias, como instrumentalidades governamentais, a capacidade inerente às atividades econômicas de fins lucrativos. Nem seria razoável tributar, decepando a renda, aquela atividade para cuja manutenção compulsoriamente devem contribuir os cidadãos. Tal ângulo de análise também explica por que motivo se excluem da imunidade as empresas públicas organizadas em regime de direito privado.

Por si, o argumento da ausência de capacidade econômica, hoje requisito expresso no art. 145 da CF para a imposição tributária por meio de impostos, seria suficiente para justificar e deduzir a imunidade recíproca dos entes estatais. Mas ele deve ser utilizado complementarmente, porque ele se presta também a explicar a imunidade das instituições de educação, de assistência social, dos sindicatos e dos partidos políticos, a qual não pode ser colocada no mesmo plano comum àquele da recíproca.

É que a imunidade recíproca, assentada apenas na ausência de capacidade contributiva, fica empobrecida em sua importância prevalente e em seus distintos desdobramentos. A imunidade recíproca responde a dois princípios constitucionais igualmente intangíveis por meio de emenda constitucional: ao princípio federal e ao princípio da ausência de capacidade econômica para pagar impostos (que, no direito tributário, deve ser examinado segundo o critério da capacidade econômica). Quer se examine o tema sob um ângulo – o da isonomia política dos entes da Federação –, quer sob outro – o da inexistência de capacidade econômica –, a imunidade intergovernamental obriga e não pode ser reduzida por modificação posterior que altere o texto constitucional originário. Na Constituição brasileira a imunidade recíproca não se fundamenta em um ou outro, mas, ao contrário, no duplo princípio, no federal e na ausência de capacidade econômica, ambos limitadores da faculdade de emendar ou de revisar a Carta, própria do Poder Legislativo derivado.

2.3 A imunidade recíproca na Constituição de 1988

Aliomar Baleeiro[24] menciona como ressalvas expressas à imunidade a tributação dos serviços públicos concedidos, da renda, das obrigações da dívida pública e dos proventos dos agentes dos Estados e Municípios.

De fato, o Mestre apontou o fenômeno como exceção, considerando a época em que foi introduzido na Constituição Federal. Mas, com a evolução do princípio federal, tanto no direito constitucio-

23. Cf. Dino Jarach, *El Hecho Imponible*, Buenos Aires, Abeledo Perrot, p. 199; também Sacha Calmon Navarro Coêlho, *Comentários à Constituição de 1988. Sistema Tributário*, Rio de Janeiro, Forense, 1991.

24. Aliomar Baleeiro, *Limitações Constitucionais ao Poder de Tributar*, 5ª ed., p. 91.

nal norte-americano como no nacional, delineia-se uma nova teoria da imunidade, trabalhada pela igualdade, pela abolição de privilégios e pela reciprocidade de tratamento entre os entes políticos federados. Dentro dessa nova mentalidade, há mudanças, e não, propriamente, ressalvas, ficando assim conformada a imunidade recíproca dentro da Constituição de 1988, dentro dos seguintes critérios, todos emanados dos grandes princípios que a norteiam: o federalismo e a inexistência de capacidade econômica das pessoas estatais (art. 150, VI, "a", e §§ 2º e 3º):

(i) O tratamento imunitório de reciprocidade entre a União, os Estados, o Distrito Federal e os Municípios torna-se necessariamente deduzido da descentralização de poder, própria do Estado Federal, ainda que não tivesse sido sucessivamente expresso nas Cartas Constitucionais brasileiras.

(ii) A imunidade recíproca não beneficia particulares, terceiros que tenham direitos reais em bens das entidades públicas, nem créditos ou rendas de outrem contra tais entidades – como queria Pontes de Miranda –, cessando os "odiosos" privilégios de funcionários públicos, magistrados, parlamentares ou militares; não se estende, pelos mesmos fundamentos, aos serviços públicos concedidos, nem exonera o promitente comprador da obrigação de pagar imposto relativamente ao bem imóvel (art. 150, II, e §§ 2º e 3º).

(iii) A imunidade recíproca se deduz, ainda, da superioridade do interesse público sobre o privado, beneficiando os bens, o patrimônio, as rendas e os serviços de cada pessoa estatal interna, como instrumentalidades para o exercício de suas funções públicas, em relação às quais não se pode falar em capacidade econômica voltada ao lucro ou à especulação (art. 150, §§ 2º e 3º).

(iv) A imunidade não beneficiará atividades, rendas ou bens estranhos às tarefas essenciais das pessoas estatais e de suas autarquias que tenham caráter especulativo ou voltados ao desempenho econômico lucrativo, em respeito ao princípio da livre concorrência entre as empresas públicas e privadas e à tributação segundo o princípio da capacidade contributiva (art. 145, § 1º; art. 173, §§ 1º e 2º).

3. Evolução da jurisprudência quanto aos conceitos de "renda", "patrimônio" e "serviços", para fins de imunidade. As importações

Em primeiro lugar, o sentido da imunidade passou a ser buscado na apreensão dos conceitos de "renda", "patrimônio" e "serviços", utilizados pela Constituição para determinar a imunidade do art. 150, VI, "a" ou "c", e, ao mesmo tempo, para delimitar a norma de atribuição de poder tributário aos entes estatais – arts. 153, 155 e 156 –, e também usados pelo Código Tributário Nacional, que seguiu o modelo da Emenda Constitucional 18/1965. Assim, tais conceitos, aparentemente indeterminados e de limites um tanto fluidos, ganhariam conteúdo, segundo essa corrente, a partir da organização dos diversos tributos, feita pelo Código Tributário Nacional, que os distribui em impostos sobre o comércio exterior (Capítulo I), impostos sobre o patrimônio e a renda (Capítulo III), impostos sobre a produção e a circulação (Capítulo IV) e impostos especiais (Capítulo V), todos do Título III do Livro I. Estariam, por esse prisma, excluídos da imunidade os impostos de importação, sobre produtos industrializados e sobre operações de circulação de mercadorias e serviços de transporte e comunicação, assim como o imposto sobre operações de crédito, câmbio e seguros/IOF, uma vez que não importa que o ente público seja o promotor da operação de circulação ou de importação (contribuinte *de iure*) ou o mero adquirente do produto ou da mercadoria (contribuinte de fato). Essa a posição inicialmente adotada por Sacha Calmon,[25]

25. Sacha Calmon Navarro Coêlho, *Comentários à Constituição de 1988. Sistema Tributário*, 1991, pp. 338-348.

para quem apenas os impostos incidentes sobre a renda, o patrimônio e a prestação de serviços estariam incluídos na imunidade recíproca (posição posteriormente modificada, em edições posteriores de seus *Comentários*). Essa também a diretriz adotada pelo Decreto-lei 406, de 31.12.1968, o qual, aceito como lei complementar de normas gerais pelos tribunais, considerava contribuintes do ICM, em seu art. 13, § 1º: "III – os órgãos da Administração Pública direta, as autarquias e empresas públicas, federais, estaduais ou municipais, que vendem, ainda que apenas a compradores de determinada categoria profissional ou funcional, mercadorias que, para esse fim, adquirirem ou produzirem".

De resto, o Supremo Tribunal Federal vem rejeitando, com toda a razão, critérios infraconstitucionais, adotados pelo Código Tributário Nacional, para interpretar norma da Constituição, de hierarquia superior máxima. A inversão seria intolerável, pois são os princípios da Constituição que devem iluminar a interpretação das normas inferiores. E, segundo os ditames da Constituição, interessa apenas saber se o bem adquirido integra o patrimônio, protegido pela imunidade, das pessoas estatais e suas autarquias.

Confira-se:

"*Ementa:* Constitucional – Tributário – ICMS – Imunidade tributária – Instituição de educação sem fins lucrativos – CF, art. 150, VI, 'c'.

"I – Não há invocar, para o fim de ser restringida a aplicação da imunidade, critérios de classificação dos impostos adotados por normas infraconstitucionais, mesmo porque não é adequado distinguir entre bens e patrimônio, dado que este se constitui do conjunto daqueles. O que cumpre perquirir, portanto, é se o bem adquirido, no mercado interno ou externo, integra o patrimônio da entidade abrangida pela imunidade.

"II – Precedentes do STF.

"III – Recurso extraordinário não conhecido."[26]

São precedentes do STF, no mesmo sentido: RE 87.913-SP; RE 89.173-SP; RE 193.969-SP; RE 186.175-SP; RE 225.671-SP/AgRg; e RE 210.251-SP.

Assim fundamentou o Min. Carlos Velloso o teor de seu voto:

"Como o ICMS, tal qual o IPI e o IOF, são classificados, no Código Tributário Nacional, como impostos sobre a produção e a circulação (CTN, Título III, Capítulo IV, arts. 46 e ss.), costuma-se afirmar que não estão eles abrangidos pela imunidade do art. 150, VI, 'c', da Constituição.

"A objeção, entretanto, não é procedente.

"É que tudo reside no perquirir se o bem adquirido, no comércio interno ou externo, é do patrimônio da entidade coberta pela imunidade. Se isto ocorrer, a imunidade tributária tem aplicação, às inteiras.

"Assim decidiu o STF no RE n. 87.913-SP, relator o Sr. Min. Rodrigues de Alckmin, ao não acolher a tese sustentada pela União de que a imunidade em apreço não abrangeria o imposto de importação. O STF reconheceu, então, à Santa Casa de Misericórdia de Birigüi a imunidade do imposto de bem por esta importado. Assim a ementa do acórdão: 'Imposto de importação – Bem pertencente ao patrimônio de entidade de assistência social, beneficiada pela imunidade prevista na Constituição Federal – Não-incidência do tributo – Recurso extraordinário não conhecido'.

"O acórdão do RE n. 87.913-SP, acima indicado, foi invocado como paradigma no RE n. 89.173-SP, relator o Min. Moreira Alves, que porta a seguinte ementa:

"'Imposto de importação – Imunidade.

26. STF, 2ª Turma, RE 203.755-9-ES, rel. Min. Carlos Mário Velloso, j. 17.9.1996, v.u., *DJU* 23.10.1998.

"'A imunidade a que se refere a letra 'c' do inciso III do art. 19 da EC n. 1/1969 abrange o imposto de importação quando o bem importado pertencer a entidade de assistência social que faça jus ao benefício por observar os requisitos do art. 14 do CTN.

"'Precedentes do STF.

"'Recurso extraordinário conhecido e provido' (*RTJ* 92/321).

"(...).

"É que não cabe distinguir, para os efeitos da imunidade tributária, entre *bens* e *patrimônio* (RE n. 88.671-RJ, rel. Min. Xavier de Albuquerque, *RTJ* 90/263). Ora, o patrimônio se constitui do conjunto dos bens. Destarte, se o bem tem como dono a entidade coberta pela imunidade, esse bem integra o patrimônio dessa entidade, motivo por que a imunidade tem aplicação, às inteiras."[27]

A decisão acima, em outro caso, nos EDiv no RE 210.251-2-SP, foi confirmada, por maioria, no Pleno do STF, em favor de instituição beneficente que produzia e vendia os pães produzidos, ou seja, exercia o comércio de pães e revertia o produto da venda em suas finalidades assistenciais (a questão não é específica para a imunidade recíproca, mas inteiramente aplicável aos conceitos de "renda", "patrimônio" e "serviços", que orientam as diferentes espécies imunitórias). Relator para o acórdão o Min. Gilmar Mendes, j. 26.2.2003, *DJU* 28.11.2003. Os argumentos em favor da imunidade em relação ao ICMS nesse caso foram outros, já que se tratava do exercício do comércio de pães para obtenção de renda, visando ao atendimento das finalidades da instituição. Eis o teor do acórdão: "*Ementa:* Recurso extraordinário – Embargos de divergência. 2. Imunidade tributária – Art. 150, VI, 'c', da CF. 3. Entidades beneficentes – Preservação, proteção e estímulo às instituições beneficiadas. 4. Embargos de divergência rejeitados".

27. Idem, ibidem.

O voto condutor da maioria, da lavra do Min. Gilmar Mendes, foi assim fundamentado:

"Sr. Presidente, estou em que os embargos não devem ser acolhidos. Embora reconheça a seriedade da posição dos que defendem que se cuida de ICMS, que, pela sua própria natureza, não incidiria diretamente sobre o patrimônio, a renda ou serviços da entidade, entendo que essa distinção não se afigura suficiente para afastar a aplicação da imunidade na espécie. A propósito, continua atual, a meu ver, a lição de Baleeiro: 'A imunidade, para alcançar os efeitos de preservação, proteção e estímulo, inspiradores do constituinte, pelo fato de serem os fins das instituições beneficiadas também atribuições, interesses e deveres do Estado, deve abranger os impostos que, por seus efeitos econômicos, segundo as circunstâncias, desfalcariam o patrimônio, diminuiriam a eficácia dos serviços ou a integral aplicação das rendas aos objetivos específicos daquelas entidades presumidamente desinteressadas por sua própria natureza' (Aliomar Baleeiro, *Limitações ao Poder de Tributar*, 7ª ed., rev. e compl. à luz da Constituição de 1988 até a Emenda Constitucional n. 10/1996, Rio de Janeiro, Forense, 1999, p. 313).

"É claro, não se pode ignorar que se cuida de imposto que, pela repercussão econômica e eventual, poderia não onerar o contribuinte de direito, mas, sim, o contribuinte de fato.

"A despeito da possibilidade de se transferir ao comprador o pagamento efetivo do imposto, o reconhecimento da imunidade tem relevância jurídico-econômica para o vendedor, quando mais não seja, como reconheceu o Min. Sepúlveda Pertence, para fins de concorrência, e, por conseguinte, para ampliar a eficiência dos serviços prestados pela entidade beneficente.

"Assim, antes de recomendar a adoção de uma interpretação que enfatize a necessidade de uma redução teleológica do art. 150, VI, 'c', da Constituição, a própria teleologia da disposição parece recomendar uma interpretação compreensiva do dispositivo, na linha enfatizada por Baleeiro e, mais recentemente, pelos Mins. Oscar Corrêa, Sepúlveda Pertence, Carlos Velloso, Sydney Sanches e Nelson Jobim.

"Trago, aqui, a jurisprudência desta Corte sobre a imunidade tributária de entidades beneficentes, especificamente em relação ao imposto sobre a circulação de mercadorias e serviços/ICMS.

"Em reiterados julgamentos a 2ª Turma decidiu que 'não há invocar, para o fim de ser restringida a aplicação da imunidade, critérios de classificação dos impostos adotados por normas infraconstitucionais, mesmo porque não é adequado distinguir entre bens e patrimônio, dado que este se constitui do conjunto daqueles. O que cumpre perquirir, portanto, é se o bem adquirido, no mercado interno ou externo, integra o patrimônio da entidade abrangida pela imunidade' (RE n. 203.755-ES, *DJU* 8.11.96; RE n. 193.969-SP, *DJU* 6.12.1996; RE n. 186.175, *DJU* 13.12.1996; RE n. 225.671-SP, *DJU* 23.10.1998, e AI n. 389.118-SP, rel. Min. Carlos Velloso; AgRg no RE n. 141.670-SP, *DJU* 2.2.2001, e AgRg no RE n. 237.497-SP, *DJU* 18.10.2002, rel. Min. Nelson Jobim).

"Nesses termos, o meu voto é pela rejeição dos embargos."

Como se pode observar, a decisão referida acima traz a longa lista dos precedentes do STF – precedentes que, a partir da década de 90, não excluem mais o ICMS da imunidade. Ao contrário, embora reconhecendo o fato de que o ICMS, em regra, será suportado pelo adquirente, repassado que lhe é pelo contribuinte no mecanismo dos preços, e embora a entidade beneficiada comercializasse os pães, podendo, assim, repassar ao consumidor final o ônus do imposto, mesmo assim, em sua composição plenária, a Corte reconheceu a imunidade, como estímulo às funções exercidas pela entidade, funções que também são deveres do Estado.

O curioso é que a Corte invocou continuamente a voz de Aliomar Baleeiro, não apenas na fundamentação do voto condutor, de autoria do Min. Gilmar Mendes, mas ainda nos votos formulados por vários outros Ministros, como Sepúlveda Pertence, Marco Aurélio Mello e Carlos Velloso. E mais: Aliomar Baleeiro foi citado quer para repelir a imunidade em relação ao ICMS, pois o imposto seria repassado ao consumidor e, assim, não seria suportado economicamente pela entidade beneficente de assistência social, quer para confirmar a imunidade, como se lê na fundamentação do voto acima reproduzido.

Dessa forma, passamos a abordar a *segunda restrição à imunidade relativa ao ICMS*, classicamente adotada pelo STF, contra a posição clara de Aliomar Baleeiro, jurista cujo pensamento volta, agora, a ser prestigiado pela Corte Suprema.

Essa outra restrição, que urge examinar, prevaleceu no STF até recentemente, sob perspectiva diversa. Segundo a posição majoritária já superada, quando a pessoa imune adquirisse bens para seu ativo, ou para seu uso e consumo, sem revendê-los, mesmo assim haveria a incidência do ICMS, pois o ente estatal estaria na posição de consumidor, e não de contribuinte de direito. Nessa corrente restritiva não se levam em conta aquelas situações nas quais os entes públicos, como adquirentes de mercadorias e produtos industrializados, suportam, economicamente, a transferência do IPI ou do ICMS incidentes na operação. Contra tal posição sempre se manifestou Aliomar Baleeiro, que defendia ser a imunidade extensível aos impostos, como o ICMS, que, "por seus efeitos econômicos, segundo as circunstâncias, desfalcariam o patrimônio, diminuiriam a eficácia dos serviços ou a integral aplicação das rendas aos objetivos específicos daquelas entidades presumidamente desinteressadas, por sua própria natureza".[28] No STF prevalecera a

28. Aliomar Baleeiro, *Limitações Constitucionais ao Poder de Tributar*, 5ª ed., p. 259.

tese, defendida pelo Min. Bilac Pinto, que restringiu a imunidade recíproca. Durante décadas, para a composição majoritária do STF não caberia examinar, em cada caso concreto, se o ICMS ou o IPI teriam, ou não, sido suportados pela pessoa imune adquirente em suas compras, transferidos pelo mecanismo dos preços, pois, segundo essa corrente, o fenômeno da repercussão teria índole econômica, e não jurídica.[29]

Tal corrente, outrora majoritária, encontrou nas vozes dos Ministros Ellen Gracie, Moreira Alves e Celso de Mello – votos vencidos nos EDiv no RE 210.251-2-SP, julgados no Pleno do Supremo Tribunal Federal em fevereiro de 2003 – seus últimos representantes.

Eis a fundamentação do voto vencido da Min. Ellen Gracie:

"(...). No mérito, a matéria foi amplamente debatida na 1ª Turma, por ocasião do julgamento do RE n. 115.096-3, rel. Min. Octávio Gallotti, por maioria, *DJU* 7.12.1090. Do aresto, colho parte do voto do Min. Moreira Alves, que fez parte da corrente vencedora, juntamente com o Relator e o Min. Celso de Mello, *verbis*: 'O ICM, em verdade, não onera sequer a renda auferida pela entidade para a sustentação de seus objetivos institucionais, uma vez que ele repercute economicamente no consumidor, que é quem arca, economicamente, com ele, e que, em verdade, seria o beneficiário da imunidade. E nem se diga que, sem essa carga tributária, tais entidades teriam melhores condições de concorrência comercial, pois a isso evidentemente não visa a imunidade que lhes é concedida .

"Seguiram-se, a esse acórdão, vários outros no mesmo sentido, todos da 1ª Turma, dentre eles o RE n. 134.573, rel. Min. Moreira Alves (aresto-paradigma o RE n. 164.162, rel. Min. Ilmar Galvão e o RE n. 281.433, rel. Min. Moreira Alves).

"Perfilho-me, com a vênia daqueles que dela discordam, à tese esposada nos aludidos precedentes.

"Com efeito, a hipótese de incidência do ICMS é descrita no art. 155, II, da CF, que estabelece competir aos Estados e ao Distrito Federal instituir imposto sobre 'operações relativas à circulação de mercadorias e sobre prestações de serviços de transporte interestadual e intermunicipal e de comunicação, ainda que as operações e as prestações se iniciem no exterior'.

"Infere-se daí, consoante lição de Roque Antonio Carrazza, que a 'Constituição não prevê a tributação de mercadorias por meio de ICMS, mas, sim, a tributação das operações relativas à circulação de mercadorias, isto é, das operações que têm mercadorias por objeto. Os termos 'circulação' e 'mercadorias' qualificam as operações tributadas por via de ICMS. Não são todas as operações jurídicas que podem ser tributadas, mas apenas as relativas à circulação de mercadorias. O ICMS só pode incidir sobre operações que conduzem mercadorias, mediante sucessivos contratos mercantis, dos produtores originários aos consumidores finais' (*ICMS*, 9ª ed., São Paulo, Malheiros, 2002, p. 37).

"Não estão preenchidos, portanto, os requisitos do art. 150, VI, 'c', da Carta Federal para que a entidade assistencial embargada possa gozar da imunidade tributária em relação ao ICMS, porquanto, ao recair apenas sobre as operações mercantis realizadas com os bens por ela produzidos, tal exação não onera seu patrimônio, nem suas rendas, e tampouco seus serviços.

"A imunidade prevista no art. 150, VI, 'c', da Lei Maior possui caráter subjetivo. Não pode, também em face dessa circunstância, ser invocada pela embargada quanto ao ICMS, pois, sendo o seu contribuinte de direito, apenas repassa o

29. Também nesse sentido: Paulo de Barros Carvalho, *Curso de Direito Tributário*, 4ª ed., p. 120; Hugo de Brito Machado, *Curso de Direito Tributário*, 5ª ed., Rio de Janeiro, p. 187. Insurgindo-se contra a interpretação formal e limitativa posicionaram-se certa parte da doutrina, como Geraldo Ataliba (in *RDTributário* 1/87, São Paulo, Ed. RT, 1987) e a jurisprudência – nessa parte, minoritária – do STF, liderada por Aliomar Baleeiro.

valor do imposto ao preço a ser pago pelo consumidor final, o contribuinte de fato, não abrangido pela aludida norma constitucional.

"Por outro lado, caso agraciada com a imunidade em relação ao ICMS, poderá a instituição filantrópica vender o bem a preço inferior ao praticado no mercado. Colocar-se-á, por certo, em posição privilegiada em relação aos seus concorrentes. Não é este, todavia, o escopo da norma constitucional instituidora da imunidade. Ora, se o próprio Poder Público se submete 'ao regime próprio das empresas privadas, inclusive quanto aos direitos e obrigações civis, comerciais, trabalhistas e tributárias', quando explora diretamente atividade econômica (art. 173, II, da Carta Magna), não vejo como as entidades beneficentes e de assistência social – que exercem complementarmente o papel do Estado na assistência social, nos termos do art. 204, I, da Constituição – possam exonerar-se dessas mesmas imposições, na hipótese de também desempenharem funções comerciais ou de indústria.

"(...).

"Diante do exposto, conheço dos presentes embargos de divergência e a eles dou provimento, para não conhecer do recurso extraordinário da Instituição Beneficente Lar de Maria."

Invocando precedentes mais antigos, a corrente, hoje minoritária no STF, deixou de reconhecer a imunidade relativa ao ICMS em hipótese em que a entidade assistencial comercializava pães, ao argumento de que o imposto estadual:

(i) incide sobre operações de circulação de mercadorias, supondo a prática de atos mercantis que vão do produtor ao consumidor, fato estranho aos objetivos da imunidade;

(ii) se cobrado, não seria suportado pela entidade assistencial, mas transferido ao consumidor dos pães comercializados pela entidade assistencial, cobrança que, então, em nada reduziria a renda, o patrimônio ou os serviços da entidade;

(iii) deve incidir sobre todas as empresas e entidades que praticam ato de comércio, sob pena de se frustrarem as leis da livre concorrência, o que não é permitido nem mesmo para as empresas estatais que têm fins econômicos, sujeitas que estão ao mesmo regime comercial, trabalhista e tributário das empresas privadas de fins lucrativos.

Ora, vê-se, a todas as luzes, que as restrições opostas ao reconhecimento da imunidade, pela corrente minoritária do STF, relativamente ao ICMS não se aplicam aos entes federados, suas autarquias e fundações.

É que os entes federados não exercem ato de comércio, muito menos compram ou importam para revender, nem tampouco promovem operação de circulação de mercadorias.

Os Fiscos não podem ter a pretensão de cobrar II, IPI ou ICMS sobre a importação de bens que vão integrar o patrimônio da entidade pública e serão utilizados nas finalidades essenciais do ente estatal ou da autarquia.

Ora, na importação o contribuinte poderá ser o comerciante (se a importação se refere a mercadorias destinadas a revenda), mas poderá também ser qualquer outra pessoa jurídica, mesmo física, que não pratique o comércio, nem qualquer ato mercantil. A habitualidade deixa de ser requisito.

Vejamos o teor da Lei Complementar 87/1996, norma geral que regula o ICMS e obriga a legislação de todos os Estados federados:

"Art. 4º. Contribuinte é qualquer pessoa, física ou jurídica, que realize, com habitualidade ou em volume que caracterize intuito comercial, operações de circulação de mercadoria ou prestações de serviços de transporte interestadual e intermunicipal, ainda que as operações e as prestações se iniciem no exterior.

"Parágrafo único. *É também contribuinte a pessoa física ou jurídica que, mesmo sem habitualidade ou intuito comercial: I – importe mercadorias ou bens do exterior, qualquer que seja sua finalidade*; (...)."

O parágrafo único do art. 4º da Lei Complementar 87/1996 está com a redação que lhe foi determinada pela Lei Complementar 114/2002, cópia das alterações introduzidas pela Emenda Constitucional 33, de 11.12.2001.

Eis o teor do art. 155, § 2º, IX, ao estabelecer que o ICMS "IX – incidirá também: a) sobre a entrada de bem ou mercadoria importados do exterior por pessoa física ou jurídica, ainda que não seja contribuinte habitual do imposto, qualquer que seja a sua finalidade, assim como sobre o serviço prestado no exterior, cabendo o imposto ao Estado onde estiver situado o domicílio ou o estabelecimento do destinatário da mercadoria, bem ou serviço".

Bem se vê que o primeiro argumento, utilizado pela Min. Ellen Gracie, para afastar a imunidade não se aplica aos entes estatais.

É que o STF jamais recusou ou recusaria a imunidade nos casos em que o ente autárquico importa bens (não mercadorias para o comércio) que vão se integrar a seu patrimônio, ou são essenciais ao desempenho de suas funções. Como ressalta aos olhos, na importação o sujeito passivo do ICMS passa a ser o importador; e, se inexiste intuito comercial, ou prática de ato mercantil, como é o caso da Consulente, então, o contribuinte de direito coincide inteiramente com o contribuinte de fato.

É evidente que apenas na importação de mercadorias para revenda o importador, sendo contribuinte, poderá, em operações subseqüentes que realizar, repassar ao consumidor o imposto pago na operação de importação. Esse mecanismo da transferência não será possível, entretanto, se o importador for pessoa não-comerciante, que não importou mercadorias, mas apenas bens, para seu uso próprio. Daí decorre que o ente estatal será ao mesmo tempo o contribuinte de direito e o contribuinte de fato/consumidor (se não prevalecer a imunidade). Uma vez cobrado o imposto, as rendas, o patrimônio e os serviços da pessoa estatal serão implacavelmente atingidos pelo tributo, pois ela não pode repassar o valor do imposto cobrado, por ser, ao mesmo tempo, o próprio contribuinte de fato.

De longa data, nas hipóteses em que a pessoa imune importa bens para aplicá-los em suas finalidades essenciais o STF sempre manteve a imunidade, quer para o II, quer para o IPI ou para o ICMS. Em todos esses casos o contribuinte é o importador e, ao mesmo tempo, o consumidor. Confira-se:

"*Ementa:* Agravo regimental em agravo de instrumento – Imunidade tributária – IPI e II – Entidade de assistência social.

"A imunidade prevista no art. 150, VI, 'c', da CF, em favor das instituições de assistência social, abrange o II e o IPI que incidem sobre bens a serem utilizados na prestação de seus serviços específicos.

"Agravo regimental a que se nega provimento."[30]

São vários os precedentes da Corte Suprema que, reiteradamente, vêm estendendo a imunidade aos impostos que incidem sobre a circulação, na importação. Na verdade, não encontramos nenhuma rejeição sequer ao reconhecimento da imunidade nas hipóteses de importação de bens para aplicação nas estritas finalidades das pessoas imunes.

Citemos novos e antigos precedentes: RE 243.807-3-SP, rel. Min. Ilmar Galvão, *DJU* 28.4.2000; RE 89.173, rel. Min. Mo-

30. STF, 2ª Turma, AgRg no AI 378.454-2-SP, rel. Min. Maurício Corrêa, j. 15.10.2002, v.u., *DJU* 29.11.2002.

reira Alves, *DJU* 28.12.1978; RE 89.590, rel. Min. Rafael Mayer, *RTJ* 91/1.103; RE 144.900-4, rel. Min. Ilmar Galvão.

Muito menos são aplicáveis, no caso em tela, as normas sobre livre concorrência eventualmente invocadas. É que o ente estatal não está submetido às regras de mercado, não compra e vende mercadorias, nem se organiza empresarialmente. Exerce funções próprias de Estado, em regime de direito público.

Permitir a cobrança do ICMS, isso, sim, é ofensa ao princípio federativo que inspira a imunidade recíproca, além de configurar confisco de renda e patrimônio da pessoa estatal imune.

Como ficou claro, evoluiu a jurisprudência do STF, pois, em sua composição plena, em maioria, a Corte reconhece a imunidade em relação ao ICMS para proteger pessoas que exercem o comércio com o objetivo de manter os serviços de assistência social. Tem havido, portanto, uma transformação da jurisprudência que poderá levar à renovação da tese de Aliomar Baleeiro.

4. *Finalmente, um retorno a Aliomar Baleeiro? O falso dilema entre interpretação jurídica ou econômica*

A Constituição de 1988 parece antes apontar mais no sentido de fortalecer a tese de Aliomar Baleeiro que na direção de uma interpretação literal, restritiva ou formal. Sua normatividade efetiva repele as ficções ou presunções jurídicas que escondem os verdadeiros valores e princípios fundamentais.

Em relação aos impostos que a Constituição Federal, a lei e a jurisprudência classicamente consideram "indiretos", porque entendem como de sua técnica o fato de que oneram o consumidor/adquirente do produto ou da mercadoria, e não o contribuinte propriamente dito, destacam-se, exatamente, o ICMS e o IPI. Em relação a eles a Constituição Federal adota dois princípios – o da seletividade e o da não-cumulatividade – que somente podem ser explicados ou compreendidos integralmente pelo fenômeno da translação, uma vez que a redução do imposto a recolher, entre outros objetivos – em um ou outro princípio –, se destina a beneficiar o consumidor, por meio da repercussão no mecanismo dos preços. E mais: não apenas há uma aceitação jurídico-constitucional da repercussão do encargo financeiro, mas ainda uma autorização para a transferência.

Ao dizer a Constituição o princípio da não-cumulatividade, em relação ao IPI e ao ICMS, ela assim se expressa: "compensando-se o que for devido em cada operação (...) com o montante cobrado nas anteriores" (art. 155, § 2º, I). Ora, o montante cobrado nas operações anteriores não foi recolhido aos cofres públicos pelo adquirente, o qual apenas sofre a repercussão econômica do tributo, repercussão transformada em uma presunção *iuris et de iure* pela Constituição. Convertida em um direito de crédito, necessariamente compensável com os débitos tributários no ICMS ou no IPI, a repercussão é uma presunção inerente à técnica não-cumulativa desses tributos, que serviu de inquestionável fundamento adotado pela Constituição. Comprovado que na operação anterior de aquisição da mercadoria o contribuinte não suportou o encargo do imposto, em nenhum caso ficará inibido seu direito de crédito; nem, tampouco, demonstrado que o promotor da operação não efetuou a transferência, deixará de nascer para ele o débito tributário.

E do princípio da não-cumulatividade e da repercussão foi que as leis (Decreto-lei 406/1968) e a jurisprudência extraíram a regra de que na imunidade da exportação de manufaturados ou na isenção não devem ser anulados os créditos relativos às operações anteriores, assim como devem ser concedidos créditos presumidos para compensação nas operações seguintes.

Regra, essa, que, erroneamente, a Constituição de 1988 pretendeu afastar, embora admitindo-a, se prevista em lei expressa.

Por isso, é inadequado e, mesmo, estranho supor que a consideração da repercussão para os efeitos da imunidade recíproca – e só para esses – seria adoção de critério "ajurídico" ou meramente "econômico". Ao contrário, ela é presunção constitucional *iuris et de iure* à compensação dos créditos, a qual é incondicionalmente estabelecida.

Os estudos da Comissão Permanente de Simplificação e Revisão da Legislação Tributária do Município de Belo Horizonte nos anos de 2005 e de 2006[31] desnudaram os efeitos das interpretações restritivas relativamente às imunidades, em especial a recíproca, e revalorizaram, com mais intensidade, a visão pioneira de Aliomar Baleeiro.

Como já discutimos, a imunidade recíproca decorre diretamente do princípio federal segundo o qual não podem a União, os Estados, o Distrito Federal e os Municípios instituir impostos sobre as rendas, o patrimônio e os serviços uns dos outros. Visa a preservar a isonomia, a lealdade e a amistosidade entre os entes políticos da Federação (art. 150, VI, "a"). Mas, em relação à história de sua interpretação, a imunidade recíproca sofreu restrições, que limitaram o âmbito de sua aplicação, algumas delas já superadas.

Nas correntes restritivas, em primeiro lugar, o sentido da imunidade passou a ser buscado em normas infraconstitucionais, posição hoje inteiramente superada pela jurisprudência do STF.

A *segunda restrição à imunidade relativa ao ICMS*, classicamente adotada pelo STF, contra a posição clara de Aliomar Baleeiro – jurista cujo pensamento volta, agora, a ser prestigiado pela Corte Suprema –, prevaleceu até recentemente, sob perspectiva diversa. Segundo a posição majoritária já superada, quando a pessoa imune adquirisse bens para o seu ativo, ou para seu uso e consumo, sem revendê-los, mesmo assim haveria a incidência do ICMS, pois o ente estatal estaria na posição de consumidor, e não de contribuinte de direito. Pelo menos o STF desconsiderou o fato de o ICMS incidir economicamente sobre o consumo, sendo mais importante para a decisão do caso as metas e finalidades da atividade desenvolvida; e, finalmente, por tais razões, rechaçou o último argumento, supervalorizando as condições, a beneficência, a finalidade coletiva e solidária inerentes à atividade, que, por si, a expulsam para fora do mercado, não sendo de se aplicar a lei da livre concorrência.[32]

Com base nesses argumentos, as mesmas conclusões devem ser estendidas à interpretação do art. 150, VI, "a", à luz da jurisprudência do STF, o que tende a completo retorno a Aliomar Baleeiro.

Como nossos Tribunais superiores não reconhecem a imunidade recíproca, ainda claramente, nos casos em que o ente público é consumidor ou contribuinte *de fato* (embora a jurisprudência do STF já sinalize possíveis mudanças de entendimento), o Município é um grande contribuinte do IPI, do PIS/CONFINS e do ICMS em todas as compras que faz. Tais tributos, sendo não-cumulativos, são transferidos, quer do ponto de vista econômico, quer do ponto de vista jurídico, ao consumidor final. Assim, em todas as suas compras de mercadorias e produtos industrializados o Município sofre a repercussão dos tributos mais rentáveis da União e dos Estados federados, suportando-lhes necessariamente o peso financeiro. Evidentemente, parte substancial daquilo que os Municípios recebem da arrecadação do ICMS estadual e dos fundos de participação federais retorna aos cofres públicos dos Estados e da União, por meio dos impostos e contribui-

31. Cf. Separata da *Revista Internacional de Direito Tributário* 4, da ABRADT, Belo Horizonte, Del Rey, 2006.

32. V. os fundamentos dos votos proferidos no julgamento dos EDiv no RE 210.251-2-SP, no Pleno, em fevereiro/2003.

ções que lhes pagam, e que estão embutidos nos preços de suas compras.

Estudos desenvolvidos pelo Conselho de Impostos na França demonstraram que o IVA europeu, sendo plurifásico e não-cumulativo, nasceu para ser suportado pelas famílias – enfim, pelos consumidores finais; não obstante, tal como ocorre com os tributos não-cumulativos da União e dos Estados Brasileiros, também sofre desvios. Proporção considerável da arrecadação do IVA (TVA) acaba sendo suportada pela Administração Pública nas aquisições de seus bens de consumo ou de seu ativo fixo.

Em decorrência, e de longa data, desde a década de 70, os prefeitos franceses obtiveram o direito de receber do Estado, em todos os seus investimentos, o equivalente ao IVA suportado pelas Municipalidades em suas compras. É que, cedo, perceberam que os recursos recebidos do Poder Central, a título de transferências para aquisição de equipamentos e realização de obras, eram anulados automaticamente com o IVA pago ao Poder Central nas compras necessárias à execução dos investimentos. Criou-se, desde aquela época, em 1975, um Fundo de Compensação do IVA (ou TVA), para se restituir, integralmente desde 1981, às Municipalidades, o imposto que as coletividades locais pagam, em suas compras, ao Estado Francês.

A tendência, com a descentralização crescente das entidades locais mesmo nos países unitários, será de compensar integralmente todo o IVA suportado pelas Municipalidades Francesas em suas compras, sejam elas correntes ou de investimento.[33]

É curioso que em nosso país os Municípios ainda não se tenham dado conta do ônus tributário que suportam em suas aquisições, pagando IPI, PIS/COFINS e ICMS aos demais entes da Federação, por transferência direta nos preços de suas compras. Assim sendo, em termos comparativos, o ônus (econômico e jurídico) dos tributos não-cumulativos da União e dos Estados tem reflexos muito mais elevados nas contas dos Municípios que o peso financeiro do ISS sobre as contas da União e dos Estados. Esse é mais um fator de concentração de recursos.

Pareceu, pois, à Comissão Permanente de Belo Horizonte, em seu *1º Relatório*, publicado em 2006, ser justa a idéia de se instituírem *repasses financeiros* (como se dá no Canadá) *ao Município em substituição* ao IPTU incidente sobre as propriedades imobiliárias de outros entes estatais, imposto que não pode ser cobrado em decorrência lógica da imunidade recíproca, assim como estender a imunidade recíproca aos tributos não-cumulativos nas hipóteses em que o ente estatal for adquirente, como sempre defendeu Aliomar Baleeiro no STF. Mas o método francês de se criar um Fundo de Compensação pode alcançar resultados mais eficientes, no sentido de se garantir maior proteção ao patrimônio e à renda dos Municípios. É que, disseminando-se a imunidade nas vendas feitas aos entes estatais, é difícil garantir que haja efetiva redução nos preços das mercadorias e serviços adquiridos pelos Municípios, sendo possível que o ganho econômico seja absorvido pelo setor empresarial.

Cálculos superficiais e meramente aproximativos fornecem-nos a idéia do montante pago pelo Município de Belo Horizonte às demais unidades da Federação, quer a título de PIS/COFINS, quer a título de ICMS. Esclarecemos que o IPI não foi calculado. Acresce, ainda, que em relação ao PIS/COFINS se aplicaram as alíquotas nominais, adotadas pelas leis. Não foram consideradas, nas mesmas contribuições cumulativas, as alíquotas efetivas ou reais, que podem ser bastante superiores a 3,65%.

33. V. Luc Saïdj, *Finances Publiques*, 4ª ed., Paris, Dalloz, 2003, p. 447. No mesmo sentido: Michel Bouvier, Marie-Christine Esclassan e Jean-Pierre Lassale, *Finances Publiques*, 8ª ed., Paris, LGDJ, 2006.

Assim, o Quadro 1, abaixo, aponta-nos o volume desses gastos, feitos pelo Município, para "pagar" o ICMS ao Estado de Minas Gerais (ou suportá-lo). Nos anos de 2005/2006 o ICMS pago alcança o volume de mais de R$ 42.000.000,00, que corresponde a cerca de 15% dos investimentos feitos pelo Município no mesmo período. Isso significa que o Município, em toda despesa a ser feita, deve despender 15% a mais, correspondentes ao ônus do ICMS que suporta.

		QUADRO n. 1
ICMS		
DESPESAS/INVESTIMENTOS DA PREFEITURA MUNICIPAL DE BELO HORIZONTE		
MATERIAL DE CONSUMO		ALÍQUOTA 12% (MÍNIMA)
2005	R$ 66.242.321,03	R$ 7.949.078,52
2006	R$ 60.749.741,63	R$ 7.289.969,00
TELECOMUNICAÇÕES		ALÍQUOTA 18%
2005	R$ 8.907.324,95	R$ 8.004.192,24
2006	R$ 9.121.970,01	R$ 9.043.947,05
ENERGIA ELÉTRICA		ALÍQUOTA 25%
2005	R$ 8.907.324,95	R$ 2.226.831,24
2006	R$ 9.121.970,01	R$ 2.280.492,50
FORNECIMENTO DE ALIMENTAÇÃO		ALÍQUOTA 12% (MÍNIMA)
2005	R$ 2.090,522,97	R$ 250.862,76
2006	R$ 4.038,920,91	R$ 484.670,51
AQUISIÇÃO DE SOFTWARES DE APLICAÇÃO		ALÍQUOTA 12% (MÍNIMA)
2005	R$ 276.817,69	R$ 33.218,12
2006	R$ 724.257,40	R$ 86.910,89
EQUIPAMENTOS E MATERIAL PERMANENTE		ALÍQUOTA 12% (MÍNIMA)
2005	R$ 20.464.398,70	R$ 2.455.727,84
2006	R$ 19.280.437,54	R$ 2.313.652,50
Total	**R$ 286.608.597,78**	**R$ 42.419.553,18**

O Quadro 2, infra, denuncia o volume das contribuições sociais PIS/COFINS incidentes sobre as despesas e investimentos do Município nos anos de 2005 e 2006, volume que alcança aproximadamente o valor de R$ 162.000.000,00. Tal montante, que corresponde a cerca de 8% dos gastos efetivados no período, está subavaliado, pois não inclui o IPI; nem tampouco as contribuições sociais segundo suas alíquotas reais e efetivas por setor, mas tão-somente as nominais.

QUADRO n. 2

PIS/COFINS		
DESPESAS/INVESTIMENTOS DA PREFEITURA MUNICIPAL DE BELO HORIZONTE COM INCIDÊNCIA DE PIS/COFINS		
	APLICAÇÃO DA ALÍQUOTA 9,75% SOBRE A BASE DE CÁLCULO	**9,75%**
2005	R$ 671.746.672,73	R$ 65.495.300,59
2006	R$ 719.467.015,68	R$ 70.148.034,03
Total	**R$ 1.391.213.688,41**	**R$ 135.643.334,62**
	APLICAÇÃO DA ALÍQUOTA 6,5 (OBRAS)	**6,5%**
2005	R$ 188.530,123,55	R$ 6.881,349,51
2006	R$ 414.647.803,33	R$ 15.134.644,82
Total	**R$ 603.177.926,88**	**R$ 22.015.994,33**
	APLICAÇÃO DA ALÍQUOTA 5,46 (ENERGIA ELÉTRICA - CEMIG)	**5,46%**
2005	R$ 44.467.734,67	R$ 2.427.938,31
2006	R$ 50.244.150,28	R$ 2.743,330,61
Total	**R$ 94.711.884,95**	**R$ 5.171.268,92**
TOTAL GERAL	**R$ 2.089.103.500,24**	**R$ 162.830.597,87**

Considerando o volume das transferências obrigatórias, repassadas pela União e pelo Estado, o Município de Belo Horizonte, nos anos de 2005/2006, recebeu o total de cerca de R$ 1.100.000.000,00, a título de Fundo de Participação dos Municípios e quota de participação no ICMS (Quadro 3). Mas, em compensação, o Município de Belo Horizonte pagou à União e ao Estado de Minas Gerais, pelo menos, importância superior a R$ 205.000.000,00 no mesmo período. Na verdade, Belo Horizonte devolve à União e ao Estado, no mínimo, 19% do que recebe, na forma de tributos alheios, que suporta em suas despesas e investimentos. O percentual devolvido, como já realçamos, está subavaliado (Quadro 4), e pode alcançar patamares muito mais elevados.

QUADRO n. 3	
ARRECADAÇÃO X ICMS — FPM	
ICMS	
2005	R$ 382.067.938,50
2006	R$ 403.167.447,11
Total	**R$ 785.235.385,61**
FPM	
2005	R$ 148.037,550,85
2006	R$ 171.367.688,56
Total	**R$ 319.405.239,41**
TOTAL GERAL	**R$ 1.104.640.625,02**

QUADRO n. 4			
ARRECADAÇÃO X ICMS – PIS/COFINS NAS DESPESAS			
ARRECADAÇÃO			
	ICMS	**FPM**	**TOTAL**
2005	R$ 382.067.938,50	R$ 148.037.550,85	R$ 530.105.489,35
2006	R$ 403.167.447,11	R$ 171.367.688,56	R$ 574.535.135,67
TOTAL 2005/2006	**R$ 785.235.385,61**	**R$ 319.405.239,41**	**R$ 1.104.640.625,02**
ICMS – PIS/COFINS NAS DESPESAS			
	PIS/COFINS	ICMS	TOTAL
2005	R$ 74.804.588,41	R$ 20.919.910,72	R$ 95.724.499,14
2006	R$ 88.026.009,46	R$ 21.499,642,45	R$ 109.525.651,91
TOTAL 2005/2006	**R$ 162.830.597,87**	**R$ 42.419.553,18**	**R$ 205.250.151,05**
PERCENTUAL (TOTAL PIS/COFINS – ICMS) DA ARRECADAÇÃO DE ICMS FPM			**19%**

Portanto, a questão do peso dos tributos federais e estaduais suportado pelos Municípios em suas despesas correntes e de investimento, da mais alta relevância, tem sido negligenciada em nosso país.

5. *Em resumo*

Constatamos que, feitos os cálculos de forma restritiva, o Município de Belo Horizonte devolve pelo menos 19% (sem contar o IPI) de tudo que recebe em transferências constitucionais obrigatórias da União e do Estado, ao pagar impostos e contribuições – ICMS, IPI, PIS e COFINS – às demais unidades da Federação. Como consumidor de bens, que integra ao seu patrimônio, o Município paga e suporta tributos alheios. A efetividade da imunidade recíproca é, assim, muito atenuada. Do ponto de vista econômico, ela se torna ineficaz.

Entretanto, como vimos na decisão acima registrada, EDiv no RE 210.251-2-SP, a maioria do Pleno do STF afastou a incidência do ICMS em favor de instituição beneficente que produzia e vendia os pães produzidos, ou seja, exercia o comércio de pães e revertia o produto da venda em suas finalidades assistenciais (a questão não é específica para a imunidade recíproca, mas inteiramente aplicável aos conceitos de "renda", "patrimônio" e "serviços", que orientam as diferentes espécies imunitórias). Não mereceriam os Municípios raciocínio similar, já que suas finalidades essenciais são públicas e diretamente protegidas pela Constituição Federal?

Finalmente, convém registrar que considerar a posição do contribuinte de fato não é incorrer em análise econômica. Em impostos como o IPI e o ICMS o princípio da não cumulatividade traz, exatamente em norma constitucional, a presunção *iuris et de iure* de que o tributo incidente é transferido, pelo mecanismo dos preços, ao adquirente. Com razão, mais uma vez, Aliomar Baleeiro.

CADERNOS DE DIREITO TRIBUTÁRIO

DERECHO FINANCIERO: DINERO PÚBLICO Y POLÍTICA FISCAL

José J. Ferreiro Lapatza
Catedrático de la Universidad de Barcelona

1. Hacienda Pública, actividad financiera y dinero público. 2. El ordenamiento jurídico de la Hacienda Pública: el derecho financiero como derecho del dinero público. 3. El derecho financiero como disciplina científica: 3.1 Ciencia del Derecho y técnica jurídica – 3.2 Derecho financiero y política fiscal. 4. Derecho financiero y disciplinas complementarias: formación e información.

1. Hacienda Pública, actividad financiera y dinero público

El ordenamiento jurídico atribuye al Estado, como persona jurídico-pública, un conjunto de derechos y obligaciones que, en cuanto se refieren a dinero o tienen un contenido dinerario, integran y configuran la Hacienda Pública.

La expresión "Hacienda Pública" no debe referirse, de este modo, al conjunto de bienes, derechos y obligaciones del Estado. Ni siquiera al conjunto de derechos y obligaciones de contenido económico. Se ha de referir solo – si se quiere utilizar en un sentido técnico-jurídico preciso – a derechos y obligaciones expresados en dinero y referidos a una cantidad de dinero.

Con unos sencillos ejemplos comenzaremos a aclarar el sentido de estas afirmaciones. El Estado, de acuerdo con las normas internas e internacionales en vigor, tiene derecho a regular los vuelos por su espacio aéreo. Pero este derecho – con un contenido económico indudable – carece, en principio, de significado para su Hacienda Pública. El Estado tiene derecho a usar el edificio-sede (de su propiedad) del Ministerio de Educación. Pero este derecho de uso – con indudable contenido económico – carece de significado para la configuración de su Hacienda Pública.

Cuando hablamos de Hacienda Pública no nos referimos pues a lo mismo que cuando nos referimos, en un lenguaje normal más tradicional que actual, a la hacienda de un particular refiriéndonos a sus "bienes y riquezas".

Cuando se habla de Hacienda Pública podemos referirnos a tres aspectos de una misma realidad, o a tres sentidos de la expresión con que ésta realidad se designa.

Podemos referirnos, en primer lugar, al órgano o conjunto de órganos del Estado que realizan los ingresos y gastos públicos (Hacienda Pública en sentido subjetivo estático). Así, podemos decir: "la recaudación prevista por IRPF asciende a tal cantidad".

O, en segundo lugar y como ya hemos dicho, al conjunto de derechos y obligaciones de contenido dinerario del Estado (Hacienda Pública en sentido objetivo estático). Así, decimos: "Hacienda prevé recaudar tal cantidad por IRPF".

O, en tercer lugar, al ejercicio o realización de tales derechos y obligaciones. A la actividad que deriva de unos y otros. Hablamos entonces de actividad financiera (Hacienda Pública en sentido objetivo dinámico). Así, podemos decir: "Hacienda me ha requerido para el pago del IVA". En este sentido podemos decir que cuando el Estado y los demás entes públicos obtienen y utilizan medios dinerarios para realizar las tareas que la colectividad les encomienda están desarrollando una actividad que tradicionalmente se conoce con el nombre de *actividad financiera*.

Tal actividad se caracteriza por el sujeto que la realiza (el Estado y demás entes públicos); por el objeto sobre el que recae (los ingresos y gastos públicos o, si se quiere, los medios dinerarios en que estos se materializan); y por su carácter instrumental. Pues la actividad financiera no constituye un fin en sí misma. Es una actividad medial o instrumental. Sirve para que todas las demás actividades del Estado se puedan desarrollar.

2. El ordenamiento jurídico de la Hacienda Pública: el derecho financiero como derecho del dinero público

En sentido objetivo, en cuanto esta palabra designa un objeto, un sector, aspecto o parte de la realidad, el Derecho puede ser definido como el conjunto de normas jurídicas que regulan la vida social de una comunidad. Tal conjunto de normas puede ser identificado como el ordenamiento jurídico de esa comunidad. Entendiendo por *norma jurídica* una regla de conducta que la comunidad política hace suya y a la que, en consecuencia, presta su propia fuerza coactiva.

Una comunidad hace suya, como norma jurídica, una determina regla de conducta cuando esta se exterioriza a través de una de las fuentes que la propia comunidad política reconoce como cauces o modos de producción del Derecho: ley, reglamento, costumbre etc.

La comunidad política define así lo que es y lo que no es Derecho, delimitando un ordenamiento jurídico con el que trata de garantizar, en todo caso, un determinado tipo de organización social. Con el que trata de garantizar, en una sociedad democrática, un orden esencial de convivencia compatible con la libertad individual.

Este sencillo esquema conceptual debe complementarse con una cierta idea de lo que puede entenderse por *comunidad política*. Por *comunidad política* podemos entender, teniendo como fondo la imagen de los Estados actuales, aquel tipo de organización social que es aceptada o acatada, en general, por la población de un determinado territorio; organización que se reconoce a si misma como tal y que no reconoce otra superior. También debe entenderse como comunidad política la comunidad internacional de la que los Estados forman parte como miembros y las organizaciones supra-estatales en las que varios Estados pueden estar integrados.

Pues bien, el derecho financiero – entendida esta expresión también ahora en sentido objetivo – esta integrado y constituido por aquellas normas que, dentro de un ordenamiento, regulan la Hacienda Pública. El derecho financiero es, en este sentido, el ordenamiento jurídico de la Hacienda Pública, de su organización, de su situación jurídica como titular de derechos y obligaciones, de sus acciones y relaciones jurídicas. De su actividad, es decir, de la actividad financiera.

El derecho financiero regula, pues, las acciones y relaciones de la Hacienda Pública; regula la actividad financiera como una actividad diferenciada de las otras acciones, relaciones y actividades (por ejemplo, familiares o comerciales) que regula todo el ordenamiento.

Y tal actividad se diferencia de otras actividades también jurídicamente reguladas, como ya hemos indicado, por el sujeto que la realiza (el Estado), por el objeto (los ingresos y gastos públicos) y por su carácter instrumental. Y ya dentro de las actividades del Estado se caracteriza y diferencia del resto por estas dos ultimas notas: su objeto (el dinero público) y su carácter instrumental.

Conviene pues que nos refiramos, ahora, especialmente a estas dos características para delimitar más precisamente el concepto de derecho financiero, las normas que lo integran y las acciones y relaciones sociales que estas normas disciplinan.

Comencemos, así, por el carácter instrumental de la actividad financiera, con la obvia afirmación de que ingresos y gastos públicos no constituyen un fin en si mismos. Son un instrumento, un medio para lograr otros fines. La actividad financiera aparece, así, sin más, como una actividad instrumental, como una condición para la realización del resto de las actividades del Estado y como un medio para que éste consiga sus fines.

La instrumentalidad es, pues, una de las notas características, diferenciadoras de la actividad financiera frente a las demás actividades del Estado. Es una característica de toda la actividad financiera precisamente en cuanto que toda la actividad financiera va referida a la realización de ingresos en dinero que posibilitan, gastándolo o dejándolo en las cajas del Estado (para evitar, en este ultimo caso, por ejemplo, el aumento de bienes de pago en manos del público), el logro de las finalidades que este se ha propuesto.

La referencia de toda la actividad financiera al dinero sirve para delimitar sus contornos, poniendo de manifiesto su carácter instrumental, ya que el dinero no es útil en sí mismo, no es un bien de consumo ni de producción, no satisface directamente una necesidad, sino que es un bien de cambio, un medio, un instrumento para lograr otros bienes.

El Estado, en efecto, necesita emplear, para el cumplimiento de sus funciones, una variada gama de medios personales y materiales. Las carreteras satisfacen la necesidad de un transporte rápido. Los edificios universitarios sirven para que en ellos se desarrolle la enseñanza. El trabajo de los funcionarios posibilita, en fin, el desarrollo de las tareas estatales. Todos estos medios materiales y personales sirven directamente a la realización de las funciones del Estado. Cubriendo las necesidades públicas que él esta llamado a satisfacer.

Para adquirir estos medios el Estado necesita, normalmente, dinero. La actividad financiera del Estado está dirigida, precisamente, a obtener el dinero necesario, a administrarlo y distribuirlo. Pero, haciéndose con una suma de dinero el Estado no satisface ninguna necesidad pública; el dinero, en sí mismo, no es apto para la satisfacción ni de esta ni de otras necesidades. Es solo un medio, un instrumento para que el Estado alcance sus fines. La actividad financiera se distingue, así, del resto de las actividades estatales, repetimos, por su carácter instrumental. Porque no se dirige inmediatamente a la satisfacción de una necesidad pública, sino solo a lograr los medios dinerarios que posibiliten, a través del resto de las actividades del Estado, tales satisfacciones.

Y, así, en efecto, en la actualidad podemos decir que todas las normas de derecho financiero, todas sus actuaciones, están pensada y dirigidas a la obtención de sumas de dinero y a su empleo en la satisfacción de necesidades públicas.

El carácter instrumental de la actividad financiera, ligado a la instrumentalidad de los medios dinerarios que obtiene y utiliza, está en la base de su diferenciación como ámbito de la realidad que exige una normativa jurídica sustancialmente diversa a la de otros ámbitos de esa realidad social.

Los ingresos de la Hacienda Pública son, pues, en el estado actual de su evolución, sumas de dinero; y en dinero se expresan sus gastos. Los planes económicos de la Hacienda, los presupuestos, aparecen asimismo expresados en dinero.

El dinero en que se materializan ingresos y gastos públicos es, desde que entra en el patrimonio del Estado hasta que deja de integrarse en él, dinero público, dinero que detentan los entes públicos en cuanto tales entes públicos; dinero regulado por normas de derecho público. Por ello, concluimos, creemos que podemos delimitar el derecho financiero, en el sentido objetivo en que estamos ahora utilizando esta expresión, como aquella parte del ordenamiento, como aquellas normas que, dentro de él, regulan la obtención, la administración y el gasto del dinero público. Y si se quiere, y en forma abreviada, podemos definir el derecho financiero como el derecho del dinero público. Del dinero que pertenece a los entes públicos y, por tanto, a toda la comunidad.

Y esta definición, añadimos, puede referirse tanto al derecho financiero, en sentido objetivo, como ordenamiento de la Hacienda Pública, como al derecho financiero como rama o parte de la ciencia del Derecho. Así, al derecho financiero como disciplina científica pasamos a referirnos a continuación.

3. El derecho financiero como disciplina científica

3.1 Ciencia del Derecho y técnica jurídica

Como disciplina científica, el derecho financiero puede ser entendido como aquella rama del Derecho, de la ciencia del Derecho, que estudia el ordenamiento jurídico de la Hacienda Pública; que estudia aquellas normas que, dentro del ordenamiento jurídico, regulan tanto la organización de la Hacienda Pública y su situación jurídica como titular de derechos y obligaciones, como la actividad de la Hacienda Pública, es decir, la actividad financiera.

Pero la ciencia del Derecho no estudia solo el ordenamiento jurídico positivo, ni siquiera como conjunto ordenado o sistema, para tratar de entenderlo o explicar como "es". Estudia también como "debe ser" de acuerdo con los conocimientos acumulados durante siglos por los juristas conforme a un sistema conceptual propio, a una terminología propia y a un método de estudio y análisis propio y particular.

La ciencia del Derecho, crea, construye y elabora, sobre la base de la realidad social ya jurídicamente organizada que contempla, esquemas ideales de conducta social, es decir, conceptos jurídicos e instituciones jurídicas que después utiliza el técnico en Derecho para redactar normas jurídicas como instrumento básico de ordenación social. Los conceptos básicos más elementales (obligación, posesión, filiación etc.) reflejan y hacen referencia a relaciones sociales aisladas o simples. Las instituciones (familia, empresa, propiedad, tributo etc.) hacen referencia a un entramado de relaciones sociales más simples que adquieren un significado unitario por su fin.

Estos esquemas ideales de conducta pueden ser utilizados después para fabricar las normas jurídicas que se integran en un determinado ordenamiento. Y tales normas estarán bien construidas cuando cumplan los requisitos mínimos e indispensables para la utilización de cualquier instrumento técnico o herramienta. A saber: que la forma y la materia de que están construidos sean aptos para el uso o utilidad para el que se han construido y que su utilización sea posible allí donde hayan de emplearse.

Pues bien, en cuanto a la forma, puede aceptarse la simple idea de que una norma está correctamente formulada cuando, con una construcción gramaticalmente adecuada, utiliza los términos y conceptos de forma coherente con todo el ordenamiento y transmite con claridad al ciudadano al que va dirigida el mandato que el legislador quiere incorporar al orden jurídico.

En cuanto al contenido, la norma, utilizando correctamente los términos y conceptos jurídicos técnicamente adecuados, ha de delimitar del modo más preciso que sea posible la acción o comportamiento social que se prohíbe, se permite o se ordena. En este punto debe subrayarse que el Derecho es una técnica de organización social que se basa en la delimitación, en la descripción, en la tipificación de acciones sociales, de acciones dirigidas a los demás; o, en la más precisa terminología de Weber, de acciones "donde el sentido querido por un sujeto o sujetos está referido a la conducta de otros", de "una acción con sentido propio dirigida a la acción de otros". Entendiéndose por *relación social* una acción o "conducta plural – de varios – que, por el sentido que encierra, se presenta como recíprocamente referida, orientándose por esa reciprocidad". Sólo una delimitación precisa de tales acciones y relaciones, es decir, de la realidad social a la que se refiere, puede incorporar esta realidad a la norma, otorgándole un contenido "real" o material, en el sentido en que Ihering emplea esta última expresión.

Forma y contenido, en fin, han de ser adecuados al fin propuesto; y la norma, el instrumento técnico-jurídico al que nos referimos, ha de poder ser utilizada en el espacio o ámbito jurídico dibujado o delimitado por la Constitución: no puede ser contraria a ella ni puede, tampoco, desconocerla. Ha de conocerla, obedecerla y ser utilizada y aplicada en la dirección marcada por ella.

Cumpliendo estos cuatro requisitos hemos de decir, por último, que las normas jurídicas optimizan su función cuando se insertan en un conjunto estable, "abarcable" en su posibilidad de ser conocido por los ciudadanos a los que va dirigido, y eficaz en su aplicación.

Estos son los requisitos técnicos que, a nuestro juicio, deben reunir, ya en su elaboración, los "esquemas ideales de conducta social" que el jurista puede ofrecer a la organización política a la que sirve, para que ésta decida cuál ha de alcanzar el rango del derecho positivo, reflejándose y recogiéndose en una norma que sirva la función de "orden social" que el Derecho debe cumplir. La cuestión de la "naturaleza jurídica", prólogo obligado del análisis jurídico de cualquier regla o institución, se centra en determinar si el legislador ha escogido una pieza del entramado jurídico ya utilizada antes o ha decidido incorporar una nueva pieza, fabricada por los juristas, e incorporarla ahora al ordenamiento.

En todo caso, tal pieza o "esquema normativo" ha de incorporarse al ordenamiento cumpliendo las enseñanzas y exigencias de la técnica jurídica. Una técnica, como veremos enseguida, que condiciona también con sus enseñanzas y exigencias las posibilidades del legislador de integrar sus decisiones en una organización de la que él también forma parte y a la que él también debe de servir.

Y, en este punto, debemos subrayar, quizás, que el derecho financiero positivo se mueve, con más frecuencia de la que sería de desear, a impulsos de recomendaciones técnicas no jurídicas, económicas y contables, fundamentalmente, olvidando las enseñanzas que la ciencia del Derecho aporta en cuanto a las exigencias técnicas que toda norma jurídica debe cumplir.

Tal defecto de técnica jurídica aparece con especial intensidad, en nuestra opinión, largamente compartida, en el ámbito de los tributos y la política fiscal. Por ello parece oportuno hacer las consideraciones que siguen a continuación.

3.2 Derecho financiero y política fiscal

Y, así, debemos – ya ahora – llamar la atención y subrayar una – más que notable – sorprendente diferencia en el tratamiento y análisis de la Hacienda Pública en las obras más usuales de Economía y Derecho que se ocupan de esta materia.

En efecto, mientras la literatura económica sobre la Hacienda Pública abunda en consideraciones "normativas" o, en lo que se refiere a los tributos, en consideraciones sobre el "deber ser" de una política fiscal óptima, las obras del derecho tributario consideran que deben ceñir sus análisis al ordenamiento positivo y, aun aconsejando mejoras técnicas puntuales o incluso cambios sustanciales en él, ni éstos ni aquéllas se insertan prácticamente nunca, al menos de forma expresa, en argumentaciones de política fiscal estricta o esencialmente "jurídicas", entendiendo por tales aquellas medidas de política fiscal que pretenden mejorar la organización social básica – la organización general o básica de la Hacienda Pública en este caso – que los economistas, normalmente, toman como un dato.

La política fiscal, en el sentido de consideración "normativa" del sistema tributario, analizado tanto en su conjunto como en sus piezas fundamentales, se ha entendido así, generalmente, por no decir siempre, y exclusivamente, como una parte de la política económica, siendo ésta una parte, a su vez, de la ciencia económica, y, por tanto, patrimonio exclusivo y excluyente de los economistas.

Desde esta perspectiva – errónea, en nuestra opinión –, los juristas deben reducir su papel a reflejar las medidas de política fiscal propuestas por los economistas en normas jurídicas claras y coherentes con el resto del ordenamiento, aplicando en esta labor las reglas y enseñanzas que la ciencia del Derecho y la técnica jurídica les han proporcionado.

No sería éste un papel desdeñable, desde luego, si efectivamente se reservase a los juristas tales tareas en la elaboración de las leyes fiscales.

Pero inmediatamente hemos de afirmar que la intensidad de la intervención del jurista tanto en la propuesta como en la adopción efectiva de medidas fiscales debe ser, necesariamente, de mayor o menor grado según el tipo de medida fiscal que se proponga y aplique.

Ello no es propio sólo de las medidas de política fiscal, sino de todas las actuaciones de política económica o de política en general.

Así, la intensificación de la vigilancia policial puede no requerir la intervención del jurista o puede requerirla con intensidad cuando exige modificaciones en el ordenamiento.

El paso, siguiendo ahora un ejemplo de política económica pura, de un mercado de arrendamientos "bloqueados", como el que hubo en España durante largos años, a un mercado liberalizado exigió naturalmente un replanteamiento general de las normas sobre arrendamientos urbanos, que fue una obra fundamental de los juristas.

Y ya en el terreno puramente fiscal es posible y explicable que en la configuración de un impuesto nuevo sobre la renta el papel del jurista deba reducirse, como antes se dijo, a la redacción de unas normas claras con arreglo a la técnica jurídica; aunque, como diremos después, el Derecho hace ver que muchas de las propuestas económicas sobre el impuesto deban desecharse, por exigencias jurídicas insoslayables, en la decisión política – empleando ahora esta palabra en su sentido más amplio – que al final haya de tomarse. La reducción de tramos, por ejemplo, que ahora todos alaban fue pedida insistentemente por algunos en aras de una normativa más clara y sencilla del tributo.

Pero lo que queremos subrayar ahora es que la política fiscal exige también decisiones cuyo aspecto más puramente económico no es significativo (aunque sí pueden ser significativas sus consecuencias económicas) y que estas medidas pueden ser tan importantes para la optimización del sistema tributario como las medidas más estrictamente económicas sobre, por ejemplo, la necesidad de favorecer fiscalmente el ahorro o la inversión.

Nos referimos a lo que – paradójicamente – los economistas que analizan la política fiscal suelen tomar como un dato:

el ordenamiento jurídico general o, lo que es lo mismo, la organización jurídica de la comunidad.

O, ya en un terreno más puramente fiscal, la organización general de la Administración Tributaria; de sus funciones; y de sus relaciones con los administrados.

Así, una medida de política fiscal como puede ser la introducción de técnicas convencionales de arreglo de conflictos no es considerada en general por los economistas, pero ha sido trascendental en Italia en los últimos años de cara a la reducción de la conflictividad, la disminución de la presión fiscal indirecta y la minoración de la economía sumergida.

Así, la generalización de las estimaciones objetivas ofrece aspectos relevantes para Economía y Derecho pero exige, desde luego, un cambio en los procedimientos y organización de la Administración Tributaria que exige – fundamentalmente – un estudio jurídico que pueda servir de base sólida para tales cambios.

Así, la organización administrativa de gestión y de investigación tributarias es un tema esencialmente jurídico igualmente básico para la eficacia del sistema.

Así, en fin, la eficacia del sistema se puede reforzar con medidas de índole jurídico que afecten al sistema sancionador.

Queremos decir con todo ello que el derecho tributario, en particular (y el derecho financiero en general), debiera acentuar quizás su vertiente de ciencia social "normativa", proponiendo medidas de política fiscal – de política jurídico-fiscal – que pueden ser tan necesarias y significativas como las propuestas económicas para alcanzar los fines de un sistema tributario que cumpla con las reglas smithianas de la imposición: economía, certeza, comodidad y justicia. Y cuando nos referimos a una ciencia jurídica normativa nos referimos, obviamente, no al "deber ser" "en" la norma o el ordenamiento, sino a la norma o al ordenamiento que "deben ser".

A ello debiéramos dedicarnos con más ahínco los juristas para cumplir, desde nuestro oficio, con el trabajo de construcción social que todos debemos realizar.

4. Derecho financiero y disciplinas complementarias: formación e información

Acabo, así, estas breves páginas de homenaje a la *Revista de Direito Tributário*, en su n. 100, instando a mis compañeros de oficio, sobretodo a los más jóvenes, a acentuar en sus trabajos la vertiente normativa del derecho financiero, sobrepasando la vertiente descriptiva del ordenamiento. Y a procurar, tanto individualmente como a través de sus asociaciones, una mayor intervención del Derecho y de los juristas en la política financiera y tributaria de sus países. En el convencimiento de que ello solo ventajas puede reportar a la organización social de nuestras democracias. La *Revista de Direito Tributário* seguirá sin duda siendo uno de los vehículos fundamentales para la realización de estas tareas.

CADERNOS DE DIREITO TRIBUTÁRIO

EQUIVALÊNCIA PATRIMONIAL E IMPOSTO SOBRE A RENDA

José Artur Lima Gonçalves

Doutor em Direito Tributário da PUC/SP – Professor do curso de Pós-Graduação da PUC/SP – Advogado de empresas em São Paulo

1. De volta ao básico. 2. O método de equivalência patrimonial. 3. O resultado do método de equivalência patrimonial. 4. O direito tributário como "direito de sobreposição". 5. O imposto sobre a renda e o método de equivalência patrimonial. 6. Conclusão.

1. De volta ao básico

O imposto sobre a renda é um tributo. A advertência é válida, pois isso tem sido esquecido por certas pessoas. E *é tributo da espécie "imposto"*. A advertência também é valida, pois a ele não tem sido dedicada a aplicação de seu regime jurídico próprio.

Pois bem, o tema da equivalência patrimonial é mais que fértil para a análise técnica dos vícios de abordagem que têm envolvido o estudo do imposto sobre a renda e, mais que tudo, seu tratamento dogmático, por leis, medidas provisórias e atos administrativos em geral.

Pretendemos chamar a atenção para o fato de que, mais uma vez, o que parece ocorrer é uma inversão de fatores, segundo a qual o instrumento (que é utilizado sem que ao menos seja tomada a cautela de se perquirir para o quê ele serve) é invocado como determinante do objeto que se busca atingir; confundindo-se, mesmo, como o próprio objeto que se busca. Simplificando, toma-se a equivalência patrimonial como elemento de demonstração de riqueza nova – o que não é o caso, como se verá.

Em matéria de imposto sobre a renda, o método de avaliação de investimentos por equivalência patrimonial tem sido tomado (contrariamente à sua origem e função) como técnica juridicamente relevante para a quantificação da base de cálculo do tributo, da espécie *imposto*, denominado e constitucionalmente concebido como *imposto sobre a renda*.

A norma jurídica tributária – desenvolveremos o tema mais adiante – não "inventa" fatos atinentes à realidade econômica sobre os quais atua, sobre os quais pretende projetar efeitos. Muito pelo contrário, a norma fornece atributos de identificação – predicados – de fatos correspondentes a eventos econômicos que devem ser considerados como relevantes para a produção de certos efeitos jurídicos. Ou seja, ou o evento econômico existe, com seus predicados próprios de manifestação, ou não existe; a referência normativa a predicados suficientes para identificação de fato correspondente a um evento só serve para isso: identificação, por predicados normativos, de evento (obviamente, traduzido em fato jurídico); a norma não gera o evento econômico, limitando-se a eleger predicados seus que devam ser tomados como relevantes para sua juridicização.

E em matéria de tributo da espécie *imposto* esta questão é absolutamente crítica. É que o tributo da espécie *imposto* – esquecem alguns – funda-se no genericamente referido *princípio da capacidade contributiva.*[1]

Não se inventa capacidade contributiva (em sentido econômico). A norma jurídica tributária fornece elementos para sua identificação (criando o recorte que corresponderá à capacidade contributiva em sentido jurídico). Nada além disso. Obviamente, não estamos, aqui, tratando de temas relacionados à verdade material/formal (não estamos afirmando que não haja limites para a busca da verdade material; apenas sustentamos que a mesma deve ser perseguida na fase de instrução dos procedimentos necessários e preparatórios à emissão do ato de lançamento), que dizem respeito à necessidade funcional de o sistema jurídico impor um limite técnico que viabilize a eliminação de situação de instabilidade sistêmica – não funcionamento/produção de efeitos da norma (o que é feito ordinariamente por meio de preclusão, prescrição, decadência etc.).

O chamado *imposto sobre a renda*, constituído pelas normas que o disciplinam (atribuição constitucional de competência e respectivas regras de instituição e funcionamento – anterioridade, progressividade, universalidade, generalidade etc.), trabalha sobre fatos jurídicos oriundos da juridicização do plano de eventos econômicos, traduzidos por meio da contabilidade e da escrituração comercial/societária. A normatividade do imposto sobre a renda não inventa as realidades contábeis e societárias sobre as quais incide, e nem estas realidades contábeis e societárias inventam os eventos econômicos que visam a traduzir em fatos jurídicos. Pelo contrário, cada grau de formalização conceitual reconhece a existência do plano sobre o qual atua e lhe determina efeitos.

É clássica a afirmação doutrinária de que o direito tributário é um direito de sobreposição. Esta colocação clássica tem sido amesquinhada por tecnicismos que ofuscam o brilho de sua virtuosa clareza e eficiência; voltaremos a esta questão mais adiante.

Para prosseguir, temos que organizar a temática, retomando a noção de avaliação de investimentos pelo método de equivalência patrimonial, compreender de que se trata e para quê serve (pois o mesmo tem sido tomado para fins tributários como se para tanto servisse) e, em seguida, ver como se deve dar a aplicação de normas tributárias sobre seus efeitos econômicos juridicizados.

2. O método de equivalência patrimonial

"Equivaler" significa "valer o mesmo"; ser idêntico na forma, no peso, no valor etc. *Equivalência* é a qualidade de *equivalente.* Na Lógica, por exemplo, refere à igualdade de implicação mútua entre duas proposições, de tal forma que a verdade de uma só se confirma pela da outra. Na Etimologia, lembre-se que o termo "equivalente" vem do Latim *aequivalens* e significa "que tem valor igual". Estamos, portanto, tratando de palavra consensualmente adotada (símbolo) para refletir duas circunstâncias que se equivalem. O que se equivale não é novo; é igual a outro elemento em relação ao qual é considerado. Não acresce; não aumenta; reflete o que lhe é igual, apenas. A recordação é necessária.

1. Sobre o tema, v. nossa opinião em "Planejamento tributário – Certezas e incertezas", publicado no vol. 10 da coletânea *Grandes Questões Atuais de Direito Tributário*, da Editora Dialética, em setembro/2006.

Vamos, portanto, manter em mente que a referência que se fizer a "equivalência" terá o objetivo de referir algo que pretenda traduzir realidades que se equivalem. E isso porque o termo foi assim normativamente juridicizado. Definir um termo ou palavra é indicar seu significado. No plano das linguagens naturais, o significado das palavras surge espontaneamente da dinâmica do fenômeno histórico. Já, no plano das linguagens artificiais, a estipulação dos significados atribuídos aos conceitos é aptidão exclusiva de uma pessoa, grupo ou órgão especificamente apontado pelo sistema como competente para tanto. Do contrário ocorreria freqüente ruptura da estrutura de funcionamento do código lingüístico, comprometendo-se sua função essencial, de permitir a comunicação interpessoal acerca de um dado objeto, de forma técnica.

É o que se dá em matéria jurídica. A linguagem do Direito não é estritamente natural. O significado dos vocábulos não é arbitrariamente atribuído por dinâmica histórica aleatória; decorre de formulações técnicas reservadas ao órgão legislativo competente para disciplinar uma determinada conduta.

Neste contexto, o método de avaliação de investimento por meio de equivalência patrimonial traduz opção concebida pela Contabilidade, e adotada pela legislação societária, para viabilizar a observação e a compreensão conjugada dos movimentos econômicos havidos em um conjunto de unidades empresariais inter-relacionadas. Um grupo econômico, constituído de diversas unidades empresariais, precisa poder ser compreendido, observado, pelo mundo que o circunda, de maneira unitária e coerente.[2]

Daí ter sido necessário prever a consolidação dos resultados econômicos havidos em cada uma das unidades componentes do grupo econômico ao longo do tempo (regime de competência), criando-se técnicas contábeis e societárias tendentes a viabilizar a visualização do fluxo contábil (lingüístico, registrário) destes eventos econômicos para a demonstração consolidada da situação patrimonial na sociedade empresária investidora.

No regime da escrituração das participações societárias pelo custo de aqui-

2. A legislação societária (Lei federal 6.404/1976, alterada pela Lei federal 11.638/2007) determina a aplicação do método nos seguintes termos:

"Art. 243. O relatório anual da administração deve relacionar os investimentos da companhia em sociedades coligadas e controladas e mencionar as modificações ocorridas durante o exercício.

"(...).

"§ 2º. Considera-se controlada a sociedade na qual a controladora, diretamente ou através de outras controladas, é titular de direitos de sócio que lhe assegurem, de modo permanente, preponderância nas deliberações sociais e o poder de eleger a maioria dos administradores.

"§ 3º. A companhia aberta divulgará as informações adicionais, sobre coligadas e controladas, que forem exigidas pela Comissão de Valores Mobiliários.

"(...).

"Art. 248. No balanço patrimonial da companhia, os investimentos em coligadas sobre cuja administração tenha influência significativa, ou de que participe com 20% (vinte por cento) ou mais do capital votante, em controladas e em outras sociedades que façam parte de um mesmo grupo ou estejam sob controle comum, serão avaliados pelo método de equivalência patrimonial, de acordo com as seguintes normas: I – o valor do patrimônio líquido da coligada ou da controlada será determinado com base em balanço patrimonial ou balancete de verificação levantado, com observância das normas desta Lei, na mesma data, ou até 60 (sessenta) dias, no máximo, antes da data do balanço da companhia; no valor de patrimônio líquido não serão computados os resultados não realizados decorrentes de negócios com a companhia, ou com outras sociedades coligadas à companhia, ou por ela controladas; II – o valor do investimento será determinado mediante a aplicação, sobre o valor de patrimônio líquido referido no número anterior, da porcentagem de participação no capital da coligada ou controlada; III – a diferença entre o valor do investimento, de acordo com o n. II, e o custo de aquisição, corrigido monetariamente, somente será registrada como resultado do exercício: a) se decorrer de lucro ou prejuízo apurado na coligada ou controlada; b) se corresponder, comprovadamente, a ganhos ou perdas efetivos; c) no caso de companhia aberta, com observância das normas expedidas pela Comissão de Valores Mobiliários."

sição, a investidora somente reconhece como movimentação do investimento os dividendos recebidos da unidade empresarial investida. Por sua vez, no regime de equivalência patrimonial, ou de patrimônio líquido, a investidora vai reconhecendo as mutações havidas no patrimônio da investida ao longo do tempo, ou seja, em função do(s) período(s) de tempo em que as mesmas ocorrem, independentemente da materialização de sua distribuição como dividendos. Distribuem-se, assim, os ganhos e perdas, pelos períodos em que eles foram efetivamente produzidos pela investida. Isso permite que os interlocutores da entidade empresarial (investidores, financiadores, Estado, fornecedores e clientes) possam ter visão mais acurada, a cada momento, da saúde econômica do grupo empresarial com o qual mantêm relações.

Na ótica da investidora, a técnica permite que se aparte (i) o custo do investimento feito na unidade de negócios investido (ii) das perdas e dos acréscimos dela decorrentes (resultantes das mais-valias geradas pela unidade investida, e lá já tributados).[3]

Todas estas afirmações decorrem de prescrições legais, que disciplinam como tecnicamente deve ser aplicado e compreendido este método de identificação da situação patrimonial das unidades componentes do grupo econômico. E, como tal, objeto de definição normativa, técnica, não pode ser manipulado de forma a se comprometer sua lógica interna e sua finalidade.[4]

Estamos diante de termos técnicos, postos pela lei brasileira, cujo sentido não pode ser manipulado e distorcido.

3. O resultado do método de equivalência patrimonial

O método de equivalência patrimonial representa, portanto, ferramenta contábil tendente a viabilizar que, por meio da análise das demonstrações financeiras da investidora, terceiros em geral (mercado investidor, instituições de crédito, Estado, fornecedores e clientes) possam compreender as mutações patrimoniais ocorridas no grupo empresarial, como um todo.

É, de fato, conveniente e até necessário que o investidor – assim como o financiador, o fornecedor, o Estado e qualquer outro interessado – possa compreender, de tempos em tempos, a situação patrimonial efetiva do grupo empresarial a que pertence a sociedade empresária com a qual se relaciona. E para viabilizar esta transparência se utiliza a técnica de se reconhecer, no balanço da investidora, ao longo do tempo, os resultados que as sociedades investidas tenham experimentado, independentemente da distribuição, do fluxo e do destino final destes resultados.

Aqui, convém fazer uma advertência: a própria razão de ser do método de equivalência patrimonial é indiferente às exigências do conceito de *renda tributável*. E isso pelo simples fato de que o método de equivalência serve a uma finalidade distinta, que não se confunde com a busca da identificação e quantificação de renda tributável.

Pretende-se, com este método, conhecer o valor patrimonial atual e efetivo de um grupo de agentes econômicos societariamente interligados, e não descobrir qual o volume da renda tributável de uma

3. Esta é a síntese feita por Bulhões Pedreira (*Finanças e Demonstrações Financeiras da Companhia*, p. 707): "Os lucros ou dividendos distribuídos pela controlada ou coligada são parcelas do patrimônio líquido já computadas nas contas de resultado das investidoras através dos ajustes periódicos do valor do patrimônio líquido do investimento. Por isso, quando a controlada ou coligada distribui lucros ou dividendos, a investidora credita o valor à subconta em que se acha registrado o valor do patrimônio líquido do investimento (que é reduzido pelo montante do lucro distribuído) e o debita à conta do ativo que couber (caixa, banco ou outra), sem influenciar as contas do resultado".

4. Lei federal 6.404/1976 e Lei federal 11.638/2007.

ou algumas destas entidades que compõem o grupo. É, portanto, este método de tradução de situação patrimonial, por si só e isoladamente, imprestável para a definição de *renda tributável.*

As determinações da Lei 6.404/1976 e alterações conformam a disciplina que a apuração dos resultados da investidora avaliados pelo método de equivalência patrimonial deve observar na sua contabilidade e correlatos controles societários. Perceba-se que a vocação da aplicação do método é a de fazer com que a contabilidade da investidora seja capaz de refletir a significação patrimonial consolidada do grupo empresarial, conjugando-se as mutações da investidora e da investida.

Trata-se, na aplicação do método, de constatação societária de um estoque patrimonial, e não da identificação de um dinâmico e inaugural acréscimo patrimonial, como ocorre na apuração de imposto sobre a renda.

Na contabilidade da investidora são reconhecidos os resultados da investida; são lançados valores que "equivalem" ao que ocorreu na unidade empresarial investida.

É exatamente por esta natureza específica do resultado do método que a lei brasileira tratou de prescrever que ele é irrelevante para o imposto sobre a renda.[5] Aliás – e, diga-se de passagem de forma inteligente –, simplesmente porque ele não visa a apurar renda. É mesmo imprestável, isoladamente, para esta finalidade; não serve para isso.

E esta decisão de respeitar sua neutralidade tem sido coerentemente mantida pela legislação em vigor. Deveras, não é razoável e nem inteligente tributar duas vezes uma mesma riqueza. Gerada, a riqueza deve submeter-se ordinariamente à incidência do tributo. A partir daí não mais deve ser cogitada a hipótese de incidência; confundir-se-ia geração com fluxo; geração com estoque – e assim por diante.[6]

Então, por um lado temos a disciplina societária que determina e regula a aplicação do método de equivalência patrimonial a certas entidades investidoras (impondo a demonstração cabal das mutações patrimoniais ocorridas no grupo empresarial) e, de outro lado, temos o regime jurídico tributário, que, incidindo sobre os resultados colecionados e estocados pela contabilidade societária, determina a produção

5. É o que dispõe o Decreto-lei 1.598/1977:

"Art. 22. O valor do investimento na data do balanço (art. 20, I), depois de registrada a correção monetária do exercício (art. 39), deverá ser ajustado ao valor de patrimônio líquido determinado de acordo com o disposto no art. 21, mediante lançamento da diferença a débito ou a crédito da conta de investimento.

"Parágrafo único. Os lucros ou dividendos distribuídos pela coligada ou controlada deverão ser registrados pelo contribuinte como diminuição do valor de patrimônio líquido do investimento, e não influenciarão as contas de resultado.

"Art. 23. *A contrapartida* do ajuste de que trata o art. 22, por aumento ou redução no valor de patrimônio líquido do investimento, *não será computada na determinação do lucro real. [Redação dada pelo Decreto-lei 1.648/1978; nossos os grifos]*

"Parágrafo único. Não serão computadas na determinação do lucro real as contrapartidas de ajuste do valor do investimento ou da amortização do ágio ou deságio na aquisição, nem os ganhos ou perdas de capital derivados de investimentos em sociedades estrangeiras coligadas ou controladas que não funcionem no país." *[Incluído pelo Decreto-lei 1.648/1978]*

6. A propósito, é interessante salientar que até mesmo a inválida prescrição da Lei 9.249/1995, que determinou a tributação, na controladora local, de resultados de controladas *off-shore*, independentemente de sua distribuição, tratou de deixar registrado, no seu art. 25, § 6º, a opção pelo respeito à neutralidade do método de equivalência: "§ 6º. Os resultados da avaliação dos investimentos no exterior, pelo método da equivalência patrimonial, continuarão a ter o tratamento previsto na legislação vigente, sem prejuízo do disposto nos §§ 1º, 2º e 3º". Sobre esta matéria, v. oportuno e importante estudo de Luís Eduardo Schoueri na *Revista Dialética de Direito Tributário* 142/39, abordando a temática da inexistência de disponibilidade do resultado da controlada antes da sua distribuição, sob a ótica da razoabilidade e da proporcionalidade. Sob a ótica da inexistência de disponibilização efetiva, como exigência constitucional, v. nossos estudos na mesma *Revista Dialética de Direito Tributário* 74/70 e na *RDTributário* 87.

de efeitos tributários próprios aos resultados correspondentes à geração de riqueza nova, expurgando (por meio de adições e exclusões) elementos que sejam imprestáveis para a apuração da base de cálculo do imposto sobre a renda (muito embora, para referência de terceiros, estejam – estes resultados – refletidos no resultado da aplicação do método de equivalência).

A observação destas duas disciplinas jurídicas (a societária e a tributária) pode ser resumida da seguinte maneira: (i) a contabilidade comercial impõe o reconhecimento cabal das mutações econômicas efetivamente ocorridas nos patrimônios das sociedades investidas ao longo dos períodos de observação e (ii) a norma tributária, atuando sobre os fatos jurídicos constituídos pelas demais normas, impõe as adições e exclusões dos reflexos patrimoniais que sejam insignificantes para apuração de riqueza nova e seus fluxos, ou seja, para reconhecimento e identificação da matéria tributável por meio do imposto sobre a renda. E é exatamente por esta razão que o resultado positivo da aplicação do método de equivalência patrimonial tem sido mantido como elemento irrelevante para fins tributários, uma vez que tal resultado, considerado em si mesmo, não significa aquisição de riqueza nova que possa ser relevante para fins de identificação e quantificação de renda tributável (posto que se limita a refletir valores que equivalem ao resultado, já submetido à tributação, da investida).[7]

Vejamos como deve ser a relação das normas tributárias com estas outras, que tratam da aplicação do método de equivalência.

4. O direito tributário como "direito de sobreposição"

Esta incidência das normas tributárias sobre fatos jurídicos gerados sob o efeito da aplicação de outras normas é importante para a adequada compreensão das limitadas funções do método de equivalência patrimonial.

7. Mais uma vez invocando a questão da tributação dos resultados das sociedades controladas mantidas no exterior, pela sua relevância e oportunidade, perceba-se que, surpreendentemente, em face desta tranqüila realidade normativa, a Receita Federal fez editar um ato administrativo tentando comprometer a neutralidade reconhecida por lei. E o fez por meio da Instrução Normativa 213/2002, que dispôs o seguinte:

"Art. 1º. Os lucros, rendimentos e ganhos de capital auferidos no exterior, por pessoa jurídica domiciliada no Brasil, estão sujeitos à incidência do imposto de renda das pessoas jurídicas (IRPJ) e da contribuição social sobre o lucro líquido (CSLL), na forma da legislação específica, observadas as disposições desta Instrução Normativa.

"§ 1º. Os lucros referidos neste artigo são os apurados por filiais e sucursais da pessoa jurídica domiciliada no Brasil e os decorrentes de participações societárias, inclusive em controladas e coligadas.

"(...).

"§ 6º. Os resultados auferidos por intermédio de outra pessoa jurídica, na qual a filial, sucursal, controlada ou coligada, no exterior, mantenha qualquer tipo de participação societária, ainda que indiretamente, serão consolidados no balanço da filial, sucursal, controlada ou coligada para efeito de determinação do lucro real e da base de cálculo da CSLL da beneficiária no Brasil.

"(...).

"Art. 7º. A contrapartida do ajuste do valor do investimento no exterior em filial, sucursal, controlada ou coligada, avaliado pelo método da equivalência patrimonial, conforme estabelece a legislação comercial e fiscal brasileira, deverá ser registrada para apuração do lucro contábil da pessoa jurídica no Brasil.

"§ 1º. *Os valores relativos ao resultado positivo da equivalência patrimonial*, não tributados no transcorrer do ano-calendário, *deverão ser considerados* no balanço levantado em 31 de dezembro do ano-calendário *para fins de determinação do lucro real e da base de cálculo da CSLL*.

"(...)" (meus os grifos).

Há dois surpreendentes comandos nesta instrução normativa. O primeiro pretende instituir alteração na sistemática legal do método de equivalência patrimonial, prescrevendo-se a consolidação de resultados de controladas indiretas no balanço da controlada direta (art. 1º, § 6º). O segundo – mais grave – pretende revogar a neutralidade legalmente reconhecida aos resultados da aplicação do método (art. 7º, § 1º).

O sistema jurídico – como conjunto de todas as normas positivas em vigor – é uno e incindível. Só para fins didáticos é adequado efetuar cortes metodológicos, subdividindo matérias, com a finalidade única de facilitar o início da aproximação de cada tema.

Deste modo, não há sentido em se referir a ramos do Direito (administrativo, comercial, civil, tributário etc.) com isso pretendendo significar compartimentos estanques, isolados e incomunicáveis. Ensina Paulo de Barros Carvalho: "(...) a ordenação jurídica é una e indecomponível. Seus elementos – as unidades normativas – se acham irremediavelmente entrelaçados pelos vínculos de hierarquia e pelas relações de coordenação, de tal modo que tentar conhecer regras jurídicas isoladas, como se prescindissem da totalidade do conjunto, seria ignorá-lo, enquanto sistema de proposições prescritivas. Uma coisa é certa: qualquer definição que se pretenda há de respeitar o princípio da unidade sistemática e, sobretudo, partir dele, isto é, dar como pressuposto que um número imenso de preceitos jurídicos, dos mais variados níveis e dos múltiplos setores, se aglutinam para formar essa mancha normativa cuja demarcação rigorosa e definitiva é algo impossível".[8]

A incidência das normas leva em consideração todo o universo de elementos normativos que compõem o sistema de direito positivo, independentemente dos recortes que, por razões didáticas, sejam feitos para compartimentalizar pedaços seus.

Daí a doutrina referir que o direito tributário é um direito de sobreposição. Com isso pretende-se referir que opera sobre o efeito do chamado direito privado, do chamado direito administrativo etc. Na verdade, tecnicamente, o que ocorre é que a norma tributária projeta efeitos sobre fatos jurídicos constituídos sob outras normas, aos quais prescreve a atribuição de relevância jurídico-tributária.

Exemplo disso é a técnica adotada pela Constituição, que reporta a termos adotados pela legislação comum para referir a fatos que já estão normativamente qualificados. É o que ocorre quando ela faz referência a institutos da legislação civil, comercial, trabalhista, bancária etc. (propriedade, compra e venda mercantil, salário, operação financeira, equivalência patrimonial etc.). Diz-se, assim, que

8. Paulo de Barros Carvalho, *Curso de Direito Tributário*, 1ª ed., São Paulo, Saraiva, p. 10. No mesmo sentido Alfredo Augusto Becker, *Teoria Geral do Direito Tributário*, 2ª ed., São Paulo, Saraiva, p. 110: "Não existe um legislador tributário distinto e contraponível a um legislador civil ou comercial. Os vários ramos do Direito não constituem compartimentos estanques, mas são partes de um único sistema jurídico, de modo que qualquer regra jurídica exprimirá sempre uma única regra (conceito ou categoria ou instituto jurídico) válida para a totalidade daquele único sistema jurídico. Esta interessante fenomenologia jurídica recebeu a denominação de cânone hermenêutico da totalidade do sistema jurídico (...). Da fenomenologia jurídica acima indicada decorre o seguinte: uma definição, qualquer que seja a lei que a tenha enunciado, deve valer para todo o Direito, salvo se o legislador expressamente limitou, estendeu ou alterou aquela definição ou excluiu sua aplicação num determinado setor do Direito; mas para que tal alteração ou limitação ou exclusão aconteça é indispensável a existência de regra jurídica que tenha disciplinado tal limitação, extensão, alteração ou exclusão. Portanto, quando o legislador tributário fala de venda, de mútuo, de empreitada, de locação, de sociedade, de comunhão, de incorporação, de comerciante, de empréstimo etc., deve-se aceitar que tais expressões têm dentro do direito tributário o mesmo significado que possuem no outro ramo do Direito, onde originalmente entraram no mundo jurídico. Lá, por ocasião de sua entrada no mundo jurídico, é que houve uma deformação ou transfiguração de uma realidade pré-jurídica (exemplo: conceito de Economia Política; instituto da Ciência das Finanças Públicas). (...). Recomenda Luigi Vittorio Berliri o abandono, de uma vez para sempre, do arbitrário expediente de atribuir ao legislador tributário (como se fosse um outro legislador e, ainda por cúmulo, ignorante do Direito) uma linguagem sua própria que atribuiria a palavra ou expressão que tem um preciso e conhecido significado jurídico um 'esquisito' significado novo de direito tributário. O "marido' do direito tributário – com razão adverte Luigi Vittorio Berliri – não pode ser outro que o 'marido' do direito civil e canônico, isto é, aquele que é unido à mulher pelo vínculo do matrimônio".

a norma tributária se sobrepõe à norma de direito privado, para produção de seus efeitos próprios.

Isso foi o que fez o legislador constituinte brasileiro ao discriminar as competências tributárias. O exemplo das taxas é emblemático: limitou-se a se referir às expressões "poder de polícia" e "serviço público", impondo ao legislador tributário invocar a legislação administrativa que define e atribui regime jurídico a essas atividades. Já, quanto aos impostos, referiu-se a atos, fatos, igualmente já preenchidos de conteúdo por outras normas jurídicas, enclausurando o legislador ordinário às definições e regimes jurídicos próprios desses institutos.

Relativamente aos tributos não-vinculados a Constituição faz com que certas competências repousem em fatos jurídicos já disciplinados. Nesses casos, a situação jurídica estabelecida pelas normas que constituem estes fatos impõe delimitação ao exercício válido da competência tributária impositiva.

A lei tributária colhe o fato na sua conformação jurídica já estabelecida, conforme os contornos que já lhe foram dados pelas normas próprias. A esse fato que já foi normativamente desenhado imputa os efeitos tributários próprios, contidos apenas pelo âmbito da respectiva competência. Assim se resume a relação do chamado direito tributário com o chamado privado. Em face da natureza constitucional da atribuição de competência tributária (delimitação do âmbito da possível atuação válida do legislador ordinário), é vedado à lei tributária redefinir a configuração privada do fato para, deturpando-lhe a natureza, atribuir-lhe efeitos tributários extravagantes (diferentes dos previstos em norma própria).

Impõe-se investigar a natureza e a compostura dos fatos gerados pelo chamado direito privado, para conhecer os confins das possibilidades atributivas de efeitos pelas normas tributárias. Os critérios, princípios, regras e categorias do chamado direito privado fornecerão ao legislador tributário os limites de possibilidade da sua atuação válida.

A lei tributária não pode inventar fato não gerado de acordo com sua disciplina própria, e nem deturpá-lo em suas normativas peculiaridades, tal como definidas pelo legislador competente. Obviamente, do mesmo modo que não é possível à lei tributária fazê-lo, tal deturpação não é validamente possível para o ato administrativo, em função de seu regime jurídico próprio de ato subordinado à lei, vocacionado à implementação de seus efeitos.[9]

Enfim, por todas essas razões, diz-se, ordinariamente, que o direito tributário é um conjunto de regras que se aplica por sobreposição – sobre outros conjuntos de normas (dos chamados direito civil, comercial, trabalhista etc.). Tecnicamente, a referência consolidada na doutrina tradicional é mais adequadamente compreendida pela constatação de que as normas tributárias assumem a existência de certos fatos jurídicos e lhes atribuem efeitos jurídico-tributários. E a dimensão da possibilidade de a norma tributária atribuir efeitos aos fatos depende/decorre das normas de competência invocadas para sua respectiva emissão – dela, norma tributária.

Em matéria de imposto sobre a renda, a norma tributária pode atribuir efeito

9. V. a lição de Alfredo Augusto Becker (*Teoria Geral do Direito Tributário*, 2ª ed., p. 113): "Em resumo: as regras jurídicas que geram as relações jurídicas tributárias são regras jurídicas organicamente enquadradas num único sistema que constitui o ordenamento jurídico emanado de um Estado. Desta homogeneidade sistemática (homogeneidade essencial para o funcionamento de qualquer organismo e, portanto, essencial para a certeza do direito que deve derivar do organismo jurídico) decorre a conseqüência de que a regra do direito tributário, ao fazer referência a conceito ou instituto de outro ramo do Direito, assim o faz aceitando o mesmo significado jurídico que emergiu daquela expressão (fórmula ou linguagem literal legislativa) quando ela entrou para o mundo jurídico daquele outro ramo do Direito".

jurídico a toda e qualquer manifestação representativa de geração de riqueza nova. Como a questão das atribuições de competência tributária impositiva no Brasil é objeto de rigorosa e exaustiva disciplina constitucional, o legislador emitente das normas tributárias nesta matéria fica contido, tem sua liberdade (deve reconhecer o âmbito material da competência tributária que lhe foi constitucionalmente outorgada) contida, previamente delimitada. No caso do imposto sobre a renda, deve necessariamente procurar identificar e eleger, como juridicamente relevantes, fatos que manifestem geração de riqueza nova. E não é qualquer fato (tradução contábil/societária de evento econômico) que pode ser tomado pela norma de tributação do imposto sobre a renda para o fim de atribuição de relevância jurídica suficiente para lhe atribuir o efeito de impactar a base de cálculo do imposto sobre a renda.

5. *O imposto sobre a renda e o método de equivalência patrimonial*

É necessário que se diga e repita que o conceito de *renda* não está à livre disposição do legislador infraconstitucional. É que, tendo sido – o conceito *renda* – utilizado pela Constituição para repartição e outorga de competência tributária impositiva, admitir a manipulação inovadora de seu conteúdo e alcance, pelo legislador infraconstitucional, implica desmontar alicerce estrutural do sistema constitucional brasileiro.

O conceito de *renda* é pressuposto pela Constituição para a tarefa técnica de repartir competências tributárias e implica, inexoravelmente, o confronto entre certas entradas e certas saídas – dentro de um período de tempo –, do qual (confronto) resultará, ou não, um saldo positivo (renda).

Nessa ordem de considerações, todas as entradas e saídas (perda, despesa) relevantes para a identificação de acréscimo patrimonial influirão no referido cômputo.[10]

A Constituição – repita-se –, ao pressupor o conceito de *renda*, para utilizá-lo como critério técnico necessário à repartição de competências, já pressupôs o cômputo de entradas e saídas que sirvam ao cabal esclarecimento da existência, ou não, de renda no período.

Por seu turno, quando se trata de emissão de norma que visa a tornar juridicamente relevante algo que economicamente é irrelevante ou inexistente, para o fim de atribuição do efeito de adicioná-lo à base de cálculo do imposto para constatação de eventual renda, o limite constitucional, da norma de atribuição de competência, se impõe.

Repita-se: a norma tributária não cria o evento econômico; limita-se a atribuir efeitos jurídicos a eventos traduzidos em fatos jurídicos pela Contabilidade, tal como juridicizada pela norma societária.

Ora, se o método, como inicialmente relembrado, tem por finalidade permitir a consolidação das mutações patrimoniais decorrentes dos resultados econômicos havidos em cada uma das unidades componentes do grupo econômico ao longo do tempo, viabilizando a visualização do fluxo contábil destes eventos econômicos para a demonstração da situação patrimonial da sociedade empresária investidora, não pode ele ser tomado como significante de algo novo. Os lançamentos que são feitos nas demonstrações da investidora têm a virtude única de apresentar grandeza que equivale, que significa o mesmo valor, idêntica forma e peso daquilo que está constatado no resultado da sociedade investida. O resultado da equivalência na investidora não passa de reconhecimento do que já ocorreu na investida; não acres-

10. O mesmo se diga de prejuízos, que são saldos negativos de confrontos entre entradas e saídas havidas, e que serão confrontados não com elementos da própria base de cálculo, mas, sim, com os próprios e eventuais saldos positivos, atuais ou futuros.

ce; não aumenta; não gera; resume-se a refletir o que já foi gerado e tributado.

Não é possível cogitar da utilização do seu resultado para fins de reconhecimento e quantificação de renda. Seria fazer com que elemento neutro assumisse influência em operação aritmética, o que significaria manipulação artificial da respectiva base de cálculo.[11]

E manipular a base e os elementos que a integram implica manipular, ainda que de modo indireto, a própria materialidade da hipótese de incidência. No caso, seria criar ficção, considerando o que não é, como se fosse; inventando acréscimo patrimonial onde ele não existe; considerando ingresso algo que não entrou.

É por isso que afirmamos que determinar efeitos tributários ao resultado de equivalência patrimonial implica manipular o conceito de *renda*, no que respeita ao seu alcance, pois significa atribuir relevância jurídica a uma figura contábil que é, por definição, neutra.

6. Conclusão

Por todas estas razões, impõe-se a conclusão de que a técnica de demonstração da situação patrimonial de grupo de sociedades denominada *equivalência patrimonial* é imprestável para identificação e quantificação de renda tributável. É técnica que não foi concebida para esta finalidade. Muito pelo contrário: limitase, por definição, a permitir o transporte, sem inovações, do resultado das unidades econômicas do grupo empresarial para que sejam visualizados dentro da situação patrimonial da unidade investidora.

De fato, o resultado da investida é objeto de tributação nela própria (a investida), que gerou o acréscimo tributável. Por meio do método de equivalência, este mesmo resultado positivo da investida é refletido em grandeza equivalente, ou seja, sem nada agregar, às demonstrações de resultado societário da investidora, apenas e tão-somente para que terceiros possam compreender o estado patrimonial do grupo de unidades empresariais, sem nada de novo acrescentar. Ou seja, a investidora não gera, e não sofre, acréscimo novo em decorrência da aplicação do método de equivalência.

Na ótica do investidor final, acionista da investidora, percebe-se o acréscimo, decorrente do investimento que fez e dos riscos que tomou, já tendo computado em sua programação, nos termos da legislação vigente, o custo da tributação que incidirá em cada nível de geração de riqueza do grupo de que participa (tributação do resultado da investida na investida; e

11. A base de cálculo – dizia Geraldo Ataliba (*Hipótese de Incidência Tributária*, 6ª ed., 9ª tir., São Paulo, Malheiros Editores, 2008, p. 108) – é a perspectiva dimensível da materialidade da hipótese de incidência da norma tributária. Essa feliz proposição permite indução automática no sentido de que, alterando-se a perspectiva dimensível da materialidade, estaremos, de algum modo, alterando a própria materialidade. Paulo de Barros Carvalho demonstrou que a manipulação da base de cálculo pode, até mesmo, descaracterizar a própria materialidade, nos seguintes termos: "Demasiadas razões existem, portanto, para que o pesquisador, cintado de cautelas diante dos freqüentes defeitos da redação legal, procure comparar a medida estipulada como base de cálculo com a indicação do critério material, explícito na regra de incidência. A grandeza haverá de ser mensuradora adequada da materialidade do evento, constituindo-se, obrigatoriamente, de uma característica peculiar ao fato jurídico tributário. Eis a base de cálculo, na sua função comparativa, confirmando, infirmando ou afirmando o verdadeiro critério material da hipótese tributária. Confirmando, toda vez que houver perfeita sintonia entre o padrão de medida e o núcleo do fato dimensionado. Infirmando, quando for manifesta a incompatibilidade entre a grandeza eleita e o acontecimento que o legislador declara como medula da previsão fática. Por fim, afirmando, na eventualidade de ser obscura a formulação legal, prevalecendo, então, como critério material da hipótese, a ação-tipo que está sendo avaliada. Introduzimos uma noção de induvidosa operatividade, para a qual convocamos todas as atenções: havendo desencontro entre os termos do binômio (hipótese de incidência e base de cálculo), a base é que deve prevalecer. Por isso, tem o condão de infirmar o critério material oferecido no texto, que será substituído por aquele outro que percebemos medido" (*Curso de Direito Tributário*, São Paulo, Saraiva, 1985, p. 204).

tributação do resultado da investidora na própria investidora). Esta é a organização atual do tratamento tributário nos fluxos empresariais havidos dentro de grupo de empresas. A discussão que possivelmente existiria seria a de se saber da conveniência e possibilidade de tributar a distribuição do dividendo, que, titulado pelo acionista final, cria a possibilidade teórica de se considerar novo agente titular de acréscimo, o que não ocorre com a investidora de grupo empresarial, que, por força do método de equivalência patrimonial, apenas reporta o que ocorreu nas sociedades investidas.

Desta forma, a não ser que se adote, por meio de lei ordinária federal, a paleolítica opção de tributar duas vezes (na unidade geradora e na distribuição do dividendo) uma mesma geração de riqueza, nada mais pode ser considerado como matéria tributável (tendo a lei previsto a tributação dos resultados positivos à medida que vão ocorrendo e em cada unidade que os produz). Assim, na pessoa do acionista final, na distribuição efetiva de dividendos, a discussão teria cabimento teórico, ainda que seja pouco inteligente sob a ótica do aumento dos custos de transação e atentatório ao desejado incremento e desenvolvimento econômico. Já, na investidora das unidades produtivas não é possível atribuir ao método de equivalência patrimonial a virtude de gerar elementos juridicamente relevantes para identificação e quantificação de renda tributável.

CADERNOS DE DIREITO TRIBUTÁRIO

NATURALEZA Y CONTENIDO DEL TRIBUTO COMO INSTITUTO JURÍDICO

RAMÓN FALCÓN Y TELLA
Catedrático de la Universidad Complutense – Abogado

1. El derecho tributario como la ordenación jurídica del tributo. 2. Breve apunte histórico sobre las categorías explicativas del tributo: 2.1 La tesis de la relación jurídica compleja y su recepción parcial en la Ley General Tributaria – 2.2 La superación de la tesis de la relación jurídica compleja: naturaleza del tributo. 3. El tributo como instituto jurídico: vínculos que lo integran. 4. Situaciones activas derivadas de la aplicación del tributo – 4.1 Situaciones activas de la Administración: derechos y potestades – 4.2 Situaciones activas del particular: derechos, facultades e intereses legítimos. 5. Situaciones jurídicas pasivas: la distinción entre situaciones de sujeción, obligaciones y deberes: 5.1 Obligaciones tributarias, extratributarias y de devolución – 5.2 Obligaciones y deberes formales. 6. Otras situaciones jurídicas de la Administración y de los particulares.

1. El derecho tributario como la ordenación jurídica del tributo

El derecho tributario se define, como la mayor parte de las disciplinas jurídicas, en función de la materia que regula: el tributo. Este último, a su vez, se define usualmente como un ingreso coactivamente impuesto por el Estado u otro ente público con el fin de atender a los gastos públicos o necesidades colectivas. Ahora bien, este concepto de tributo, si bien resulta expresivo de un fenómeno hoy generalizado – la evidente existencia de ingresos "impuestos" por el poder político, sin contraprestación alguna (al menos directa), con la finalidad de hacer frente a la cobertura del gasto –, no constituye más que una aproximación intuitiva carente del necesario rigor.

El concepto mencionado tiene el mérito de destacar la nota de "coactividad" que efectivamente constituye un elemento esencial del tributo. Pero presenta dicha coactividad en su aspecto sociológico o real, sin matiz alguno, lo que no resulta del todo exacto, dado que difícilmente puede admitirse hoy la consideración como tributo de prestaciones exigidas coactivamente *al margen del ordenamiento jurídico*. El denominado *impuesto revolucionario* evidentemente no constituye un tributo, sino una extorsión o cualquier otro tipo de delito. E incluso repugnaría la calificación como tributario de un ingreso coactivamente exigido por el Estado o un ente público legítimamente constituido, en el ejercicio de su *poder de imperio*, si dicho ingreso se demuestra carente de base jurídica, y además, precisamente, de base en una norma con rango de ley. Estaríamos en este último caso ante un ingreso indebido, que no constituye un tributo aunque su exacción haya pretendido ampararse inicialmente bajo el ropaje de tal; y cuya percepción genera la correspondiente obligación de devolución, con intereses, sin perjuicio de otras responsabilidades, incluidas las disciplinarias o incluso penales que pudieran surgir en casos extremos.

En definitiva, en un Estado de Derecho la *coactividad* no puede manifiestarse sino como una *imposición por ley*, o, lo que es lo mismo, a través del mecanismo de creación de una obligación *ex lege*. El tributo no consiste hoy, por tanto, en un ingreso impuesto o exigido coactivamente por el ente publico – aunque históricamente haya sido así –, sino que es más exacto decir que la obligación de realizar tal ingreso la establece la ley, limitándose el ente publico al ejercicio de las competencias que el ordenamiento le atribuye al efecto. De lo que se trata con la nota de coactividad, por tanto, es de excluir del concepto de tributo los ingresos que o bien carecen de base jurídica en una norma con rango suficiente, o bien surgen de la voluntad de quienes los efectúan, en el sentido de que derivan de un contrato o negocio jurídico celebrado en entre el particular y el ente público (aunque sea un contrato de adhesión, como ocurre con los empréstitos públicos), o de un acto de liberalidad (donación, legado, herencia...) en favor de este último.

En resumen, la coactividad se traduce en la actualidad, y no puede ser de otro modo, en el carácter *ex lege* de la obligación tributaria (en el carácter lícito y no-voluntario de la prestación tributaria). Por tanto, no resulta en aboluto rigurosa la referencia, sin más, al carácter coactivo o "impuesto" del tributo. Y, en realidad, si la doctrina sigue recurriendo a esta expresión, ello sólo se explica por una especie de inercia histórica que no resiste al más mínimo análisis crítico.

La otra nota en que se basa el concepto tradicional del tributo hace referencia a su finalidad financiera o contributiva, a veces denominada también finalidad *fiscal*, que efectivamente permite distinguir el tributo de otros institutos jurídicos, de índole represiva, como las infracciones, aunque también éstas resultan de la ley y pueden dar lugar a ingresos pecuniarios. Con todo es evidente que a menudo concurren en el tributo otras finalidades de ordenación o *extrafiscales*, que pueden incluso llegar a ser preponderantes, como ocurre, por ejemplo, en el Arancel de Aduanas (que, en el ámbito europeo, es un recurso propio de las Comunidades Europeas que persigue proteger la producción interior de la Unión), en los impuestos especiales que gravan el tabaco, el alcohol o los hidrocarburos (ligados a la política sanitaria y energética) o en el impuesto sobre tierras infrautilizadas (un impuesto propio de la Comunidad Autónoma de Andalucía teóricamente al servicio de la política agrícola).

Es más, el sistema tributario en su conjunto constituye no sólo un instrumento para financiar los gastos públicos, sino también un mecanismo de política económica al servicio de los objetivos propios de ésta (redistribución de la renta, estabilidad y desarrollo), de manera que en realidad puede afirmarse que prácticamente ningún tributo se inspira sólo en una finalidad contributiva. Lo que, sin embargo, no resta validez a esta nota como elemento imprescindible del concepto de tributo, siempre que se entienda que no es la exclusividad de la finalidad financiera, ni siquiera su carácter preponderante, lo que define a esta figura, sino la mera existencia de dicha finalidad, aunque sea de forma secundaria o subordinada.

Por otra parte, la finalidad financiera o contributiva no es exclusiva del tributo, sino que está presente en mayor o menor medida en otros recursos de la Hacienda Pública, como el crédito o el patrimonio. La finalidad financiera es, precisamente, la nota distintiva de los recursos constitutivos de la Hacienda Pública frente a otros institutos jurídicos. Lo que individualiza al tributo, dentro de los recursos, es el mecanismo de la obligación *ex lege* a través del cual se hace efectiva dicha finalidad financiera.

Desde el punto de vista técnico, el concepto usual de tributo a que venimos haciendo referencia adolece, además, del error de reconducir dicha categoría al género de los ingresos, confundiendo así el *tributo* con los *ingresos tributarios* derivados del mismo. Pues parece evidente que el tributo existe desde que se establece por el legislador, aunque todavía no se haya realizado ningún hecho imponible, practicado ninguna liquidación o autoliquidación ni obtenido ningún ingreso.

No cabe pues confundir el ingreso tributario, o la prestación tributaria, con el tributo mismo, que es algo distinto y conceptualmente previo al ingreso tributario. El genéro próximo al que debe reconducirse el tributo no es, por tanto, el de los *ingresos* o prestaciones patrimoniales, sino el de los recursos constitutivos de la Hacienda Pública, entendidos como conjuntos de normas inspirados en una finalidad financiera, ya sea con carácter principal o secundario. Pues, en efecto, el tributo no es en puridad sino un *conjunto de normas* inspirado en una finalidad financiera, es decir, una parte del ordenamiento jurídico.

Por la misma razón, tampoco cabe reconducir el tributo al concepto de poder tributario, potestad de imposición u otros similares. Pues o bien el tributo, en cuanto conjunto de normas, es una consecuencia del ejercicio del poder tributario (si este se identifica con la potestad legislativa o, más ampliamente, normativa en materia tributaria), o bien la potestad de imposición – si con este término hacemos referencia a las potestades administrativas de gestión y aplicación del tributo – es una consecuencia del tributo, es decir, de ese conjunto de normas que denominamos *tributo* y del que derivan las distintas situaciones activas y pasivas de la Administración y del particular, entre ellas las potestades administrativas, a las que más adelante haré referencia.

En realidad, la consideración del tributo como un conjunto de normas se acepta hoy de modo muya amplio por la doctrina, que hace suya la distinción de Sáinz de Bujanda entre:

1º. Los institutos jurídicos (tributo, patrimonio, crédito público etc.) a los que en rigor debe reservarse la denominación de "recursos" constitutivos de la Hacienda Pública, y que aparecen caracterizados por dos notas definitorias: su naturaleza de institutos jurídicos (conjunto de normas configuradas de modo unitario en base a una idea organizativa común) y su aptitud para generar, en su dinámica aplicativa, derechos económicos en favor del ente público.

Existe por tanto, en todo recurso un elemento teleológico – la finalidad financiera – que adopta matices distintos en cada caso (la consecución de ingresos mediante el establecimiento de una obligación *ex lege* en el caso del tributo), y que como ya hemos dicho permite distinguir los recursos de la Hacienda de aquellos otros institutos jurídicos, también susceptibles de generar ingresos para el ente público, pero que no están configurados en torno a un finalidad financiera, sino en torno a una idea organizativa distinta, de índole represiva (infracciones y sanciones) o de tipo jurídico-privado (herencia, legado o donación), por ejemplo.

2º. Los derechos de la Hacienda de contenido económico, que se generan en la dinámica aplicativa de los recursos a que acabamos de referirnos, y que legitiman a la Administración para el percibo de determinadas cantidades.

3º. Los fondos que, merced al ejercicio de los antedichos derechos, afluyen efectivamente al Tesoro Público, es decir, los ingresos públicos.

Aceptada esta distinción – pese a que el derecho positivo a menudo utiliza los términos "recursos", "derechos" e "ingresos" como sinónimos –, y no sólo para el tributo sino en general respecto a todo el *haber* de la Hacienda Pública,[1] carece de todo sentido insistir en conceptuar el tributo como un ingreso, una prestación pecuniaria, una postestad o un derecho. El tributo pertenece al género de los recursos constitutivos de la Hacienda Pública, es decir, consiste en un instituto jurídico y, como tal, en un conjunto de normas.

Descartado como excesivamente descriptivo e impreciso el concepto tradicional, resulta conveniente adentrarnos en la naturaleza del tributo, analizando los distintos esquemas explicativos que se han venido sucediendo hasta la general aceptación, en la actualidad, de su consideración como instituto jurídico.

2. Breve apunte histórico sobre las categorías explicativas del tributo

2.1 La tesis de la relación jurídica compleja y su recepción parcial en la Ley General Tributaria

Desde el nacimiento, relativamente reciente, de la ciencia jurídico-tributaria, se han sucedido diversos modelos explicativos del tributo, que se remontan de una primera estrechez e inexactitud a una cada vez mayor generalidad y certeza.[2]

El primer paso en este sentido lo representa, como es sabido, la construcción del tributo como relación jurídica (*Rechtsverhältnis*), frente a la tesis de la relación de poder (*Gewaltvelhältnis*), imperante hasta principios del siglo XX.[3] En síntesis, la tesis de la relación jurídica se basa en la atribución de un contenido complejo a la relación tributaria, en torno a la cual se estructura toda la dogmática del tributo. El concepto de relación jurídica compleja unifica así todo el conjunto de situaciones jurídicas subjetivas en que se encuentran el Estado y los contribuyentes como consecuencia de las normas reguladoras del tributo.

Esta construcción, que arranca de las obras de Hensel, Nawiasky y Blumenstein,[4]

1. Hay que tener en cuenta que existen también ingresos públicos que no derivan directamente de recursos financieros de la Haciendas que los perciben, sino que provienen de transferencias de otros niveles de Hacienda. A este supuesto, frecuente en las Haciendas territoriales y supranacionales, puede reconducirse la participación en ingresos del Estado por parte de las Regiones o Municipios, los fondos de compensación interterritorial o con finalidad niveladora, el IVA como recurso propio de las Comunidades Europeas o el llamado *cuarto recurso* (transferencia de los Estados-miembros a las Comunidades), por ejemplo.

El estudio de este tipo de ingresos entendemos que encuentra su lugar sistemático adecuado en el análisis del presupuesto con cargo al cual se efectúa la correspondiente transferencia, o de la correspondiente política de gasto.

2. Una completa exposición crítica de los distintos criterios de elaboración dogmática del derecho tributario puede verse en: A. Rodríguez Bereijo, *Introducción al Estudio del Derecho Financiero*, Madrid, IEF, 1976, pp. 196-317; F. Escribano López, "Notas para un análisis de la evolución del concepto de derecho tributario", *REDF* 14/205 y ss., 1977; F. Sáinz de Bujanda, *Sistema de Derecho Financiero – I*, vol. 2º, Madrid, Facultad de Derecho de la Universidad Complutense, 1985, especialmente pp. 20-170; y G. Casado Ollero, "Esquemas conceptuales y dogmáticos del derecho tributario: evolución y estado actual", in *Estudios de Derecho y Hacienda (Homenaje a C. Albiñana García Quintana)*, Madrid, IEF, 1987, pp. 677 y ss.

3. La concepción de la relación tributaria como una relación de poder tiene sus raíces en el Estado Absoluto, aunque esta tesis es todavía defendida por cierto sector jurídico bajo el Estado de Derecho (Bühler, Schneider etc.), en base a las ideas imperantes en la ciencia jurídica alemana (Otto Mayer). Cf. J. L. Pérez de Ayala, "Potestad administrativa y relación jurídica (1). La concepción de la relación tributaria como relación de poder", *RDFHP* 79/9 y ss. Sobre la tradición del derecho tributario antes del siglo XX: A. Berliri, "Evoluzione dello studio del diritto tributario", *Riv. Dtto. Fin. Sc. Fin.* 1, 1949.

4. El pensamiento de Hensel plasmó en su *Steuerrecht*, Berlín, Verlag von Julius Springer, 1924, reelaborado en 1927 y 1933. Este último texto fue traducido al Italiano por Dino Jarach, con "Introducción" de Herbert Dorn y "Prefacio" de B. Griziotti (Milano, Giuffrè, 1956). De Nawiasky destacan los cuatro estudios recopilados bajo el título

tuvo una favorable acogida en la doctrina, en especial a partir de la publicación, en 1937, de la obra fundamental de A. D. Giannini, titulada precisamente *La Relación Jurídica Tributaria*;[5] y, aunque en gran medida se trata de una construcción hoy superada, ha dejado una huella profunda en la legislación y en la doctrina. Ello se manifiesta, sobre todo, en la amplitud del concepto de *deuda tributaria* en muchos ordenamientos positivos (incluyendo intereses, recargos e incluso sanciones), y en la regulación unitaria de los sujetos pasivos y de las causas de extinción de la *obligación* tributaria.

2.2 La superación de la tesis de la relación jurídica compleja: naturaleza del tributo

La insuficiencia del concepto de *relación jurídica compleja* para explicar en su totalidad el fenómeno tributario constituye una constante en la doctrina – sobre todo a partir de los años 60 –, que denuncia el "error de perspectiva" que supone colocar "a la obligación tributaria en el centro de todo el derecho tributario, relegando al último plano, casi al horizonte, todas las demás relaciones jurídicas distintas de aquella".[6] Las críticas han ido abriendo paso a posiciones que, aun dentro del enfoque intersubjetivo, tratan de potenciar el estudio de las potestades administrativas, distinguiendo, junto a la fase de establecimiento o creación del tributo, la fase de aplicación del mismo.[7] En la doctrina italiana de hace algunos años incluso llegan a ser dominantes las construcciones dinámicas del tributo – basadas en las categorías de potestad, procedimiento o función[8]

Cuestiones Fundamentales de Derecho Tributario (Munich, steuerrechtliche Grundfragen, Dr. Franz A. Pfeiffer Verlag, 1926), traducidos al Castellano por J. Ramallo Massanet, Madrid, IEF, 1982. De Ernst Blumenstein destaca su *Schweizerisches Steuerrecht*, Tübingen, I. J. C. B. (Paul Siebeck), 1926; y el *System des Steuerreschts* (1ª ed., Zurich, Polygraphischer Verlag A. G., 1945), del que existe una versión italiana de Francesco Forte (*Sistema di Diritto delle Imposte*, Milano, Giuffrè, 1954) y una 2ª edición reelaborada por Irene Blumenstein en 1971.

5. A D. Giannini, *Il Rapporto Giuridico d'Imposta*, Milano, Giuffrè, 1937. La concepción que impera en esta obra fue después recogida por su autor en sus *Instituciones*, obra de amplísima difusión que ha sido considerada por Sáinz de Bujanda como "un arquetipo de derecho tributario" (v. el estudio preliminar del profesor de Madrid a su traducción de la 7ª edición italiana, Madrid, Editorial de Derecho Financiero, 1957).

6. A. Berliri, *Principii di Diritto Tributario*, vol. II, Milano, Giuffrè, 1957, pp. 3-4. Incluso, como señala Palao ("Naturaleza y estructura del procedimiento de gestión tributaria en el Derecho Español", estudio preliminar a la traducción del vol. III de los *Principios...* de Berliri, Madrid, 1974, p. 17), el abandono de los aspectos adjetivos del tributo ha repercutido en los temas del derecho tributario material relacionados con aquéllos.

7. En esta línea destacan las obras de A. F. Basciu, *Contributo allo Studio della Obligazione Tributaria*, Napoli, Jovene, 1966, y P. Russo, *Diritto e Processo nella Teoria dell'Obbligazione Tributaria*, Milano, Giuffrè, 1969.

8. Dentro de las construcciones dinámicas del tributo destaca la obra de R. Alessi, que construye el derecho tributario sobre el concepto de *función tributaria* aunque sin abandonar plenamente el esquema de la obligación tributaria ni el carácter puramente declarativo del acto de liquidación (*Istituzioni di Diritto Tributario*, Torino, UTET, 1965). Micheli, en una línea paralela, parte de los conceptos de *potestad tributaria* y *potestad de imposición*, lo que le lleva a repudiar el esquema de la relación tributaria como vínculo surgido, con tal naturaleza, de la realización del presupuesto establecido en la ley ("Profili critici in tema di potestà d'imposizione", *Riv. Dtto. Fin. Sc. Fin.*, 1964, pp. 3 y ss.; "Premesse per una teoría della potestà di imposizione", *Riv. Dtto. Sc. Fin.*, 1967, pp. 264 y ss.; *Corso di Diritto Tributario*, 1ª ed., Torino, UTET, 1970). Más extrema es la postura de Maffezzoni, quien acude al concepto de *procedimiento de imposición* sustrayéndolo del área del Derecho formal, donde tradicionalmente ha estado anclado, para proclamar su pertenencia al derecho material, ya que el procedimiento de imposición conlleva siempre, para este autor, la creación de un derecho subjetivo en favor del ente público (*Profili di una Teoria Giuridica Generale dell'Imposta*, Milano, Giuffrè, 1969, especialmente p. 66; *Il Procedimiento d'Imposizione nell'Imposta Generale sull'Entrata*, Napoli, Morano Editore, 1965; *Il Principio di Capacità Contributiva nel Diritto Finanziario*, Torino, UTET, 1970).

En Alemania existe un sector de la doctrina que distingue entre la relación tributaria en sentido amplio (*Steuerrechtverhälthis*) y obligación tributaria en sentido estricto (*Steuerschuld-verhälthis*), pero la doctrina mayoritaria ha puesto el acento en

–, de modo que ha podido afirmarse que el derecho tributario "cambia de eje" en estos últimos tiempos y "pasa, de ser primordialmente un derecho del hecho imponible, a ser un derecho de la liquidación del tributo"[9] – o de la autoliquidación, deberíamos decir hoy.

En realidad, reconducidas a sus justos términos, las nuevas categorías propuestas como esquemas explicativos del fenómeno tributario no implican negar la existencia en el tributo de una verdadera relación jurídica entre el ente público acreedor y el particular deudor. Si se rechaza la configuración del tributo como una relación jurídica no es tanto por la inexactitud de esta doctrina como por su insuficiencia, ya que la explicación total del fenómeno tributario exige un marco más amplio, donde quepan simultáneamente la obligación de pago del tributo y la actuación de la Administración – y de los particulares – encaminada a la liquidación y recaudación de los tributos. Los nuevos enfoques del fenómeno tributario no pretenden desplazar la obligación tributaria, sino únicamente asignarle el lugar que le corresponde dentro de la complejidad de situaciones jurídicas a que da lugar la aplicación del tributo.[10]

Desde esta perspectiva, conviene observar que las críticas formuladas al esquema de la relación jurídica compleja son reproducibles frente al intento de elaborar el derecho tributario sobre la base de otras categorías, si estas se formulan también de forma omnicomprensiva, pues, habiendo en el tributo una pluralidad de vínculos y situaciones jurídicas, no puede hablarse sintéticamente de procedimiento, potestad o función, como no puede hablarse tampoco de relación jurídica compleja, si se quiere hallar con precisión la naturaleza del tributo. Surge así la necesidad de recurrir a una noción que no se limite al

el deslinde entre el derecho tributario material y el administrativo o formal, afirmando la diversidad de vínculos existentes en el impuesto. Quizás ello explique que en la actual doctrina alemana perdure el esquema dogmático clásico, enriquecido por los desarrollos posteriores, lo que es patente en la Ordenanza de 1977 (de la que existe una excelente versión castellana de C. Palao, con estudio preliminar de H. Paulick, publicada por el IEF, Madrid, en 1980) y en las obras generales de la disciplina (Tipke, *Steuerrechtlt. Ein systematischer Grundiss*, 9ª ed., Köln, Verlag Dr. Otto Schmidt KG, 1983; Kruse, *Steuerrecht – I*, München und Berlin, C. H. Beck'che Verlagsbuchhandlung, 1966; Paulick, *Lehrbuch des allgemeines Steuerrechts*, 3ª ed., Köln, Carl Heymanns Verlag KG, 1977; Webek-Fas, *Allgemeines Steuerrecht*, Tübingen, J. C. B. Mohr, 1979; etc.), en la mayoría de las cuales – como ha destacado F. Sáinz de Bujanda (*Sistema de Derecho Financiero – I*, vol. 2º, pp. 136 y ss.) – no se hace referencia a las tesis de signo más dinámico mantenidas en Italia.

En la doctrina española, en cambio, han tenido una amplia resonancia las categorías dinámicas manejadas en Italia, que en cierto modo se presentan como una alternativa al esquema de la relación jurídica tributaria: A. Rodríguez Bereijo, *Introducción al Estudio del Derecho Financiero*, cit.; Escribano López, "Notas para un análisis de la evolución del concepto de derecho tributario", *REDF* 14, cit.; M. Cortes Domínguez, *Ordenamiento Tributario Español – I*, 1ª ed., Madrid, Tecnos, 1968 (4ª ed, Madrid, Civitas, 1985); J. L. Pérez de Ayala, *Derecho Tributario – I*, Madrid, Editorial de Derecho Financiero, 1968; del mismo autor, "Potestad administrativa y relación jurídica (1). La concepción de la relación tributaria como relación de poder", *RDFHP* 79 y 86, y *Función Tributaria y Procedimiento de Gestión*, MAEDF, 1970 (recogido en *RDFHP* 114/1.679 y ss., 1974); E. González García, "Los esquemas fundamentales del derecho tributario", *RDFHP* 114/1.547 y ss., 1974; Pérez Royo, "El pago de la deuda tributaria", *REDF* 6, 1975, en especial ppp. 274 y 275; etc.

9. M. Cortes Domínguez, *Ordenamiento Tributario Español – I*, 1ª ed., p. 283.

10. M. Cortes, *Ordenamiento Tributario Español – I*, 1ª ed., p. 331; Rodríguez Bereijo, *Introducción al Estudio del Derecho Financiero*, p. 316; J. L. Pérez de Ayala, "Potestad administrativa y relación jurídica (1). La concepción de la relación tributaria como relación de poder", *RDFHP* 79/15; A. Fantozzi, "Premesse per una teoria della succesione nel procedimiento tributario", in *Studi sul Procedimento Administrativo Tributario*, Milano, Giuffrè, 1971, p. 118; A. F. Basciu, "Note sulla potestà di imposizione in materia di imposta di succesione", in *Studi sul Procedimento Administrativo Tributario*, pp. 7 y ss.; N. D'Amati, "Problemi teorici e sistematici del diritto tributario", *Dir. Prat. Trib.* 1/7, 1980, p. 7; A. Fedele, "A proposito di una recente raccolla di saggi sul procedimento administrativo tributario", *Riv. Dtto. Fin. Sc. Fin.* 3/433 y ss., 1971, I.

estrecho cauce de una particular categoría de efectos jurídicos, relegando los demás a un segundo plano.

3. El tributo como instituto jurídico: vínculos que lo integran

Para encontrar una noción que no se limite al estrecho cauce de una particular categoría de efectos jurídicos, es preciso remontarse al plano normativo. Desde esta perspectiva, el tributo se configura como una institución o instituto jurídico,[11] es decir, como un conjunto de normas que pueden ser reducidas a sistema en función de una *ratio* unitaria, de un interés superior y objetivo, al que han de plegarse las voluntades de los sujetos afectados, tanto públicos como privados.

Este interés objetivo o idea organizativa, que aparece en un plano esencialmente superior al interés particular de los sujetos afectados, constituye uno de los elementos fundamentales de la noción de institución. En el caso de los recursos constitutivos de la Hacienda Pública dicho interés viene representado, como ya se ha dicho, por la existencia de una finalidad financiera, que adquiere matices distintos según el tipo de recurso de que se trate. En el tributo, la finalidad financiera se concreta en la contribución al sostenimiento de los gastos públicos a cargo de quienes han realizado un hecho que pone de manifiesto su capacidad contributiva.[12]

Entendido así, como un instituto jurídico, el tributo se configura como una noción unitaria, aunque susceptible de manifestaciones particulares: impuestos, tasas y contribuciones especiales. El tributo no es, por tanto, una relación jurídica, ni una potestad, procedimiento o función, sino ante todo un instituto jurídico, es decir, un conjunto de normas.

Ahora bien, si del plano normativo pasamos a la dinámica aplicativa del tributo, nos encontramos con una variada gama de situaciones jurídicas, del particular y de la Administración, algunas de las cuales son reconducibles al esquema clásico de la relación obligacional; junto a estos vínculos de naturaleza obligacional – entre los que ocupa un lugar fundamental la obligación tributaria en sentido estricto, es decir, la obligación que tiene por objeto la entrega de la cuota tributaria –, la aplicación del tributo da lugar a otras situaciones, de muy diverso tipo (potestades de la Administración, facultades y acciones del particular, deberes, intereses legítimos etc.), sometidas unas veces a plazos de caducidad, y afectadas, en otras ocasiones, por la prescripción de la obligación tributaria principal. En todo caso, la coexistencia de esta pluralidad de situaciones no impide afirmar la unidad esencial del fenómeno tributario, en cuanto instituto jurídico, que se expresa en última instancia en la subordinación, directa o indirectamente, de dichas situaciones a la finalidad financiera a que el instituto del tributo sirve: la contribución al sostenimiento de los gastos públicos en función de la capacidad contributiva.[13]

4. Situaciones activas derivadas de la aplicación del tributo

La sistematización de los distintos vínculos a que da lugar la aplicación del tributo constituye una tarea que no se ha afrontado hasta una época relativamente reciente.[14] Por otro lado, cualquier en-

11. V. Vicente-Arche ("Apuntes sobre el instituto del tributo con especial referencia al Derecho Español", *REDF* 7/443 y ss., 1975) y Sáinz de Bujanda (*Sistema de Derecho Financiero – I*, vol. 1º, pp. 478 y ss., y vol. 2º, pp. 140 y ss.).

12. Sobre estas cuestiones, F. Vicente-Arche Domingo, "Notas sobre el gasto público y contribución a su sostenimiento en la Hacienda Pública", *REDF* 3/535 y ss., 1974.

13. Andrea Fedele, "Diritto tributario e diritto civile nella disciplina dei rapporti interni tra i soggeti passivi del tributo", *Riv. Dtto. Fin. Sc. Fin.* 1/21 y ss., 1969.

14. Hay que destacar, muy especialmente, la aportación de la profesora M. T. Soler Roch, quien

sayo de clasificación de las instituciones jurídicas subjetivas derivadas del tributo implica un recurso constante a categorías de la Teoría General del Derecho, que no siempre se manejan de forma unívoca por la doctrina. Ambas circunstancias hacen particularmente difícil la elaboración de un esquema común que sirva de punto unitario de referencia, en la medida en que no existe un consenso previo sobre el significado de las categorías generales utilizadas.

Sin embargo, la desconexión de cada situación jurídica de las que con ella coexisten o en ella influyen reviste una capital importancia tanto para la comprensión como para la aplicación práctica del derecho tributario, lo que hace acnsejable tomar postura y ofrecer, al menos en líneas generales, un elenco de las categorías fundamentales a que pueden reconducirse las situaciones jurídicas derivadas del tributo.[15] Para ello conviene partir, a nuestro juicio,[16] de la distinción básica entre las situaciones activas, o de ventaja, por un lado, y las situaciones pasivas o de deber, por otro, de que pueden ser titulares tanto la Administración como los particulares.

parte de la distinción básica entre *deberes* y *obligaciones* para clasificar las distintas situaciones subjetivas a que da lugar la aplicación del impuesto sobre la renta de las personas físicas, si bien las categorías utilizadas a estos efectos pueden trasladarse sin violencia a la dinámica aplicativa de la generalidad de los tributos ("Notas sobre la configuración de las obligaciones y deberes tributarios con especial referencia al impuesto sobre la renta de las personas físicas", *REDF* 25/5 y ss., 1980). En la delimitación de los conceptos de *obligación* y *deber*, de que parte la profesora Soler, desempeña un papel básico la distinción, debida a F. Vicente-Arche, entre *Hacienda Publica* y *Administración Pública* (*HPE* 26/101 y ss., 1974), en la medida en que la primera es titular de derechos de crédito, mientras que la Administración, como institución distinta en el seno del Estado, tiene simplemente atribuida una función gestora en relación con dichos créditos.

La distinción entre *obligaciones* y *deberes* es utilizada también por Pérez de Ayala y González García, para quienes las situaciones tributarias subjetivas a que da lugar la aplicación del tributo son reconducibles a las nociones de *deber jurídico general*, *deber jurídico particular* y *obligación* (*Curso de Derecho Tributario*, 2ª ed., vol. I, Madrid, Edersa, 1978, pp. 118 y ss.).

Sobre las consecuencias del reconocimiento de la pluralidad de situaciones subjetivas derivadas del tributo en el estudio de los sujetos pasivos, y sobre el concepto de *obligados* tributarios, v. E. Eseverri, "Las posiciones subjetivas derivadas de la aplicación del tributo", en *Estudios de Derecho y Hacienda (Homenaje a César Albiñana García-Qintana)*, vol. II, Madrid, Min. Ec. Hac., 1987, pp. 831 y ss.

15. En esta labor analítica ha de evitarse el fácil recurso a una importación mecánica de las construcciones elaboradas por la doctrina extranjera, en la medida en que dichas construcciones normalmente responden a las peculiaridades de cada ordenamiento.

Por ejemplo, el concepto de *derecho subjetivo* se emplea en la doctrina alemana (Bachof, Henke, Lorenz) con un alcance más amplio del usual en los ordenamientos español, francés e italiano, debido a que el art. 19.4 de la Ley Fundamental sólo otorga tutela judicial efectiva a los derechos subjetivos. Paralelamente, la figura del *interés legítimo*, tal como es conocida en Italia (arts. 24 y 113 de la Constitución), donde la justicia administrativa aparece dividida entre protección de los derechos subjetivos y tutela de los intereses legítimos, difícilmente es trasladable a otros ordenamientos, en los que no existe una distinción equivalente, o en los que dicha distinción no tiene la misma trascendencia procesal.

Lo mismo cabe decir de la noción de *obbligazzione*, que en la doctrina italiana se emplea únicamente para referirse a las obligaciones patrimoniales. Así lo hace, por ejemplo, A. Berliri, el cual utiliza los conceptos de *obbligazione* y *obbligo* para describir las situaciones jurídicas subjetivas en función de la patrimonialidad o no de la prestación (*Principi di Diritto Tributario*, vol. II, pp. 11 y ss.).

Este fenómeno explica, en parte, el amplio eco de tesis dinámicas en Italia, mientras que en Alemania la construcción del tributo sigue basada, en gran medida, en el esquema obligacional.

16. Para la sistematización de las distintas situaciones subjetivas a que da lugar la aplicación del tributo hemos seguido fundamentalmente a la profesora M. T. Soler Roch ("Notas sobre la configuración de las obligaciones y deberes tributarios con especial referencia al impuesto sobre la renta de las personas físicas", *REDF* 25), teniendo al mismo tiempo en cuenta la doctrina administrativa sobre el concepto de *potestad* y sobre las situaciones jurídicas del particular. Por todos: F. Garrido Falla, *Tratado de Derecho Administrativo*, 9ª ed., vol. I ("Parte General"), Madrid, CEC, 1985, pp. 519 y ss.; y E. García de Enterría y Tomás-Ramón Fernández, *Curso de Derecho Administrativo*, 3ª ed, vol. I, Madrid, Civitas, 1980, pp. 370 y ss., y vol. II, 1981, p. 28 y ss.

4.1 Situaciones activas de la Administración: derechos y potestades

Dentro de las situaciones activas de la Administración, suele distinguirse entre *derechos subjetivos* y *potestades*.[17] Ambas figuras son especies del género *poderes jurídicos*, en sentido amplio, esto es, facultades de querer y de obrar conferidas por el ordenamiento. Se diferencian, sin embargo, en que el derecho subjetivo tiene un contenido concreto por recaer sobre una cosa (derechos reales) o por insertarse en una relación jurídica de tipo obligacional cuya titularidad pasiva es atribuible a otro sujeto, que es en este sentido un sujeto obligado a efectuar una determinada prestación (derechos de crédito). La potestad, en cambio, no recae sobre ningún objeto específico y determinado, sino que tiene un contenido genérico y normalmente se refiere a un ámbito de actuación definido en grandes líneas o direcciones básicas. No consiste tampoco en una prestación particular, sino en la posibilidad abstracta de producir efectos jurídicos, de donde eventualmente pueden surgir, como una simple consecuencia de su ejercicio, derechos subjetivos, obligaciones o deberes. No hay frente a la potestad, por tanto, un sujeto obligado, sino un simple sometimiento o sujeción, que implica la inexcusabilidad de soportar los efectos que eventualmente deriven del ejercicio de la potestad.

Son derechos subjetivos de la Administración, por ejemplo, el derecho a la cuota tributaria, el derecho a percibir intereses en los casos de mora, aplazamiento o fraccionamiento, suspensión de la ejecución, y en general en cualquier supuesto de ingresos fuera de plazo, así como el derecho a exigir un recargo en la vía de apremio.[18] Se trata, en todos estos supuestos, de derechos de crédito, pero es claro que la Administración Tributaria puede ser también titular de derechos reales, de los que existen algunos ejemplos entre las garantías del crédito tributario.

En cuanto a las potestades administrativas derivadas del tributo, revisten especial importancia, por un lado, la potestad inspectora (a la que, entendida en sentido amplio, es reconducible la potestad de obtención de información con trascendencia tributaria de terceras personas), la potestad liquidatoria y la potestad recaudatoria, a través de las cuales se hace efectivo el principio de autotutela, y por otro lado las potestades revisoras de la propia actuación administrativa, que son conceptualmente distintas de las anteriores.[19] Es importante notar que todas estas potestades, como

17. V. la formulación de esta distinción – que, como es sabido, parte de la obra de Santi Romano (*Corso di Diritto Amministrativo*, 3ª ed., Padova, CEDAM, 1937, pp. 139 y ss.; *Principi di Dirrito Costituzionale Generale*, Milano, Giuffrè, 1946, Capítulo VIII; y *Fragmentos de un Diccionario Jurídico*, trad. espanhola, Buenos Aires, 1964, pp. 121 y ss.) – en E. García de Enterría y Tomás-Ramón Fernández, *Curso de Derecho Administrativo*, 3ª ed., vol. I, Madrid, Civitas, 1980, p. 373; y en F. Sáinz de Bujanda, *Lecciones de Derecho Financiero*, 5ª ed., Madrid, 1987, p. 262.

18. Mayores problemas presenta la existencia o no de un derecho de la Administración a exigir determinados comportamientos del particular, como la presentación de declaraciones o autoliquidaciones, la llevanza de contabilidad, o la comunicación de datos con trascendencia tributaria respecto de terceros. Como veremos más adelante, en algunos de estos supuestos existe verdaderamente una obligación de hacer, y el correlativo derecho de crédito de la Administración; pero en los demás casos se trata de deberes en sentido estricto, a los que técnicamente no corresponde derecho subjetivo alguno de la Administración.

19. Desde una perspectiva teórica, no puede desconocerse que la Administración, al efectuar la revisión de oficio de un acto de gestión tributaria, ejerce una potestad conceptualmente distinta de la potestad liquidatoria o recaudatoria (E. González García, *La Liquidación en el Ordenamiento Tributario*, Madri, Civitas, 1987, p. 208, en nota). Por tanto, entendemos que el procedimiento de revisión de oficio constituye un procedimiento especial y autónomo, como ocurre con los procedimientos de revisión mediante recurso (recurso de reposición y reclamación económico-administrativa), y no una simple fase del procedimiento de gestión correspondiente. Sobre este punto, J. L. Pérez de Ayala, *Derecho Tributario – I*, p. 263; y A. Gota Losada, *Tratado del Impuesto sobre la Renta de las Personas Físicas*, t. IV, Madrid, 1972, pp. 202 y ss. y 613 y ss.

las potestades administrativas en general, tienen carácter fiduciario, es decir, deben ser ejercitadas al servicio de los intereses generales, y en concreto al servicio del interés o finalidad financiera que inspira la regulación del tributo, y no al servicio del propio aparato administrativo. Se trata, por tanto, de verdaderas funciones.

También es reconducible al concepto de potestad, claro está, la potestad reglamentaria, pero esta no forma parte del contenido del tributo, sino que contribuye, dentro de los límites derivados de la reserva de ley, a la delimitación de dicho contenido.

4.2 Situaciones activas del particular: derechos, facultades e intereses legítimos

Lo mismo que la Administración, el particular puede ser también sujeto activo de potestades y de derechos subjetivos, especialmente derechos de crédito frente a otros particulares, o incluso frente a la Administración. Son ejemplos de derechos frente a otros particulares el derecho a retener cantidades a cuenta (por ejemplo, por los empresarios a los trabajadores, en la imposición sobre la renta) y el derecho a repercutir (por ejemplo en el IVA), mientras que el ejemplo más característico de derecho subjetivo del particular frente a la Administración se encuentra en la figura de la devolución de ingresos indebidos.[20]

En cuanto a las potestades del particular, conviene subrayar ante todo que muchas situaciones tradicionalmente calificadas como de derecho subjetivo se aproximan técnicamente a la categoría de potestad, que en modo alguno debe considerarse como una situación exclusiva de la Administración.[21] Un ejemplo típico lo constituye la potestad de *acción*, es decir, la potestad del ciudadano de poner en marcha el aparato de la Justicia en defensa del propio patrimonio jurídico amenazado o lesionado, que aparece consagrada en muchas Constituciones bajo la denominación de "derecho" a la tutela judicial efectiva. Obsérvese, en este sentido, que la acción únicamente posibilita la apertura del proceso, que es su contenido propio, el cual no se condiciona a la efectiva titularidad de un derecho subjetivo, que a lo sumo jugará como requisito de la sentencia estimatoria, pero no de la acción misma.

Es también frecuente en materia tributaria la atribución al particular de la potestad de configurar parcialmente, siempre dentro de ciertos límites más o menos intensos, su propio régimen tributario. Como potestades – o como derechos potestativos o facultades de modificación jurídica, en la terminología jurídico privada[22] – han de calificarse, en efecto, los llamados *derechos* de opción, esto es, las situaciones en las que la ley tributaria permite al particular optar por un determinarlo sistema de tributación, o de determinación de la base imponible, o renunciar

20. También constituyen derechos frente a la Administración las devoluciones en los impuestos sobre la renta de las personas físicas y sobre sociedades, cuando las cantidades ingresadas a cuenta son superiores a la cuota resultante de la liquidación provisional, las deducciones y devoluciones en el IVA (cuando el IVA soportado es superior al devengado) y otros supuestos a los que haremos referencia más adelante al examinar las obligaciones de devolución y reembolso de la Administración.

Obsérvese que en los sistemas de régimen administrativo en que se aplica el principio de autotutela el reconocimiento y liquidación de las obligaciones de devolución corresponden a la propia Administración, en el ejercicio de las potestades que a este efecto le atribuye el ordenamiento, potestades que han de distinguirse, al menos teóricamente, de las potestades de gestión tributaria y de las potestades revisoras, a las que hemos hecho referencia anteriormente.

21. García de Enterría y Tomás-Ramón Fernández, *Curso de Derecho Administrativo*, 3ª ed., vol. II, p. 31.

22. Técnicamente los derechos de *opción* o de *renuncia* en materia tributaria en nada difieren, por ejemplo, de la *facultad de elección* en las obligaciones alternativas del derecho civil, aunque lógicamente su contenido material concreto sea distinto. V., sobre la naturaleza de la declaración de elección, J. Rams Albesa, *Las Obligaciones Alternativas*, Madrid, Montecorvo, 1982, pp. 281 y ss.

al régimen tributario que en principio le correspondería.[23]

No se trata aquí, desde luego, de un derecho subjetivo, ni real ni de crédito, sino de una facultad que se aproxima a la naturaleza de la potestad en la medida en que frente al particular no existe, en sentido técnico, una obligación de la Administración, sino únicamente una sujeción de ésta a las consecuencias del ejercicio de la facultad.

Sin embargo, pese a tratarse de figuras reconducibles en última instancia al concepto técnico de potestad, estimamos preferible, tanto en este supuesto como en el anterior, hablar, respectivamente, de facultades[24] y acciones del particular, reservando así – como es habitual en la doctrina – el término "potestad" para las de titularidad administrativa. Conviene observar, a este respecto, que aunque desde un punto de vista formal las potestades que el ordenamiento atribuye a los particulares se asemejen técnicamente a las potestades administrativas, lógicamente varía su contenido material concreto y, a diferencia de estas últimas, suelen carecer de carácter fiduciario.[25]

Junto a los derechos subjetivos, facultades y acciones, ha de hacerse referencia, dentro de las situaciones activas del particular, a la categoría de los *intereses legítimos*. Con esta expresión se alude usualmente a la situación de la persona que, sin ser titular de un derecho subjetivo en el sentido clásico de la expresión, o bien ha sido dañada por una actuación administrativa contraria al ordenamiento – una liquidación tributaria no ajustada al Derecho, por ejemplo –, o bien puede obtenerse algún beneficio particular de la eliminación de la actuación. El concep-

23. Dentro de esta categoría se incluyen, por ejemplo, la facultad de compensar pérdidas en los ejercicios siguientes, la posibilidad de renunciar al régimen de estimación objetiva o por módulos (o de renunciar a él), en relación con la estimación directa; la posibilidad de utilizar criterios de imputación distintos a los fijados legalmente como supletorios; la posibilidad de optar, en el IVA, por el régimen general en lugar del régimen especial de bienes usados, objetos de arte, antigüedades y objetos de colección, de renunciar a los regímenes simplificado y de la agricultura, ganadería y pesca, o de optar por el régimen especial de determinación proporcional de las bases imponibles; la posibilidad del sujeto pasivo del IVA, cuando la cuantía de las deducciones supera el importe de las cuotas devengadas, de trasladar el exceso al período siguiente o de optar por la devolución del saldo existente a su favor; etc.

La misma naturaleza presenta, a nuestro juicio, la facultad del particular de pagar la deuda tributaria de determinados impuestos mediante la entrega de obras de arte, prevista en algunos ordenamientos, como el español. En este supuesto, la obligación tributaria debe constituirse como obligación facultativa. V. R. Falcón, "Problemática del pago en especie: una nota sobre la facultad solutoria en las obligaciones tributarias", *REDF* 54/222 y ss., 1987.

24. Las facultades consisten en un ámbito de actuación libre, concedido y garantizado por el Derecho, basado o unido a una situación jurídica principal, de modo que pueden formar parte del contenido de cualquier situación jurídica, desde la más indeterminada a la más concreta (F. de Castro, *Derecho Civil de España*, t. I, Madrid, Civitas, 1984, reimpr., p. 602). Así, tanto los derechos subjetivos como las potestades pueden descomponerse en una o más facultades, o posibilidades de actuación. En este sentido se dice que la Administración está facultada para exigir el pago, para dictar un acto de liquidación, para elegir entre los diversos medios de comprobación de valores, o para dictar providencias de apremio o de embargo, en virtud de la titularidad del derecho o de la potestad correspondiente. Reservaremos, sin embargo, la expresión fundamentalmente para referirnos a las situaciones jurídicas activas del particular – normalmente de naturaleza próxima a la potestad – distintas de la potestad de acción, del derecho subjetivo y del interés legítimo.

25. En la doctrina, sobre todo civil (Diéz-Picazo y Guillon, *Sistema de Derecho Civil*, 4ª ed., vol. I, Madrid, Tecnos, 1981, p. 440), frecuentemente se reserva el término "potestad" para los poderes jurídicos atribuidos "para la defensa de los intereses de otra persona", es decir, para las potestades fiduciarias, como la patria potestad o las potestades administrativas, denominándose *facultades* las demás posibilidades de actuación que se atribuyen a la persona como contenido de un derecho subjetivo más amplio "o aisladamente, con independencia de cualquier tipo de derecho". Hay que tener en cuenta, no obstante, que las facultades forman siempre parte del contenido de una situación jurídica principal, de modo que cuando la facultad se atribuye "con independencia de cualquier tipo de derecho" formará normalmente parte del contenido de una potestad.

to se aproxima, por tanto, "a un derecho fundamental en el ejercicio de la acción" – o, más exactamente, de la potestad de acción –, según ha señalado el Tribunal Constitucional español en sus Sentencias 60/1982, de 11 de octubre, y 62/1983, de 11 de julio.[26]

26. El recurso contencioso-administrativo ha estado en el sistema español tradicionalmente limitado, por influencia del proceso civil, a los derechos subjetivos (Ley Camacho, de 31.12.1881, Ley Santamaría de Paredes de 1888), aunque desde el siglo pasado la jurisprudencia califica determinados vicios de los actos, de competencia y de forma fundamentalmente, como de *orden público*, y en consecuencia los considera apreciables de oficio al margen de su invocación en el proceso y de la existencia de un derecho subjetivo.

La LJCA de 27.12.1956 (con algunos precedentes en el Estatuto Municipal de 1924 y en la Ley Municipal de 1935) redujo la cuestión a un problema procesal de legitimación, al exigir (arts. 28 y 42) un "interés directo" en la anulación del acto, o, si además de la anulación se pretende el reconocimiento de una situación jurídica individualizada, y el restablecimiento de la misma, ser titular "de un derecho derivado del ordenamiento que se considera infringido por el acto o disposición impugnados". Al estudiar esta norma, un amplio sector doctrinal (Garrido, González Pérez, García Trevijano) echa mano de la explicación ofrecida por el Derecho Italiano, donde existe una división entre protección de derechos subjetivos y protección de intereses legítimos. Y esta tendencia se proyecta – al menos terminológicamente – en las leyes de procedimiento administrativo y de reclamaciones económico-administrativas – que hablan de "intereses legítimos y directos" – y en nuestra Constitución en 1978, cuyo art. 24 consagra la tutela judicial efectiva de los derechos subjetivos e "intereses legítimos". Según García de Enterría y Tomás-Ramón Fernández (*Curso de Derecho Administrativo*, 3ª ed, vol. II, pp. 42 y ss.), sin embargo, la Constitución de 1978 no impone la recepción de la técnica de los *intereses legítimos*, que tan poco satisfactoria ha resultado en Italia, sino que su única intención es extender la tutela judicial más allá de los derechos subjetivos de corte tradicional. En este sentido, Enterría defiende la existencia, junto a los derechos subjetivos clásicos, de derechos "reaccionales" (expresión tomada de Roubier), que surgen cuando se causa un perjuicio o lesión al ámbito vital del administrado. Normalmente en las situaciones de ventaja o interés subyace siempre un derecho subjetivo típico (el expropiado que impugna la ilegal constitución del jurado está defendiendo su derecho de propiedad), pero el derecho *reaccional* es distinto del que pueda subyacer a la situación atacada (como, en el ámbito civil, el derecho a la reparación del daño extracontractual no es un derecho real derivado de la titularidad de la cosa dañada, sino un derecho distinto que nace al producirse el daño).

Esta construcción cuenta con defensores desde luego en la doctrina alemana (Bachof, Henke, Lorenz), forzada por el art. 19.4 de la Ley Fundamental, que sólo otorga tutela jurisdiccional a los derechos subjetivos, pero también en la francesa (Konprobst, Laligant, Roubier) e incluso en la italiana (Cannada-Bartoli). En el fondo, la finalidad perseguida es justificar que la sentencia estimatoria no se limite a la simple anulación del acto. Sin embargo, entendemos que se trata, en gran medida, de una cuestión terminológica. Existen, por un lado, derechos subjetivos (los clásicos) y, por otro, situaciones jurídicas individualizadas, llámense de "interés directo" o "legítimo", o "derechos subjetivos reaccionales". Lo que importa es asegurar la tutela judicial efectiva de ambas situaciones.

5. Situaciones jurídicas pasivas: la distinción entre situaciones de sujeción, obligaciones y deberes

En cuanto a las situaciones jurídicas pasivas, es habitual incluir entre ellas tres tipos o clases diferentes: las *situaciones de sujeción*, las *obligaciones* y los *deberes* en sentido estricto.

La *sujeción* constituye el término correlativo al de potestad, es decir, supone solo la eventualidad de soportar los efectos de una potestad de otro sobre el propio ámbito jurídico.[27] En este sentido el particular está sujeto a la potestad inspectora – pese a que en algunas ocasiones se hable de la *obligación* de facilitar la práctica de inspecciones[28] –, así como a la potestad liquidatoria y recaudatoria, lo mismo que la Administración queda sujeta o vinculada a las opciones del particular en el ejercicio de las facultades de configuración de su

27. García de Enterría y Tomás-Ramón Fernández, *Curso de Derecho Administrativo*, 3ª ed., vol. II, p. 32.

28. No cabe alegar, a nuestro juicio, que con la expresión "obligación" lo que se pretende es exigir un comportamiento activo del particular en orden a facilitar la práctica de la inspección, pues dicho deber se encuentra ya implícito en el propio concepto de sujeción, y en todo caso se trataría de un *deber* en sentido estricto – no de una obligación –, puesto que no corresponde a un derecho subjetivo de la Administración.

propio régimen tributario que las leyes le otorgan.

Mayores dificultades plantea el deslinde de las otras dos situaciones pasivas fundamentales de que pueden ser titulares la Administración y los ciudadanos. *Deberes* y *obligaciones* son dos especies de un género común – los deberes en sentido amplio –, en cuanto comportamientos positivos o negativos que se imponen a un sujeto en consideración a intereses que no son los suyos, sino los de otro sujeto o los generales de la colectividad. En unos casos estos deberes operan en direcciones genéricas, de forma que los gravados por ellos no tienen frente a sí un sujeto determinado que sea titular de un derecho subjetivo propiamente tal a exigir de ellos el comportamiento determinado en que el deber consiste. En otros casos, en cambio, la situación de deber se produce en el seno de una relación jurídica dada en estricta correlación con un derecho subjetivo a exigir el efectivo cumplimiento del comportamiento previsto, derecho que se atribuye al titular del interés específico protegido, o – como es frecuente en el derecho público – a la Administración en cuanto servidora del interés general. A este último tipo de deberes se reserva habitualmente la denominación de *obligación*.[29]

La denominación de *obligación* se utiliza, por tanto, para las situaciones pasivas o de deber que se producen en el seno de una relación jurídica, en estricta correlación con un derecho subjetivo. En materia tributaria presentan una especial importancia, sobre todo en el ámbito del denominado derecho tributario material, que en gran medida se articula en un haz de obligaciones pecuniarias.

5.1 Obligaciones tributarias, extratributarias y de devolución

Dentro de las obligaciones materiales, es decir, de las obligaciones consistentes en dar una suma de dinero, derivadas de la aplicación del tributo, podemos distinguir, siguiendo en lo fundamental a la profesora M. T. Soler Roch,[30] entre las obligaciones

29. Seguimos, con algunos matices, la tesis mantenida por García de Enterría y Tomás-Ramón Fernández (*Curso de Derecho Administrativo*, 3ª ed., vol. II, p. 33), si bien existe un importante sector de la doctrina, sobre todo tributaria, que propone un concepto de *obligación* más restringido. Así, por ejemplo, M. T. Soler Roch entiende que las obligaciones se caracterizan por la patrimonialidad de la prestación, por la reacción prevista para el caso de su incumplimiento, siempre de tipo indemnizatorio, y por la existencia correlativa de un derecho de crédito de la Hacienda Pública, como institución distinta de la Administración.

Téngase en cuenta, sin embargo, que, en el caso español, el Código Civil emplea un concepto amplio de *obligación*, que se extiende más allá del campo estrictamente patrimonial. Sobre esta problemática y sobre la necesidad de distinguir entre la patrimonialidad de la obligación y la patrimonialidad del interés del acreedor, v. L. Diéz-Picazo, *Fundamentos de Derecho Civil Patrimonial*, Madrid, Tecnos, 1977, pp. 348 y ss.

Por otro lado, la reacción de tipo indemnizatorio – y no exclusivamente sancionadora – que normalmente acompaña al incumplimiento de las obligaciones civiles se explica fundamentalmente por el interés jurídico protegido, por lo qué no debe extrañar que en materia tributaria el ordenamiento pueda sustituir el efecto indemnizatorio del incumplimiento por una sanción, sobre todo cuando se trata de obligaciones instrumentales – de presentar una declaración, por ejemplo – cuyo incumplimiento no supone un perjuicio económico directo para la Hacienda Pública.

En todo caso, parece claro que en el ordenamiento español no se puede reducir el concepto de *obligación* a las obligaciones de dar una suma de dinero, sino que, como establece el art. 1.088 del CC, las obligaciones pueden tener por objeto prestaciones de dar, hacer o no hacer. En este sentido consideramos que el término "obligación" abarca tanto lo que la doctrina italiana denomina *obligazioni*, caracterizadas por su patrimonialidad, como los *obblighi*, es decir, los vínculos que imponen un comportamiento y no una prestación patrimonial, los cuales, a su vez, se diferencian de los *doveri* en que operan en el seno de una relación jurídica, mientras que estos últimos no son *correlativos al derecho de otro*. Sobre la utilización de estos conceptos en el ámbito tributario, v. L. Rastelo, *Diritto Tributario (Principi Generali)*, 3ª ed., Padova, CEDAM, 1987, especialmente pp. 465 y 473.

30. Seguimos, en lo fundamental, el trabajo de la profesora Soler, "Notas sobre la configuración de

tributarias (principal, a cuenta y accesorias), las obligaciones extratributarias y las obligaciones de devolución, en función de los sujetos a los que corresponde la titularidad activa y pasiva en cada caso.

Denominamos *obligaciones tributarias*, en este sentido, a las consistentes en la entrega de una suma de dinero al ente público, es decir, a los vínculos derivados del tributo en los que la Hacienda Pública ocupa una posición acreedora y el particular una posición deudora. Dentro de ellas destaca la *obligación tributaria principal*, u obligación tributaria en sentido estricto, que se caracteriza por su naturaleza contributiva, en la medida en que a través de ella se hace efectivo el interés básico que preside la organización del tributo, y por su carácter autónomo, no dependiente de ninguna otra obligación, y definitivo, ya que el ingreso efectuado en pago de la misma extingue el vínculo entre la Hacienda Pública y el deudor tributario, sin que surjan ulteriores compensaciones o se mantengan expectativas en relación con otra obligación futura de la que dependa la ya realizada.[31]

Junto a la obligación tributaria principal, la aplicación del tributo puede eventualmente dar lugar a otras obligaciones del particular frente a la Hacienda Pública, que un sector de la doctrina califica globalmente como *auxiliares* o instrumentales – porque no responden de una manera directa e inmediata a la finalidad financiera que inspira la organización del tributo –, aunque en realidad se trata de supuestos heterogéneos. Así, son obligaciones auxiliares las obligaciones a cuenta, que constituyen obligaciones tributarias en el sentido de que consisten en la entrega de sumas de dinero, eventualmente a título definitivo, al ente público. Se diferencian, sin embargo, de la obligación tributaria principal por carecer de naturaleza contributiva y por la dependencia de sus efectos jurídicos, que van necesariamente referidos a la obligación tributaria principal que eventualmente pueda surgir en el futuro.[32] En efecto, las obligaciones a cuenta se caracterizan – independientemente de su finalidad, normalmente de tipo garantista – porque, nacida la obligación tributaria principal, las cantidades ingresadas en concepto de obligación a cuenta se aplican inmediatamente a su cumplimiento, surtiendo los efectos extintivos del pago.[33]

las obligaciones y deberes tributarios con especial referencia al impuesto sobre la renta de las personas físicas", *REDF* 25/15 y ss.

31. Sobre la semejanza estructural entre la obligación tributaria y las obligaciones de derecho privado, que permite la aplicación de categorías comunes, como la prescripción, en uno y otro ámbito, v. F. Vicente-Arche, "Configuración jurídica de la obligación tributaria", *RDFHP* 25/7 y ss., 1957.

32. La dependencia de las obligaciones a cuenta, como indica M. T. Soler Roch ("Notas sobre la configuración de las obligaciones y deberes tributarios con especial referencia al impuesto sobre la renta de las personas físicas", *REDF* 25/17), no debe entenderse como accesoriedad, ya que surgen de la realización de un presupuesto autónomo respecto al hecho imponible – que puede incluso no llegar a realizarse – y gozan también de autonomía en su configuración subjetiva, ya que el sujeto pasivo puede no coincidir con el de la obligación tributaria en sentido estricto. Sobre las retenciones a cuenta y los pagos fraccionados en el IRPF, v. M. T. Soler Roch, idem, pp. 24 y ss.

33. Como indica M. T. Soler Roch, siguiendo a Palao, la explicación de este mecanismo jurídico debe buscarse en la relatividad de la distinción entre *pago* y *garantía*. Lo que ocurre es que la suma entregada a cuenta, que lo es inicialmente a título de garantía, se imputa en un momento posterior al pago de la cuota. La diferencia constituye el importe definitivo de la deuda tributaria, y, por el contrario, si resulta un exceso de ingresos a cuenta sobre aquella cuota, estaremos en presencia de un supuesto de hecho que genera una obligación de devolución. En este punto conviene precisar que no existe, en sentido técnico-jurídico, compensación entre las cantidades entregadas a cuenta y la obligación tributaria principal, pues no se trata de obligaciones recíprocas, ya que la Hacienda no está obligada a devolver las cantidades ingresadas a cuenta, sino sólo su exceso sobre cuota tributaria, una vez que ésta se liquida. En este sentido, como afirma M. T. Soler Roch, entendemos que, en el IRPF, el llamado "derecho" del sujeto pasivo a deducir las cantidades correspondientes a las retenciones y pagos fraccionados constituye simplemente un mecanismo cuyo alcance "queda limitado a la esfera interna, en el terreno de la cuantificación de la prestación debida por el sujeto pasivo", en concepto de obligación tri-

Otro grupo importante de obligaciones auxiliares está constituido por las obligaciones accesorias, figura a la que tradicionalmente se han reconducido los recargos sobre bases o cuotas, intereses de demora y recargos de apremio.[34] Se trata, en todos estos casos, de obligaciones en las que el presupuesto de hecho, aun siendo en sí mismo autónomo respecto al de la obligación tributaria principal, guarda relación directa con esta última, sin cuya existencia sería imposible el nacimiento mismo de la obligación accesoria.[35]

Las obligaciones extratributarias son obligaciones entre los particulares que derivan de la aplicación del tributo,[36] pero cuyo régimen jurídico es en principio, precisamente por tratarse de obligaciones entre particulares, análogo al de cualquier obligación de derecho común.[37] Pueden llamarse *extratributarias* en la medida en que, aunque derivan del tributo, son, por su naturaleza y por los sujetos a los que ligan, relaciones civiles.

El tercer tipo de obligaciones pecuniarias que pueden surgir de la aplicación del tributo está constituido por las obligaciones de devolución y reembolso, que se caracterizan por presentar una estructura contrapuesta a la obligación principal, en la medida en que, en este caso, es la Hacienda Pública quien asume la posición deudora frente al particular, que detenta un derecho de crédito frente a aquélla.[38] El

butaria principal, o de la cantidad debida por la Hacienda Pública en concepto de devolución. Dicho de otro modo, la obligación de devolver no nace cuando se realizan las entregas a cuenta, sino cuando se liquida la obligación tributaria principal, liquidación que, por tamo, se proyecta al mismo tiempo sobre la eventual obligación de devolver. Sobre estas cuestiones v. Palao, "La retención a cuenta", *RDFHP* 74/27 y ss., 1978; G. Casado Ollero, "De la imposición de producción al sistema de retenciones y pago fraccionado en el IRPF (1)...", *REDF* 21/76 y ss., 1979; y M. T. Soler Roch, "Notas sobre la configuración de las obligaciones y deberes tributarios con especial referencia al impuesto sobre la renta de las personas físicas", *REDF* 25/38 y ss.

34. Las sanciones – incluidas las sanciones pecuniarias – merecen un tratamiento diferenciado, pues no pueden considerarse obligaciones accesorias en la medida en que no siempre se relacionan con la existencia de una obligación principal (M. T. Soler Roch, "Notas sobre la configuración de las obligaciones y deberes tributarios con especial referencia al impuesto sobre la renta de las personas físicas", *REDF* 25/35). En este sentido conviene observar que las sanciones no derivan del tributo, sino de la aplicación de institutos penales en materia tributaria.

35. M. T. Soler Roch, "Notas sobre la configuración de las obligaciones y deberes tributarios con especial referencia al impuesto sobre la renta de las personas físicas", *REDF* 25/17.

36. Existen innumerables ejemplos, tanto en la parte general como en la parte especial del derecho tributario: el derecho a reembolso del sustituto o del responsable frente al contribuyente, del tercero que paga frente al deudor que se beneficia de la extinción de su obligación, del deudor solidario que paga frente a los restantes coobligados, el prorrateo interno entre los miembros de la unidad familiar en caso de declaración conjunta, la obligación de retener, la traslación jurídica de la cuota etc.

Como afirma M. T. Soler Roch, se trata en general de obligaciones de restitución o reembolso "que tienen un fundamento genérico en la doctrina del enriquecimiento sin causa y un fundamento específico que, en el fondo, coincide con el de la obligación tributaria principal, en la medida en que el reembolso satisface las exigencias derivadas del principio contributivo, garantizando que la detracción de riqueza se efectúe, en definitiva, de quien detenta la capacidad contributiva y está, por ello mismo, llamado a soportar el tributo" ("Notas sobre la configuración de las obligaciones y deberes tributarios con especial referencia al impuesto sobre la renta de las personas físicas", *REDF* 25/18).

37. Ello no es obstáculo para afirmar la aplicación preferente de la ley tributaria, ya que, al tratarse normalmente de obligaciones *ex lege* – pues surgen, como hemos visto, de la aplicación de la ley tributaria –, se rigen en primer lugar por la ley que las crea (art. 1090 Código Civil). La ley tributaria puede establecer, por tanto, un régimen distinto para estas obligaciones del previsto con carácter general en el Derecho común, tanto en los aspectos sustantivos, como en relación con los mecanismos de tutela del derecho de crédito correspondiente. Destaca, en relación con este último punto, en el caso español, la consideración de los actos de repercusión tributaria y de las retenciones como «actuaciones» tributarias reclamables en vía económico-administrativa. Pero la consideración del derecho de repercusión como "un derecho privado que se ejercita entre particulares", permite afirmar también la competencia del juez civil o en su caso de la jurisdicción social.

38. M. T. Soler Roch, "Notas sobre la configuración de las obligaciones y deberes tributarios con especial referencia al impuesto sobre la renta de las personas físicas", *REDF* 25/18 y ss.

ejemplo típico lo constituyen los ingresos indebidos. En una primera aproximación puede calificarse como ingreso indebido todo ingreso no exigible legalmente, por inexistencia del presupuesto de hecho, por aplicación indebida de la norma[39] o por prescripción. En estos casos surge un derecho del particular a obtener la devolución, aunque la institución de la devolución de ingresos indebidos reviste hoy un carácter fundamentalmente procedimental.[40]

De la devolución de ingresos indebidos deben distinguirse con claridad otras obligaciones de devolución que pueden surgir en la dinámica aplicativa del tributo, y que tienen un fundamento distinto. La doctrina, en ocasiones, reserva la expresión de "reembolso" para referirse a estos últimos supuestos,[41] aunque las leyes tributarias hablan generalmente de *devolución*, en sentido amplio, incluyendo en el concepto prácticamente todas las obligaciones de la Hacienda Pública frente a los particulares derivadas del tributo.[42]

5.2 Obligaciones y deberes formales

La aplicación del tributo puede también dar lugar a obligaciones no consistentes en la entrega de una suma de dinero, sino en un hacer, o incluso – al menos teóricamente – en un no hacer. Ahora bien, es preciso distinguir cuidadosamente estas obligaciones de los deberes en sentido estricto, con los que a menudo se confunden. En realidad, deberes y obligaciones de hacer aparecen íntimamente relacionados en los procedimientos de aplicación de los tributos, pues entre una y otra categoría suele mediar un procedimiento de concreción semejante al que, según hemos visto, se produce entre la potestad y el derecho

39. E. Fonseca Capdevilla, "La devolución de ingresos indebidos y el principio de legalidad", *CT* 56/86, 1986.

40. R. Martínez Serrate, "Devoluciones de ingresos indebidos", *CT* 2/47 y ss., 1972; E. González García, "Comentario al art. 155", in *Comentarios a las Leyes Tributarias Y Financieras*, vol. II, Madrid, 1983, pp. 510 y ss.; R. Mateu-Ros Cerezo, *Devolución de Ingresos Indebidos y Revisión por Infracción Manifiesta de Ley*, Madrid, Civitas, 1985; E. Fonseca Capdevilla, "La devolución de ingresos indebidos y el principio de legalidad", *CT* 56/77 y ss.; M. Cruz Amoros, "La devolución de ingresos indebidos", *RDFHP* 187/69 y ss., 1987.

41. V., por todos, E. Eseverri, "El pago de intereses por el Fisco con ocasión de la devolución de ingresos", *REDF* 47-48/395, 1985.

42. En realidad, los llamados *reembolsos* no tienen una naturaleza homogénea. Su único rasgo común – aparte de la nota negativa de que la obligación correspondiente no surge del carácter indebido de un ingreso previamente realizado – radica en la posición acreedora que ocupa el particular frente a la Hacienda. Sin ánimo exhaustivo podemos citar los siguientes ejemplos:

– Exceso de pagos a cuenta (retenciones, pagos fraccionados etc.) respecto a la deuda resultante de los impuestos sobre la renta. La distinción entre estos supuestos y la devolución de ingresos indebidos ha sido formulada con total precisión por C. Palao Taboada, en la obra colectiva (Ferreiro y otros) *Comentarios a la Ley del Impuesto sobre la Renta de las Personas Físicas*, Madrid, Civitas, 1983, p. 560; y por E. Lejeune, *La Anticipación de Ingresos en el Impuesto sobre la Renta de las Personas Físicas*, Madrid, Editorial de Derecho Finnanciero, 1983, pp. 92 y ss.

– Devolución (o reembolso) del IVA soportado por repercusión.

– Reconocimiento judicial o administrativo, por resolución firme, de la nulidad, rescisión o resolución de un acto o contrato gravado por el impuesto sobre transmisiones patrimoniles y actos jurídicos documentados.

– Devolución de tasas cuando la actividad administrativa configuradora del hecho imponible no se realice por causas no imputables al sujeto pasivo (incluidos, por ejemplo, los casos en que una licencia se concede por siliencio positivo, pues la tasa no grava la concesión de la licencia, como prueba el hecho de que se perciba normalmente con la solicitud, aunque el resultado sea desfavorable, sino que grava la actividad administrativa necesaria para pronunciarse sobre la solicitud, que en los casos de silencio no llega a producirse).

– Devolución de los impuestos especiales que hayan gravado productos exportados o reintegrados a la fábrica por haber sido rehusados por sus adquirentes.

– Devoluciones y reembolsos derivados de convenios internacionales o de la aplicación del principio de reciprocidad internacional en el ámbito de las relaciones diplomáticas o con organismos internacionales.

subjetivo.[43] En efecto, los deberes se resuelven en ocasiones en obligaciones *ex lege* o derivadas de actos administrativos que, en atención a las circunstancias concurrentes en cada caso, precisan en relación a un sujeto determinado el alcance del deber genérico impuesto en la norma, determinando así el comportamiento exigible al sujeto gravado.

Los deberes en sentido estricto pueden clasificarse, en función de a quién corresponda su titularidad, en *deberes del sujeto pasivo* – aquellos que gravan al sujeto pasivo de la obligación tributaria principal – y *deberes de terceras personas*. Entre los primeros se encuentran los deberes de declarar, los deberes de índole contable y registral y los deberes de información.[44] Como deber de terceras personas ha de calificarse el deber general de colaboración previsto en la mayoría de los ordenamientos.

En ninguno de estos casos existe, en efecto, un vínculo de naturaleza obligacional, sino que se trata de deberes en sentido estricto, sin perjuicio de que, en vía normativa o de gestión tributaria, dichos deberes pueden concretarse en verdaderas obligaciones de hacer. Así, por ejemplo, muchos ordenamientos consagran legalmente la obligación de "formular cuantas declaraciones y comunicaciones se exijan para cada tributo" (con estas u otas palabras), lo que constituye técnicamente un deber; pero cuando – a menudo por vía reglamentaria – se *exige* una declaración tributaria concreta, surge una obligación de hacer, y el correlativo derecho de la Administración a exigir del contribuyente la prestación debida.[45]

Lo mismo cabe decir de los deberes de terceros. La ley tributaria puede establecer en abstracto el deber de "toda persona natural o jurídica, pública o privada", de "proporcionar a la Administración Tributaria toda clase de datos, informes o antecedentes con trascendencia tributaria, deducidos de sus relaciones económicas, profesionales o financieras con otras personas". Ahora bien, cuando dicho deber de colaboración se concreta, bien por vía legal o reglamentaria con carácter general, bien mediante un requerimiento individualizado,[46] surge una obligación de ha-

43. Con carácter general para todo el derecho publico, v. sobre esta cuestión García de Enterría y Tomás-Ramón Fernández, *Curso de Derecho Administrativo*, 3ª ed., vol. II, p. 33.

44. Obsérvese que se trata de deberes en sentido estricto, y no de obligaciones, ni mucho menos – pese a su carácter instrumental respecto a la obligación tributaria principal – de obligaciones *accesorias* en sentido técnico, sin perjuicio de que dichos deberes puedan resolverse, en ocasiones, en obligaciones de hacer.

45. Conviene distinguir – lo que no siempre es fácil – las normas que establecen el deber y definen su alcance de aquellas otras de las que derivan, directa o indirectamente, obligaciones concretas a cargo de las personas gravadas por el deber.

En materia de deberes contables y registrales, normalmente, no llegan a nacer obligaciones en sentido técnico, pues no existe un derecho de la Administración a exigir prestación alguna del sujeto pasivo (con alguna excepción, quizá, como el depósito de cuenta), sin perjuicio de que la Administración, en el ejercicio de sus potestades, vele por el cumplimiento de tales deberes, imponiendo en su caso las sanciones correspondientes.

Más discutible es el caso de la llamada *obligación* de declarar, que en ocasiones constituye un deber en sentido estricto, aunque otras veces ha de considerarse, a nuestro juicio, como la forma de cumplir una obligación de información. Precisamente es en este ámbito, en el de la comunicación de datos, informes y antecedentes a la Administración Tributaria, en el que los deberes normalmente se resuelven en concretas obligaciones de hacer, instrumentales respecto de la obligación tributaria. Sobre estas cuestiones, v. C. Palao Taboada, "La potestad de obtención de información de la Administración Tributaria y sus límites", in *Estudios de Derecho y Hacienda (Homenaje a César Albiñana García-Quintana)*, Madrid, Min. Ec. Hac., 1987, pp. 889 y ss.

46. Estos requerimientos administrativos constituyen el ejercicio de la potestad instructora inherente a la función de aplicación de las leyes cuando se producen en el marco de un procedimiento concreto, o de la potestad de obtención de información (v. C. Palao Taboada, "La potestad de obten-

cer a cargo de las personas que se encuentren en los supuestos previstos en la norma o que sean destinatarias del requerimiento administrativo.[47]

6. *Otras situaciones jurídicas de la Administración y de los particulares*

El esquema general que acaba de esbozarse permite sistematizar las distintas situaciones jurídicas a que da lugar la aplicación del tributo. Conviene observar, sin embargo, que existen figuras de carácter intermedio en las que se combinan de una u otra forma situaciones activas y pasivas más o menos intensas.[48] Este es el caso, como hemos visto, de las potestades administrativas que dado su carácter fiduciario encierran una situación de poder-deber. Algo similar ocurre con el crédito tributario en sentido estricto, y en general con las obligaciones tributarias, que son indisponibles o inderogables dado que, a diferencia de lo que ocurre en el derecho privado, vienen impuestas en atención al interés financiero que preside la organización del tributo, y no al interés particular del acreedor. Incluso, en determinados supuestos, los derechos de crédito del particular pueden ir acompañados de un deber de ejercitarlos, como ocurre con la repercusión en el IVA[49] o con la *obligación* de retener en el IRPF.[50]

Otra situación jurídica intermedia – que el esquema propuesto deja fuera – es la *carga*, figura que procede del derecho procesal, donde se ha utilizado para la construcción técnica de la prueba, pero que también es frecuente en el derecho público, y en concreto en materia tributaria.[51]

ción de información de la Administración Tributaria y sus límites", in *Estudios de Derecho y Hacienda (Homenaje a César Albiñana García-Quintana)*, pp. 895-896).

47. En ocasiones se habla de dos procedimientos de obtención de información de terceros por parte de la Administración Tributaria: por un lado, la obtención por suministro, que se produce en aquellos casos en que la norma establece la obligación de proporcionar determinados datos, sin necesidad de que la Administración los requiera, y de otro la obtención por captación, que supone una actuación singularizada de la Administración, que exige a una persona determinada que le proporcione unos datos determinados que, de no exigirse, no se proporcionarían.

48. García de Enterría y Tomás-Ramón Fernández, *Curso de Derecho Administrativo*, 3ª ed., vol. II, pp. 28 y ss.

49. Algún autor considera que la repercusión en el IVA constituye al mismo tiempo un derecho y una obligación del sujeto pasivo. Técnicamente, sin embargo, el único sujeto *obligado* es el repercutido. En la relación jurídica obligacional en que la repercusión consiste, el sujeto pasivo del tributo ocupa una posición netamente acreedora, si bien no puede disponer de su derecho de crédito ya que la ley le impone directamente el deber de ejercitarlo. Pero se trata de un deber en sentido estricto y no de una obligación, ya que ni la Administración ni el repercutido tienen un derecho subjetivo a la práctica de la repercusión, independientemente de que tanto aquélla – en el ejercicio de sus potestades – como éste – en cuanto titular de un interés legítimo – puedan imponer el cumplimiento del deber de repercutir.

50. En la retención a cuenta existe un mecanismo jurídico complejo, caracterizado por la concurrencia de una obligación de retener – que debe calificarse, dentro del esquema propuesto, como obligación extratributaria, pues la Hacienda Pública es ajena a la misma – y una obligación de ingresar las cantidades retenidas, que constituye una obligación a cuenta.

En cuanto a la obligación de retener, es claro que su titularidad pasiva corresponde a la persona obligada a soportar la retención, que normalmente será también sujeto pasivo de la obligación tributaria principal, si ésta llega a nacer. El retenedor, por tanto, es sujeto pasivo de la obligación de ingresar las cantidades retenidas, pero no de la obligación de retener. En el vínculo en que esta última consiste ocupa una posición exclusivamente acreedora, si bien el ordenamiento le impone el deber – deber en sentido estricto, y no obligación – de ejercitar su derecho.

51. Además de la carga de la prueba, constituye una carga, por ejemplo, la inscripción en determinados registros, de la que depende la posibilidad de beneficiarse de la protección que tales registros dispensan, o de disfrutar de determinadas exenciones o regímenes especiales (aunque en ocasiones la inscripción se configura como una obligación en sentido estricto), o la necesidad de estar en posesión de una factura completa para justificar gastos y deducciones.

En todo caso, hay que reconocer que cualquier intento de sistematización de las situaciones jurídicas derivadas del tributo, especialmente cuando se pretenden obtener conclusiones de validez general y no ceñidas a una figura tributaria concreta, comporta riesgos y deficiencias.

CADERNOS DE DIREITO TRIBUTÁRIO

UMA TEORIA FILOSÓFICA SOBRE O TRIBUTO

Ives Gandra da Silva Martins
Professor Emérito das Universidades Mackenzie, UNIFMU, UNIFIEO e UNIP e das Escolas de Comando e Estado-Maior do Exército/ECEME e Superior de Guerra/ESG – Presidente do Conselho Superiorde Direito da Fecomercio e do Centro de Extensão Universitária/CEU

No número 100 da excelente *Revista* idealizada por Geraldo Ataliba pretendo tecer perfunctórias considerações sobre a filosofia do tributo.

Decididamente, os filósofos não têm aptidões maiores para reflexão sobre o tributo. Quando se referem ao fenômeno impositivo, vinculam-no às questões éticas do exercício do poder, não se aprofundando, entretanto, na natureza deste instrumento de domínio dos governantes.

Poder-se-á dizer que a Filosofia significa, etimologicamente, "amor à sabedoria", e toda forma de pensar que não se enquadre nos demais campos do conhecimento e tenha cunho especulativo integra o campo da Filosofia.[1]

Desta forma, tivemos filósofos envolvidos na procura do entendimento da vida e do universo (os pré-socráticos); interessados na Matemática e Política (a escola pitagórica); interessados na justificação, ou não, da existência de Deus (Demócrito); na valorização da sabedoria humana em todos os aspectos, políticos, jurídicos, culturais (a trindade áurea grega Sócrates/Platão/Aristóteles); a corrente voltada à justificação da presença divina na conformação da Terra e do Homem (Agostinho, Aquino, Avicena e Averroes); na busca da compreensão do ser a partir da negativa-geral (Descartes); na conformação da realidade a partir do bem (Kant); na cosmologia abrangente da cultura humana (Hegel); na reflexão política (Hobbes, Locke, Montesquieu e Maquiavel); na concepção de uma visão de lógica matemática (Wittegenstein e Bertrand Russel), fenomenológica (Hurssel), culturalista (Bobbio, Weber, Reale), econômico-social (Marx, Proudhon, Smith, Marshall, Stuart Mill, Saint-Simon e muitos outros investigadores da transcendência fática). Ou seja: a

1. Ives Gandra da Silva Martins Filho escreve:

"A Filosofia surge na Grécia, quando o homem passa a buscar uma explicação racional para o mundo, não se contentando com as explicações míticas e lendárias, em que todos os fenômenos eram atribuídos à ação dos deuses.

"A palavra 'Filosofia' vem do Grego: *Philos* – amor + *sofia* – sabedoria.

"'Filosofia' = 'amor à sabedoria'" (*Manual Esquemático de Filosofia*, 2ª ed., São Paulo, LTr, 2003, p. 11).

Filosofia estende-se por campo tão extenso da indagação, que tudo pode ser coberto pelo pensamento filosófico, inclusive a zona cinzenta dos limites entre a reflexão filosófica e a Metafísica.[2]

O certo é que os filósofos, especialistas do pensamento e do que a inteligência humana permite pesquisar, na natureza e no homem, raramente se debruçam, especificamente, sobre tributos, embora alguns tenham se referido às exigências impositivas.

A questão tributária coloca-se mais no campo da Ética. De rigor, na busca gnosiológica, a Lógica e a Ética constituem, todavia, o grande campo de reflexão filosófica. Embora seja o tributo expressão numérica do que se tira de bens da sociedade para o Estado, a partir da sua expressão econômica, é no plano ético que a questão tributária mais se coloca para a meditação filosófica.[3]

Coloca-se, portanto, entre a justiça e a injustiça da carga, da exigência tributária.

Cícero, antes de Cristo e Tomás de Aquino, na Idade Média, colocaram a problemática da norma injusta. E a partir dessa concepção, segundo a interpretação

2. Alice Ramos, ao se aprofundar na temática da linguagem na Filosofia, lembra que:

"La Semiótica pretende así realizar una tarea que tradicionalmente viene llamándose filosófica (Morris). Por eso, no es de extrañar que replanteen viejas preguntas filosóficas, que parecían estar abandonadas; como, por ejemplo: ¿según qué esquemas fundamentales tiende el espíritu a representarse todo lo que ocurre o, dicho de otro modo, a representarse el mundo en general?, ¿cómo se recorta la realidad?, ¿cuáles son los mecanismos de la percepción y de la representación?, ¿qué significa pensar?, ¿qué significa conocer?.

"Al plantearse así la pregunta por el conocimiento, que es en definitiva la interrogación acerca de la verdad, se suscita indirectamente la pregunta por las cosas mismas: ¿qué son las cosas?, ¿por qué son un objeto adecuado a nuestro intelecto, o adecuable a él?

"El concepto de verdad es tal que lleva de por sí a las cosas mismas y, por lo tanto, al planteamiento y, posiblemente, a la elucidación de esas otras cuestiones más fundamentales en que se cifran los intereses del hombre y de la Filosofía. La reflexión explícita sobre el problema de la verdad como concepto temático (y no sólo como concepto operativo) no debería alejarnos de las cosas mismas y de las cuestiones primordiales, sino más bien acercarnos a ellas" (*"Signum": de la Semiótica Universal a la Metafísica del Signo*, Pamplona, Eunsa, 1987, pp. 13-14).

3. Messner cita Amonn para mostrar que até mesmo na política impositiva os fundamentos filosóficos vinculados à Ética não são necessariamente os mais relevantes:

"La fundamentación del derecho estatal a exigir impuestos radica en el principio del bien común, es decir, en un principio de justicia. El hablar de principio de justicia con respecto a los impuestos y a la Hacienda Pública del Estado ya no resulta hoy tan contrario a la teoría del Estado y a las doctrinas financieras dominantes como lo era en la época en que se creía en la plena independencia de las cuestiones de valor de las ciencias sociales. Por lo demás, tampoco faltan actualmente quienes se opongan al principio de la justicia, como se puede deducir de la postura de un representante de la Economía y de la Hacienda Pública tan importante como Alfred Amonn. Según él, se ha de rechazar el principio de justicia con respecto a la teoría impositiva, porque no hay ninguna formulación general del principio de la que pueda resultar, como una simple aplicación especial, la referente a la cuestión financiera; y, además, porque el principio de la justicia de la ciencia de la Hacienda Pública llevaría a consecuencias absurdas e imposibles; por último, porque las exigencias que se establecieran en su nombre podrán encontrar una mejor fundamentación en el principio de la utilidad económica. En ésta es en lo qué Amonn ve 'la fundamentación de que se exijan obligatoriamente impuestos como medida extraordinaria u ordinaria'; como 'finalidad fundamental' de los impuestos se reconoce tan sólo la de proporcionar ingresos al Estado, rechazándose todo 'fin secundario' de política social: pero al considerar los 'principios fundamentales de la imposición' llega al 'principio general' de la Hacienda Pública, de que 'el bienestar general debe elevarse todo lo posible'; además establece expresamente como 'el principio general de los gastos' el que 'se promueva de este modo al máximo el bienestar general', y, además, también como principio general de la administración de los ingresos, que 'se han de establecer de modo que se produzca la mínima perturbación posible del bienestar (perturbación del bienestar general)'. Esto no puede lograrse más que actuando sobre la producción y la distribución" (*Ética Social, Politica y Económica a la luz del Derecho Natural*, v. 2, pp. 1.029-1.030).

de John Finnis, a norma injusta deveria ser descumprida.[4]

O certo é que o tributo é tema considerado pobre para a Filosofia, muito embora os filósofos que cuidam da Política, do Direito, da História e da Economia façam-lhe referências tangenciais.

Estou convencido de que a própria reflexão do tributo como elemento relevante para o domínio dos povos, realizado por sociólogos, não revela aprofundamento maior.

Parece-me, todavia, que o tema tributário deveria ser de reflexão obrigatória para os filósofos do Direito que se dedicam a estudar o poder.

Desde que Hegel descortina – já havia esta percepção, no passado – a Filosofia da História, como forma de compreender a fenomenologia do desenrolar dos acontecimentos humanos, é de se perguntar: por que não se pensar em uma "filosofia do tributo"?[5]

À evidência, no exame da filosofia do tributo, as questões preliminares a serem colocadas como limites à Filosofia e à Metafísica, a partir da ontognosiologia e axiologia, centrar-se-iam na antropologia filosófica, na natureza do homem no poder, devendo ser examinado o peso do tributo em face da questão da realidade social como inerente à natureza humana.

A questão fundamental que se põe, em eventual conformação de uma "filosofia do tributo", reside no aspecto da ética e da lógica do Estado e do homem no poder.

É neste ponto que me parece importante a busca de uma teoria do tributo pelo prisma da Filosofia.

A matéria deve ser necessariamente estudada do ponto de vista lógico e ético. De rigor, é à luz da filosofia social e política que se há de estudar o tributo.

Uma breve e perfunctória análise faz-se, todavia, necessária para uma análise do tributo pela perspectiva filosófica.

Por essa ótica, a discussão do tributo deve inserir-se na concepção do bem comum, sempre estudado em face do bem comum "transcendente" (finalidade última, buscada pela sociedade) e do bem comum "dominante" (ordenação da sociedade na busca do fim último).

Nesta hierarquia, como dizia Messner, os fins existenciais, que se colocam

4. John Finnis, *Aquinas*, ed. Oxford, 2000.

5. Hegel, que introduz os fundamentos da Filosofia da História, é, todavia, crítico ao falar sobre a História da Filosofia, chegando a comparações agressivas:

"Nas restantes Histórias é incontestável a concepção do argumento das mesmas, ao menos nas suas linhas principais, quer seja determinado país, quer um povo, ou a humanidade em geral, ou então a ciência da Matemática, da Física, e assim por diante, ou uma Arte, a Pintura, etc. Mas a ciência da Filosofia, em confronto com as demais ciências, apresenta um distintivo ou, se quisermos, uma desvantagem: admite as mais variadas concepções no que respeita ao seu conteúdo e função. E se este primeiro pressuposto, a concepção do argumento da História, não ficar bem assente, todo o edifício da História se ressentirá; só alcançará instabilidade quando e na medida em que pressupuser determinada concepção; mas, nesse caso, dificilmente escapará à nota de unilateral, por não atender às concepções alheias ao próprio argumento.

"A desvantagem apontada refere-se apenas a uma consideração exterior relativa à tratação histórica; mas com ela prende-se outra desvantagem mais grave.

"Há conceitos diversos da ciência da Filosofia; todavia, só o conceito genuíno nos habilita a compreender as obras dos filósofos que trabalharem sob a égide desse conceito. Com efeito, no pensamento, e especialmente no pensamento especulativo, o compreender significa algo diverso de captar o mero sentido gramatical das palavras e de acolher em si apenas a representação do mesmo. Podemos conhecer as asserções, as proposições ou, se se quiser, as opiniões dos filósofos; podemos atarefar-nos excessivamente em volta dos fundamentos e deduções dessas opiniões – sem, no entanto, visualizar o essencial, a saber, a compreensão das proposições. Não faltam volumosas e eruditas histórias da Filosofia, que pecam por falta de conhecimento da matéria pela qual tanto se afadigam. Os autores dessas histórias assemelham-se a animais que tivessem ouvido todos os sons de uma música, mas que não tivessem percebido o mais importante, a harmonia desses sons" (*Os Pensadores*, vol. XXX, Abril Cultural, 1974, pp. 325-326).

acima dos fins naturais, é que justificam a vida social e a busca do bem comum.[6]

À evidência, nesta perspectiva, o bem comum consiste, teoricamente, em permitir às pessoas o acesso a bens particulares, o social, todavia, transcendendo-os, isto é, o interesse da coletividade está acima – para a Filosofia – dos interesses particulares.

E, nesta perfilação, todos os homens devem contribuir para o bem comum, através de quatro comportamentos, que assim podem ser sintetizados: busca e valorização das virtudes humanas (morais) que facilitam o convívio social; aperfeiçoamento profissional, que corresponde à prestação de serviço à sociedade; participação na vida pública, passiva ou ativamente, na vivência dos direitos cívicos; e na luta para que o respeito à liberdade implique tornar a vida social mais adequada e mais justa.

Ora, nesta conjunção da busca do bem comum – em face da Filosofia – posta-se o Estado.

Para os filósofos o Estado como instituição representa o instrumento maior da realização do bem comum. Deveria ainda representar a ordem social justa, conformada pelo Direito. Por isto, não poucas vezes fazem prevalecer o social sobre o individual e o bem comum sobre o bem particular, detectando um ideal de realidade diverso da "realidade real".[7]

E é nesta parte, todavia, que, pela lógica, chega-se ao raciocínio de que a instituição que seria capaz de realizar o bem comum se transforme, na História, em mera estrutura do poder, objetivando – o diagnóstico dos acontecimentos assim o demonstrou – em primeiro plano a realização do bem pessoal dos detentores do poder, e só após, sobrando recursos, o bem comum da sociedade.

Em outras palavras, a lógica social do bem comum termina por não corresponder à ética programática da principal instituição capaz de realizá-la, que é o Estado, visto que ele é constituído por homens,

6. Messner enfrenta o problema do bem comum em face do uso prudente da propriedade pública, dizendo: "Outros deveres do amor social são: o amor ao país natal e à nação, o amor à pátria; a disposição dos cidadãos de se sacrificarem em prol da comunidade, se necessário: tal é o caso dos soldados; a oração pela comunidade e seu soberano, para que atue com boa vontade, inteligência e energia, dando à comunidade o que houver de melhor; e, além do mais, a oração pelo bem religioso, moral, material e cultural da nação, pela paz social e internacional. Afora o que acabamos de salientar, o amor social manifesta-se ainda no uso prudente da propriedade pública, no uso moderado dos recursos públicos (não falta quem julgue nunca receber bastante dos meios públicos) e na moderação e reserva ao solicitar meios procedentes de fundos públicos. Vale a pena dizer aqui, para corroborar pelo contraste o significado desta moderação, que representa falta de amor social a atitude daqueles que, por terem pago durante muito tempo prêmios de seguro social, reclamam depois as prestações sociais mais elevadas que é possível: compreendendo o que é amor social, logo se vê também que semelhante atitude tem apenas um fundamento aparente. De resto, em qualquer dos casos apontados, só se levanta o problema de obrigações de amor social quando não houver de permeio obrigações de justiça propriamente dita; assim, por exemplo, quando se trata de impedir a recepção injustificada de prestações sociais" (*Ética Social*, Quadrante, pp. 440-441).

7. Contestando a excessiva concepção desta prevalência não necessariamente equilibrada do Estado, Javier Hervada escreve:

"Por eso, lo que importa de los actos humanos es su humanidad, en qué medida son específicamente personales, y su incidencia en la vida del hombre y en las relaciones interpersonales. Para la ciencia jurídica, de la que es una parte la ciencia del derecho natural, lo que ha de ser objeto de estudio es, junto a la medida de la humanidad o personaiización de los actos, su incidencia en el orden social justo.

"Lo propio del estudio de los actos humanos consiste, pues, en ver cómo la persona humana obra y se proyecta como tal en relación a sí misma y en relación a los demás. Para el Derecho, consiste en ver esa proyección en el ámbito de la vida jurídica. De ahí que no sea objeto directo de estudio de la ciencia jurídica lo que en los actos humanos puede haber de naturalmente dado (eso es objeto más bien de otras ciencias), sino lo que de original pone la persona en cada uno de ellos. Lo naturalmente dado (los datos de otras ciencias) tiene interés, desde luego, para el Derecho, pero como conocimiento auxiliar (ciencias auxiliares)" (*Cuatro Lecciones de Derecho Natural – Parte Especial*, Pamplona, Eunsa, 1998, p. 28).

com suas grandezas e fragilidades, e a ética do poder esbarra, não poucas vezes, na simples e quase sempre a-ética forma de governar.

É neste contexto – em que a ética política se mostra tão maleável, que é difícil distingui-la da imoralidade – que o filósofo teria que analisar o tributo, constatando que ele jamais chega a uma conformação justa, visto que retirado da sociedade não para o bem comum, mas, principalmente, para o bem individual dos detentores do poder. Na prática, apenas uma parcela mais ou menos reduzida das receitas retiradas da sociedade retorna, sob a forma de sofríveis serviços públicos.[8]

Como a ética do bem comum e da entidade que deveria realizá-lo – o Estado – poucas vezes se compatibiliza com o diagnóstico real do poder, dos governos e dos benefícios *pro domo sua*, é de se compreender que o tributo, estudado no Direito e na Economia como relevante propiciador do bem comum, acaba por se tornar instrumento de opressão, sob a forma de carga tributária desproporcional e indesejável, desempenhando papel secundário, quando não obstaculizador de sua realização.[9]

E, neste campo, a ética do tributo transforma-se apenas numa ética da arrecadação – ou falta de ética –, não objetivando nem o bem comum, nem mesmo parcela mais ou menos reduzida dele. Quando é utilizado para o bem comum, tal fenômeno ocorre *malgré lui-même*, pois o objetivo principal não reside nele, mas na mera manutenção de uma estrutura de poder.

Tais considerações levam-me a concluir que na Filosofia, campo em que o tributo é pouco estudado, esse instituto se distancia tanto mais da ética impositiva quanto mais elevada for sua carga. E, nesta hipótese, reduzem-se os direitos dos contribuintes, inclusive o direito de defesa, e se aumentam as sanções, em clara demonstração de que o tributo não objetiva o

8. Escrevi:

"Raramente na humana história a tributação foi justa, na medida em que o cidadão paga tributo ao Estado para que este lhe preste serviços públicos. Parte, porém, do que paga é destinada a custear os privilégios e a manutenção dos detentores do poder, razão pela qual, como demonstrei, em meu *Teoria da Imposição Tributária* (ed. LTr, 1998, 2ª ed.), a norma tributária é necessariamente uma norma de rejeição social, em face de ser a carga tributária sempre maior que a necessária para a sustentação dos privilégios de políticos e burocratas.

"É de se lembrar que todos aqueles que se aprofundam no conhecimento da História percebem que o povo sempre serviu mais aos detentores do poder que estes ao povo, sendo a corrupção e a má administração pública o corolário necessário da História, em todos os períodos e em todos os espaços geográficos.

"O poder é necessariamente corrupto, e Lord Acton razão tinha quando dizia que 'o poder corrompe e o poder absoluto corrompe absolutamente'. Basta comparar o custo das obras públicas com aquele das obras privadas para se perceber que a corrupção e a concussão são as armas mais constantes da gestão da coisa pública, sendo este o motivo que torna o diferencial tão grande entre um e outro.

"Nesta linha de raciocínio, a formulação doutrinária de juristas, economistas, sociólogos, filósofos e historiadores, na busca de uma política tributária ideal, esbarra na certeza de que, na prática, a teoria é sempre outra, e quem tem o poder de tributar sempre tributa mal, o mais das vezes sem qualquer respeito aos direitos individuais, o que exacerba a litigiosidade entre Fisco e contribuinte" (*Direitos Fundamentais do Contribuinte, Pesquisas Tributárias*, Nova Série 6, São Paulo, CEU/Ed. RT, 2000, pp. 46-47).

9. Eurico Korff esclarece:

"A maciça expansão da despesa pública, neste século, em função das tarefas grandemente ampliadas do Poder Público, sob a pressão dos fatos sociais e econômicos e em termos tanto estruturais como conjunturais, rompeu, uma por uma, todas as restrições e controles.

"Assim foram levados de roldão os tabus remanescentes da chamada era victoriana – o da limitação das despesas ao mínimo e o do equilíbrio orçamentário; quanto ao primeiro dos dois aspectos, já previsto por Adolf Wagner, no fim do século passado, com a formulação da sua 'lei de dilatação crescente da despesa pública', e, quanto ao segundo, como reflexo inevitável das seqüelas da crise de 1929 e da irrupção da teoria keynesiana" (*Caderno de Direito Econômico* 2, co-edição CEU/COAD, p. 37).

bem comum, mas, principalmente, o bem de políticos e burocratas. Em outras palavras, a lógica leva à sublimação do Estado e à valorização do tributo, mas a ética dos seres humanos encarregados de governar e de cobrar tributos, na prática, tem-se revelado tanto menor quanto maior a imposição sem contraprestação de serviços.

CADERNOS DE DIREITO TRIBUTÁRIO

AS CONTRIBUIÇÕES NA CONSTITUIÇÃO BRASILEIRA. AINDA SOBRE A RELEVÂNCIA DA DESTINAÇÃO DO PRODUTO DA SUA ARRECADAÇÃO

ESTEVÃO HORVATH
Professor de Direito Tributário da PUC/SP
e de Direito Financeiro da USP

1. Supremacia da Constituição. 2. Por quê e para quê existem as contribuições?. 3. O art. 4º do CTN. 4. Direito tributário "versus" direito financeiro. 5. Destinação do produto da arrecadação. 6. Repetição de indébito. 7. Destinação veiculada por emenda constitucional. 8. Desvinculação de Receitas da União/DRU. 9. Conclusão.

Nos dias que ora correm já se pode encontrar bastante coisa escrita acerca das contribuições no Brasil. Isto se deve, provavelmente, a que esta figura (*sui generis*, no dizer de Marco Aurélio Greco) suscita inúmeras dúvidas no direito positivo brasileiro e também ao fato de que não se tenha, até agora, chegado a sedimentar um entendimento uniforme sobre elas.

O "ainda" mencionado no título deste estudo reporta-se à discussão travada entre alguns juristas de prol na tentativa de desmitificar a *destinação do produto da arrecadação* de um tributo, propondo que esta seja, hoje em dia, ao menos, relevante para a classificação tributária e para o desvelo do regime jurídico a que determinado tributo esteja submetido.

Comecemos pelo que mais importa, que é a disciplina constitucional da matéria tributária no Brasil.

1. Supremacia da Constituição

É curioso perceber que, embora seja óbvia – e por todos reconhecida – a supremacia da Constituição sobre as demais normas jurídicas, a interpretação jurídica muitas vezes se faz com base nestas últimas ou, pelo menos, atribuindo a elas uma importância não repassada à norma inaugural.

É comum ver-se decisões judiciais fundadas em legislação infraconstitucional – ou até infralegal –, quando deveriam sê-lo com espeque na Lei das Leis. Como dizia o saudoso professor Geraldo Ataliba: "Quando o general fala, o sargento cala a boca e obedece". Extremamente didática e significativa esta expressão em linguagem vulgar. Se a Constituição da República determina alguma coisa, toda a legislação infraconstitucional deve a ela se submeter.

Eduardo García de Enterría é enfático ao proclamar que a Constituição não é somente uma norma, mas é precisamente *a primeira das normas do ordenamento inteiro, a norma fundamental,* ***lex*** *superior.*[1]

O que se quer significar é que o ponto de partida para a interpretação jurídica (portanto, em qualquer área do Direito) é a Constituição; e isso deve ser enfatizado sempre que surgir alguma oportunidade.

O raciocínio acima aplica-se ao tópico objeto deste estudo, porquanto no que se refere às contribuições também há uma tendência a prestigiar a legislação infraconstitucional, olvidando-se do ponto de partida, que deve ser a Constituição – e mais: *a Constituição originária de 1988.*[2]

O sistema constitucional tributário brasileiro compõe-se dos três tributos denominados de clássicos (*impostos, taxas* e *contribuições de melhoria*) e de mais dois outros (*empréstimos compulsórios* e *outras contribuições*) – poder-se-ia dizer – *sui generis*, dadas as suas peculiaridades. Uma dessas peculiaridades é a relevância da destinação do produto da sua arrecadação a determinados e preestabelecidos propósitos. Assim é que "a aplicação dos recursos provenientes de empréstimo compulsório será vinculada à despesa que fundamentou sua instituição", nos dizeres expressos e de clareza solar do parágrafo único do art. 149 da Lei Maior.

1. Eduardo García de Enterría e Tomás-Ramón Fernández, *Curso de Derecho Administrativo*, 4ª ed., vol. 1, Madri, Civitas, 1984, p. 97. Prossegue o ilustre professor, dizendo que isto é assim por várias razões: "(...) primero porque la Constitución define el sistema de fuentes formales del Derecho, de modo que sólo por dictarse conforme a lo dispuesto por la Constitución (...) una ley será válida o un reglamento vinculante; en este sentido, es la primera de las 'normas de producción', la *norma normarum*, la fuente de las fuentes (...)".

2. Chamo a atenção para isto, pois, como é sabido – e nem sempre lembrado –, a reforma da Constituição encontra limites formais e materiais, não podendo entrar em colisão com as denominadas *cláusulas pétreas*.

Da mesma sorte partilham as contribuições do art. 149 da Constituição da República – sociais, interventivas e corporativas –, cuja instituição é autorizada *para servir de instrumento da atuação da União nestas respectivas áreas* (*caput*). Ora, se a União pode criar uma contribuição para obter recursos para atuar em determinada (pela própria Constituição) área, isto somente pode significar que os recursos assim arrecadados *devem ser destinados a essa atuação.*

Em outras palavras, a União somente pode instituir uma contribuição quando e para atuar num daqueles setores indicados pela Lei das Leis e, demais disso, destinar o produto da arrecadação para nele ser aplicado.

Isto também significa que o cidadão – aqui, contribuinte – tem o direito de ser tributado por via de uma contribuição do art. 149 diante da existência desses pressupostos. O que parece evidente – e, infelizmente, nem sempre é reconhecido com facilidade – é que a tributação via contribuição somente pode ocorrer se for para dirigir os recursos arrecadados a uma das áreas em que a União decidiu atuar (ou ampliar sua atuação). É dizer, é condição de validade de tal tributação o destino do produto da sua arrecadação. Ou, noutro giro, não pode o Estado destinar os recursos provindos de uma contribuição a outra finalidade que não aquela prevista no Texto Magno. Se se trata de contribuição para a seguridade social, somente para o(s) órgão(s) que cuida(m) da seguridade social pode ser voltada a arrecadação, sob pena de ser inválida esta cobrança (não só moral, como, também, juridicamente).

O raciocínio jurídico é simples: existe uma *regra de competência* (ou *de estrutura*), prévia à regra-matriz de incidência das contribuições, que subordina a validade desta à obediência daquela. Em rigor, trata-se de *duas* regras de competência: (i) a primeira, que diz: *se a União atuar numa das áreas previstas no* ***caput*** *do art. 149 da CF, ela poderá instituir um* *tributo denominado "contribuição"*; (ii) a segunda prescreve: *sendo criada tal contribuição, o produto da sua arrecadação deve ser destinado a financiar a atuação da União naquelas áreas.*

Respeitadas estas condições, o legislador da União pode gizar a regra-matriz de incidência desse tributo, procedendo basicamente da mesma forma como o faz com os tributos "clássicos". O contribuinte tem o direito de contestar a cobrança em questão, se for o caso, com base tanto na impropriedade de algum dos critérios da regra-matriz como na inexistência, desobediência ou impropriedade das regras de competência.

2. Por quê e para quê existem as contribuições?

A razão de existir dessas contribuições parece ser o reconhecimento, pelo constituinte originário, de que o Estado (aqui, a União) necessita estar mais presente em determinadas áreas da sociedade – que ele mesmo elegeu –, e, para tanto precisa de recursos extraordinários (em contraposição aos recursos ordinariamente obtidos pelo Tesouro). Estes recursos seriam conseguidos pela cobrança de *contribuições*, o que implica, inexoravelmente, que devem ser destinados a fazer frente às despesas com a respectiva atuação do Estado numa daquelas prefixadas áreas.

A corroborar esta idéia está o art. 195 da CF, que reza: "Art. 195. A seguridade social será financiada por toda a sociedade, de forma direta e indireta, nos termos da lei, mediante recursos provenientes dos orçamentos da União, dos Estados, do Distrito Federal e dos Municípios, e das seguintes contribuições sociais: (...)".

Certamente quis o constituinte, com isto, admitir que todos contribuiriam com a seguridade social (sob a forma das ações expressas no *caput* do art. 194 da Lei Maior) por meio das receitas usuais,[3] advindas do orçamento (como contribuem para outras finalidades, também), e, além disso – em virtude da insuficiência de tais recursos –, pagariam também *contribuições*. Embora se esteja referindo, aqui, às contribuições para a seguridade social, outro tanto pode ser dito com relação às demais contribuições, *mutatis mutandis*.

Enquanto as receitas aqui denominadas *usuais* ou *corriqueiras* são comumente recolhidas por intermédio dos impostos, estas outras – que nada mais são, em última análise, que *receitas adicionais* àquelas ordinárias presentes no orçamento anual – provêem da cobrança de outro tributo, *com regime jurídico próprio*, que, no caso, são as contribuições.

3. O art. 4º do CTN

A circunstância de o Código Tributário Nacional prescrever a irrelevância, para qualificar a natureza específica do tributo, da *destinação legal do produto da sua arrecadação*[4] não infirma o que restou dito acima. Com efeito, continua sendo irrelevante sabero destino do produto da arrecadação para se dizer se uma figura é, ou não, tributo; no entanto, pelo menos após a Constituição de 1988 é imperativo aferir o destino da arrecadação para saber se o tributo foi instituído devidamente, ou seja – no que aqui interessa ressaltar –, se a destinação (quando assim requerida pela Constituição) foi prevista pela lei instituidora e se foi, efetivamente, parar nos cofres devidos, aqueles exigidos pela Lei das Leis.

Em outro giro, prestação pecuniária compulsória que não constitua sanção por ato ilícito é, no Brasil, tributo, e, como tal,

3. Não se está preocupado, aqui, com a precisão terminológica de direito financeiro, mas simplesmente em mostrar em linguagem corrente o que acontece.

4. Dispõe o art. 4º do CTN: "Art. 4º. A natureza jurídica específica do tributo é determinada pelo fato gerador da respectiva obrigação, sendo irrelevantes para qualificá-la: I – a denominação e demais características formais adotadas pela lei; II – a destinação legal do produto da sua arrecadação".

deve ser criada por lei e cobrada mediante atividade administrativa plenamente vinculada (art. 3º do CTN). Só por isso, as contribuições já seriam tributos em nosso país. Todavia, mais se lhes exige: é de mister que sua arrecadação tenha destinação à finalidade que motivou, justificou, sua criação, exatamente porque, se assim não for, não se justifica a instituição de uma contribuição. Não se justifica do ponto de vista leigo e não se justifica pelo prisma jurídico, tampouco.

Destarte, a validade de uma contribuição pode ser questionada tanto por sua regra-matriz de incidência ser inconsistente quanto por não se haver respeitado a regra de competência.

4. Direito tributário "versus" direito financeiro

É clássica a lição que afirma que o direito tributário vai da criação à cobrança do tributo e que, depois disso, viria o direito financeiro. Segundo essa visão, então, o destino da arrecadação de um tributo é matéria estranha ao direito tributário – o que seria suficiente para afirmar que não importa para onde vá efetivamente o dinheiro arrecadado com um tributo, para efeito de aferir a constitucionalidade ou a legalidade da sua cobrança.

Acerca de tal ordem de cogitação, tem-se que ponderar que o Direito é *uno*; seus diversos "ramos" somente existem para melhor organizar a legislação e o estudo de cada um deles – ou seja, para efeitos didáticos. Da mesma forma que um estudante de Medicina tem as cadeiras de Cardiologia, Oftalmologia, Ortopedia etc., e que estas estão assim repartidas para melhor se focar em cada um de seus respectivos objetos, sem se esquecer de que os diversos órgãos formam o corpo humano, o Direito também se compartimentaliza, a fim de que se possa aprofundar no estudo de cada parte; contudo, não se deve nunca perder de vista que ele é um só, e deve ser apreciado em seu conjunto. Uma norma jurídica não existe sozinha, planando no espaço, senão que coexiste no sistema jurídico com outras normas, com as quais possui relações de hierarquia e coordenação.

5. Destinação do produto da arrecadação

A destinação do produto da arrecadação de um tributo adquiriu tamanha importância, a ponto de alguns autores pretenderem inseri-la na definição de tributo. É o que fazem, por exemplo, Eurico Diniz de Santi e Vanessa Rahal Canado, ao proporem a seguinte definição: "Tributo é toda prestação pecuniária compulsória, em moeda ou cujo valor nela se possa exprimir, que não constitua sanção de ato ilícito, instituída em lei e *cobrada e destinada* mediante atividade administrativa plenamente vinculada".[5]

Se antes se dizia que o destino do produto arrecadado era irrelevante para fins tributários, hoje, sem sombra de dúvidas, é de fundamental importância tal cogitação, pois esta circunstância é vital para os empréstimos compulsórios e para as contribuições do art. 149 da Constituição da República. Deveras, para começar, a lei que cria estes tributos deve, obrigatoriamente, prever o destino da sua arrecadação – que deve ser aquele que justificou a sua instituição –, sob pena de ser inválida (inconstitucional).

6. Repetição de indébito

É relativamente simples defender a idéia de que se alei instituidora de contribuição não contiver a destinação da sua

5. Eurico Diniz de Santi e Vanessa Rahal Canado, "Direito tributário e direito financeiro: reconstruindo o conceito de tributo e resgatando o controle da destinação", inserido no livro *Curso de Direito Tributário e Finanças Públicas – Do Fato à Norma, da Realidade ao Conceito Jurídico*, coordenado por Eurico Marcos Diniz de Santi, São Paulo, Saraiva, 2008, p. 622.

arrecadação será inconstitucional; isto já é aceito pela maior parte da doutrina.

Todavia, outra questão relacionada ao tema, e que costuma suscitar dúvidas na mente de quem sobre ela se debruça, é a relativa à possibilidade de se pleitear a restituição de contribuição paga quando se apurar que a destinação da receita não foi *efetivamente* para a finalidade invocada.

Tenho para mim que esta polêmica pode ser resolvida simplesmente invocando-se o princípio republicano. O tributo constitui-se em *res publica*, coisa pública, o que significa que o produto com ele arrecadado pertence ao povo, que é seu dono. Da mesma forma, a cobrança de um tributo deve respeitar os corolários do princípio em tela. Cuida-se de expropriação de parcela do patrimônio de um cidadão, e somente deve existir quando por este autorizada. É o clássico princípio do *consentimento à tributação*, ou da *autoimposição*. No que interessa salientar para os fins do presente trabalho, isto significa que o Fisco não pode cobrar nenhum centavo a mais do que a lei lhe autoriza, bem como não pode deixar de cobrar até o último centavo do que foi legalmente fixado; igualmente, não pode o contribuinte deixar de pagar tudo o que lei tributária lhe impôs, como tampouco pode ser obrigado a pagar nenhum centavo sequer além do autorizado pela lei (ou pela Constituição, claro está). No que às contribuições se refere, a autorização popular (o *consentimento*) é condicionada a que elas tenham suas respectivas destinações, constitucionalmente previstas.

Assim sendo, a destinação da arrecadação de uma contribuição para qualquer finalidade distinta daquela constitucionalmente escolhida desnatura, *a posteriori*, a contribuição, fazendo com que deixe de existir a autorização constitucional para sua cobrança. É dizer: deixa de ser constitucional a cobrança da contribuição, implicando a impossibilidade da sua exigência e posterior restituição do que foi indevidamente recolhido aos cofres públicos.

Neste ponto invocamos Paulo Ayres Barreto, que, ao tratar da desvinculação do produto da arrecadação das contribuições, subdivide esta situação em quatro momentos: (i) desvinculação no plano constitucional; (ii) desvinculação no plano legal; (iii) desvinculação no plano infralegal; e (iv) desvio do produto da arrecadação no plano fático.[6] Assim se expressa o autor, em trecho que se pode dizer seja o resumo do seu pensamento no ponto que agora importa ressaltar: "(...) como vimos, há um necessário vínculo entre a causa e o destino da arrecadação. Se o que autoriza a instituição de contribuição é a necessidade de recursos por parte do Estado (*lato sensu*), para o atendimento de uma finalidade específica, consoante as balizas constitucionalmente fixadas, têm-se, como corolário, o dever jurídico do Estado de aplicar os recursos arrecadados nesse fim específico e o direito subjetivo do contribuinte de, uma vez comprovado o desvio desses recursos, repetir o indébito tributário".[7]

O mesmo autor, a este propósito, assim se manifesta: "(...) nas contribuições, a efetiva destinação do produto da arrecadação a órgão, fundo ou despesa representa o cumprimento do dever jurídico a que ficou jungido o ente tributante, em razão dos vínculos surgidos com a instituição do tributo (...). Não cumprido o dever jurídico a que se submete o ente tributante, abre-se a oportunidade para a repetição do indébito tributário. De outra parte, a autoridade administrativa responderá pelo crime de responsabilidade cometido".[8]

O STF, em importante precedente, deixou claro, ao se referir à CIDE-combustível (mas que também pode se estender às demais contribuições), que a destinação da arrecadação deve ser aquela prevista no ordenamento jurídico, conforme faz ver a seguinte ementa:

6. Paulo Ayres Barreto, *Contribuições. Regime Jurídico, Destinação e Controle*, São Paulo, Noeses, 2006, pp. 171 e ss.

7. Idem, p. 177.

8. Idem, pp. 182-183.

"Processo objetivo – Ação direta de inconstitucionalidade – Lei orçamentária. Mostra-se adequado o controle concentrado de constitucionalidade quando a lei orçamentária revela contornos abstratos e autônomos, em abandono ao campo da eficácia concreta.

"Lei orçamentária – Contribuição de intervenção no domínio econômico – Importação e comercialização de petróleo e derivados, gás natural e derivados e álcool combustível – CIDE – Destinação – Art. 177, § 4º, da CF. É inconstitucional a interpretação da Lei orçamentária n. 10.640, de 14.1.2003, que implique abertura de crédito suplementar em rubrica estranha à destinação do que arrecadado a partir do disposto no § 4º do art. 177 da CF, ante a natureza exaustiva das alíneas 'a', 'b' e 'c' do inciso II do citado parágrafo."[9]

7. *Destinação veiculada por emenda constitucional*

Não se entrará no questionamento acerca da constitucionalidade da Emenda Constitucional 33/2001 ao acrescentar, no § 4º do art. 177 da CF, a destinação da CIDE-combustível, especialmente na alínea "c" do inciso II, que reza que os recursos arrecadados serão destinados "ao financiamento de programas de infra-estrutura de transportes".[10] Já foi um grande passo adiante esta decisão da Corte Excelsa, embora devesse tal conclusão revestir clareza meridiana.

Misabel Derzi, resgatando as lições de Geraldo Ataliba, reforçadas por José Marcos Domingues de Oliveira e Eduardo Maneira, sintetiza de modo bastante feliz esta idéia: "(...) as ações estatais que as contribuições visam a financiar devem estar no pressuposto da norma tributária, integrar a sua hipótese de incidência, de tal modo que, uma vez pago o tributo, mas identificada a tredestinação ou a não-aplicação dos recursos, estaremos em face de tributação sem 'causa', sendo devida a repetição do indébito".[11]

8. *Desvinculação de Receitas da União/DRU*

Também são de constitucionalidade duvidosa – para não dizer *inconstitucionais* – as emendas constitucionais que "desvincularam" receitas de contribuições das suas destinações originárias. Hoje, tal situação é conhecida com o nome de DRU/ Desvinculação de Receitas da União e veiculada por meio da Emenda Constitucional 56, de 20.12.2007; antes, iniciou-se com o "Programa Social de Emergência". Tudo isto não passa de eufemismo para encobrir uma realidade muito clara: a Constituição originária de 1988 disse como queria ver repartida a arrecadação dos tributos, dando trato diferenciado às contribuições e empréstimos compulsórios, que deveriam ter suas receitas afetadas aos motivos que ensejaram sua criação; por razões "emergenciais" (que, como sempre acontece em nosso país, se tornam permanentes), resolveu-se – *passando por cima do Texto Magno* – desdizer o que o constituinte originário havia estabelecido, decidindo que, por um determinado (será?) lapso temporal, a arrecadação advinda de contribuições poderia ir a qualquer destinação, como se de qualquer receita se tratasse. Trata-se de outra burla ao *consentimento à tributação*, que somente foi outorgado, com relação às

9. ADI 2.925-8-DF, *DJU* 4.3.2005.

10. A pergunta que fica é: o que tem a ver financiar "programas de infra-estrutura de transportes" (leia-se: *reformar e conservar as precárias estradas e rodovias do país*) com a intervenção do Estado na atividade referente a combustíveis? Ainda que se admita ser esta uma finalidade constitucionalmente permitida (intervenção no domínio econômico respeitante ao setor de combustíveis), a destinação não guarda nenhuma conexão com esta finalidade. Isto nem mesmo emenda constitucional poderia subverter, atribuindo qualquer afetação a uma determinada contribuição interventiva.

11. Misabel Derzi, "A causa final e a regra-matriz das contribuições", in Eurico Marcos Diniz de Santi (coord.), *Curso de Direito Tributário e Finanças Públicas – Do Fato à Norma, da Realidade ao Conceito Jurídico*, p. 651.

contribuições, *desde que estas tivessem o produto da sua arrecadação destinado às suas respectivas finalidades* (pela Constituição originária estabelecidas).

Também deve ser lembrado voto do eminente Min. Carlos Velloso, infelizmente vencido, no qual ele ensina: "(...) uma ressalva é preciso ser feita. É que caso há, no sistema tributário brasileiro, em que a destinação do tributo diz com a legitimidade deste e, por isso, não ocorrendo a destinação constitucional do mesmo, surge para o contribuinte o direito de não pagá-lo. Refiro-me às contribuições parafiscais – sociais, de intervenção no domínio econômico e de interesse de categorias profissionais ou econômicas, CF, art. 149 – e aos empréstimos compulsórios (CF, art. 148)".[12] Mais um reconhecimento – desta vez invocado por Ministro da mais alta Corte do país – da importância da destinação do produto da arrecadação da contribuição para sua respectiva finalidade e da ilegitimidade desta contribuição caso isto não aconteça.

Importante contribuição, também, é trazida pelo TCU em acórdão que considerou procedente representação de servidor da mesma Corte, encaminhada para efeito de que fossem "apuradas possíveis irregularidades quanto à utilização de recursos da contribuição de intervenção no domínio econômico relativa às atividades de importação ou comercialização de petróleo e seus derivados, gás natural e seus derivados e álcool combustível (CIDE-combustíveis)".[13]

O ilustre Ministro Relator, reportando-se ao Acórdão 1.857/2005-P dessa Corte de Contas, entende confirmado o mau uso dos recursos da CIDE-combustíveis desde sua instituição, consubstanciado em três tipos de ocorrência, "os quais atingem boa parte do dinheiro recolhido: desvio de finalidade, permanência no caixa do Tesouro e substituição de fontes orçamentárias ordinárias". Prossegue a citação: "Comprovadamente, nestes quase quatro anos de vida do tributo, tivemos as seguintes utilizações sem consistência lógica ou jurídica: a) pagamento de despesas sem dúvida alheias às destinações determinadas de maneira restritiva no inciso II do § 4º do art. 177 da CF, como proventos de servidores inativos e encargos da dívida externa; b) pagamento de despesas bastante questionáveis em relação aos fins almejados pela Constituição, a exemplo da cobertura de apoio administrativo do Ministério dos Transportes, onde se inclui a concessão de benefícios assistenciais a servidores; c) falta de aplicação de montante expressivo dos recursos arrecadados; d) aproveitamento das disponibilidades financeiras, decorrentes da contenção das despesas próprias, para a formação de superávit primário; e) permutação de antigas dotações orçamentárias financiadas por impostos pelas provisões da CIDE-combustíveis".

Arremata o Relator daquele acórdão, invocado neste, ora trazido à colação: "*Todos esses problemas forçosamente despertam um receio acerca da validade da cobrança dessa contribuição.* Enquanto não forem resolvidos, recairão incertezas sobre a legitimidade da exação adicional compelida aos contribuintes". E, por fim, aduz: "Conforme dito na instrução, com arrimo na mais abalizada doutrina, o traço marcante e distintivo da contribuição de intervenção no domínio econômico é a obediência às finalidades que justificaram a sua criação" (grifou-se).

Permiti-me transcrever tão longo trecho porquanto é estarrecedor saber que não é somente a doutrina que diz o que se procura pôr de relevo aqui. É o próprio órgão apreciador das contas da União que, analisando os dados a ele oferecidos, chega às conclusões apresentadas, faz recomendações para a reparação das irregularidades – e, ao que consta, nada acontece!

12. Proferido no RE 183.906-SP, rel. Min. Marco Aurélio, *DJU* 30.4.1998.

13. TCU, Plenário, Acórdão 483/2006, obtido via Internet, no *site* do TCU, em 10.12.2007.

9. Conclusão

Diante do exposto até aqui, a conclusão deste breve estudo é simples e deveria ser bastante óbvia: as contribuições do art. 149 da Constituição da República são tributos que se validam pela sua finalidade, isto é, somente podem ser criados na presença de uma daquelas finalidades trazidas pelo texto originário da Constituição de 1988 (sociais, de intervenção e corporativas). Daí decorre que, tendo sido criada uma contribuição para perseguir aquela finalidade (como instrumento da atuação da União naquelas áreas – art. 149, *caput*, da CF), sua arrecadação deve ir para fazer frente às despesas para o desempenho desse fim. De tão óbvia esta ilação, chega a ser difícil justificá-la sem repetir os mesmos argumentos inúmeras vezes.

De qualquer forma, o que se pretendeu foi alçar uma voz a mais para trazer à tona este estado de coisas, a fim de que em algum momento se tome consciência de, simplesmente, cumprir a Constituição – sem criar subterfúgios –, assim como ela foi engendrada pelo legislador constituinte originário, fazendo valer efetivamente o princípio republicano e tornando nosso país um lugar de cidadãos dignos desse nome.

São Paulo, fevereiro de 2008

CADERNOS DE DIREITO TRIBUTÁRIO

JUROS SOBRE CAPITAL PRÓPRIO: NÃO-INCIDÊNCIA DE PIS E COFINS

PAULO AYRES BARRETO

Mestre e Doutor em Direito Tributário pela PUC/SP –
Professor nos Cursos de Especialização em Direito Tributário da PUC/SP,
do Instituto Brasileiro de Estudos Tributários/IBET
e da Fundação Getúlio Vargas/GVL*aw*

1. Considerações iniciais. 2. Natureza jurídica dos juros sobre capital próprio: 2.1 Capital – 2.2 Juros – 2.3 Juros sobre capital próprio. 3. Do tratamento dos juros sobre capital próprio para fins de incidência do PIS e da COFINS. 4. Posição da Receita Federal e do STJ. 5. Conclusões.

1. Considerações iniciais

As vicissitudes do cenário econômico brasileiro na última década do século passado tiveram importante efeito na legislação tributária, notadamente no que concerne à apuração da base de cálculo do imposto sobre a renda. Para corrigir significativas distorções decorrentes do forte processo inflacionário que assolou o país durante muitos anos, criou-se o mecanismo da correção monetária de balanço.

A consideração contábil dos efeitos da desvalorização da moeda nas demonstrações financeiras reduzia as inconsistências nos resultados apurados. Tínhamos, já naquela época, remédio atípico no cenário internacional, porém necessário em face das fragilidades da economia interna.

Posteriormente, com o advento do Plano Real, a inflação sofreu uma redução importante, de modo que a necessidade de corrigir monetariamente as demonstrações financeiras foi posta em xeque. Se a moeda se tornou estável e a inflação mensal reduzida, não havia mais razão para a manutenção do direito à consideração de efeitos inflacionários na apuração de resultados das pessoas jurídicas.

Ocorre que a extinção da correção monetária de balanço gerou um aumento da carga tributária para as empresas que apresentavam saldo devedor de correção monetária. Com efeito, era essa a realidade que se apresentava para a grande maioria das empresas brasileiras. Vale dizer: as pessoas jurídicas que tinham patrimônio líquido superior ao seu ativo permanente viram suprimido o direito de registrar contabilmente, e deduzir da base de cálculo do imposto sobre a renda, despesa de correção monetária. Já as que apresentavam situação inversa (ativo permanente maior que o patrimônio líquido) simplesmente deixaram de sofrer a tributação, pelo imposto sobre a renda, do chamado lucro inflacionário.

Nesse contexto, viu-se a necessidade de criar um mecanismo que viesse a reduzir os efeitos da eliminação da correção monetária de balanço. Foi nesse cenário que foram criados os *juros sobre capital próprio*, uma figura nova e peculiar introduzida em nosso ordenamento jurídico.

Em 26.12.1995 foi editada a Lei 9.249, que, de um lado, revogou a correção monetária de balanço (art. 4º) e, de outro lado, criou os juros sobre capital próprio (art. 9º). Pode-se, assim, afirmar, preliminarmente, que os juros sobre capital próprio foram criados para compensar, de alguma forma, a extinção da correção monetária de balanço.

2. *Natureza jurídica dos juros sobre capital próprio*

Desvelar a natureza jurídica dos juros sobre capital próprio não é missão que se revela singela. Trata-se efetivamente de "juros"? Constituem despesa financeira da pessoa jurídica? Em que se distinguem da atribuição de dividendos aos acionistas ou sócios?

São indagações que surgem e que pretendemos enfrentar no presente estudo, tendo sempre presente a advertência de Paulo de Barros Carvalho, para quem: "Se, de um lado, cabe deplorar produção legislativa tão desordenada, por outro, sobressai, com enorme intensidade, a relevância do labor científico do jurista, que surge nesse momento como a única pessoa credenciada a construir o conteúdo, sentido e alcance da matéria legislada".[1]

O pagamento de juros sobre capital próprio não é mecanismo usualmente encontrado no Direito Comparado. Trata-se de mais uma figura *sui generis* do criativo legislador nacional. Cresce, assim, a dificuldade de se precisar sua natureza e seus efeitos.

Preceitua o art. 9º da Lei 9.249/1995:

"Art. 9º. A pessoa jurídica poderá deduzir, para efeitos da apuração do lucro real, os juros pagos ou creditados individualizadamente a titular, sócios ou acionistas, a título de remuneração do capital próprio, calculados sobre as contas do patrimônio líquido e limitados à variação, *pro rata dia*, da Taxa de Juros de Longo Prazo – TJLP.

"§ 1º. O efetivo pagamento ou crédito dos juros fica condicionado à existência de lucros, computados antes da dedução dos juros, ou de lucros acumulados e reservas de lucros, em montante igual ou superior ao valor de duas vezes os juros a serem pagos ou creditados.

"§ 2º. Os juros ficarão sujeitos à incidência do imposto de renda na fonte à alíquota de 15% (quinze por cento), na data do pagamento ou crédito ao beneficiário."

Vê-se, pois, que é permitido à pessoa jurídica contabilizar e pagar aos sócios ou acionistas juros sobre capital próprio, desde que, como afirmam e atestam suas condicionantes, existam lucros (do exercício ou acumulados) ou reservas de lucros no montante legalmente fixado. Trata-se de uma faculdade da empresa (o modal é o permitido), cujo efeito fiscal consiste na dedução de certo montante na apuração do lucro real das pessoas jurídicas.

Ressalte-se que o pagamento de juros sobre capital próprio qualifica-se como verdadeira opção fiscal. Cabe ao contribuinte perquirir sobre a conveniência de determinar, ou não, seu pagamento, de acordo com as vantagens e desvantagens que tal decisão venha a trazer para a empresa.

É bem verdade que a denominação desse instrumento legal, posto à disposição dos gestores, sugere, em primeira e singela análise, tratar-se de juros.

Ocorre que a denominação "juros sobre capital próprio" não é suficiente para lhes conferir a natureza jurídica de juros. Como ensina Roque Carrazza: "É que, como é sabido e consabido, a natureza de qualquer figura de Direito é revelada por

1. Paulo de Barros Carvalho, *Curso de Direito Tributário*, 17ª ed., São Paulo, Saraiva, 2005, p. 6.

seu *regime jurídico*, não pela designação recebida – muita vez imprópria”.[2]

Nesse processo investigativo, um primeiro passo consiste na verificação do conteúdo semântico dos termos que compõem a expressão.

2.1 Capital

Nessa trilha, vejamos, inicialmente, o conceito de “capital”.

Considera-se capital da empresa a somatória dos investimentos realizados por seus sócios ou acionistas, que englobam tanto os montantes por eles aportados bem assim aqueles resultados por ela, empresa, auferidos mas que, por decisão de seus sócios ou acionistas, foram incorporados ao capital.

Na conceituação de Modesto Carvalhosa, em seu *Comentários à Lei das Sociedades Anônimas*, *capital* é “o valor das entradas de capital que os acionistas declaram vinculado aos negócios que constituem o objeto social”.[3]

Sobressai, em relação ao capital, a noção de *investimento de caráter permanente*, não-temporário, que se destina a prover o negócio próprio, ao menos parte dos recursos necessários à sua viabilização. São recursos atrelados, de forma perene, aos riscos do negócio.

2.2 Juros

Examinado o conteúdo semântico do signo “capital”, cuidemos dos *juros*.

“Juros”, nas palavras de Ricardo Mariz de Oliveira, são “remuneratórios de recursos financeiros colocados temporariamente à disposição de outrem, independendo dos riscos dos empreendimentos do tomador, sendo ganhos pelos simples decurso de tempo, e tendo por base o próprio valor do capital entregue”.[4]

Diferentemente do capital, na pactuação de juros destacam-se a temporariedade e a desvinculação dos riscos do negócio desenvolvido pelo tomador, exceção feita, evidentemente, em relação à sua própria solvabilidade. Em síntese, em condições normais, os recursos de terceiros tomados pela empresa seriam remunerados por juros. Relativamente ao seu próprio capital tal remuneração não caberia. Não é por outra razão que, fazendo a distinção entre o então chamado *passivo exigível* e o *passivo não-exigível*, Rubens Gomes de Souza esclarece: “O passivo exigível consigna as responsabilidades financeiras da empresa para com terceiros, consubstanciadas juridicamente em obrigações, legais ou contratuais, cobráveis em futuro próximo ou remoto, porém certo. O passivo não-exigível consigna responsabilidades financeiras da empresa para consigo mesma (...)”.[5]

Nesse contexto, admitir que os juros sobre capital próprio têm natureza de juros implicaria equiparar a integralização de capital a uma concessão de crédito. Isso porque, como visto, o conceito de juros está vinculado a operações de crédito, em que a parte beneficiária se obriga a restituir à parte concedente a quantia recebida a título de empréstimo, remunerando-a pelo tempo em que dispôs do numerário.

No caso dos juros sobre capital próprio não se tem uma operação de crédito. O capital teria sido realizado e seria sempre mantido, independentemente do pagamento de juros.[6]

2. Roque Antonio Carrazza, *Imposto sobre a Renda (Perfil Constitucional e Temas Específicos)*, 2ª ed., São Paulo, Malheiros Editores, 2006, p. 486.

3. Modesto Carvalhosa, *Comentários à Lei das Sociedades Anônimas*, 2ª ed., São Paulo, Saraiva, 1997, p. 31.

4. Ricardo Mariz de Oliveira, “Juros de remuneração do capital próprio”, in *Direito Tributário Atual* 15.

5. Rubens Gomes de Souza, *Pareceres-3 – Imposto de Renda*, p. 32.

6. Ainda para explicitar o conceito de “juros” – *que se opõe ao conceito de “juros sobre capital próprio”* –, fazemos referência à seguinte decisão do Conselho de Contribuintes do Ministério da Fazenda: “Despesas financeiras – Juros – Quan-

2.3 Juros sobre capital próprio

Em que pese à denominação de "juros", os juros sobre capital próprio são verdadeiros dividendos pagos ao titular da pessoa jurídica, sócio ou acionista. Prova disso é que são calculados sobre as contas do patrimônio líquido, tal como os dividendos, limitados à variação, *pro rata dia*, da Taxa de Juros de Longo Prazo/TJLP. Paga-se um montante que tem natureza jurídica de dividendo ou lucro, com a designação de juros.

Uma despesa financeira a título de juros seria calculada sobre conta do passivo exigível (passivo circulante ou exigível a longo prazo), e nunca sobre as contas do patrimônio líquido, como exige a Lei 9.249/1995 para os juros sobre capital próprio.

Além disso, ainda a evidenciar sua natureza de dividendos, o pagamento dos juros sobre capital próprio está condicionado à existência de lucros ou reserva de lucros, a teor do disposto no art. 9º, § 1º, da Lei 9.249/1995. Só se paga juros se houver lucros a distribuir. Dito de outra forma, lucros são distribuídos sob a denominação de juros.

Nesse sentido foi editado o Ato Declaratório Normativo COSIT-13, de 27.5.1996, que assim dispõe: "O limite, para fins de dedutibilidade, como despesa financeira, do valor dos juros pagos ou creditados, ainda que capitalizados, a título de remuneração do capital próprio, será de 50% (cinqüenta por cento) do lucro líquido correspondente ao período-base do seu pagamento ou crédito, antes da provisão para o imposto de renda e da dedução dos referidos juros, ou dos saldos de lucros acumulados de períodos anteriores, o que for maior".

do *resultantes de negócio jurídico realizado, pelo qual a pessoa jurídica se compromete a resgatar sua dívida segundo o que restou contratualmente estipulado*, os juros pactuados são dedutíveis como despesas financeiras" (1º Conselho de Contribuintes, 1ª Câmara, Acórdão 101-93.271, em 9.11.2000, *DJU* 29.11.2000).

Vale dizer: os juros sobre capital próprio não podem ser pagos em prejuízo do capital, o que também é válido para os dividendos, à luz do art. 201 da Lei 6.404/1976.

Ademais, o § 7º do art. 9º da Lei 9.249/1995 permite que os juros sobre capital próprio sejam imputados ao valor do dividendo mínimo obrigatório de que trata o art. 202 da Lei 6.404/1976, a evidenciar que os juros sobre capital próprio possuem a natureza de dividendos.

Importante salientar que a Comissão de Valores Mobiliários, ao editar a Deliberação 207/1996 – que dispõe sobre a contabilização dos juros sobre capital próprio nas companhias abertas –, houve por bem reconhecer a natureza de dividendos dos juros sobre capital próprio, determinando que os mesmos não fossem imputados em contas de resultado, sendo baixados diretamente da conta de lucros do patrimônio líquido. Vejamos o disposto no item I da referida deliberação: "I – Os juros pagos ou creditados pelas companhias abertas, a título de remuneração do capital próprio, na forma do art. 9º da Lei n. 9.249/1995, devem ser contabilizados, diretamente à conta de Lucros Acumulados, sem afetar o resultado do exercício".

Diante do exposto, pode-se afirmar que, atualmente, duas são as formas de remuneração dos sócios ou acionistas, cada uma com regime fiscal próprio: (i) a distribuição de dividendos *stricto sensu* e (ii) o pagamento de juros sobre capital próprio, o que denominamos de *dividendos qualificados*, em face da peculiar dedutibilidade que geram.

No mesmo sentido, assevera Alberto Xavier: "O 'juro sobre capital próprio' outra coisa não é que um resultado distribuível da companhia sujeito a regime fiscal especial, resultado, este, suscetível de duas destinações alternativas: distribuição efetiva aos sócios ou capitalização (imediata, por via de aumento de capital, ou futura, por via de manutenção em reserva destinada a futuro aumento de capital). No primeiro caso ocorre a figura do dividendo, regulada nos arts. 201 e ss. da Lei das S/A; no segundo ocorre a figura do aumento de capital por capitalização de lucros ou reservas, prevista no art. 169 da mesma lei".[7]

Juros sobre capital próprio têm natureza jurídica de lucros/dividendos, porém com efeito fiscal próprio – qual seja, a dedução para fins de apuração do lucro real. Tem-se, em verdade, efetivo benefício fiscal, que nasceu com o propósito de reduzir o efeito de supressão da correção monetária de balanço. Poderia ser designado como "lucros dedutíveis", "dividendos redutores de resultado tributável" ou qualquer outra denominação. O que releva é sua natureza jurídica de lucro ou dividendo.[8]

O próprio Fisco Federal também acaba por reconhecer a natureza de dividendos dos juros sobre capital próprio, equiparando-os, tal como fez na Resposta à Consulta 313/1999, da 7ª Região Fiscal. Estabeleceu o Fisco que o IRRF pago sobre os dividendos, à época em que eram tributados, é passível de compensação com o IRRF incidente sobre os juros sobre capital próprio, nos seguintes termos:

"Processo de Consulta n. 313/1999

"Órgão: Superintendência Regional da Receita Federal/SRRF-7ª Região Fiscal

"Assunto: Imposto sobre a renda retido na fonte/IRRF

"*Ementa:* Pagamento de dividendos – Tratamento do imposto – Compensação.

"Os valores retidos na fonte sobre os dividendos recebidos durante a vigência do disposto no art. 2º da Lei n. 8.894/1994 e alterações posteriores somente são compensáveis com o imposto que a pessoa jurídica beneficiária, tributada com base no lucro real, tiver de recolher relativo à distribuição de dividendos, bonificações em dinheiro, lucros e outros interesses, *inclusive com o retido sobre os valores pagos ou creditados a título de juros remuneratórios do capital próprio.*

7. Alberto Xavier, *Direito Tributário Internacional do Brasil*, 5ª ed., Rio de Janeiro, Forense, 1998, pp. 486-487.

8. A corroborar o entendimento de que os juros sobre capital próprio possuem a natureza de dividendos, transcrevemos, a seguir, as seguintes decisões judiciais proferidas pelo TRF-4ª Região e pelo TRF-2ª Região:

"Tributário – Lei n. 9.249/1995, art. 9º, § 10 – 'Remuneração de capital próprio' – Indedutibilidade da base de cálculo da CSSL.

"1. O lucro tributável há que ser considerado como o resultado positivo líquido da empresa, isto é, depois de descontadas as despesas operacionais (financeiras), não podendo ficar os elementos componentes da base de cálculo sujeitos à ocasional vontade do Fisco ou de lei ordinária.

"2. Se a lei condiciona o pagamento dos juros à existência de lucros, confundem-se as figuras dos dividendos e dos juros, até porque ambos resultam do investimento de capital dos sócios na atividade empresarial.

"3. Quando o próprio sócio investe capital na empresa, não pode ser equiparado a outra instituição financeira a fim de receber juros remuneratórios, eis que tal investimento foi escolha sua, não podendo ser seu risco reduzido a taxa de juros estranha à atividade.

"4. Apelação e remessa oficial providas" (ApMS 97.04.65331-0, j. 30.11.2000).

"Tributário – Contribuição social sobre o lucro – Base de cálculo – Dedutibilidade – Taxa de juros – Art. 9º da Lei n. 9.249/1995 – Impossibilidade – § 10 do mesmo artigo – Constitucionalidade – Precedente desta E. Turma.

"O valor dos juros pagos pela pessoa jurídica a titular, sócios ou acionistas, a título de remuneração de capital próprio, continuou sendo parte do lucro líquido para determinação da base de cálculo da CSL, obedecendo-se ao sistema anterior à vigência da Lei n. 9.249/1995, o qual não previa qualquer possibilidade de dedução de tais valores. (...).

"A pretendida extensão da dedução dos juros pagos pelas pessoas jurídicas na remuneração do capital próprio, na forma em que prevista no art. 9º da Lei n. 9.249/1995 para o imposto de renda, para ser aplicada à contribuição social sobre o lucro, não encontra respaldo legal.

"Além da diversidade de base de cálculo entre as exações, o que já impossibilitaria a igualdade no tratamento, os juros pagos ou creditados a título de remuneração equivalem à distribuição de lucro, eis que se assemelham aos próprios dividendos, por se caracterizarem em rendimento, devendo, desta forma, ser incluídos para fins de apuração da contribuição social sobre o lucro, que incide sobre o lucro líquido, a teor do disposto na Lei n. 7.689/1988" (ROMS 98.02.10038-2, rel. Benedito Gonçalves, *DJU* 18.5.2004).

"Dispositivos legais: Leis ns. 8.894/1994, art. 2º; 9.064/1995, art. 2º; 9.249/1995, art. 10; e Instrução Normativa n. SRF-12/ 1999, art. 2º – *Mary Lea Barros Macedo*, chefe" (data da decisão: 29.10.1999, 30.12.1999).

Por outro giro, tendo os dividendos e os juros sobre capital próprio a mesma natureza jurídica, é possível a compensação do IRRF no pagamento efetuado a ambos os títulos.

Outrossim, quanto à tributação dos juros sobre capital próprio pagos a sócio residente no Japão, o Fisco Federal deixou de qualificar os juros sobre capital próprio como juros – o que não poderia fazer, caso não concordasse com a natureza de dividendos dos mesmos – ao decidir pela não-aplicação do disposto no art. 10 do Acordo Internacional para Evitar a Dupla Tributação firmado entre os dois países. Referido art. 10 versa sobre os juros pagos a residente do Estado contratante. Nesse sentido é a seguinte decisão em resposta à consulta:

"Processo de Consulta n. 76/2001

"Órgão: Superintendência Regional da Receita Federal/SRRF-6ª Região Fiscal

"Assunto: Imposto sobre a renda retido na fonte/IRRF

"*Ementa:* Juros sobre capital próprio. Os juros pagos ou creditados, a título de remuneração do capital próprio, a sócio residente no Japão não se enquadram na hipótese prevista no art. 10 da Convenção Destinada a Evitar a Dupla Tributação firmada entre o Brasil e aquele país e são, portanto, tributados à alíquota de 15%.

"Dispositivos legais: art. 10 Decreto n. 61.899, de 14.12.1967; Decreto Legislativo n. 69, de 14.9.1976, art. 2º; RIR/1994, arts. 346 e 668 – *Francisco Pawlow*, chefe" (data da decisão: 7.5.2001, 17.10.2001).

A decisão acima transcrita evidencia que os juros sobre capital próprio não têm natureza de juros. Fosse essa a natureza, seria inafastável a aplicação do art. 10 da Convenção para Evitar a Dupla Tributação, firmada entre Brasil e Japão.

Vale dizer: para certos fins a Receita Federal considera juros sobre capital próprio como juros. Para outros fins, não – a evidenciar inegável inconsistência de procedimentos.

Em suma, os juros sobre capital próprio possuem a natureza de dividendos, não configurando uma espécie de juros. Caracterizam-se como verdadeiro benefício fiscal criado com o propósito de compensar a eliminação de despesa de correção monetária do balanço. Têm regime fiscal próprio, do qual decorre o benefício fiscal da dedutibilidade na apuração do lucro real. Pode-se dizer, pois, que os juros sobre capital próprio não passam de *dividendos qualificados*.

3. Do tratamento dos juros sobre capital próprio para fins de incidência do PIS e da COFINS

A controvérsia acerca da inclusão dos juros sobre capital próprio na base de cálculo do PIS e da COFINS gira em torno da natureza dos mesmos. Isso porque a legislação que disciplina as referidas contribuições – a Lei 9.718/1998, para o regime cumulativo, e as Leis 10.637/2002 e 10.833/2003, para o regime não-cumulativo – determina expressamente a exclusão dos lucros e dividendos da base de cálculo dessas contribuições, deixando de mencionar os juros sobre capital próprio (art. 3º, § 2º, II, da Lei 9.718/1998; art. 1º, § 3º, V, "b", das Leis 10.637/2002 e 10.833/2003).

Nesse contexto, se se admitir serem os juros sobre capital próprio uma espécie de juros, os mesmos integrariam a base de cálculo do PIS e da COFINS, na qualidade de receita financeira. Por outro lado, possuindo os juros sobre capital próprio a natureza de dividendos, sua exclusão da base de cálculo do PIS e da COFINS estaria prevista na legislação ordinária.

Conforme exposto, a nosso ver, os juros sobre capital próprio são uma espécie de dividendos qualificados – o único aspecto que os distingue é o benefício fiscal da dedutibilidade –, que em nada se assemelham à remuneração decorrente da concessão de crédito. Se assim é, os juros sobre capital próprio têm natureza jurídica de dividendos, devendo lhes ser dado o mesmo tratamento para fins de PIS e COFINS.

Se as Leis 9.718/1998, 10.637/2002 e 10.833/2003, no que se refere à exclusão da base de cálculo das contribuições, fizeram menção expressa aos lucros e dividendos, forçoso considerar, nessa expressão, os juros sobre capital próprio. Tratando-se de dividendos qualificados, essa é a interpretação que mais se coaduna com nosso ordenamento jurídico.

Nada obstante, o Executivo manifestou entendimento contrário ao editar o Decreto 5.164/2004 e, posteriormente, o Decreto 5.442/2005. Referidos decretos reduziram a zero as alíquotas do PIS e da COFINS incidentes sobre as receitas financeiras das empresas sujeitas ao regime não-cumulativo, excluindo expressamente desse benefício os juros sobre capital próprio.

A partir dos referidos decretos podem-se construir duas interpretações distintas e divergentes, a saber:

(i) Segundo o Poder Executivo, os juros sobre capital próprio, por configurarem receita financeira, integrariam a base de cálculo do PIS e da COFINS, devendo ser tributados pelas empresas sujeitas à sistemática não-cumulativa das contribuições, mediante as alíquotas em vigor (7,6% – COFINS e 9,25% – PIS).

(ii) A exclusão expressa dos juros sobre capital próprio do benefício da alíquota zero vem a corroborar o entendimento de que os juros sobre capital próprio não são tributáveis pelo PIS e pela COFINS.

Ficamos com a segunda conclusão. Tanto os juros sobre capital próprio não são tributáveis pelo PIS e COFINS – pois, tratando-se de dividendos, excluem-se da base de cálculo dessas contribuições, por expressa determinação legal –, que a eles não pode ser estendido o benefício da alíquota zero. Tivessem sido incluídos os juros sobre capital próprio no benefício da alíquota zero, haveria um duplo tratamento, num mesmo sentido: isenção por força do art. 1º, § 3º, V, "b", das Leis 10.637/2002 e 10.833/2003 e alíquota zero por força dos Decretos 5.164/2004 e 5.442/2005.

Portanto, ainda que não houvesse a expressa exclusão dos juros sobre capital próprio nos Decretos 5.164/2004 e 5.442/2005, a extensão do benefício da alíquota zero aos mesmos seria inócua.

A prevalecer a primeira conclusão, pode-se afirmar que os Decretos 5.164/2004 e 5.442/2005 desbordaram as previsões contidas na legislação ordinária, em violação ao princípio da estrita legalidade tributária.[9]

9. Para corroborar nosso entendimento valemo-nos da decisão liminar proferida pela Seção Judiciária de São Paulo, cujos termos são os seguintes: "(...). E, assim sendo, por autorização legal, não se inserem no conceito de receita bruta para fins de apuração do valor devido a título de COFINS e PIS. Em 30.7.2004 foi editado o Decreto n. 5.164, que em seu art. 1º assim determina:

"'Art. 1º. Ficam reduzidas a zero as alíquotas da contribuição para o PIS/PASEP e da contribuição para o financiamento da seguridade social – Cofins (...).

"'Parágrafo único. O disposto no *caput* não se aplica às receitas financeiras oriundas de juros sobre capital próprio e às decorrentes de operações de *hedge*.'

"Alega o impetrante a violação ao princípio da legalidade, na medida em que mero decreto regulamentar estaria inovando na ordem jurídica. Razão lhe assiste. Com efeito, considerando que a lei não fez qualquer exceção no tocante à receita decorrente de juros sobre capital próprio, seja ela financeira ou não, não caberia a simples decreto, cuja função é meramente regulamentar, fazê-lo. A aceitar-se a restrição imposta pelo decreto, estar-se-ia ferindo os princípios da hierarquia das lei e da legalidade, já que é assente que somente por meio de lei se pode admitir restrição de direitos. Isto posto, estando preenchidos os requisitos do art. 7º, inciso II, da Lei n. 1.533/1951, defiro a medida liminar para o fim de assegurar o direito das impetrantes de excluir os valores recebidos a título de juros sobre o capital próprio da base de cálculo da contribuição social para o PIS e COFINS (...)" (6ª Vara Federal, MS 2005.61.00.025334-0, 7.12.2005).

Diante do exposto, considerando que os juros sobre capital próprio têm natureza de dividendos, forçoso lhes seja dado o mesmo tratamento, para fins de PIS e COFINS. Sendo assim, imperiosa sua exclusão da base de cálculo das referidas contribuições, diante de expressa determinação legal.

Como visto, a melhor conclusão sobre a matéria é no sentido de que os juros sobre capital próprio são uma espécie de dividendo qualificado, com efeito fiscal próprio, consistente na dedução do lucro real.

4. Posição da Receita Federal e do STJ

Nada obstante, não é este o entendimento dos Fiscos Federais. O tratamento que tem sido dispensado aos juros sobre capital próprio pelas autoridades fiscais é o mesmo dispensado aos juros. Em outras palavras, assim como os juros, os juros sobre capital próprio configuram despesa para quem paga e, em contrapartida, receita para quem recebe.

A própria Instrução Normativa 11/1996, por mais de uma vez, estabelece que os beneficiários dos juros sobre capital próprio deverão registrá-los como receita financeira (art. 29, §§ 4º, "a", e 11). Da perspectiva de quem paga, os juros sobre capital próprio devem ser registrados em contrapartida de despesas financeiras, para fins de dedutibilidade (art. 30, parágrafo único).

Também a Instrução Normativa 41/1998 demonstra ser esse o entendimento do Fisco Federal, ao assim estabelecer, em seu art. 4º: "Art. 4º. Na hipótese de beneficiário pessoa jurídica o valor dos juros creditados ou pagos deve ser escriturado como receita, observado o regime de competência dos exercícios".

Vejamos, ainda, a seguinte decisão administrativa da Delegacia da Receita Federal de Julgamento em Recife:

"Delegacia da Receita Federal de Julgamento em Recife – 4ª Turma – Decisão n. 477, em 21.12.2001.

"Assunto: Imposto sobre a renda de pessoa jurídica – IRPJ

"*Ementa:* JUROS sobre capital próprio – Dedutibilidade.

"Para efeito de dedutibilidade na determinação do lucro real, os juros sobre capital próprio, pagos ou creditados, ainda que imputados aos dividendos ou quando incorporado ao capital social ou mantidos em conta de reserva destinada ao aumento de capital, *deverão ser registrados em contrapartida de despesas financeiras.*

"(...).

"Ano-calendário: 1997

"Resultado do julgamento: Lançamento procedente. *José Ronaldo Landin Rodrigues*, relator."

Destarte, o Fisco Federal confere tratamento contábil aos juros sobre capital próprio – despesa para quem paga e receita para quem recebe – como se juros fossem.

Por outro lado, como já mencionamos, o Fisco Federal em alguns momentos acaba equiparando os juros sobre capital próprio aos dividendos, como fez ao determinar que o imposto incidente sobre os dividendos, à época em que tributados, pode ser compensado com o imposto incidente sobre os juros

Portanto, ainda que o Fisco Federal, de um lado, reconheça que os juros sobre capital próprio têm natureza de dividendos, estabelece, de outro lado, que os mesmos configuram despesa financeira passível de dedução pela pessoa jurídica pagadora e receita financeira para o beneficiário pessoa jurídica.

Outrossim, o STJ recentemente decidiu no sentido de que os juros sobre capital próprio configuram receita financeira, incidindo sobre eles, desta forma, o PIS e a COFINS. A ementa de tal decisão assim preceitua:

"Mandado de segurança – Juros sobre capital próprio distribuídos aos sócios/acionistas – Incidência de PIS e COFINS – Natureza de dividendos – Impossibilidade – Isenção – Interpretação restritiva – Art. 111 do CTN – Omissão quanto a dispositivo constitucional – Impossibilidade de apreciação.

"(...).

"II – Discute-se, nos presentes autos, a incidência na base de cálculo do PIS e da COFINS dos juros sobre capital próprio (JCPs), com base no Decreto n. 5.164/2004, o qual reduziu a zero a alíquota das referidas contribuições, excluindo as receitas decorrentes dos JCPs e de operações de *hedge*.

"III – *Os juros sobre capital próprio não possuem natureza de lucro ou dividendo, mas de receita financeira.*

"IV – De acordo com a Lei n. 9.249/1995, apresentam-se os juros sobre capital próprio como uma faculdade à pessoa jurídica, que pode fazer valer de seu creditamento sem que ocorra o efetivo pagamento de maneira imediata, aproveitando-se da capitalização durante esse tempo. Além do mais, ao contrário dos dividendos, os JCPs dizem respeito ao patrimônio líquido da empresa, o que permite que sejam creditados de acordo com os lucros e reservas acumulados.

"V – As normas instituidoras de isenção (art. 111 do CTN), por preverem exceções ao exercício de competência tributária, estão sujeitas à regra de hermenêutica que determina a interpretação restritiva, dada a sua natureza. *Não prevista, expressamente, a hipótese de exclusão dos juros de capital próprio da base de cálculo do PIS e da COFINS, pelas Leis ns. 10.637/2002 e 10.833/2003, incabível fazê-lo por analogia.*

"VI – Recurso especial improvido" (REsp 921.269-RS, rel. Min. Francisco Falcão, *DJU* 14.6.2007).

Referida decisão, contudo, é da 1ª Turma do STJ, de tal sorte que não representa o entendimento consolidado da 1ª Seção daquela Corte, que esperamos venha a reconhecer a natureza jurídica de dividendos dos juros sobre o capital próprio.

Na fundamentação do voto condutor do acórdão são elencados os seguintes argumentos:

(i) Dividendos têm previsão na Lei 6.404/1976, que determina a obrigatoriedade de sua distribuição mínima.

(ii) Dividendos estão condicionados ao desempenho da empresa no respectivo exercício social.

(iii) Juros sobre capital próprio apresentam-se como uma faculdade da empresa.

(iv) Ao contrário dos dividendos, os juros sobre capital próprio dizem respeito ao patrimônio líquido da empresa.

(v) Normas isentivas estão sujeitas a interpretação restritiva.

Com a devida vênia, estamos convencidos de que esta não é a melhor interpretação. Deveras, a questão fulcral diz respeito à natureza jurídica dos juros sobre capital próprio, e os argumentos referidos, a nosso ver, não têm o condão de infirmar sua natureza de lucros ou dividendos.

Relativamente aos itens "i", "ii" e "iii" é bom ter presente que os juros sobre capital próprio se submetem a uma relação de inclusão; são parte dos lucros e dividendos. É relação de parte para o todo.

Para que possa ser deliberado seu pagamento, deve haver lucros do exercício, lucros acumulados ou reserva de lucros. Trata-se, assim, de parcela qualificada (pela dedutibilidade) dos lucros/dividendos. A obrigatoriedade da distribuição mínima de dividendos, prevista na Lei 6.404/1976, em nada infirma a natureza de lucros ou dividendos dos juros sobre capital próprio.

De outra parte, a vinculação ao desempenho da empresa existe nos dois casos. Sem resultados ou reservas não há distribuição de lucros/dividendos, nem pagamento de juros sobre capital próprio.

Por fim, respeitados os dividendos obrigatórios, a facultatividade está presente em ambos.

Relativamente ao item "iv", temos como cediço que tanto os dividendos/lucros como os juros sobre capital próprio dizem respeito ou estão vinculados ao patrimônio líquido das empresas. Mais que isso. O próprio cálculo dos juros sobre capital próprio leva em consideração rubricas contábeis que compõem especificamente o patrimônio líquido das pessoas jurídicas.

No que concerne ao item "v", queremos crer que interpretação restritiva não signifique interpretação literal.

No processo de construção de sentido de toda e qualquer norma jurídica o plano da expressão é apenas o ponto de partida.

Esclarece, nesse sentido, Paulo de Barros Carvalho, que: "Observa-se existência dos três planos da linguagem, representados por S1, S2 e S3, partindo a interpretação do plano da literalidade textual (S1) que compõe o texto em sentido estrito (TE), passando, mediante o processo gerador de sentido, para o plano do conteúdo dos enunciados prescritivos (S2), até atingir a plena compreensão das formações normativas (S3), cujo conjunto integra o texto em sentido amplo (TA). Esse processo interpretativo encontra limites nos horizontes da nossa cultura (H1 e H2), pois fora dessas fronteiras não é possível a compreensão (c1, c2, c3, c4). Na visão hermenêutica adotada, a interpretação exige uma pré-compreensão que a antecede e a torna possível".[10]

Conjugando as significações que giram em torno do tema, sobressai a verdadeira natureza jurídica dos juros sobre capital próprio, que, como vimos, é de lucros/dividendos. Destarte, há expressa hipótese de sua exclusão da base de cálculo do PIS e da COFINS.

5. Conclusões

5.1 Juros sobre capital próprio têm natureza jurídica de lucros/dividendos, porém com efeito fiscal próprio, qual seja, a dedução para fins de apuração do lucro real. Tem-se, em verdade, efetivo benefício fiscal, que nasceu com o propósito de reduzir o efeito de supressão da correção monetária de balanço.

5.2 Os juros sobre capital próprio não são tributáveis pelo PIS e pela COFINS, pois, tratando-se de dividendos, excluem-se da base de cálculo dessas contribuições, por expressa determinação legal.

10. Paulo de Barros Carvalho, *Direito Tributário*, 3ª ed., São Paulo, Saraiva, 2004, pp. 80-81.

CADERNOS DE DIREITO TRIBUTÁRIO

O PROCESSO DE EXECUÇÃO FISCAL E A NOVA EXECUÇÃO CIVIL

EDUARDO DOMINGOS BOTTALLO
Livre-Docente, Doutor e Mestre em Direito Tributário – Professor Associado da Faculdade de Direito da USP – Diretor da *Revista de Direito Tributário*

1. Considerações iniciais. 2. O processo de execução fiscal: aspectos gerais. 3. A Lei de Execução Fiscal e a Lei 11.382/2006. 4. A penhora "on line" no processo de execução fiscal. 5. A suspensividade dos embargos opostos à execução fiscal. 6. A impossibilidade de haver "reforma" da certidão da dívida ativa por decisão judicial. 7. Conclusões.

1. Considerações iniciais

I – Este trabalho tem o propósito de examinar algumas questões pertinentes ao "processo de execução fiscal" – expressão que, para os fins aqui perseguidos, compreende: (i) o instrumental de que se vale o Estado (*lato sensu*) para realizar a cobrança da sua dívida ativa e (ii) os meios de que dispõem os contribuintes para se oporem a esta cobrança, caso a considerem destituída de juridicidade.

Nenhum esforço é necessário para enfatizar a relevância do tema.

Com efeito, nosso sistema jurídico, apesar de outorgar importantes privilégios à dívida fiscal, não reconhece ao Estado o poder de auto-executoriedade, que o habilitaria a buscar diretamente junto aos contribuintes a satisfação de seus créditos.

Neste contexto, a intervenção do Poder Judiciário mostra-se inafastável, levando ao que poderia ser denominado de *processualização* da pretensão do Estado ao tributo.

Detenhamo-nos na análise dessa assertiva.

II – O ordenamento jurídico brasileiro assegura ao contribuinte expressiva gama de direitos que restringem e condicionam o exercício das competências tributárias.

Os preceitos consubstanciados no art. 150 da CF ("limitações do poder de tributar") são bons exemplos dessas restrições. Reconhecem-se ao contribuinte, por meio deles, os direitos à legalidade, à isonomia, à não-surpresa, à não-confiscatoriedade – e assim por diante.

Trata-se, como fica claro, de regras pertinentes aos mecanismos de instituição do tributo.[1]

1. Na sempre lembrada lição do saudoso Geraldo Ataliba, *instituir tributo* consiste em descrever

Já em momento posterior, quando não mais se cuida da criação, e sim da cobrança do tributo, a tutela do contribuinte opera-se em outro plano, ou seja, através de garantias que devem ser asseguradas pelo Poder Judiciário, no desempenho de sua atividade jurisdicional. É justamente neste cenário que se opera a *processualização* acima referida, cuja tônica repousa na isonomia.

A respeito, as observações do mestre Souto Maior Borges são, como sempre, impecáveis: "O processo tributário é, nesse sentido, o mais insigne, a mais eminente das significações, serviente da justiça fiscal. Não uma justiça platônica ideal, mas a justiça possível, incorporada a um contexto de direito positivo e cuja expressão constitucional unificadora e aglutinante das demais normas-princípios é a isonomia. Igualdade que, no plano do processo judicial tributário, se traduz na relação de isonomia entre Fisco e contribuinte. Incompatível com certos expedientes fazendários intimidatórios (apreensão de mercadorias em barreiras interestaduais, interdição de estabelecimentos, regimes especiais vexatórios de fiscalização, lista de devedores remissos e outros, que tais) para os quais o remédio há de ser encontrado no contencioso judicial tributário, com os seus meios e recursos próprios, a justa ponderação dos interesses em conflito".[2]

legislativamente seus aspectos essenciais e indissociáveis, a saber: (i) aspecto pessoal, que determina os sujeitos da obrigação tributária; (ii) aspecto temporal, pelo qual são estabelecidas as circunstâncias de tempo, importantes para a configuração dos fatos imponíveis; (iii) aspecto espacial, que consiste na indicação das circunstâncias de lugar relevantes para caracterização das obrigações de que se cuida; e (iv) aspecto material, que corresponde à própria descrição dos aspectos substanciais do fato ou conjunto de fatos que servem de suporte à hipótese de incidência, inclusive aqueles atinentes à determinação da base imponível e alíquotas (cf. *Hipótese de Incidência Tributária*, 6ª ed., 9ª tir., pp. 80 e ss.).

2. Souto Maior Borges, "Contraditório e o processo judicial tributário", in *Justiça Tributária (I Congresso Internacional de Direito Tributário)*, p. 564.

Tais são as preciosas diretrizes que devem estar presentes na apreciação de questões relacionadas com o *processo de execução fiscal*.

III – Entre os anos de 2005 e 2007 o sistema processual brasileiro foi alvo de sucessivas intervenções, visando a simplificar e imprimir agilidade à tramitação dos feitos.

Pretendeu-se, assim, implementar a garantia fundamental que a Emenda Constitucional 45/2004 inseriu no corpo de nossa Lei Maior: "a todos, no âmbito judicial e administrativo, são assegurados a razoável duração do processo e os meios que garantam a celeridade de sua tramitação" (art. 5º, LXXVIII, da CF).

Cuidaremos, neste trabalho, de examinar se – e em que medida – estas inovações se projetaram no campo específico do processo de execução fiscal.

Deveras, a Lei 11.382/2006 alterou, de modo bastante expressivo, o Livro II do Código de Processo Civil, que trata do processo de execução. Algumas dessas modificações ecoaram na Lei de Execução Fiscal (Lei 6.830, de 22.9.1980/LEF), trazendo à tona diversas questões e suscitando relevantes dúvidas – merecedoras, por isso, de especial consideração.

Importa, ainda, destacar, neste contexto, a Lei Complementar 118, de 9.1.2005, que, concebida com a proclamada finalidade de adaptar as normas do Código Tributário Nacional à nova Lei de Falências e de Recuperação Judicial (Lei 11.101, de 9.2.2005), foi muito além deste propósito, penetrando em importantes setores do processo judicial de cobrança da dívida ativa.

Feitas estas observações, passemos, então, ao exame do tema.

2. *O processo de execução fiscal: aspectos gerais*

I – Até o advento da Lei de Execução Fiscal o processo de execução fiscal não diferia daquele aparelhado por outros títulos executivos extrajudiciais (art. 585 do CPC). A partir de então, passou a ser objeto de disciplina própria e a ser regido apenas subsidiariamente pelo Código de Processo Civil.

A Lei de Execução Fiscal, segundo entendemos, pouco concorreu para o aprimoramento do processo judicial de cobrança de dívida ativa. Muito pelo contrário, ficou marcada pela disposição de suprimir direitos dos contribuintes e atropelar procedimentos a respeito dos quais já se havia assentado pacífico entendimento, além de penetrar em áreas que refogem aos reconhecidos limites do processo, ou seja, aquelas reservadas ao direito material tributário em sentido estrito.

Tornou-se, assim, necessário um laborioso empenho da doutrina e da jurisprudência para que estas distorções – pelo menos as mais gritantes – fossem, ao longo do tempo, sendo corrigidas.

Não é o caso, porém, de aprofundarmos, aqui, a análise desses aspectos – do que em outra oportunidade já nos ocupamos.[3]

II – Segundo o art. 585, VI, do CPC, a certidão da dívida ativa da Fazenda Pública da União, dos Estados, do Distrito Federal, dos Territórios e dos Municípios correspondente aos créditos inscritos na forma da lei constitui título executivo extrajudicial.

É importante assinalar que, ao contrário do que ocorre com os outros títulos enumerados nesse dispositivo, a certidão da dívida ativa é documento produzido inteiramente pelo credor (a Fazenda Pública), que, neste mister, deve apenas obediência às prescrições legais pertinentes, sem necessidade de anuência do devedor.

A certidão da dívida ativa caracteriza-se, assim, pela sua *unilateralidade*. Em outras palavras, a formação dos demais títulos referidos no art. 585 do CPC depende, como regra geral, da expressa participação (ou anuência) do devedor (é o caso do aceite da duplicata ou da letra de câmbio, da emissão da nota promissória, da aposição do aval etc.), ao passo que a certidão da dívida ativa goza de plena presunção de liquidez, certeza e exigibilidade quando inscrita pela Fazenda Pública, independentemente de qualquer ato de concordância ou de adesão por parte do contribuinte.

Assim, a partir de sua inscrição, este título, revestido dos apontados atributos, passa a ter o efeito de prova pré-constituída, muito embora tal presunção seja relativa, podendo ser ilidida por prova inequívoca a cargo do sujeito passivo ou do terceiro a que aproveite (CTN, art. 204; LEFiscal, art. 3º).

III – A redação dada ao *caput* do art. 187 do CTN pela Lei Complementar 118/2005 manteve a regra segundo a qual a cobrança judicial do crédito tributário não se sujeita a concurso de credores ou habilitação em falência, "recuperação judicial" (expressão acrescida), concordata, inventário ou arrolamento.

Ficou confirmada, portanto, a autonomia da execução fiscal, sem prejuízo da manutenção da obrigatoriedade de entrega do produto arrecadado ao juízo universal da falência.[4]

De outra parte, a Lei Complementar 118/2005 manteve o parágrafo único desse art. 187, que prevê a instauração de concurso de preferência entre os créditos fiscais de titularidade das diferentes pessoas de direito público, colocando, em escala de prioridade, os créditos tributários federais acima dos estaduais e distritais, e estes acima dos municipais.

3. V., a respeito, nosso "Reflexões sobre o processo de execução fiscal na Constituição de 1988", *RDTributário* 66/135-141.

4. V., neste sentido, as observações e notas de Leandro Paulsen em seu *Direito Tributário – Contribuição e Código Tributário à Luz da Doutrina e da Jurisprudência*, 6ª ed., 2ª tir., p. 1.224.

Este dispositivo sempre nos pareceu inconstitucional. Sua incompatibilidade com o princípio da igualdade das pessoas jurídicas de direito público é manifesta.[5]

A nosso ver, portanto, perdeu-se, com a edição da lei complementar em análise, excelente oportunidade de corrigir esta anomalia, o que se alcançaria caso fosse revogado o infeliz parágrafo.

Passemos, agora, ao exame da Lei de Execução Fiscal em confronto com a Lei 11.382/2006.

3. A Lei de Execução Fiscal e a Lei 11.382/2006

I – Conforme já foi antecipado, a Lei 11.382/2006 alterou, de modo bastante expressivo, a sistemática do processo de execução disciplinada pelo Código de Processo Civil.

Estas alterações, afora os já apontados propósitos de simplificação e celeridade, traduziram-se também na outorga de maiores vantagens e benefícios ao credor, tudo em detrimento do princípio segundo o qual, sempre que possível, a execução deve ser feita pelo modo menos oneroso para o devedor.[6]

A partir de então, colocou-se a questão de saber se esta nova disciplina seria extensiva ao processo de execução fiscal.

Em que pese a algumas manifestações em contrário, estamos convencidos de que a resposta a tal indagação há de ser negativa.

Milita a favor de nosso ponto de vista a norma do art. 2º, § 2º, da LICC, segundo a qual a lei geral posterior não revoga a lei especial anterior. Afirmações voluntaristas que proclamam a superação deste preceito são, a nosso ver, inaceitáveis.

Não bastasse isso – e como foi consignado no item 2, retro –, a dívida ativa do Poder Público já conta com expressiva gama de privilégios processuais a favorecer sua cobrança. Aliás, a concessão desses privilégios foi o fator determinante que levou à "decodificação" da execução fiscal nos idos dos anos 80 do século passado.

Não se justifica, portanto, que, às vantagens já concedidas, outras, exclusivamente em função de labor hermenêutico de duvidosa validade jurídica, venham a ser acrescentadas.

Assim, permanece incólume, a nosso ver, a exigência de citação do executado para que, no prazo de cinco dias, pague integralmente a dívida ou garanta a execução, como previsto no art. 8º da LEF.[7]

5. Art. 19 da CF: "Art. 19. É vedado à União, aos Estados, ao Distrito Federal e aos Municípios: (...) III – criar distinções entre brasileiros ou preferências entre si". A respeito do tema, v. nosso já citado estudo "Reflexões sobre o processo de execução fiscal na Constituição de 1988", *RDTributário* 66/135-141.

6. Neste sentido o art. 620 do CPC.

7. Art. 8º da LEF:

"Art. 8º. O executado será citado para, no prazo de 5 (cinco) dias, pagar a dívida com os juros e multa de mora e encargos indicados na certidão de dívida ativa, ou garantir a execução, observadas as seguintes normas: I – a citação será feita pelo correio, com aviso de recepção, se a Fazenda Pública não a requerer por outra forma; II – a citação pelo correio considera-se feita na data da entrega da carta no endereço do executado; ou, se a data for omitida, no aviso de recepção, 10 (dez) dias após a entrega da carta à agência postal; III – se o aviso de recepção não retornar no prazo de 15 (quinze) dias da entrega da carta à agência postal, a citação será feita por oficial de justiça ou por edital; IV – o edital de citação será afixado na sede do juízo, publicado uma só vez no órgão oficial, gratuitamente, como expediente judiciário, com o prazo de 30 (trinta) dias, e conterá, apenas, a indicação da exeqüente, o nome do devedor e dos co-responsáveis, a quantia devida, a natureza da dívida, a data e o número da inscrição no Registro da Dívida Ativa, o prazo e o endereço da sede do juízo.

"§ 1º. O executado ausente do país será citado por edital, com prazo de 60 (sessenta) dias.

"§ 2º. O despacho do juiz, que ordenar a citação, interrompe a prescrição."

Também subsiste a regra de que os embargos à execução fiscal devem ser oferecidos no prazo de 30 dias contados da intimação da penhora, vale dizer, somente após a formalização da garantia do juízo (art. 16 da LEF).[8]

Duas questões, contudo, merecem especial atenção: (i) a chamada penhora *on line* no âmbito da execução fiscal e (ii) os efeitos em que devem ser recebidos os embargos à execução fiscal.

Delas trataremos a seguir.

4. A penhora "on line" no processo de execução fiscal

I – A Lei 11.382/2006 inseriu no CPC o art. 655-A, disciplinando a realização da penhora *on line* no processo de execução.

Anteriormente, a Lei Complementar 118/2005 já havia incorporado ao Código Tributário Nacional norma específica (o art. 185-A) dispondo sobre a medida no campo tributário.

Para maior clareza, vale, pois, confrontar os textos legais citados:

Art. 185-A do CTN (redação da Lei Complementar 118/2005)	**Art. 655-A do CPC (redação da Lei 11.382/2006)**
"Na hipótese de o devedor tributário, devidamente citado, não pagar e nem apresentar bens a penhora no prazo legal e não forem encontrados bens penhoráveis, o juiz determinará a indisponibilidade de seus bens ou direitos, comunicando a decisão, preferencialmente por meio eletrônico, aos órgãos ou entidades que promovem registros de transferência de bens, especialmente ao registro público de imóveis e às autoridades supervisoras do mercado bancário e do mercado de capitais, a fim de que, no âmbito de suas atribuições, façam cumprir a ordem judicial."	"Para possibilitar a penhora de dinheiro em depósito ou aplicação, o juiz, a requerimento do exeqüente, requisitará à autoridade supervisora do sistema bancário, preferencialmente por meio eletrônico, informações sobre existência de ativos em nome do executado, podendo, no mesmo ato, determinar sua indisponibilidade, até o valor indicado na execução."

As diferenças entre um e outro procedimento são manifestas.

Observe-se:

Art. 185-A do CTN (redação da Lei Complementar 118/2005)	**Art. 655-A do CPC (redação da Lei 11.382/2006)**
– lei formalmente complementar	– lei ordinária
– pressupõe a não-indicação, pelo devedor, de bens penhoráveis	– não contempla tal pressuposto (art. 652 e § 1º)
– pressupõe diligências infrutíferas a cargo do oficial de justiça	– não contempla tal pressuposto
– está subordinado à ordem dos bens penhoráveis (art. 11 da LEF)	– não está subordinado à ordem do art. 655

8. Art. 16 da LEF:

"Art. 16. O executado oferecerá embargos, no prazo de 30 (trinta) dias, contados: I – do depósito; II – da juntada da prova da fiança bancária; III – da intimação da penhora.

"§ 1º. Não são admissíveis embargos do executado antes de garantida a execução.

"§ 2º. No prazo dos embargos, o executado deverá alegar toda matéria útil à defesa, requerer provas e juntar aos autos os documentos e rol de tes-

II – O art. 185-A do CTN admite duas linhas de interpretação.

Sob um primeiro – e mais linear – enfoque, afirma-se que o preceito dispõe sobre *crédito tributário*, e, assim, está corretamente inserido no campo das normas gerais de direito tributário, conforme previsto no art. 146, III, "b", da CF.[9]

Nosso entendimento é outro. Estamos convencidos de que a norma em questão não trata do *crédito tributário*, mas, sim, de etapa (a penhora) do processo judicial destinado à sua cobrança. Daí decorre que o predito art. 185-A do CTN só é formalmente norma complementar, já que tem a natureza substancial de lei ordinária, expressando a competência da União para legislar sobre direito processual (art. 22, I, da CF).

Observe-se, entretanto, que, para os fins do presente estudo, *os dois pontos de vista, embora por caminhos diversos, conduzem ao mesmo resultado – qual seja, a inaplicabilidade do art. 655-A do CPC ao processo de execução fiscal.*

III – Caso prevaleça o entendimento de que o art. 185-A do CTN é norma geral de direito tributário, instituída por lei complementar, só por isso ela se sobrepõe e afasta a incidência do Código de Processo Civil. A disciplina do *crédito tributário* (norma geral de direito tributário) não é suscetível de ser feita por lei ordinária (art. 146, III, "b", da CF).

IV – Por outro lado, o quadro de inaplicabilidade não muda para os que aceitam – como nós – que o conteúdo do art. 185-A do CTN é de lei ordinária, dispondo sobre direito processual.

Com efeito, foi demonstrado que este art. 185-A disciplinou, de forma particularizada, a penhora *on line* no processo de execução fiscal.

Esta disciplina, a seu turno, não se confunde com aquela objeto do art. 655-A do CPC.

Estamos diante, portanto, de uma modalidade de penhora *especial* (art. 185-A do CTN), bem distinta da *geral* (art. 655-A do CPC).

Ora, pelas mesmas razões expostas no item 3, supra, a conclusão que também aqui se impõe é a de que a lei geral posterior (Lei 11.382/2006, que introduziu o art. 655-A no CPC) não revogou a lei especial anterior (Lei Complementar 118/2005, que deu nova redação ao art. 185-A do CTN).

V – Como se vê, no processo de execução fiscal – e sem prejuízo de assegurar ao devedor o direito de garantir a execução, por meio de depósito, fiança ou penhora, no prazo legal de cinco dias –, o art. 185-A do CTN exige, como condição prévia à utilização da penhora *on line*, a demonstração de haverem restado infrutíferas as diligências, a cargo do oficial de justiça, visando à localização de *bens penhoráveis*, ou seja, bens que se perfilam na ordem indicada no art. 11 da LEF.[10]

A penhora *on line* não pode, sob nenhum pretexto, ser considerada um "cheque em branco" destinado a constranger o contribuinte ou, até mesmo, impedi-lo de exercer suas atividades.

Recorde-se que expedientes deste tipo sempre foram rejeitados pela jurisprudência do STF.[11]

temunhas, até 3 (três), ou, a critério do juiz, até o dobro desse limite.

"§ 3º. Não será admitida reconvenção, nem compensação, e as exceções, salvo as de suspeição, incompetência e impedimentos, serão argüidas como matéria preliminar e serão processadas e julgadas com os embargos."

9. CF, art. 146, III, "b": "Art. 146. Cabe à lei complementar: (...) III – estabelecer normas gerais em matéria de legislação tributária, especialmente sobre: (...) b) obrigação, lançamento, *crédito*, prescrição e decadência tributários" (grifamos).

10. Art. 11 da LEF: "Art. 11. A penhora ou o arresto de bens obedecerá à seguinte ordem: I – dinheiro; II – títulos da dívida pública, bem como títulos de crédito que tenham cotação em bolsa; III – pedras e metais preciosos; IV – imóveis; V – navios e aeronaves; VI – veículos; VII – móveis e semoventes; VIII – direitos e ações".

11. O Enunciado 547 das Súmulas do STF declara não ser lícito proibir que o contribuinte em

Vai daí que a penhora *on line* na execução fiscal não se sobrepõe nem atropela a ordem do art. 11 da LEF; muito pelo contrário, apenas a sucede em uma escala de preferência.

Pode-se dizer, portanto, tendo presentes os oito incisos em que se desdobra o art. 11 da LEF, que a penhora *on line* passa a figurar em nono lugar.

E isto porque a obediência à ordem ali indicada é direito do contribinte-devedor, preservado pelo art. 185-A do CTN e cuja validade em nada foi comprometida pelo advento da Lei 11.382/2006, que – insista-se – não se aplica ao processo de execução fiscal.

5. *A suspensividade dos embargos opostos à execução fiscal*

I – A Lei de Execução Fiscal não contém dispositivo expresso indicando os efeitos em que os embargos à execução fiscal devem ser recebidos.

Até o advento da Lei 11.382/2006 resolvia-se, dogmaticamente, a questão pela aplicação subsidiária do art. 739, § 1º, do CPC, a prescrever que "os embargos serão sempre recebidos com efeito suspensivo".

Este caminho simplificava enormemente o equacionamento da questão, afastando possíveis objeções que o silêncio da Lei de Execução Fiscal poderia suscitar.

Todavia, a Lei 11.382/2006 revogou o acima apontado art. 739, § 1º, do CPC, substituindo-o pelo antagônico art. 739-A, pelo qual "os embargos do executado não terão efeito suspensivo".

Ocorre que os embargos do devedor no processo de execução fiscal são, a nosso ver, dotados de atributo que pode ser denominado de *suspensividade ontológica*, a dispensar reconhecimento normativo expresso.

Em conseqüência, entendemos que a nova regra da não-suspensividade dos embargos (art. 739-A do CPC) nem mesmo subsidiariamente se aplica ao processo de execução fiscal. Neste, e em razão do atributo acima identificado, os embargos do devedor continuam a produzir o efeito de suspender o andamento do processo de execução.

Debrucemo-nos sobre esta questão.

II – Não se questiona a legitimidade da utilização, pelo Estado, dos meios adequados para a realização de seus créditos.

Todavia, o uso desses instrumentos deve dar-se sem atropelo das garantias que o ordenamento jurídico outorga aos contribuintes.

A propósito, importa recordar que o exercício abusivo da atividade tributária atenta, de maneira bastante contundente, contra o instituto da propriedade, que a Constituição assegura no elevado plano dos direitos fundamentais (art. 5º, XXII).

Neste cenário avulta, também, a importância do inciso LIV do mesmo art. 5º da CF, a determinar que ninguém será privado de seus bens sem o *devido processo legal*.

A suspensividade dos embargos aqui defendida encontra nestes preceitos confortável amparo, já que uma das mais importantes manifestações do *devido processo legal instrumental*,[12] como fator de garantia do direito de propriedade, é jus-

débito exerça suas atividades profissionais. Não há dúvida de que a acriteriosa decretação da indisponibilidade de contas bancárias e de outros bens ou direitos pode acarretar, com facilidade, esta deletéria conseqüência.

12. Conforme escrevemos em nosso *Curso de Processo Administrativo Tributário*, a cláusula do devido processo legal instrumental é compreensiva das garantias do contraditório e da ampla defesa, com os meios e recursos a ela inerentes. Estas garantias, a seu turno, expressam-se, nas palavras de Agustín Gordillo, no "direito de ser ouvido" e no "direito de oferecer e produzir provas", os quais devem ser exercidos antes de qualquer decisão que venha determinar a aplicação de sanções ou a imposição de restrições econômicas, ou de outra natureza, aos contribuintes (cf. nossa ob. cit., pp. 41 e ss.).

tamente assegurar à parte o direito de se opor à tributação indevida, livrando-a do risco de pagar valores sobre os quais pesa a sombra da litigiosidade.

Deveras, negar efeito suspensivo aos embargos à execução fiscal significa, em última análise, expor o contribuinte aos riscos da regra *solve et repete*, manifestamente incompatível com os predicamentos do Estado de Direito. Por isso mesmo, sua inconstitucionalidade, de longa data, vem sendo proclamada.[13]

Nos dias que correm é pacífico o reconhecimento de que, na relação jurídico-tributária, Fisco e contribuinte se encontram em situação de rigorosa igualdade, dada a idêntica subordinação de ambos ao ordenamento jurídico (v. item 1, retro).

Assim, não há mais espaço para manifestações do *solve et repete*, substituídas que foram por mecanismos compatíveis com uma fiscalidade comprometida com os direito fundamentais dos contribuintes.

E exatamente a preservação desses direitos é que nos leva a sustentar que o efeito suspensivo dos embargos à execução fiscal é estrutural ou *ontológico*, uma vez que materializa essencial condição de validade e eficácia deste meio de defesa processual.

III – Por último – mas não menos importante –, vale recordar o sentido de *unilateralidade* que tipifica a certidão de dívida ativa, conforme apontado no item 2, retro.

Desta peculiaridade resulta que, *se, de um lado*, não é dada ao contribuinte – como condição de validade da aludida certidão – a oportunidade de "reconhecer" o débito reclamado pela Fazenda, *de outro*, há de lhe ser assegurada, a título de verdadeira "compensação", a oportunidade de buscar, por meio dos embargos suspensivos, a manifestação do Judiciário antes que ocorram atos definitivos de satisfação do crédito aparelhado.

Sem o reconhecimento de tal atributo o contribuinte ficará à mercê da vontade unilateral do Fisco, tornando, em muitas circunstâncias, inútil e irrelevante eventual pronunciamento do Judiciário que venha, mais tarde (ou tarde demais), a exonerá-lo, total ou parcialmente, de exigências indevidas, consubstanciadas na certidão de dívida ativa.

E aqui chegamos ao derradeiro tema a ser abordado, que trata da impossibilidade de ocorrer o que poderia ser denominado de "correção judicial" de certidões de dívida ativa que incluam, a par de valores eventualmente devidos, outros cuja ilegitimidade venha a ser reconhecida.

6. A impossibilidade de haver "reforma" da certidão da dívida ativa por decisão judicial

I – Indaga-se se pode o juiz decidir pelo acolhimento apenas parcial dos embargos de devedor e determinar o prosseguimento da execução pelo saldo porventura remanescente.

A resposta a esta indagação, a nosso ver, é negativa.

Em situações como a aventada entendemos que não resta ao juiz alternativa que não a de declarar a nulidade do título que aparelha a execução e, em conseqüência, desconstituí-lo, extinguindo o processo de cobrança.

A nós parece não ser dado ao magistrado praticar atos de emenda ou retificação do título, pois que isso, em última análise, equivale a *reformar o conteúdo do lançamento tributário*, do qual a certidão de dívida ativa é mera expressão documental.

Esta "reforma", a seu turno, implica invasão de competência típica e exclusiva da autoridade administrativa.

13. Aliomar Baleeiro (*Direito Tributário Brasileiro*, 11ª ed.) recorda que "o regime do Brasil é infenso ao *solve et repete* desde o Império" (p. 879).

Nas linhas subseqüentes procuraremos justificar o entendimento ora manifestado.

II – Recorde-se que, uma vez ocorrido o fato gerador *in concreto*, a obrigação tributária nasce. Ao nascer, ela já possui um sujeito ativo, um sujeito passivo e um objeto.

O sujeito ativo é o credor do tributo, isto é, a pessoa que tem o direito subjetivo de arrecadá-lo.

O sujeito passivo é o devedor do tributo; ou, se preferirmos, a pessoa que tem o dever jurídico de efetuar seu pagamento.

O objeto é o *crédito tributário*, vale dizer, a quantia que o contribuinte deve a título de tributo. Este crédito, porém, no mais das vezes, nasce com características de iliquidez e de incerteza, que precisam ser afastadas.

Em termos mais precisos, o crédito tributário demanda *liquidação*, isto é, deve ser tornado certo quanto à sua existência e determinado quanto ao seu objeto.

A liquidação do crédito tributário é levada a efeito por intermédio do ato administrativo do lançamento.

O lançamento é um *ato administrativo privativo* de aplicação da norma tributária material ao caso concreto,[14] que dá resposta às seguintes indagações: (i) *quem* é o contribuinte; (ii) *quanto* ele deve ao Fisco; (iii) *onde* ele deve efetuar o pagamento do tributo; (iv) *como* ele deve efetuar o pagamento do tributo; e (v) *quando* ele deve efetuar o pagamento do tributo.

Trata-se de encargo que não comporta *delegação* ou *transferência* a outro órgão ou Poder. Neste sentido a taxatividade do art. 142 do CTN: "Art. 142. ***Compete privativamente à autoridade administrativa*** constituir o crédito tributário pelo lançamento, assim entendido o procedimento administrativo tendente a verificar a ocorrência do fato gerador da obrigação correspondente, determinar a matéria tributável, calcular o montante do tributo devido, identificar o sujeito passivo e, sendo o caso, propor a aplicação da penalidade cabível" (grifos nossos).

Esta definição legal põe em destaque que o lançamento é ato administrativo típico. Repita-se, é ato *indelegável* e *intransferível*, a cargo da autoridade administrativa.

Por isso mesmo, com base na lei, produz uma norma individual e concreta que explicita, para o contribuinte, o montante a pagar a título de tributo.

Caso ocorra o exercício inadequado, indevido ou abusivo desta função, cabe à Administração Fazendária tomar as apropriadas medidas saneadoras, desde que o faça até a decisão de primeira instância, "mediante substituição da certidão nula, devolvido ao sujeito passivo, acusado ou interessado, o prazo para defesa, que somente poderá versar sobre a parte modificada".[15]

Portanto, não é dado ao Fisco esperar que seus equívocos sejam remidos pelo Judiciário. A aceitação de tal possibilidade implicaria atribuir aos representantes desse Poder competência que a lei tem por *privativa da autoridade administrativa.*

III – A impossibilidade de o lançamento ser "remediado" pelo Poder Judiciário é tese que conta com autorizado abono doutrinário.

A propósito, Hugo de Brito Machado desenvolveu as seguintes ponderações:

"*2.1 Acolhimento em parte dos embargos do executado*

"Tem sido freqüente o equívoco, cometido por alguns juízes, de acolher, em parte, embargos à execução fiscal e deter-

14. Para Alberto Xavier o *lançamento* é "o ato administrativo de aplicação da norma tributária material ou o acto de aplicação de uma norma tributária material praticado por um órgão da Administração" (*Do Lançamento no Direito Tributário Brasileiro*, p. 58).

15. CTN, art. 203; LEF, art. 2º, § 8º.

minar o prosseguimento desta pelo saldo. Isto na verdade não é juridicamente possível, porque o juiz não reforma o lançamento tributário. Decreta o seu anulamento, se entende que efetuado com ilegalidade.

"Por isto já escrevemos:

"'É de grande importância esclarecer que o juiz, ao acolher os embargos, se o faz apenas em parte, *não poderá fazer um lançamento tributário em substituição àquele, feito pela autoridade competente, que considerou incorreto. Assim, não poderá determinar o prosseguimento da execução, pela diferença que considere devida.*

"'Por isto é que 'até a decisão de primeira instância, a certidão de dívida ativa poderá ser emendada ou substituída, assegurada ao executado a devolução do prazo para embargos' (Lei 6.830/1980, art. 2º, § 8º). Não efetuada a emenda, ou a substituição, é inadmissível o prosseguimento da execução para haver apenas parte da dívida'."[16]

Adiante, depois de ilustrar seu raciocínio com vários exemplos concretos, o autor pondera que "admitir-se o prosseguimento da execução, em qualquer desses casos, seria admitir o exercício, pelo juiz, da função de acertamento da relação tributária, vale dizer, a função lançadora".[17]

Na verdade, a certidão de dívida ativa (especificamente, o lançamento que lhe dá substância) é manifestação de um juízo valorativo próprio e inafastável de administração pública. Não pode, portanto, ficar a cargo do magistrado: a este não cabe expressá-lo, mas sim aferir sua adequação e compatibilidade com os ditames de ordem jurídica.

Alberto Xavier bem captou esta circunstância na seguinte passagem: "Com efeito, o art. 142 do CTN é claro ao referir-se ao lançamento como matéria privativa da autoridade administrativa e ainda como atividade administrativa vinculada e obrigatória. *Exclui assim do âmbito deste conceito os atos jurisdicionais designados por decisões, sentenças ou acórdãos*"[18] (grifamos).

Desnecessário dizer que não estamos nos referindo ao *lapsus calami*, constatável à primeira vista, nem a equívocos que podem ser removidos por simples operações aritméticas. Claro está que, nestes casos, a correção do título se justifica até por mera questão de bom senso.

O mesmo não se diga, porém, nos casos em que a impropriedade supera a marca dos meros erros formais, para afetar a própria essência do crédito aparelhado, comprometendo, assim, o requisito da *certeza* que deve estar presente no título que o documenta.

Aqui – repita-se –, o único meio de correção admitido pelo ordenamento jurídico é o indicado pelos arts. 203 do CTN e 2º, § 8º, da LEF, retrocitados; ou seja: substituição administrativa da certidão, até a decisão de primeira instância.

IV – A jurisprudência também tem dado expressivas demonstrações de desapreço à possibilidade de haver, por parte do Judiciário, a apropriação da função administrativa e típica do lançamento.

Sirva como bom exemplo da assertiva acórdão do STJ com a seguinte ementa:

"Processual civil – Execução fiscal – Certidão de dívida ativa – Requisitos essenciais – Desobediência aos ditames do art. 2º, § 5º, da Lei n. 6.830/1980 – Precariedade patente – Respeito ao princípio da ampla defesa – Nulidade do título.

"1. A CDA, enquanto título que instrumentaliza a execução fiscal, deve estar revestida de tamanha força executiva que legitime a afetação do patrimônio do devedor, mas à luz do princípio do devido processo legal, proporcionando o enalteci-

16. Hugo de Brito Machado, "Lançamento tributário, execução fiscal e mandado de segurança", *Revista Dialética de Direito Tributário* 47/56-57.

17. Idem, p. 58.

18. Alberto Xavier, *Do Lançamento no Direito Tributário Brasileiro*, p. 63.

mento do exercício da ampla defesa quando apoiado na estrita legalidade.

"2. Os requisitos legais para a validade da CDA não possuem cunho formal, mas essencial, visando a permitir a correta identificação, por parte do devedor, do exato objeto da execução, com todas as suas partes constitutivas (principal e acessórias), com os respectivos fundamentos legais, de modo que possa garantir, amplamente, a via de defesa.

"3. É inadmissível o excesso de tolerância por parte do juízo com relação à ilegalidade do título executivo, eis que o exeqüente já goza de tantos privilégios para a execução de seus créditos, que não pode descumprir os requisitos legais para a sua cobrança.

"4. Recurso especial não provido."[19]

Anteriormente a mesma Turma Julgadora do precedente retrocolacionado já se havia manifestado em idêntico sentido:

"Tributário – Execução fiscal – Certidão de inscrição da dívida ativa – Erro quanto aos requisitos previstos no art. 202 do CTN.

"1. Se a parcela substancial da certidão de dívida ativa refere-se a crédito inexistente, é necessário substituir-se a certidão antes da decisão de primeiro grau (art. 203 do CTN).

"Do contrário quedará nula a execução.

"2. Recurso especial conhecido e provido."[20]

Evidencia-se, pois, que certidões de dívida ativa que tenham incluído, em sua composição, créditos fazendários substancialmente indevidos são nulas, porque despidas dos indispensáveis requisitos de liquidez, certeza e exigibilidade (CPC, art. 618, I). Não se prestam, deste modo, a dar curso a processos judiciais de cobrança.

Assente-se, também, que os defeitos retroapontados não comportam "correção", "emenda" ou "retificação" por parte do Judiciário, tendo em vista a natureza exclusiva, privativa e indelegável da competência, a cargo da autoridade administrativa, de promover o lançamento tributário.

7. Conclusões

As idéias expostas neste breve estudo passam a ser sintetizadas nas conclusões que seguem.

7.1 O processo de execução fiscal continua sendo disciplinado pela Lei de Execução Fiscal (Lei 6.830/1980), não lhe sendo aplicáveis os preceitos da Lei 11.382/2006, que alterou a sistemática do processo de execução tal como disciplinada pelo Código de Processo Civil.

Em conseqüência, permanece incólume a exigência de citação do executado para que, no prazo de cinco dias, pague a dívida ou garanta a execução (art. 8º da LEF).

Também subsiste a regra de que os embargos à execução fiscal devem ser oferecidos no prazo de 30 dias contados da formalização da garantia do juízo (art. 16 da LEF).

7.2 A penhora *on line* cabível no processo de execução fiscal é a prevista no art. 185-A do CTN, pelo quê deve ser realizada com obediência das prescrições e cautelas emergentes desse dispositivo.

O art. 655-A do CPC não se aplica ao processo de execução fiscal.

7.3 Os embargos opostos à execução fiscal devem ser recebidos com efeito suspensivo, dado que tal atributo faz parte da natureza própria e específica deste meio de defesa do contribuinte, não demandando reconhecimento normativo expresso.

Os embargos à execução fiscal são, pois, dotados de qualidade que pode ser denominada de *suspensividade ontológica*.

19. STJ, 1ª Turma, REsp 599.813-RJ, rel. Min. José Delgado, j. 4.3.2004, *DJU* 1.5.2004.

20. STJ, 1ª Turma, REsp 385.388-MG, rel. Min. Humberto Gomes de Barros, j. 17.12.2002, *DJU* 17.2.2003.

7.4 Não cabe ao Judiciário emendar, reformar ou, de qualquer modo, "corrigir" eventuais erros, equívocos ou ilegalidades que venham a comprometer a substância do crédito documentado pela certidão de dívida ativa.

Estas anomalias, caso não sejam remediadas pela própria autoridade administrativa, conforme previsto no art. 203 do CTN, acarretam a nulidade do título que aparelha a execução, circunstância que reclama inafastável reconhecimento por parte do Poder Judiciário.

Bibliografia

ATALIBA, Geraldo. *Hipótese de Incidência Tributária*. 6ª ed., 9ª tir. São Paulo, Malheiros Editores, 2008.

BALEEIRO, Aliomar. *Direito Tributário Brasileiro*. 11ª ed. Rio de Janeiro, Forense, 1999.

BOTTALLO, Eduardo Domingos. *Curso de Processo Administrativo Tributário*. São Paulo, Malheiros Editores, 2006.

——————. "Reflexões sobre o processo de execução fiscal na Constituição de 1998". *RDTributário* 66/135/141. São Paulo, Malheiros Editores.

MACHADO, Hugo de Brito. "Lançamento tributário, execução fiscal e mandado de segurança". *Revista Dialética de Direito Tributário* 47/56 e ss. São Paulo, Dialética.

PAULSEN, Leandro. *Direito Tributário – Constituição e Código Tributário à Luz da Doutrina e da Jurisprudência*. 6ª ed., 2ª tir. Porto Alegre, Livraria do Advogado, 2004.

SOUTO MAIOR BORGES, José. "Contraditório e o processo judicial tributário". In: *Justiça Tributária (I Congresso Internacional de Direito Tributário)*. São Paulo, Max Limonad, 1998 (pp. 564 e ss.).

XAVIER, Alberto. *Do Lançamento no Direito Tributário Brasileiro*. São Paulo, Ed. RT, 1977.

CADERNOS DE DIREITO TRIBUTÁRIO

ICMS, FORNECIMENTO DE ENERGIA ELÉTRICA E DEMANDA DE POTÊNCIA

RICARDO LOBO TORRES
Professor Titular de Direito Financeiro da UERJ

1. Introdução. 2. O fato gerador do ICMS e sua fenomenologia. 3. O aspecto material do fato gerador do ICMS: 3.1 Imposto sobre o consumo ou o tráfico jurídico?: 3.1.1 Razão da problemática – 3.1.2 O ICMS como imposto geral sobre o consumo – 3.1.3 Imposto específico sobre o consumo – 3.2 O ICMS incide sobre "operações relativas a energia elétrica" no Direito em vigor: 3.2.1 Incidência única – 3.2.2 Incidência monofásica – 3.2.3 Fato gerador complexo. 4. O aspecto temporal do fato gerador: 4.1 O fornecimento de energia elétrica – 4.2 Componentes do fornecimento: o consumo de energia e a demanda de potência – 4.3 O conceito legal e tecnológico de "demanda de potência" – 4.4 Ausência do conceito legal e tecnológico na jurisprudência do STJ – 4.5 Perda de substância do fato gerador. 5. A base de cálculo: 5.1 O valor da operação de fornecimento de energia elétrica – 5.2 A tarifa binômia – 5.3 A tarifa bipartida e os custos do fornecimento da energia elétrica. 6. Os princípios jurídicos: 6.1 Capacidade contributiva – 6.2 Proibição de enriquecimento sem causa. 7. Conclusões.

1. Introdução

Pretende-se neste artigo examinar o problema da incidência do ICMS sobre o fornecimento de energia elétrica, nele incluído o valor correspondente à *demanda de potência.*

É que se iniciou importante discussão judicial a respeito da pretensão de algumas empresas consumidoras de energia elétrica no sentido de obter o afastamento da incidência do ICMS sobre o valor dos contratos de fornecimento de energia elétrica relativos à demanda reservada de potência elétrica. A tese central das demandantes, acolhida por alguns julgados do egrégio STJ, consiste na alegação de que o imposto em referência deveria incidir tão-somente sobre o valor da energia elétrica efetivamente consumida, não incluída aquela posta à disposição do contribuinte porém não utilizada, e que, segundo elas, consubstanciaria a "reserva de demanda" ou "demanda reservada de potência".

2. O fato gerador do ICMS e sua fenomenologia

A ciência do direito tributário, ao longo de várias décadas, esforçou-se por traçar o contorno jurídico da noção de *fato gerador.*

Fato gerador ou *hipótese de incidência* é idéia complexa, que deve ser decomposta em seus elementos objetivos e subjetivos.[1]

O elemento objetivo é o fato (= ato, fato ou situação jurídica) sobre o qual incide o tributo, considerado em todas as suas dimensões, ou seja, em seus aspectos materiais, temporais, espaciais e quantitativos. Esses aspectos combinam-se entre si em relacionamento de extrema complexidade, e devem ser obrigatoriamente indicados por lei (art. 97 do CTN).

O elemento subjetivo compreende as pessoas que participam da relação tributária – sujeito ativo e sujeito passivo –, indicadas por lei e vinculadas ao fato gerador.

As normas constitucionais e legais embaralharam os diversos aspectos do fato gerador do ICMS, dificultando a percepção da fenomenologia da sua incidência. Só a partir da Lei Complementar 87/1996 e da criação jurisprudencial do STF é que a matéria ganhou clareza.

Hoje pode-se dizer, com segurança, que a Lei Complementar 87/1996, de apreciável qualidade científica, decompõe o fato gerador do ICMS nos seguintes aspectos: (a) *material* (núcleo da hipótese de incidência) – art. 2º; (b) *subjetivo* (contribuintes e responsáveis) – arts. 4º a 10; (c) *espacial* (local de operação ou prestação) – art. 11; (d) *temporal* (tempo de ocorrência) – art. 12; (e) *quantitativo* (base de cálculo) – arts. 13 a 18.

Seguiremos a ordem didática da lei complementar federal.

3. O aspecto material do fato gerador do ICMS

3.1 Imposto sobre o consumo ou o tráfico jurídico?

Uma primeira questão é a de saber se o ICMS incidente sobre a energia elétrica é tributo sobre o consumo ou o tráfico jurídico.

3.1.1 *Razão da problemática*

A razão de se examinar a velha classificação alemã de impostos sobre consumo ou tráfico jurídico deve-se à utilização da dicotomia no parecer exarado por Gilberto de Ulhôa Canto e na sua recepção no voto do eminente Min. José Delgado, do STJ, adiante referidos.

3.1.2 *O ICMS como imposto geral sobre o consumo*

Os alemães estabeleceram a diferença entre os *Verbrauchsteuern* (impostos de consumo) e os *Verkehrsteuern* (impostos sobre o tráfico ou negócio jurídico). Tipke e Lang caracterizam o imposto sobre a circulação (*Umsatzsteuer*), correspondente ao nosso ICMS, como "um imposto de consumo; ele é o imposto geral de consumo" (*die allgemeine Umsatzsteuer*).[2] Essa classificação, de natureza econômica e administrativa, apenas subsiste no Direito Germânico para preservar a incidência tributária com repercussão sobre o consumidor final.[3] E, nesse sentido, cede o lugar ao princípio constitucional da repercussão legal obrigatória, do qual a não-cumulatividade é um subprincípio, e que sinaliza no sentido de que a carga econômica do ICMS deve repercutir sobre o contribuinte de fato.[4] A translação obrigatória,

1. Cf. Tipke/Lang, *Steuerrecht*, Köln, O. Schmidt, 2002, p. 164; Geraldo Ataliba, *Hipótese de Incidência Tributária*, 6ª ed., 9ª tir., São Paulo, Malheiros Editores, 2008; Ricardo Lobo Torres, *Curso de Direito Financeiro e Tributário*, Rio de Janeiro, Renovar, 2007, p. 247.

2. Tipke/Lang, *Steuerrecht*, p. 554.

3. Cf. Wolfram Reiss, "Der Belastungsgrund der Umsatzsteuer und seine Bedeutung für die Auslegung des Umsatzsteuergesetzes", in Lothar Woerner (org.), *Umsatzsteuer in nationaler und europäischer Sicht*, Köln, O. Schmidt, 1990, p. 27.0

4. Christoph Trzaskalik, "Die Steuererhebungspflichten Privater", in Karl Heinrich Friauf (ed.), *Steuerrecht und Verfassung*, Köln, O. Schmidt, 1989, p. 169: "A translação bem-sucedida ou malograda é um tema jurídico e, portanto, constitucional" (*Die gelungene oder misslungene Abwälzung*

na observação de Tipke,[5] é que transforma o imposto sobre o valor acrescido em um tributo sobre o consumo, intimamente vinculado às idéias de justiça fiscal e capacidade contributiva; os adeptos da classificação do IVA como imposto sobre o tráfico vão chegar à conclusão oposta, de que tem função meramente arrecadatória, afastada das preocupações com a justiça.[6]

Gilberto de Ulhôa Canto, em parecer datado de 21.6.1989, disse, incidentalmente, que: "O ICMS é um imposto sobre a circulação de mercadorias, e não sobre negócios jurídicos (impostos sobre o tráfico jurídico, como dizem alguns autores, entre outros Friedrich Franz Klein, professor em Münster). Portanto, qualquer que seja a forma legal ou o título jurídico de que decorra a circulação, desde que tenha conteúdo economicamente relevante (o que excluiria a simples movimentação física da mercadoria), incide o tributo".[7]

A questão da natureza do ICMS retornou no julgamento do REsp 222.810,[8] em que foi relator o eminente Min. José Delgado, com a repulsa à incidência do tributo sobre o tráfico jurídico declarada na própria ementa do acórdão:

"3. O ICMS não é imposto incidente sobre tráfico jurídico, não sendo cobrado, por não haver incidência, pelo fato da celebração de contratos.

"4. Não há hipótese de incidência do ICMS sobre o valor do contrato referente a garantir demanda reservada de potência.

"5. A só formalização desse tipo de contrato de compra ou fornecimento de energia elétrica não caracteriza circulação de mercadoria."

A caracterização do ICMS incidente sobre a energia elétrica como imposto especial de consumo, e não como imposto geral de repercussão sobre o consumo, alterou a fenomenologia do fato gerador do tributo, com a ênfase no aspecto temporal, segregado das operações anteriores.

3.1.3 *Imposto específico sobre o consumo*

A incidência tributária sobre a eletricidade se fez inicialmente sob a forma de imposto especial sobre consumo.

Iniciou-se com a Lei 4.625, de 31.12.1922 (orçamento-geral da República para 1923): "Art. 1º. A receita geral da República dos Estados Unidos do Brasil é orçada em: (...) 36. De 5 réis sobre cada *quiilowatt*-luz e de 2 réis sobre cada *quilowatt*-força, ou se o regime for *à forfait* 5% sobre os preços arrecadados na forma que foi prescrita em regulamento e com isenção para o consumo mensal abaixo, em cada caso, de 20 *quilowatts*, mensais 3,000.000 $000".

O Decreto-lei 2.281, de 5.6.1940, repetindo o Código de Águas, estabeleceu: "Art. 1º. A partir de 1º de janeiro de 1940,

ist ein rechtliches und damit auch ein verfasungsrechtliches Thema).

5. Tipke, "Über Umsatzsteuer-Gerechtigkeit", in *Steuer und Wirtschaft* (2)/106, 1992: "O consumidor (consumidor privado, consumidor final, *ultimata consumer, final purchaser, consommateur final*) que não está autorizado a compensar o imposto pago anteriormente é o contribuinte de fato do imposto de vendas (*Umsatzsteuern*)". Cf. também Holger Stadie, "Probleme der Vorsteuer", in Lothar Woerner (ed.), *Umsatzsteuer in nationaler und europäischer Sicht*, Köln, O. Schmidt, 1990, p. 180; G. Guest e G. Tixier, *Manuel de Droit Fiscal*, Paris, LITEC, 1986, p. 87: *impôt sur la dépense supportée par le consommateur final*; Ricardo Lobo Torres, *Tratado de Direito Constitucional Financeiro e Tributário*, vol. 2 ("Valores e Princípios Constitucionais Tributários"), Rio de Janeiro, Renovar, 2005, p. 335.

6. O Tribunal Financeiro alemão (*Bundesfinanzhof*) entendeu que "a maior parte dos impostos sobre o tráfico (*Verkehrsteuern*), neles incluído o imposto sobre vendas (*Umsatzsteuern*), não tem qualquer sentido mais profundo que o de trazer dinheiro para o Estado" (*B St Bl.* II, 1973, 94).

7. Gilberto de Ulhôa Canto, "ICMS: incidência sobre fornecimento da energia elétrica. Eletricidade: natureza jurídica e tratamento tributário. Base de cálculo e fato gerador do ICMS no fornecimento de energia elétrica. Condição. Conceito", in *Direito Tributário Aplicado. Pareceres*, Rio de Janeiro, Forense Universitária, p. 126.

8. STJ, 1ª Turma, rel. Min. José Delgado, j. 14.3.2000, *DJU* 15.5.2000.

todas as empresas que produzam ou apenas transmitam ou distribuam energia elétrica ficam isentas de quaisquer impostos federais, estaduais ou municipais, salvo os de consumo, de renda e de venda e consignações, incidente este somente sobre o material elétrico vendido ou consignado, e os territorial e predial sobre terras ou prédios não utilizados exclusivamente para fins de administração, produção, transmissão, transformação ou distribuição de energia elétrica e serviços correlatos".

O Decreto-lei 7.219-1, de 30.12.1944, sobre o imposto de consumo, incluiu na Tabela A o seguinte inciso:

"VIII – Eletricidade.

"O imposto incide sobre:

"Consumo de luz e força elétricas (...).

"Imposto de 3% sobre as importâncias cobradas mensalmente pelo consumo de eletricidade."

A Constituição de 1946 autorizou a ampliação do fato gerador para a produção, comércio, distribuição e consumo de energia elétrica: "Art. 15. Compete à União decretar impostos sobre: (...) III – produção, comércio, distribuição e consumo, e bem assim importação e exportação de lubrificantes e de combustíveis líquidos ou gasosos de qualquer origem ou natureza, estendendo-se esse regime, no que for aplicável, aos minerais do país e à energia elétrica".

O imposto único sobre a energia elétrica só foi criado pelo Decreto-lei 2.308, de 31.8.1954, sob a forma de imposto de consumo: "Art. 3º. A energia elétrica entregue ao consumo é sujeita ao imposto único, cobrado pela União sob a forma de imposto de consumo, pago por quem a utilizar".

Com o desaparecimento do imposto de consumo, a incidência passou a se fazer pelo IPI, seu substituto no sistema tributário, segundo previa o próprio CTN, art. 74: "§ 1º. Para os efeitos deste imposto, a energia elétrica considera-se produto industrializado".

E o consumo foi definido pelo Código Tributário Nacional como "a venda do produto ao público" (art. 74).

3.2 O ICMS incide sobre "operações relativas a energia elétrica" no Direito em vigor

3.2.1 *Incidência única*

Em 1988 o tributo perde a característica de imposto específico sobre o consumo e se transforma em imposto sobre operações relativas a energia elétrica, com repercussão legal obrigatória sobre o consumidor. A Constituição prevê que: (i) o ICMS pode incidir "sobre operações relativas a energia elétrica" (art. 155, § 3º);[9] (ii) tais operações abrangem "desde a produção ou importação até a última operação" (art. 34, § 9º, do ADCT);[10] (iii) o ICMS não incide sobre a exportação nem sobre as "operações que destinem a outros Estados (...) energia elétrica" (art. 155, § 2º, X, "b").[11]

A Lei Complementar 87/1996 acrescenta algumas determinações importantes: (i) o ICMS incide também sobre a entrada

9. CF, art. 155, § 3º: "§ 3º. À exceção dos impostos de que tratam o inciso II do *caput* deste artigo e o art. 153, I e II, nenhum outro imposto poderá incidir sobre operações relativas a energia elétrica, serviços de telecomunicações, derivados de petróleo, combustíveis e minerais do país".

10. ADCT, art. 34, § 9º: "§ 9º. Até que lei complementar disponha sobre a matéria, as empresas distribuidoras de energia elétrica, na condição de contribuintes ou de substitutos tributários, serão as responsáveis, por ocasião da saída do produto de seus estabelecimentos, ainda que destinado a outra unidade da Federação, pelo pagamento do imposto sobre operações relativas à circulação de mercadorias incidente sobre a energia elétrica, desde a produção ou importação até a última operação, calculado o imposto sobre o preço então praticado na operação final e assegurado seu recolhimento ao Estado ou ao Distrito Federal, conforme o local onde deva ocorrer essa operação".

11. CF, art. 155, § 2º, X, "b": "X – não incidirá: (...) b) sobre operações que destinem a outros Estados petróleo, inclusive lubrificantes, combustíveis líquidos e gasosos dele derivados, e energia elétrica; (...)".

no Estado destinatário de energia elétrica, quando não destinada a comercialização ou a industrialização, decorrente de operações interestaduais;[12] (ii) não incide nas operações interestaduais relativas a energia elétrica, quando destinada a industrialização ou a comercialização.[13]

Com a Constituição de 1988, por conseguinte, a tributação da energia elétrica transferiu-se à competência impositiva dos Estados-membros, por meio do ICMS, mantendo a *unicidade* do anterior imposto federal único sobre energia elétrica, indispensável à própria circulação econômica do bem. Passou a compreender todas as etapas da circulação – importação, produção e distribuição –, com as ressalvas previstas na Constituição e com a incidência jurídica reservada ao *momento da saída* da concessionária para o consumidor final.[14] As diversas operações de circulação aparecem interligadas, e a operação final com o consumidor reflete as sucessivas operações desde a importação ou a produção. Como observa Aliomar Baleeiro: "Paga o imposto único quem, no território nacional, ligar seus fios para receber energia produzida em área estrangeira e, a nosso ver, também a produzida em navio estrangeiro surto em águas nacionais (gerador montado em navio)".[15]

3.2.2 *Incidência monofásica*

O ICMS incidente sobre a energia, preservando a unicidade do antigo IUEE, não é um tributo plurifásico não-cumulativo, como geralmente acontece com o imposto estadual, mas *monofásico com incidência e repercussão simultânea sobre o consumidor final*. A incidência monofásica é um tipo especial de não-cumulatividade, adotada também relativamente aos outros remanescentes do imposto único federal, como os combustíveis e lubrificantes (art. 155, § 2º, XII, "h", da CF, na redação da Emenda Constitucional 33/2001).[16] Enquanto a cobrança não-cumulativa no Brasil se dá por dedução (exemplos: ICMS, IPI), abatendo-se do débito gerado na saída de mercadorias o crédito obtido na entrada, a incidência monofásica concentra em uma só das etapas da circulação do bem a carga tributária. Incidir uma única vez, por conseguinte, é característica tanto dos tributos monofásicos[17] como dos

12. Lei Complementar 97/1996, art. 2º, § 1º, III: "O imposto incide também (...) sobre a entrada, no território do Estado destinatário, de petróleo, inclusive lubrificantes e combustíveis líquidos e gasosos dele derivados, e de energia elétrica, quando não destinados à comercialização ou à industrialização, decorrentes de operações interestaduais, cabendo o imposto ao Estado onde estiver localizado o adquirente".

13. Lei Complementar 87/1996, art. 3º, III: "O imposto não incide sobre (...) operações interestaduais relativas a energia elétrica e petróleo, inclusive lubrificantes e combustíveis líquidos e gasosos dele derivados, quando destinados à industrialização ou à comercialização".

14. Cf. Roque Antonio Carrazza, *ICMS*, São Paulo, Malheiros Editores, 2002, p. 189: "Logo, o tributo levará em conta todas as fases anteriores (produção, circulação, distribuição) que tornaram possível o consumo da energia elétrica. Estas fases anteriores, entretanto, não são dotadas de autonomia suficiente para ensejar *incidências* isoladas, mas apenas *uma*, tendo por sujeito passivo o consumidor final da energia elétrica (...). O elo existente entre a usina geradora e a empresa distribuidora não tipifica, para fins fiscais, *operação autônoma* de circulação de energia elétrica. É, na verdade, o *meio necessário* à prestação de um único serviço público, ao consumidor final, abrindo espaço à cobrança, junto a este, de um único ICMS"; Clever M. Campos, *Introdução ao Direito de Energia Elétrica*, São Paulo, Ícone, 2001, p. 68: "Também, não há possibilidade entre os estágios intermediários de várias incidências isoladas, mas, sim, de uma única, na entrega de energia, tendo como sujeito passivo o consumidor final de energia elétrica".

15. Aliomar Baleeiro, *Direito Tributário Brasileiro*, Rio de Janeiro, Forense, 1981, p. 315.

16. CF, art. 155, § 2º, XII, "h": "XII – cabe à lei complementar: (...) h) definir os combustíveis e lubrificantes sobre os quais o imposto incidirá uma única vez, qualquer que seja a sua finalidade, hipótese em que não se aplicará o disposto no inciso X, 'b'".

17. Cf. Cesare Cosciani, *El Impuesto al Valor Agregado*, Buenos Aires, Depalma, 1969, p. 10: "*El impuesto monofase:* consiste en gravar el producto o servicio en una sola etapa del proceso de producción: al ser adquirido por el consumidor final. El método

plurifásicos não-cumulativos, que todos economicamente recaem sobre o preço final da mercadoria.[18]

De modo que se há de distinguir, com cuidado, entre o aspecto material do ICMS incidente sobre a energia elétrica (importação, produção e distribuição) e os aspectos de tempo (operação final) e quantidade (preço da operação final).

3.2.3 *Fato gerador complexo*

O fato gerador correspondente às operações relativas a energia elétrica é *complexo*, abrangendo desde a importação ou produção até a última operação da concessionária com o consumidor. Não é o ato singelo de ligar a tomada da eletricidade no estabelecimento industrial que constitui a materialidade da *fattispecie*, mas a pluralidade dos fatos integrados desde a importação ou a geração da energia elétrica.

Fato gerador complexo é o que incide sobre inúmeros atos, fatos ou situações jurídicas da mesma espécie.[19] Define-o Amílcar de Araújo Falcão:

"No caso do fato complexo, ter-se-á em presença uma multiplicidade de fatos congregados de modo a constituir, para repetir as expressões de Mario Bracci, uma unidade teleológica objetiva.

"Se o fato gerador consistir em um ato complexo ou, como o designamos na definição, em um conjunto de fatos, evidente é que a produção genetlíaca sobre a relação tributária somente se verificará quando estiverem integrados todos os seus elementos.".[20]

4. *O aspecto temporal do fato gerador*

4.1 *O fornecimento de energia elétrica*

O fato gerador do ICMS apenas se aperfeiçoa, deflagrando o nascimento da obrigação tributária, com o fornecimento da energia elétrica ao consumidor final, que é "última operação" ou "operação final" referida no ADCT, art. 34, § 9º, e na Lei Complementar 87/1996, art. 9º, § 1º, II.

O termo "fornecimento" ingressou no Direito Brasileiro ainda ao tempo do antigo imposto único sobre energia elétrica,[21] e perdura até hoje na legislação sobre a concessão e as tarifas do serviço público[22] para significar a entrega da mercadoria pelas concessionárias aos consumidores finais.

ideal desde el punto de vista de la pureza del sistema es gravar el producto cuando pase del minorista (o de quien ocupe su lugar) al consumidor final".

18. Cf. Rubens Gomes de Souza, "Um caso de ficção legal no direito tributário: a pauta de valores como base de cálculo do ICM", *RDP* 11/16: "No ICM, sendo a matéria tributável a circulação mercantil encarada como um fato econômico, a base de cálculo define-se expressamente como sendo, em cada operação, a parcela de valor que, agregando-se às parcelas correspondentes e subseqüentes, contribuirá para compor o valor total da operação tributada. Em outras palavras, a base de cálculo do ICM é o valor final da mercadoria cuja circulação se tributa".

19. Cf. Ricardo Lobo Torres, *Curso de Direito Financeiro e Tributário*, p. 248.

20. Amílcar de Araújo Falcão, *Fato Gerador da Obrigação Tributária*, Rio de Janeiro, Forense, 1994, p. 68. Berliri (*Principios de Derecho Tributario*, vol. 2, Madri, Editorial de Derecho Financiero, 1971, p. 314), citado por Amílcar de Araújo Falcão no texto referido, diz:

"2. Que el hecho comprende todos y solo los elementos necesarios para la producción de un efecto jurídico concreto. Esto hace: (a) que si falta cualquiera de los elementos que integran el hecho imponible el efecto jurídico característico no se produce; (b) que no es posible una distinción entre los diversos elementos que integran el hecho imponible y, por tanto, no es posible determinar en qué relación de causalidad se encuentran respecto a los efectos.

"3. Que dos hechos imponibles específicos deben contener al menos un elemento distinto, que es lo que convierte en caracterizador a un hecho imponible respecto a los demás hechos tributarios de un ordenamiento. Em cambio, no es necesario que todos los elementos o ingredientes del hecho imponible sean totalmente distintos a los de cualquier otro hecho."

21. Cf. art. 5º da Lei 2.308, de 31.8.1954, com as redações dadas pela Lei 4.676/1965 e pela Lei 5.073/1966; art. 1º, § 1º, da Lei 4.156, de 28.11.1962, que cuida do fornecimento *à forfait*.

22. Cf. Decreto 86.463/1981.

Tal fornecimento ocorre na saída do bem do estabelecimento da concessionária, segundo a regra geral do art. 12, I, da Lei Complementar 87/1996: "Art. 12. Considera-se ocorrido o fato gerador do imposto no momento: I – da saída de mercadoria de estabelecimento do contribuinte, ainda que para outro estabelecimento do mesmo titular; (...)".

O momento da saída do estabelecimento do concessionário coincide com o da entrega do bem ao consumidor.[23]

Em outros países, como a Itália, o momento da ocorrência do fato gerador é fixado, pela legislação, na produção da energia elétrica, o que traz conseqüências diferentes das produzidas no nosso sistema na temática da sujeição e da responsabilidade tributária.[24]

4.2 Componentes do fornecimento: o consumo de energia e a demanda de potência

Dois são os componentes do fornecimento de energia elétrica ao consumidor final: o consumo de energia e a demanda de potência.

O Decreto 62.724, de 17.5.1968, estabelece normas gerais de tarifação para as empresas concessionárias de serviços públicos de energia elétrica.[25]

4.3 O conceito legal e tecnológico de "demanda de potência"

O conceito de *consumo de energia* já foi examinado antes. Interessa-nos agora, o conceito tecnológico de *demanda de potência.*

O direito tributário é um direito de superposição.[26] Não elabora diretamente os conceitos sobre os quais deve recair o imposto. Vai buscá-los na vida social e econômica, já juridicizados pelos ramos do Direito que regulam as relações intersubjetivas: direito civil, direito comercial, direito de trabalho e, inclusive, os novos direitos surgidos do desenvolvimento tecnológico: direito das telecomunicações, direito da informática, direito da eletricidade etc. O direito tributário pode até modificar ou adaptar os conceitos dos outros ramos do Direito, mas não os cria diretamente.[27]

23. Cf. Walter T. Álvares, *Instituições de Direito da Eletricidade*, vol. 2, Belo Horizonte, ed. Bernardo Álvares, 1962, p. 501: "No caso particular da eletricidade, a saída da usina, a entrega ao consumo, coincide com a fabricação do produto e com o próprio consumo feito pelo usuário de serviço explorado pelo concessionário"; Roque Carrazza, *ICMS*, p. 189: "Na verdade, só há falar em operação jurídica relativa à circulação de energia elétrica no preciso instante em que o interessado, consumindo-a, vem a transformá-la em outra espécie de bem da vida (calor, frio, força, movimento ou qualquer outro tipo de utilidade). Portanto, apenas por mera ficção é que se pode entrever na 'circulação' de energia elétrica duas operações distintas: uma da fonte geradora à rede distribuidora; outra desta ao consumidor final".

24. Cf. Antonio Berliri, *Principios de Derecho Tributario*, vol. 2, p. 221; Augusto Fantozzi, *Diritto Tributario*, Torino, UTET, 1921, p. 251; Ricardo Lobo Torres, "Substituição tributária e cobrança antecipada do ICMS", in Valdir de Oliveira Rocha (coord.), *ICMS. Problemas Jurídicos*, São Paulo, Dialética, 1996, p. 200.

25. Decreto 62.724/1968, arts. 11 e 12:

"Art. 11. As tarifas a serem aplicadas aos consumidores do grupo A serão estruturadas de forma binômia, com uma componente de demanda de potência e outra de consumo de energia.

"§ 1º. A demanda de potência, bem como o consumo de energia de cada usuário desse grupo, deverão ser verificados, sempre, por medição.

"(...).

"Art. 12. A demanda de potência faturável para as unidades consumidoras do grupo A será a maior dentre as seguintes: I – a maior demanda medida, integralizada no intervalo de 15 (quinze) minutos durante o período do faturamento; II – a demanda contratada, observado o disposto no art. 18 deste Decreto e no art. 3º do Decreto n. 86.463, de 13 de outubro de 1981." *[Redação dada pelo Decreto 3.653/2000]*

26. Cf. Werner Flume, "Der gezetzliche Steuertatbestand und die Grenztatbestände in Steuerrecht und Steuerprexis", *Steuerberater – Jahrubuch* 1967/68, p. 64; Achille Donato Giannini, *Istituzioni di Diritto Tributario*, Milano, Giuffrè, 1948, p. 8.

27. Cf. Ricardo Lobo Torres, *Normas de Interpretação e Integração do Direito Tributário*, Rio de Janeiro, Renovar, 2006, p. 161: "Quando o legislador

Importa-nos, aqui, o último – o direito da eletricidade ou direito da energia elétrica –, que já possui autonomia científica e que forjou o conceito legal de *demanda de potência*, constituído sobre o conceito proveniente da eletrotécnica e do mundo pré-jurídico. E, no caso, não há discrepância entre o conceito tecnológico e o conceito legal.

A *demanda de potência* ou *demanda contratada*, sendo um dos componentes do custo do fornecimento da energia elétrica, é definida da seguinte forma pelo art. 2º, IX, da Resolução 456, de 29.11.2000, do Diretor-Geral da Agência Nacional de Energia Elétrica/ANEEL: "*Demanda contratada:* demanda de potência ativa a ser obrigatória e continuamente disponibilizada pela concessionária, no ponto de entrega, conforme valor e período de vigência fixados no contrato de fornecimento e que deverá ser integralmente paga, seja ou não utilizada durante o período de faturamento, expressa em quilowatts (kw)".

A diferença entre os dois componentes do fornecimento consiste nisso: enquanto a demanda de potência se expressa em quilowatts e se consubstancia na garantia de utilização do fluxo de energia dentro de parâmetros de segurança do sistema elétrico, o consumo se mede em quilowatts-hora e se refere à energia efetivamente fornecida.[28] Mas sem consumo e sem demanda de potência inexiste o fornecimento da energia elétrica – e, conseqüentemente, "operação relativa à energia elétrica" (art. 155, § 3º, da CF), que constitui o fato gerador do tributo. Pouco importa que o contribuinte não utilize no seu limite máximo a potência contratada, desde que haja a mensuração da que foi efetivamente utilizada, pois a demanda contratada visa a preservar a segurança e a confiabilidade do sistema elétrico[29] e representa sempre o mínimo faturável (art. 12 do Decreto 62.724, de 17.5.1968, com a redação do Decreto 3.653/2000, transcrito na nota 25).[30]

fiscal vai buscar os conceitos no direito civil, conservam estes o seu sentido primitivo, limitado pela sua possibilidade expressiva, além da qual começa a distorção ou o abuso da forma jurídica".

28. Cf. Walter Álvares, *Instituições de Direito da Eletricidade*, vol. 2, p. 81: "Deve-se fazer uma distinção entre quilowatt, que é múltiplo do watt, sendo esta uma unidade de potência, e o quilowatt-hora, que é múltiplo do watt-hora e este representa unidade de consumo. O kwh, isto é, quilowatt-hora, é equivalente a um quilowatt usado durante uma hora"; César Augusto da Silva Fonseca, Marcos Antônio da Silva Carneiro e Sérgio Borges Silva, "Demanda contratada de potência elétrica. Base de cálculo do ICMS no fornecimento de energia a grandes consumidores", *Jus Navigandi* 10, n. 1.157, Teresina,1.9.2006 (disponível em: *http://jus2.uol.com.br/doutrina/texto.asp?id=8879*, acesso em 16.7.2007, p. 2): "A similitude entre as siglas kwh (energia) e kw (demanda) causa confusão até mesmo aos mais experimentados. Do ponto de vista conceitual, energia e demanda estão intimamente relacionadas. No entanto, do ponto de vista físico são grandezas completamente distintas e que não se prestam a comparações quantitativas".

29. Cf. Walter T. Álvares, *Instituições de Direito da Eletricidade*, vol. 2, p. 448:

"O encargo de demanda baseia-se em dado oferecido sobre o máximo de uso de carga durante um certo período, devendo, por conseguinte, a concessionária estar preparada para fornecer energia dentro daquela exigência do consumidor. Em conseqüência, torna-se necessário cobrir os encargos de capital da usina, que deve estar constantemente pronta para atender ao consumidor, e então o elemento de demanda foi concebido como maneira de reembolso dos investimentos das instalações, enquanto a tabela de quilowatt-hora se refere ao custo da produção e distribuição da energia consumida.

"Em resumo: a despesa de demanda representa uma contribuição, por assim dizer, para compensar o investimento de capital nas instalações da companhia, sempre à disposição do consumidor, enquanto o encargo de consumo se refere ao efetivo custo de produção e distribuição."

30. Cf. César Augusto da Silva Fonseca e outros, "Demanda contratada de potência elétrica. Base de cálculo do ICMS no fornecimento de energia a grandes consumidores", *Jus Navigandi* 10/4: "Em contrapartida a todo o investimento que será feito pela concessionária na construção das linhas e subestações para atender àquela demanda declarada pelo consumidor, este se obriga, por determinação da ANEEL, a pagá-la, ainda que não a use por completo em um determinado mês. Em outras palavras, a demanda contratada pode ser entendida como demanda mínima para fins de faturamento"; José Benedito Miranda, "Demanda contratada de energia elétrica: natureza jurídica", *Jus Navigandi* (disponível em *http://jus2.uol.com.br/doutrina/*

O conceito de *demanda de potência* ou de *demanda contratada*, portanto, é um conceito tecnológico absorvido pelo Direito e transformado em conceito jurídico. Conceito universal, chegou ao Brasil por influência dos povos de língua inglesa, para os quais aparece como *demand of power*.

Voltaremos ao assunto no item dedicado à base de cálculo e ao valor da operação tributada pelo ICMS.

4.4 Ausência do conceito legal e tecnológico na jurisprudência do STJ

O STJ, em sua jurisprudência sobre o caso, apóia-se em conceito inexistente na realidade física ou jurídica – *demanda reservada de potência* ou *reserva de potência*. Em nenhuma passagem recorre ao direito positivo e à legislação específica de energia elétrica, conforme se lê nos principais acórdãos:

I – *REsp 222.810-MG*, rel. Min. José Delgado (1ª Turma, j. 14.3.2000, *DJU* 15.5.2000):

"4. Não há hipótese de incidência do ICMS sobre o valor do contrato referente a garantir demanda reservada de potência.

"5. A só formalização desse tipo de contrato de compra ou fornecimento futuro de energia elétrica não caracteriza circulação de mercadoria.

"6. A garantia de potência e de demanda, no caso de energia elétrica, não é fato gerador do ICMS. Este só incide quando, concretamente, a energia for fornecida e utilizada, tomando-se por base de cálculo o valor pago em decorrência do consumo apurado."

II – *EDecl no REsp 222.810-MG*, rel. Min. José Delgado (1ª Turma, j. 15.6.2000, *DJU* 1.8.200):

"3. O ICMS, que se trata de fornecimento de energia elétrica, deve incidir sobre o total efetivamente consumido pelo contribuinte.

"4. Inexistência de lei determinando como fato gerador do ICMS a reserva de demanda e, conseqüentemente, como base de cálculo o valor correspondente a esse tipo de negócio jurídico."

III – *REsp 343.952*, rela. Min. Eliana Calmon (2ª Turma, j. 5.2.2002, *DJU* 17.6.2002):

"1. A aquisição de energia elétrica para reserva, formalizada por contrato, não induz à transferência do bem adquirido, porque não se dá a tradição.

"2. Somente com a saída do bem adquirido do estabelecimento produtor e o ingresso no estabelecimento adquirente é que ocorre o fato gerador do ICMS (art. 19 do Convênio n. 66/1988 e art. 116, II, do CTN)."

IV – *REsp 838.542*, rel. Min. Castro Meira (2ª Turma, j. 15.8.2006, *DJU* 25.8.2006): "1. O fato gerador do ICMS dá-se com a efetiva saída do bem do estabelecimento produtor, a qual não é presumida por contrato em que se firma uma demanda junto à fornecedora de energia elétrica, sem a sua efetiva utilização".[31]

V – REsp 798.633, rel. Min. José Delgado (1ª Turma, j. 2.9.2006, *DJU* 16.10.2006):

"1. Discute-se a cobrança de ICMS sobre 'demanda contratada', consistente em potencial de energia elétrica colocado à disposição de grandes clientes pela concessionária de energia, mediante contrato.

"(...).

"3. Consoante o entendimento esposado por este STJ, não se admite, para

texto.asp?id=10.287, acesso em 17.8.2007): "(...) o componente tarifário denominado *demanda faturável* corresponde ao maior valor encontrado entre a demanda contratada e a demanda verificada no período, cujo pagamento é obrigatório para quem quer que tenha à sua disposição, de forma contínua e interrupta, a potência elétrica, na intensidade compromissada".

31. No mesmo sentido: 2ª Turma, AgRg no AI 745.996, rel. Min. Castro Meira, j. 25.4.2006, *DJU* 8.5.2006.

efeito de cálculo de ICMS sobre transmissão de energia elétrica, o critério de demanda reservada ou contratada – apura-se o ICMS sobre o *quantum* contratado ou disponibilizado, independentemente do efetivo consumo –, uma vez que esse tributo somente deve incidir sobre o valor correspondente à energia efetivamente consumida."[32]

A desconsideração do conceito legal de *demanda de potência* levou a jurisprudência do STJ a cometer diversas impropriedades técnicas:

(i) Transformou a demanda de potência, com apoio em Gilberto de Ulhôa Canto, em "consumo de uma quantidade mínima de kwh",[33] confundindo-a inteiramente com o componente do consumo.

(ii) Firmou a interpretação da possibilidade de existência de uma "reserva" de energia elétrica, o que tecnologicamente é um *non sense*, pois a eletricidade não se estoca nem se acumula.[34]

(iii) Valeu-se de incabível analogia com o direito das telecomunicações, no qual se discute a respeito da incidência do ICMS sobre o consumo condicional e parcial da comunicação contratada, seja na forma de crédito em "cartão telefônico", seja na modalidade "pré-pago".[35]

(iv) Admite a possibilidade de não haver demanda de potência, o que tecnicamente não tem base, pois há sempre medição da demanda,[36] para o pagamento

32. No mesmo sentido: 1ª Turma, REsp 914.518, rel. Min. José Delgado, j. 10.4.2007, *DJU* 10.5.2007.

33. Gilberto de Ulhôa Canto, "ICMS: incidência sobre fornecimento da energia elétrica. Eletricidade: natureza jurídica e tratamento tributário. Base de cálculo e fato gerador do ICMS no fornecimento de energia elétrica. Condição. Conceito". in *Direito Tributário Aplicado. Pareceres*, p. 111: "Portanto, é fora de dúvida que a Consulente deverá, segundo o disposto no contrato que mantém com a supridora de energia elétrica, pagar, a título de consumo de energia elétrica, o preço correspondente ao seu consumo, efetivo, ou ao da demanda contratada, que é o mínimo que ela se comprometeu a absorver como seu custo, qual das duas quantias for a maior; p. 126: "Compreende-se que a Consulente tenha precisado comprometer-se com a fornecedora da energia pelo consumo de uma quantidade mínima de kwh, uma vez que, em se tratando de grande consumidora, a empresa hidroelétrica que lhe fosse fazer o fornecimento teria que estar preparada para uma demanda variável, mas comprometida".

34. Cf. Walter T. Álvares, *Instituições de Direito da Eletricidade*, vol. 2, p. 501: "No caso particular da eletricidade, a saída da usina, a entrega ao consumo, coincide com a fabricação do produto e com o próprio consumo feito pelo usuário de serviço explorado pelo concessionário. Como não se armazena, não se conserva em *stock*, daí decorre que o instante em que o consumidor a solicita é o mesmo no qual ela é gerada e entregue à sua aplicação. É o que demonstra Sanford, de maneira tão viva e colorida, no seu idioma, que vale a pena o conhecimento de suas próprias expressões: "Eletricity is not stored but is made at the instant that is required'"; Roque Carrazza, *ICMS*, p. 189: "A distribuidora de energia elétrica, no entanto, não pode ser equiparada a um comerciante atacadista, que reserva a mercadoria de seu estoque para o varejista ou, mesmo, para o consumidor final. De fato, energia elétrica não é um bem suscetível de ser 'estocado' pela empresa distribuidora, para ulterior revenda, quando 'surjam possíveis interessados em adquiri-la'"; Clever M. Campos, *Introdução ao Direito de Energia Elétrica*, p. 68: "O sistema elétrico nacional faz a conexão física de todos os geradores, transmissores, distribuidores e consumidores. Funciona, como já foi dito, analogamente a um sistema de 'caixa único', em um mesmo momento recebe a energia de todos os geradores e alimenta todos os consumidores. Portanto, produção e consumo se dão instantaneamente, não havendo possibilidade de estoques entre os estágios intermediários de produção, transmissão e distribuição".

35. Cf. Ana Cláudia Akie Utumi, "A incidência de ICMS sobre minutos pagos mas não utilizados na assinatura mensal", in André Mendes Moreira (org.) e outros, *Direito das Telecomunicações e Tributação*, São Paulo, Quartier Latin, 2006, pp. 22 e 33; Gustavo Brigagão e Rodrigo Damázio Ferreira, "ICMS e o fornecimento de cartões, fichas ou assemelhados. Aspectos espacial e temporal", in André Mendes Moreira (org.) e outros, *Direito das Telecomunicações e Tributação*, pp. 194-208.

36. Cf. Antônio Ganim, *Setor Elétrico Brasileiro. Aspectos Regulamentais e Tributários*, Rio de Janeiro, CanalEnergia, 2003, p. 210: "A relatora do recurso. Min. Eliana Calmon, entendeu que 'o ICMS só incide sobre a mercadoria transferida, naturalmente que não incide sobre o que não circulou e não se transferiu'. Como podemos ver, não foram considerados os aspectos básicos da legislação específica de formação do preço: As tarifas a serem aplicadas aos consumidores do 'Grupo A' são estruturadas sob forma binômia, com um componente de

respectivo segundo a base de cálculo indicada na legislação, salvo para os contribuintes do Plano B, que pagam a demanda de potência embutida no consumo de energia.

4.5 Perda de substância do fato gerador

Em síntese, a jurisprudência do STJ podou o aspecto temporal do fato gerador do ICMS sobre a energia elétrica de componente substancial, que é a demanda de potência. Em conseqüência, ficou descaracterizado também o núcleo da hipótese de incidência, pois, a nosso ver, o ICMS incide sobre "operações relativas a energia elétrica" (art. 155, § 3º, da CF) realizadas desde a produção até a última operação, *durante as quais se atende à demanda de potência*. Em outro giro: o atendimento da demanda de potência ocorre durante todo o processo de circulação da eletricidade, desde a usina e as subestações até a saída do estabelecimento da concessionária; a medição é que se faz no pátio da indústria e dos grandes consumidores. Sendo imposto único na incidência sobre circulação de energia elétrica, o ICMS postula o tratamento unificado dos diversos aspectos do fato gerador (material, temporal e

demanda de potência e outro de consumo de energia, e tanto a demanda de potência como o consumo de energia de cada um desses usuários deverão ser verificados, sempre por medição"; César Augusto da Silva Fonseca, Marcos Antônio da Silva Carneiro e Sérgio Borges Silva, "Demanda contratada de potência elétrica. Base de cálculo do ICMS no fornecimento de energia a grandes consumidores", *Jus Navigandi* 10 (disponível in *http://jus2.uol.com.br/doutrina/texto*, acesso em 16.7.2007): "Na prática, existem aparelhos que medem as duas grandezas apresentadas: energia (kwh) e demanda (kww). O medidor de energia, tecnologicamente mais simples e mais barato, é aquele usado nas suas residências. Já o medidor de demanda é dotado de maiores recursos e tem custo bem mais elevado. O uso deste último se restringe aos clientes de maior porte, a exemplo das grandes indústrias e *shoppings centers*". Cf. também o art. 11, § 1º, do Decreto 62.724, de 17.5.1968: "A demanda de potência, bem como o consumo de energia de cada usuário desse Grupo (A), deverão ser verificados, sempre por medição".

quantitativo). O tributo monofásico incide, em um só momento, sobre uma pluralidade de operações de circulação, ao contrário do ICMS plurifásico não-cumulativo, que incide em diversos momentos sobre diferentes operações de circulação.

Logo, constitui afronta ao disposto no art. 155, § 3º, da CF e no art. 34, § 9º, do ADCT o fracionamento do fato gerador do ICMS incidente sobre as operações relativas a energia elétrica, a incomunicabilidade entre o momento da incidência e o aspecto material do fato gerador, com a segregação da demanda de potência para o só instante do consumo.

5. A base de cálculo

Em face da relação de continência e de sintonia entre o núcleo do fato gerador (aspecto material) e a base de cálculo (aspecto quantitativo),[37] o que aqui se disse sobre aquele vale também para esta, e vice-versa.

5.1 O valor da operação de fornecimento de energia elétrica

A base de cálculo do ICMS incidente sobre as operações relativas a energia elétrica é o valor da operação correspondente ao fornecimento, que coincide com a soma da demanda de potência e do consumo de energia.

O art. 9º, § 1º, II, da Lei Complementar 87/1996 estabelece que o ICMS incide desde a produção ou importação até a última operação, tendo "seu cálculo efetuado sobre o preço praticado na operação final".

37. Cf. Paulo de Barros Carvalho, *Curso de Direito Tributário*, São Paulo, 1985, p. 204: "A grandeza haverá de ser mensuradora adequada da materialidade do evento, constituindo-se, obrigatoriamente, de uma característica peculiar ao fato jurídico tributário. Eis a base de cálculo, na sua função comparativa, confirmando, infirmando ou afirmando o verdadeiro critério material da hipótese tributária".

A regra referida explicita o que se contém na norma geral do art. 13, I, da Lei Complementar 87/1996: "a base de cálculo do imposto (...) é o valor da operação".[38]

Em síntese, a base de cálculo é o preço praticado na última operação, ou seja, o registrado na conta expedida pela concessionária.

5.2 A tarifa binômia

O valor da operação de fornecimento de energia é a própria tarifa estabelecida pela legislação.

Quando se trata de consumidor de grande porte, incluído no Grupo A, a tarifa se denomina *binômia* e possui dois componentes: a *demanda de potência* e o *consumo de energia* (art. 11 do Decreto 62.724/1968, transcrito na nota de rodapé 25).

A tarifa monômia, estabelecida para os consumidores do Grupo B, não explicita a demanda de potência, mas a inclui no valor do próprio consumo de energia: "As tarifas do 'Grupo B' são estabelecidas somente para o componente de consumo de energia, em reais por megawatt-hora, considerando que o custo de demanda de potência está incorporado ao custo do fornecimento de energia em megawatt-hora".[39]

A base de cálculo do ICMS, portanto, é o valor do fornecimento da energia elétrica, coincidindo com a tarifa binômia (demanda de potência + consumo de energia)[40] quando se tratar de consumidores industriais.

O STJ, que havia desconsiderado a parcela da demanda de potência na estruturação do aspecto temporal de fato gerador de ICMS, acabou por impedir a incidência do tributo estadual sobre aquele componente da tarifa. Manteve a lógica, mas desestruturou o sistema tarifário.

5.3 A tarifa bipartida e os custos do fornecimento da energia elétrica

O direito da eletricidade preocupa-se com a imputação dos custos do fornecimento às parcelas componentes da tarifa.

Explica Walter T. Álvares: "Em resumo: a despesa de demanda representa uma contribuição, por assim dizer, para compensar o investimento de capital nas instalações da companhia, sempre à disposição do consumidor, enquanto o encargo de consumo se refere ao efetivo custo de produção e distribuição".[41]

O art. 14 do Decreto 62.724, de 17.5.1968, trazia extensa regulamentação do assunto.[42] Hoje, na redação dada pelo

38. Cf. Roque Carrazza, *ICMS*, p. 192: "A base de cálculo possível do ICMS incidente sobre energia elétrica é o valor da operação da qual decorre a entrega desta mercadoria (a energia elétrica) ao consumidor. Noutro passo, é o preço da energia elétrica efetivamente consumida, vale dizer, o valor da operação da qual decorre a entrega desta mercadoria ao consumidor final".

39. In "Tarifas de fornecimento de energia elétrica", *Cadernos Temáticos ANEEL* 4, 2005.

40. Cf. Antônio Ganim, *Setor Elétrico Brasileiro. Aspectos Regulamentais e Tributários*, p. 210: "Até aqui podemos concluir que o somatório dos valores atribuídos à demanda de potência e à energia consumida é a tarifa (preço) cobrada do consumidor pela concessionária, em virtude do fornecimento de energia elétrica. Portanto, o valor da operação da qual decorreu a entrega da energia ao consumidor engloba tanto o valor da demanda de potência contratada como o consumo de energia, pois o art. 11 do Decreto 62.724/1968 assim estabeleceu".

41. Walter T. Álvares, *Instituições de Direito da Eletricidade*, vol. 2, p. 449: "O encargo de demanda baseia-se em dado oferecido sobre o máximo de uso de carga durante um certo período, devendo, por conseguinte, a concessionária estar preparada para fornecer energia dentro daquela exigência do consumidor. Em conseqüência, torna-se necessário cobrir os encargos de capital da usina, que deve estar constantemente pronta para atender ao consumidor, e então o elemento de demanda foi concebido como maneira de reembolso dos investimentos das instalações, enquanto a tabela de quilowatt-hora se refere ao custo da produção e distribuição da energia consumida".

42. Decreto 62.724/1968, art. 14:

"Art. 14. O custo do serviço do fornecimento de energia elétrica deverá ser repartido, entre as componentes de demanda de potência e de consumo de energia, de modo que cada grupo ou subgrupo, se

Decreto 86.463/1981, dispõe, de forma sucinta:

'Art. 14. O custo do serviço do fornecimento de energia elétrica deverá ser repartido, entre os componentes de demanda de potência e de consumo de energia, de modo que cada grupo ou subgrupo, se houver, de consumidores responda pela fração que lhe couber.

'Parágrafo único. O critério de repartição das parcelas do custo do serviço entre os componentes tarifários será definido pelo Departamento Nacional de Águas e Energia Elétrica/DNAEE."

O ICMS sobre o fornecimento de energia elétrica incide, a rigor, sobre o preço final correspondente a toda a cadeia do setor elétrico (geração, transmissão e distribuição),[43] em simetria com a unicidade do aspecto material do seu fato gerador.[44] O tributo estadual não recai apenas sobre o valor adicionado na última etapa, como acontece com os impostos plurifásicos não-cumulativos, mas sobre o valor agregado em todas as etapas anteriores, unificadamente, sem direito a créditos pretéritos e mediante substituição tributária para trás.

Nesse contexto, parece-nos que o componente tarifário da demanda de potência é parcela dos custos de fornecimento da energia elétrica, e não serviço autônomo ou agregado.

6. Os princípios jurídicos

6.1 Capacidade contributiva

O ICMS é tributo que se sujeita também ao princípio da capacidade contributiva,[45] que deve ser aplicado de forma isonômica, com a "igualdade em condições iguais de capacidade contributiva".[46]

Ora, já vimos que os consumidores do Grupo B pagam os custos de demanda de potência embutidos nos do consumo de energia. Não há medição de potência nem contrato de demanda, mas existe o pagamento respectivo, ainda que diluído, porque há o monitoramento da utilização da potência, sem o qual se torna impossível a entrega da eletricidade em condições de segurança.

Deve prevalecer, portanto, o igual tratamento dos consumidores dos Grupos A e da Tarifa B, com a cobrança da de-

houver, de consumidores responda pela fração que lhe couber.

"§ 1º. A componente de demanda de potência será responsável pelo atendimento das seguintes parcelas de custo de serviço: – remuneração legal; – quota de reversão ou de amortização se houver; – quota de depreciação; – saldo da conta de resultados a compensar; – parcela relativa ao custo da demanda de potência adquirida; – diferenças referidas no art. 166, §§ 3º e 4º, do Decreto n. 41.019, de 26 de fevereiro de 1957.

"§ 2º. A componente de consumo de energia deverá atender a: – despesas de exploração, exclusive a parcela relativa ao custo de demanda de potência adquirida, atribuída à componente de demanda de potência; – impostos e taxas."

43. Cf. Solange Ribeiro e Maria Isabel Falcão, "O modelo tarifário brasileiro", in Elena Landau (coord.), *Regulamentação Jurídica do Setor Elétrico*, Rio de Janeiro, Lumen Juris, 2006, p. 294.

44. Cf. José Benedito Miranda, "Demanda contratada de energia elétrica: natureza jurídica", *Jus Navigandi*, Ano 11, n. 1.506, Teresina, 16.8.2007 (disponível em: *http://jus2.uol.com.br/doutrina/texto.asp?id=10287*, acesso em 17.8.2007): "Com efeito, no caso, a expressão financeira da base impositiva do ICMS, real dimensão da materialidade da sua hipótese de incidência, é naturalmente revelada na fatura de venda do produto, documento representativo da mudança da titularidade da energia elétrica e versão documental, que a operação subjacente tem por forma de materialização, onde são discriminados os valores das tarifas aplicadas sobre os componentes de consumo e de demanda de potência, elementos quantificadores da operação relativa à circulação da energia elétrica".

45. Cf. Klaus Tipke, "Über Umsatzteuer Gerechtigkeit", *Steuer und Wirtschaft* 69 (2)/103-120, 1992.

46. Dino Jarach, "Der Gleichheitssatz in Steuerrecht Argentiniens", *Steuer und Wirtschaft* 63/213, 1986: *igualdad en condiciones iguales de capacidad contributiva.* Cf. Ricardo Lobo Torres, *Tratado de Direito Constitucional Financeiro e Tributário*, vol. 3 ("Os Direitos Humanos e a Tributação: Imunidade e Isonomia"), Rio de Janeiro, Renovar, 2005, p. 350.

manda de potência, encoberta ou transparente, de ambos os grupos que usufruem da garantia na normalidade do fluxo no fornecimento da eletricidade.

6.2 Proibição de enriquecimento sem causa

Princípio sensível do ordenamento jurídico é o da proibição de enriquecimento sem causa.

Durante muitos anos o sistema elétrico brasileiro operava em situação deficitária. Vivia das subvenções e dos subsídios governamentais, alimentados pela arrecadação dos impostos gerais. Locupletava-se da apropriação gratuita dos mananciais, que sustentava a geração da energia. Elena Landau e Patrícia Sampaio relatam: "Preços artificialmente baixos de energia foram observados em função de incentivos concedidos, através de subsídios cruzados à indústria, como forma de fomento à criação de um parque industrial nacional, e também em decorrência da prática de não se reajustarem as tarifas, como parte de uma política antiinflacionária, em especial a partir da década de 70".[47]

Hoje, o sistema elétrico, que passou por profunda reforma na década de 1990, procura o equilíbrio financeiro e a auto-sustentação.

Logo, ofende o princípio da proibição de enriquecimento sem causa deixar fora do âmbito da incidência do ICMS os consumidores do Grupo A, que contratam a demanda de energia e têm o fluxo do fornecimento devidamente mensurado e monitorado, nos seus picos e quedas, pela concessionária. Até porque a despesa certamente repercutirá no bolso da população, eis que a generosidade com os consumidores do Grupo A atingirá a economia dos contribuintes do Grupo B.

Demais disso, a jurisprudência do STJ se limita a liberar os consumidores industriais do pagamento do ICMS, mas não do pagamento da tarifa binômia, na sua expressão abrangente da soma da demanda de potência e do consumo de energia, com a separação arbitrária entre os aspectos tarifários e tributários.

7. Conclusões

Nesta ordem de considerações, concluímos que:

7.1 O fato jurídico tributado pelo ICMS no que concerne à hipótese "operações relativas a energia elétrica" (art. 155, § 3º, da CF) é complexo, abrangendo a importação, a geração, a distribuição e o fornecimento de energia elétrica, em incidência única e monofásica; sua base de cálculo é o preço praticado na última operação (art. 34, § 9º, do ADCT e art. 9º, § 1º, II, da Lei Complementar 87/1996), expresso na tarifa binômia composta pela demanda de potência e pelo consumo de energia.

7.2 A natureza jurídica da demanda contratada de potência é a de custo do fornecimento de energia elétrica, e não de serviço autônomo ou agregado.

7.3 Podem ser apontadas as seguintes inconsistências na jurisprudência do STJ, sintetizada no caso-líder REsp 222.810-MG:

7.3.1 Caracterizou o ICMS como um imposto especial sobre consumo, e não

47. Elena Landau e Patrícia Sampaio, "O setor elétrico em uma visão introdutória", in Elena Landau (coord.), *Regulamentação Jurídica do Setor Elétrico*, Rio de Janeiro: Lumen Juris, 2006, p. 4: "Em resumo, o subsídio estatal trouxe dificuldades adicionais no momento em que ficou evidente que, apesar de se tratar de serviço público, a atividade deveria ser de forma geral auto-sustentável". Cf. também Maria Aparecida de Almeida Pinto Fagundes, "Os novos rumos do direito da eletricidade", *RDA* 224/3, 2001: "No que se refere a financiamento, o modelo tradicional, ora esgotado, envolvia o financiamento público, por intermédio de recursos fiscais e parafiscais, o autofinanciamento e o financiamento externo".

como imposto único incidente desde a produção ou importação até a última operação relativa a energia elétrica, afrontando o disposto no art. 155, § 3º, da CF e no art. 34, § 9º, do ADCT.

7.3.2 Abandonou o conceito tecnológico e legal de *demanda de potência*, adotando noção inexistente na eletrotécnica ou na legislação brasileira – *demanda reservada* ou *reserva de potência* – pois a eletricidade não se estoca nem se acumula.

7.3.3 Admitiu a possibilidade de não haver demanda de potência, o que contrasta com a obrigação de permanente medição da demanda para o pagamento respectivo segundo a base de cálculo indicada na legislação, salvo para os contribuintes do Plano B, que pagam a demanda de potência embutida no consumo de energia.

7.3.4 Fracionou o fato gerador do ICMS incidente sobre a energia elétrica, separando seus aspectos material, temporal e quantitativo, não obstante sua natureza de tributo único e monofásico, que postula o tratamento integrado.

7.3.5 Utilizou-se apenas de argumentos jurídico-formais e da interpretação literal do termo "consumo", desconsiderando inteiramente os aspectos econômicos do fornecimento de energia elétrica e a equação financeira armada pela legislação para a auto-sustentação do sistema elétrico do país.

7.3.6 Mostrou-se insensível à principiologia jurídica presente na problemática, desrespeitando: (i) o princípio da capacidade contributiva, com o desigual tratamento dos contribuintes sujeitos às tarifas dos Grupos A e B, que em ambas se inclui a demanda de potência; (ii) a proibição de enriquecimento sem causa, que a tanto equivale minimizar a importância da verdade tarifária hoje predominante no sistema elétrico brasileiro, com a translação para o Estado (= população) do ônus de subvencionar indiretamente parte substancial dos custos causados pelos grandes consumidores de energia.

Rio de Janeiro, 15 de fevereiro de 2008

CADERNOS DE DIREITO TRIBUTÁRIO

TRATAMENTO TRIBUTÁRIO DO ÁGIO: CONSIDERAÇÕES SOBRE SEU FUNDAMENTO

LUÍS EDUARDO SCHOUERI
Professor Titular da Cadeira de Legislação Tributária da Faculdade de Direito da USP – Professor dos cursos de Pós-Graduação na Universidade Presbiteriana Mackenzie – Vice-Presidente do IBDT/USP – Vice-Presidente da Associação Comercial de São Paulo – Membro da Academia Paulista de Direito – Advogado em São Paulo

1. Introdução. 2. Fundamentos do ágio. 3. Tratamento do ágio: 3.1 Tratamento contábil – 3.2 Tratamento tributário: 3.2.1 Regra geral – 3.2.2 Fundamentos da não-dedutibilidade do ágio (regra geral): 3.2.2.1 O método da equivalência patrimonial/MEP – 3.2.2.2 O confronto das despesas com as receitas ("matching principle"). 4. Ágio na incorporação: 4.1 Tratamento geral do ágio na incorporação: 4.1.1 Contexto histórico – 4.1.2 Encontro de contas: a justificativa para o tratamento fiscal do ágio na incorporação.

1. Introdução

O art. 248 da Lei 6.404/76[1] (Lei das Sociedades por Ações) determina que, "no balanço patrimonial da companhia, os investimentos em coligadas sobre cuja administração tenha influência significativa, ou de que participe com 20% (vinte por cento) ou mais do capital votante, em controladas e em outras sociedades que façam parte de um mesmo grupo ou estejam sob controle comum serão avaliados pelo método da equivalência patrimonial".

Trata-se do método da equivalência patrimonial/MEP,[2] obrigatório na avaliação de investimentos específicos. De acordo com o MEP, os investimentos são contabilizados, pela investidora, por seu valor patrimonial, de modo que qualquer mutação patrimonial ocorrida na empresa controlada ou coligada seja refletido, proporcionalmente, em sua investidora.

Para que o mecanismo acima funcione, entretanto, importa que, a todo o momento, seja possível efetuar uma relação proporcional direta entre a conta de investimentos, constante do ativo da investidora, e a conta de patrimônio líquido da controlada ou coligada.

1. Com a redação alterada pelo art. 1º da Lei 11.638/2007. A referida lei ampliou os casos em que se tornou obrigatória a aplicação do método da equivalência patrimonial para a contabilização de investimentos em coligadas ou controladas. Foge do escopo deste artigo o questionamento da extensão das alterações da Lei 11.638/2007 à matéria tributária.

2. O método da equivalência patrimonial será analisado mais detidamente no decorrer deste artigo.

No entanto, nem sempre as participações societárias são adquiridas por seu valor patrimonial. Na maioria das vezes o valor pago na aquisição de ações não corresponde ao valor proporcional de seu patrimônio líquido, mas decorre de inúmeras negociações que se prolongam no tempo, nas quais diversos fatores, além do valor do acervo líquido da sociedade investida, acabam por determinar o preço de venda das participações societárias.

É possível, assim, que o preço pago fique acima ou abaixo de seu valor patrimonial. Nesse caso, surgem as figuras do ágio e do deságio, correspondentes à diferença entre o valor patrimonial e o valor efetivamente pago pela participação societária.

O ágio, portanto, é o valor resultante da diferença entre o custo total de aquisição do investimento em sociedade controlada ou coligada e o valor da parcela proporcional ao patrimônio líquido destas na época da aquisição. Em suma, entende-se por ágio o valor pago na aquisição do investimento além do valor do patrimônio líquido da coligada ou controlada que se está adquirindo.

Reconhecendo a existência do ágio, o art. 385 do Decreto 3.000/1999 – o Regulamento do Imposto de Renda (RIR) – exige que, no momento da própria aquisição da participação societária, o adquirente desdobre o valor pago entre "investimento" (correspondendo ao valor patrimonial da participação adquirida) e o "ágio" (diferença entre o valor pago e o valor patrimonial).

Adicionalmente, no momento da contabilização do ágio deve-se indicar seu fundamento econômico, que, nos termos do § 2º do art. 20 do Decreto-lei 1.598/1977, correspondente ao § 2º do art. 385 do RIR, pode consistir em: I – valor de mercado de bens do ativo da coligada ou controlada superior ao custo registrado na sua contabilidade; II – valor de rentabilidade da coligada ou controlada, com base em previsão dos resultados nos exercícios futuros; ou III – fundo de comércio, intangíveis e outras razões econômicas.

No presente estudo serão analisados os fundamentos do ágio, sobretudo as hipóteses I e II. Os dois fundamentos, em princípio, assemelham-se, mas produzem conseqüências tributárias substancialmente diversas.

Em seguida pretende-se investigar as razões para o legislador tributário ter limitado a dedutibilidade do ágio, bem como a lógica para sua dedução, em caso de incorporação.

2. Fundamentos do ágio

Consoante se anteviu, o primeiro fundamento econômico para o ágio ocorre nas hipóteses em que o valor de mercado dos bens do ativo da coligada ou controlada é superior ao custo registrado em sua contabilidade.

O segundo fundamento econômico para o ágio, por sua vez, consiste na expectativa de rentabilidade futura da coligada ou controlada.

Nesse passo, cumpre apontar qual é a diferença entre as hipóteses acima referidas, trazidas pelos incisos I e II do § 2º do art. 385 do RIR. Deve-se, portanto, delimitar um critério válido de discrímen, de modo a distinguir os dois fundamentos econômicos a justificar o ágio.

Em um primeiro momento poder-se-ia cogitar que apenas uma delas – a do inciso I – se referiria ao valor de mercado do investimento. Tal afirmação, no entanto, não merece prosperar.

Nas aquisições de participações societárias entre partes independentes, o valor pago pelo investimento será sempre um preço de mercado. Deste modo, as hipóteses dos incisos I e II do § 2º do art. 385 do RIR, necessariamente, determinam o valor de mercado do investimento.

Não é correto, portanto, imaginar que somente o fundamento do inciso I (valor de mercado dos bens do ativo da controlada ou coligada superior ao custo registrado na contabilidade) busca refletir o valor de mercado do investimento. Qualquer que seja o fundamento do ágio, ele terá servido de critério para que se alcançasse um preço de mercado.

Partindo-se do raciocínio acima exposto, no entanto, pode-se perceber que o legislador previu a possibilidade de por critérios diferentes se chegar a um preço de mercado. Os preços obtidos mediante a aplicação de cada um dos critérios, por óbvio, não serão necessariamente idênticos, uma vez que partem de fundamentos diversos.

A diferença nos preços de mercado justifica-se em função do ponto de vista subjetivo do comprador, e não do vendedor. Não interessa, para efeitos legais, a razão pela qual o vendedor concordou com o preço, mas apenas o porquê de o comprador se dispor a pagar tal montante. Afinal, o ágio será contabilizado pelo último, e, portanto, é a característica subjetiva do momento da aquisição que será relevante para a fundamentação do ágio.

Deste modo, conclui-se que os fundamentos do ágio se baseiam nos possíveis motivos determinantes da fixação do preço de compra das participações societárias em outras empresas. Relevante, portanto, é identificar os motivos determinantes presentes no incisos I e II do § 2º do art. 385 do RIR, de modo a diferenciá-los.

Na hipótese do inciso I o legislador cogita de uma diferença entre o valor contábil e o valor de mercado dos bens do ativo da coligada ou controlada. O motivo determinante do pagamento do ágio pelo comprador, portanto, é o fato de os bens, isoladamente considerados, possuírem um valor de mercado. Há um vínculo entre o ágio e o valor de mercado de cada bem da controlada e coligada.

Pode-se confirmar a afirmação acima através do art. 386 do RIR. De acordo com o dispositivo mencionado, o ágio incorpora-se ao próprio bem a que ele se refere. Assim, apenas se considera realizado o fundamento econômico do ágio na medida e na proporção em que o próprio bem se realiza.

A respeito do fundamento do ágio que decorre do valor de mercado dos bens do ativo da coligada ou controlada, Ian de Porto Alegre Muniz afirma: "Com efeito, em algumas sociedades prepondera o *caráter patrimonial dos seus ativos*. Por exemplo, uma sociedade que é titular de extensas glebas de terra, ou de vultosos investimentos mobiliários. Nessa hipótese, uma avaliação do seu acervo líquido deverá ser uma *verificação de qual a liquidez e por que quantidade de moeda estaria o mercado disposto a trocar seus ativos*"[3] (grifei).

Portanto, é possível concluir que no fundamento do ágio exposto no inciso I do § 2º do art. 385 do RIR é considerado o potencial ganho que se possa auferir na realização de um bem. O *motivo determinante* que leva o comprador a pagar o ágio consiste no reconhecimento de que os bens do ativo da coligada ou controlada estão subavaliados.

Já no caso do inciso II, que tem por fundamento a rentabilidade futura da coligada ou controlada, percebe-se que o pressuposto adotado pelo legislador é o auferimento de lucros em momentos sucessivos, sem uma limitação no tempo.

Nessa situação, a empresa investidora paga o ágio porque espera ter um retorno sobre seu investimento. Em outras palavras, estima-se que o investimento continue a render lucros por um determinado período, já que não é razoável estimar que se vá auferir lucros infinitamente.

Nos casos em que o comprador paga o ágio com o fundamento na rentabilidade futura da investida não se cogita de investigar o valor que poderia receber ao alienar um ou outro bem da empresa. Pelo contrário, tal fundamento pressupõe que

3. Ian de Porto Alegre Muniz, *Reorganizações Societárias*, São Paulo, Makron Books, 1996, p. 104.

o investimento não será desfeito, já que o lucro será obtido não com sua realização, mas com a rentabilidade futura da investida.

Entende-se, portanto, que o investimento pago com ágio que se fundamente no inciso II do § 2º do art. 385 do RIR terá continuidade por prazo não-determinado, de modo a gerar lucros para o investidor.

No presente caso, os bens do ativo da controlada ou coligada já não mais são considerados a partir de seu valor isolado, como na hipótese do inciso I, mas enquanto partes de um empreendimento, possuindo, portanto, um valor por conta dos resultados que eles proporcionam, inseridos no conjunto (*Teilwert*).

De fato, em determinadas sociedades o valor isolado de seus ativos, como bens que podem ser individualmente realizados, não exprime o valor real do empreendimento. Deve-se avaliar o negócio, portanto, de maneira global, em sua capacidade de gerar recursos para a empresa investidora.[4]

Procedeu-se, desta feita, à distinção entre as hipóteses dos incisos I e II do § 2º do art. 385 do RIR. Enquanto no inciso I o ágio se justifica e se realiza na medida em que os bens do ativo da coligada ou controlada sejam realizados, no inciso II se considera a rentabilidade que aqueles mesmos bens gerarão enquanto um todo em operação, um empreendimento, gerando, pois, a rentabilidade esperada.

Deve-se mencionar, apenas a título complementar, a terceira hipótese de fundamentação do ágio, que consiste em fundo de comércio, intangíveis e outras razões econômicas.

De modo geral, o ágio fundamentado no fundo de comércio, intangíveis e outras razões econômicas busca representar situações que não estão adequadamente refletidas na contabilidade da investida, tais como nome comercial, marcas de indústria e de comércio, lista de clientes, *know-how*, expressão ou sinal de propaganda – entre outras.[5]

Ressalte-se, ainda, que as hipóteses descritas no art. 385 do RIR são excludentes. Desta maneira, o fundamento do ágio será, considerando-se apenas as hipóteses analisadas no presente artigo (incisos I e II), exclusivamente, o valor de mercado dos bens do ativo da coligada ou controlada ou, *alternativamente*, a rentabilidade futura.

3. Tratamento do ágio

3.1 Tratamento contábil

Para fins contábeis, o ágio será amortizado de acordo com critérios que variam em função do fundamento econômico adotado. Neste ponto, vale lembrar que a Comissão de Valores Mobiliários/CVM, no art. 14 da Instrução CVM-247/1996, contempla apenas os seguintes fundamentos econômicos para o ágio:[6] (1) diferença

4. Nesse sentido, Ian de Porto Alegre Muniz afirma: "Por outro lado, há sociedades em que o valor dos seus ativos, como bens que possam ser individualmente realizados no mercado, não representa a medida exata do empreendimento, visto que, em vez de analisar os bens de forma separada, deve prevalecer o critério de análise do empreendimento, como um negócio gerador de fluxo de caixa. A empresa vale como negócio, e não pelos bens que integram seu ativo. Seu principal ativo é a capacidade de gerar renda, fluxo de caixa. Assim, por exemplo, existem empreendimentos industriais cuja construção absorveu quantias vultosas, mas sua capacidade de gerar resultados é limitada. Nesse caso, o investidor certamente não conseguirá repor o seu investimento no mercado, já que o comprador analisará o negócio em função de sua capacidade de gerar resultados e não do seu custo" (*Reorganizações Societárias*, p. 104).

5. Cf. Ian de Porto Alegre Muniz, *Reorganizações Societárias*, p. 106.

6. A respeito do fundamento econômico do fundo de comércio, não previsto na Instrução Normativa 247/1996 da CVM, mas previsto na legislação fiscal, afirma João Paulo F. A. Fagundes: "Cabe salientar que, em nosso sentir, o fundamento econômico consubstanciado na existência de fundo de comércio e intangíveis caracteriza a existência de expectativa de rentabilidade futura. (...). Assim sendo, o ágio pago em virtude da existência de fundo de

entre valor de mercado e valor contábil dos bens do ativo da coligada ou controlada; (2) diferença entre o valor pago na aquisição do investimento e o valor de mercado dos ativos e passivos da coligada ou controlada decorrente de: (a) expectativa de resultados futuros; (b) direito de exploração, concessão ou permissão delegadas pelo Poder Público.

O ágio vinculado à diferença entre valor de mercado dos bens da coligada ou controlada e seu valor contábil deverá ser amortizado na proporção em que o ativo for realizado na coligada ou controlada, seja por depreciação, amortização, exaustão ou baixa decorrente de alienação dos referidos bens ou do próprio investimento.

No caso de expectativa de rentabilidade futura, o ágio será amortizado, observado o prazo máximo de 10 anos, no período, extensão e proporção dos resultados projetados, ou pela baixa por alienação ou perecimento do investimento.

Ora, entende-se, aqui, que os lucros auferidos pelas controladas e coligadas não correspondem a ganho efetivo para a investidora, já que esta pagou por eles antecipadamente, no momento em que pagou o ágio. Deve, portanto, amortizar o ágio contra essas receitas.[7]

A Instrução CVM-247/1996 reconhece ainda a existência de ágio fundamentado em outras razões econômicas. Nesses casos, o ágio deverá ser reconhecido imediatamente como perda na investidora.

3.2 *Tratamento tributário*

3.2.1 *Regra geral*

Consoante se apontou na "Introdução" deste artigo, o art. 385 do RIR determina que o valor pago pela participação societária seja desdobrado entre *patrimônio líquido do investimento* e *ágio*. Uma vez feito o desdobramento acima, o valor do ágio ficará, para efeitos tributários, "congelado", até que se realize o próprio investimento.

Caso, por razões contábeis, o ágio tenha sido amortizado, tal amortização deverá ser estornada para fins tributários, isto é, será adicionada ao lucro contábil. Assim, qualquer que tenha sido o fundamento econômico do ágio na aquisição de investimento, sua amortização não será computável na determinação do lucro real do período-base da amortização.

Ocorrendo tal adição, o contribuinte controlará o valor do ágio amortizado na "Parte B" do Livro de Apuração do Lucro Real/LALUR, para apenas reconhecê-lo quando da efetiva realização do investimento.

De fato, consoante disposição do art. 426 do RIR,[8] no caso de alienação ou liquidação do investimento em coligada

comércio ou intangíveis deve, ao nosso ver, em termos de classificação quanto ao seu fundamento econômico, ser tido como decorrente de expectativa de rentabilidade futura. Ou seja, não deverá haver ágio fundamentado em fundo de comércio ou intangíveis. Desse modo, em termos práticos, acreditamos existirem, à luz da legislação fiscal, os mesmos três fundamentos econômicos para o ágio ou deságio contemplados pela norma da CVM (...)" ("*Upstream mergers* – Algumas considerações sobre o ágio e o deságio", *Revista de Direito Tributário da APET* 2/83-84, Ano I, junho/2004).

7. Cf. Sérgio de Iudícibus, Eliseu Martins e Ernesto Rubens Gelbcke, *Manual de Contabilidade das Sociedades por Ações: Aplicável às Demais Sociedades (FIPECAFI)*, 6ª ed., São Paulo, Atlas, 2003, p. 186.

8. RIR, art. 246: "Art. 426. O valor contábil, para efeito de determinar o ganho ou perda de capital na alienação ou liquidação de investimento em coligada ou controlada avaliado pelo valor de patrimônio líquido (art. 384), será a soma algébrica dos seguintes valores (Decreto-lei n. 1.598, de 1977, art. 33, e Decreto-lei n. 1.730, de 1979, art. 1º, inciso V): I – valor de patrimônio líquido pelo qual o investimento estiver registrado na contabilidade do contribuinte; II – ágio ou deságio na aquisição do investimento, ainda que tenha sido amortizado na escrituração comercial do contribuinte, excluídos os computados nos exercícios financeiros de 1979 e 1980, na determinação do lucro real; III – provisão para perdas que tiver sido computada, como dedução, na determinação do lucro real, observado o disposto no parágrafo único do artigo anterior".

ou controlada, o valor do ágio, ainda que tenha sido amortizado na contabilidade da investidora, será adicionado ao valor patrimonial da participação, para fins de apuração do correspondente ganho ou perda de capital.

Desta forma, se para efeitos contábeis o valor do ágio tiver sido amortizado, a adição da amortização ao lucro contábil será estornada para fins tributários. Conclui-se, portanto, que, como regra, a amortização do ágio é irrelevante no cômputo do lucro tributável, apenas se considerando o ágio no momento da realização do investimento. É o que dispõe o art. 391 do RIR (art. 25 do Decreto-lei 1.598/1977 e art. 1º, III, do Decreto-lei 1.730/1979).[9]

Noutras palavras, ocorre um descolamento entre balanço contábil e balanço tributário,[10] já que neste o ágio permanece intacto, até o momento da realização.

9. RIR, art. 391:

"Art. 391. As contrapartidas da amortização do ágio ou deságio de que trata o art. 385 não serão computadas na determinação do lucro real, ressalvado o disposto no art. 426 (Decreto-lei n. 1.598, de 1977, art. 25, e Decreto-lei n. 1.730, de 1979, art. 1º, inciso III).

"Parágrafo único. Concomitantemente com a amortização, na escrituração comercial, do ágio ou deságio a que se refere este artigo, será mantido controle, no LALUR, para efeito de determinação do ganho ou perda de capital na alienação ou liquidação do investimento (art. 426)."

10. A figura do *balanço tributário* (*Steuerbilanz*), em contraposição ao balanço societário, não foi propriamente adotada pelo ordenamento brasileiro. Em diversas situações será o valor contábil, posto que diverso do valor constante do *balanço tributário*, o relevante mesmo para a produção de efeitos tributários. Valem como exemplo os juros sobre o capital próprio, que são calculados sobre o patrimônio (contábil), mesmo que este compute valores que, no *balanço tributário*, não deveriam ser ali inseridos. Não obstante, parece interessante o emprego da figura do *balanço tributário*, para efeitos meramente didáticos, enquanto ferramenta para que se compreenda a circunstância de que um fato possa produzir conseqüências diversas (ou em momentos diversos) nos âmbitos contábil e tributário. Sobre o assunto, cf. Enno Biergans, *Einkommensteuer und Steuerbilanz*, 2ª ed., Munique, Oldenbourg, 1983; Assis Tavares, *Do Balanço Real ao Balanço Fiscal*, 2ª ed., Lisboa, Clássica, 1978, p. 101.

Vê-se, com isso, que, uma vez feita aquisição de um investimento com ágio, este fica "congelado", para efeitos tributários, enquanto subsistir o investimento. No entanto, muitas vezes tal "congelamento" gera um efeito indesejado, tendo em vista que o pagamento de um ágio corresponde a um preço por um lucro que se espera ter no futuro ou por um ativo que se acredita tenha valor superior ao contábil. Caso, mais tarde, aquele lucro esperado venha a se verificar, ou se o referido ativo for vendido pelo valor que o investidor já acreditava que ele valia, então, é claro que o investidor não terá, economicamente, qualquer ganho.

Afinal, quando do pagamento do ágio, o investidor já inclui no preço a rentabilidade futura ou o valor de mercado do bem. A realização daquela rentabilidade ou deste valor não é, pois, qualquer acréscimo patrimonial para o investidor, que precisou desembolsar um ágio para tê-los.

3.2.2 *Fundamentos da não-dedutibilidade do ágio (regra geral)*

Quando uma sociedade adquire participação societária em outra, ela deve registrar contabilmente o valor de seu investimento. Os dois métodos existentes para a contabilização de investimentos em outras sociedades são: (i) o método de custo e (ii) o método da equivalência patrimonial.

Como regra geral são registrados pelo método de custo os investimentos em empresas não controladas ou coligadas, ou não relevantes para a investidora. Nesse método os investimentos são avaliados pelo seu custo de aquisição, que é "o valor efetivamente despendido na transação por subscrição relativa a aumento de capital, ou ainda pela compra de ações de terceiros, quando a base do custo é o preço total pago",[11] deduzido de provisão para perdas.

11. Cf. Sérgio de Iudícibus, Eliseu Martins e Ernesto Rubens Gelbcke, *Manual de Contabilidade das Sociedades por Ações: Aplicável às Demais Sociedades (FIPECAFI)*, 6ª ed., p. 153.

Por sua vez, o método da equivalência patrimonial consiste na avaliação do investimento em outras sociedades em função da participação da investidora no patrimônio líquido da investida.

Cabe, no momento, tecer algumas considerações sobre os fundamentos do método da equivalência patrimonial.

3.2.2.1 O método da equivalência patrimonial/MEP

Muito embora o Direito adote a independência das pessoas jurídicas como princípio, não se pode deixar de notar que em estruturas jurídicas complexas, envolvendo diversas empresas e participações societárias, geralmente subsiste uma única realidade econômica.

A afirmação acima pode ser demonstrada ao se considerar um grupo, composto por diversas empresas-*holdings*, em caráter de subordinação, até que se chegue, ao final, a uma empresa operacional. Para fins do exemplo proposto, considera-se que cada uma das *holdings* mantenha como único bem de seu ativo a participação naquela subseqüente, e assim sucessivamente, até se chegar à empresa operacional. Esquematicamente, tem-se o seguinte:

1

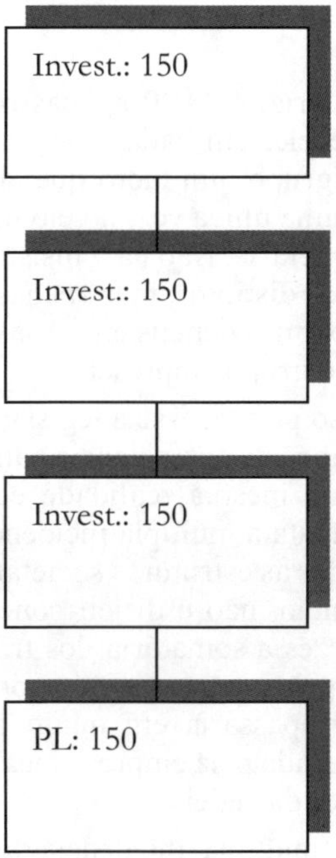

2

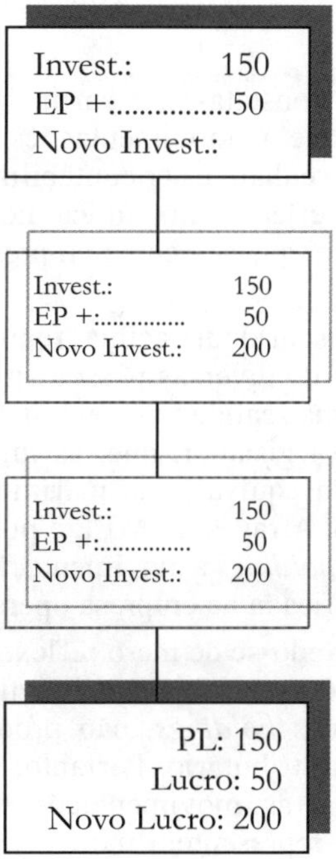

Frente ao exemplo acima, percebe-se que o patrimônio total do grupo não corresponde à soma do patrimônio das empresas que o compõem. Na realidade, trata-se de um único patrimônio, que se reflete por toda a estrutura empresarial criada pelo grupo em questão. Pode-se, ainda, representar a estrutura jurídica acima da seguinte maneira:

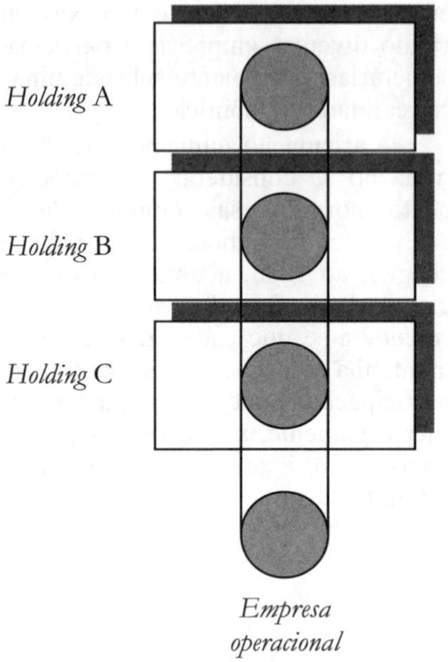

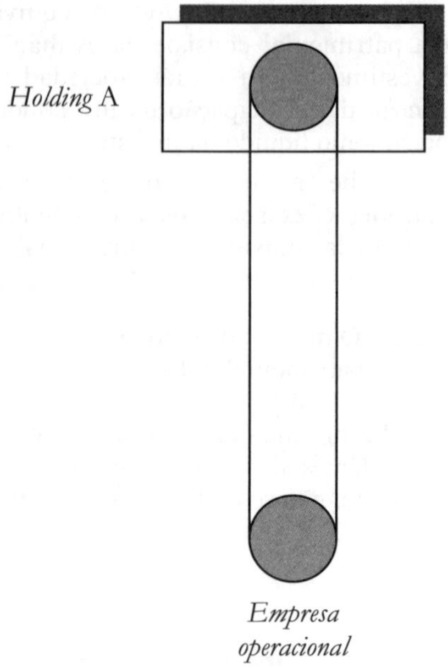

Ora, constata-se, a partir do modelo exposto, que as movimentações patrimoniais que venham a ser contabilizadas nas *holdings* refletem uma única movimentação efetiva, que se deu na empresa operacional.

A disparidade acima representada, composta de diversas pessoas jurídicas e apenas uma realidade econômica, foi notada pelo legislador, que, assim, criou o método da equivalência patrimonial, ora analisado. Através do MEP é possível refletir nas *holdings* a movimentação econômica verificada na empresa operacional.

Tratando-se de mero reflexo, o resultado da equivalência patrimonial, reconhecido nas *holdings*, não produz qualquer efeito tributário. Portanto, para fins tributários, as movimentações patrimoniais que representem meros reflexos de realidades econômicas são irrelevantes.

Sustenta-se no princípio da capacidade contributiva a intributabilidade dos ganhos de equivalência patrimonial.

Afinal, como visto acima, conquanto se possa considerar estrutura complexa, composta de diversos níveis de participação societária, o MEP apenas possibilita que se revele, em cada empresa participante do grupo, um lucro que, afinal, foi auferido uma única vez, no elo inferior da cadeia societária. Não há – insista-se – vários ganhos distintos, mas apenas um, que se faz ecoar nas demais empresas que participam do grupo empresarial.

Acaso pretendesse a legislação tributar os ganhos de equivalência patrimonial, então, uma mesma realidade econômica estaria sujeita a múltipla incidência tributária. Dadas as estruturas societárias complexas, então, não é difícil conceber que muitas vezes a somatória dos tributos recolhidos pelas empresas componentes do grupo ultrapassaria em muito a própria riqueza gerada pela empresa localizada no elo inferior da cadeia.

Esta múltipla incidência facilmente ultrapassaria as raias da capacidade contributiva revelada pelo grupo, chegando – por que não? – ao confisco.

Foi, assim, de bom senso a medida do legislador tributário ao assegurar que não se tributem ganhos de equivalência patrimonial que apenas refletem contabilmente lucros já oferecidos à tributação brasileira por controladas e coligadas.

Deste modo, as participações societárias, de regra, não produzem efeitos na seara fiscal, sendo o lucro tributado apenas na unidade (pessoa jurídica) em que ele foi efetivamente produzido.

Pode-se compreender, ante o exposto, o fato de o art. 248 da Lei 6.404/1976 determinar que os investimentos em sociedades coligadas sobre cuja administração se tenha influência significativa, ou de que se participe com 20% ou mais do capital votante, em controladas e em outras sociedades que façam parte de um mesmo grupo ou estejam sob controle comum, devem ser avaliados com base na variação do patrimônio líquido.

Caso a sociedade coligada ou controlada verifique um aumento patrimonial, a sociedade detentora de participação em seu capital social deverá também identificar esta valorização em seu balanço patrimonial.

Assim, qualquer que seja o motivo (capitalização de lucros, por exemplo), o aumento do patrimônio líquido da sociedade coligada ou controlada representará sempre um acréscimo patrimonial também para a sociedade controladora.

Este acréscimo patrimonial estaria, em tese, sujeito a tributação em ambas as empresas. Entretanto, por reconhecer tratar-se de uma única realidade econômica, o legislador tributário dispensa o resultado positivo de equivalência patrimonial de nova tributação. Afinal, como já mostrado, o mesmo lucro já fora tributado na empresa onde ele foi originariamente verificado. Daí o resultado positivo de equivalência patrimonial constituir uma exclusão na apuração do lucro real.

Por outro lado, deve-se notar que a eventual desvalorização do investimento em participação societária em função da diminuição patrimonial da empresa investida não tem o condão de reduzir o lucro tributável da sociedade controladora. O resultado negativo da equivalência patrimonial deve, pois, ser adicionado ao lucro contábil da investidora para a apuração do lucro tributável.

Conclui-se, assim, que, da mesma forma que o aumento patrimonial somente é tributado na sociedade investida, a eventual diminuição patrimonial também somente será considerada na apuração do lucro desta. Confirma-se, por esse motivo, que o resultado proveniente da equivalência patrimonial é *neutro para fins tributários*.[12]

Reconhecendo-se que o resultado positivo de equivalência patrimonial não é tributado na investidora, sendo contabilizado como receita operacional não-tributável, passa-se a explicitar o motivo pelo qual as despesas de amortização do ágio, como regra geral, não são dedutíveis para fins de apuração do lucro tributável.

3.2.2.2 O confronto das despesas com as receitas (*matching principle*)

Na contabilidade reconhece-se a existência dos chamados *princípios contábeis geralmente aceitos*. Tais princípios, que visam a orientar a atividade do contador, surgiram da necessidade de se criar

12. O art. 389 do RIR é claro nesse sentido:

"Art. 389. A contrapartida do ajuste de que trata o art. 388, por aumento ou redução no valor de patrimônio líquido do investimento, não será computada na determinação do lucro real (Decreto-lei n. 1.598, de 1977, art. 23, e Decreto-lei n. 1.648, de 1978, art. 1º, inciso IV).

"§ 1º. Não serão computadas na determinação do lucro real as contrapartidas de ajuste do valor do investimento ou da amortização do ágio ou deságio na aquisição de investimentos em sociedades estrangeiras coligadas ou controladas que não funcionem no país (Decreto-lei n. 1.598, de 1977, art. 23, parágrafo único, e Decreto-lei n. 1.648, de 1978, art. 1º, inciso IV).

"§ 2º. Os resultados da avaliação dos investimentos no exterior pelo método da equivalência patrimonial continuarão a ter o tratamento previsto nesta Subseção, sem prejuízo do disposto no art. 394 (Lei n. 9.249, de 1995, art. 25, § 6º)."

uma linguagem comum que pudesse ser aplicada aos relatórios contábeis.[13]

Entre os princípios contábeis encontra-se o *princípio do confronto das despesas com as receitas e com os períodos contábeis* (*matching principle*), que é assim enunciado: "Toda despesa diretamente delineável com as receitas reconhecidas em determinado período, com as mesmas deverá ser confrontada; os consumos ou sacrifícios de ativos (atuais ou futuros), realizados em determinado período e que não puderam ser associados à receita do período nem às despesas dos períodos futuros, deverão ser descarregados como despesa do período em que ocorrerem".

As despesas e perdas ocorridas em um determinado período devem ser confrontadas com as receitas reconhecidas nesse mesmo período. Como afirma José Carlos Marion, "no momento em que reconhecemos a receita, associamo-la com a despesa sacrificada para obter aquela receita. Deste confronto (receita *x* despesa), obteremos o resultado do exercício".[14]

Portanto, dada determinada receita, deve-se confrontá-la com a despesa que a gerou, de modo a se obter o lucro. Pode-se mencionar como exemplo, sob tal aspecto, que gastos incorridos no período pré-operacional de uma empresa somente são considerados como despesas a partir do momento em que a sociedade, ou parte de seu ativo, começa a gerar receitas.

Ora, pelo princípio do confrontos das receitas com as despesas, muito embora os gastos pré-operacionais tenham ocorrido em um momento anterior, somente serão contabilizados como despesa no momento em que a entidade gerar as receitas correspondentes a tais gastos, para ocorrer, então, o confronto de ambas. Tal situação pode ser representada pelo seguinte gráfico:

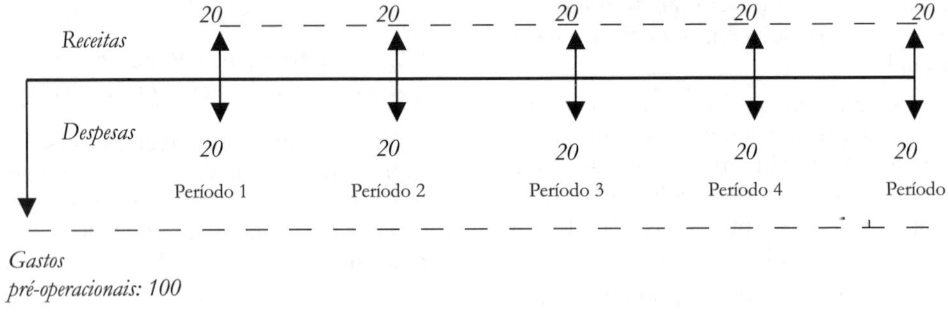

É possível perceber que, caso se considerasse o montante dos gastos pré-operacionais como despesa no momento em que eles foram efetuados, independentemente da geração de receitas pela empresa, o resultado seria distorcido. Não se levaria em conta, desta forma, que as despesas pré-operacionais contribuíram para a formação de receitas no futuro.

O raciocínio aqui exposto é de fundamental importância para que se entenda por que, como regra, o ágio pago na aquisição de participações societárias não pode ser deduzido do lucro tributável da investidora.

Enquanto não ocorre a realização do investimento ou a incorporação das empresas, o único reflexo decorrente da participação societária detida pela investidora é o resultado da equivalência patrimonial.

No entanto, consoante se anteviu, o resultado positivo da equivalência patrimonial é receita operacional não-tributável, e, como tal, não possui qualquer efeito fiscal na pessoa jurídica investidora.

13. Cf. José Carlos Marion, *Contabilidade Empresarial*, 4ª ed., São Paulo, Atlas, 1990, p. 39.

14. Idem, p. 96.

O ágio pago pela investidora na aquisição de participação societária é justamente a despesa correspondente ao resultado de equivalência patrimonial. Assim, no encontro de contas acima proposto deveriam ser confrontadas as despesas com a amortização do ágio e o resultado da equivalência patrimonial.

Nada obstante, uma vez que a receita que corresponde ao ágio (isto é, o resultado da equivalência patrimonial) não é tributada na investidora, percebe-se que seria um contra-senso esperar que a legislação permitisse sua dedutibilidade.

Assim, somente seria possível falar em dedutibilidade do ágio se o resultado de equivalência patrimonial fosse tributado no Brasil, o que, de regra, não é verdadeiro.

Desta forma, conclui-se que o ágio pago não pode reduzir o lucro tributável da empresa investidora, tendo em vista que a receita correspondente a este ágio – qual seja, o resultado positivo da equivalência patrimonial – é receita operacional não-tributável.

4. Ágio na incorporação

4.1 Tratamento geral do ágio na incorporação

4.1.1 *Contexto histórico*

Anteriormente à edição da Lei 9.532/1997 não havia na legislação tributária nacional regulamentação relativa ao tratamento que deveria ser conferido ao ágio em hipóteses de incorporação envolvendo a pessoa jurídica que o pagou e a pessoa jurídica que motivou a despesa com ágio.

O que ocorria na prática era a consideração de que a incorporação era, *per se*, evento suficiente para a realização do ágio, independentemente de sua fundamentação econômica.

Apenas com o advento do art. 7º da Lei 9.532/1997, consubstanciado no art. 385 do RIR, objeto da conversão em lei da Medida Provisória 1.602/1997, foi realizada distinção de tratamento que deveria ser dado ao ágio, conforme seu fundamento econômico, no caso de incorporação entre pessoas jurídicas, restringindo as possibilidades de sua dedução para fins de cálculo do lucro real, base de cálculo do IRPJ.

A Exposição de Motivos da Medida Provisória 1.602/1997 deixou hialino esse intuito de restrição da consideração do ágio como despesa dedutível, mediante a instituição de óbices à amortização de qualquer tipo de ágio nas operações de incorporação. Com isso, o legislador visou a limitar a dedução do ágio às hipóteses em que fossem acarretados efeitos econômico-tributários que o justificassem.

Segundo as palavras utilizadas à época pelo Poder Executivo para justificar a introdução de disciplina diferenciada para o ágio conforme sua fundamentação econômica, houve a necessidade de se coibir planejamentos tributários consistentes na aquisição com ágio de empresas deficitárias e posterior incorporação que fizesse com que o ágio fosse deduzido na empresa lucrativa.[15]

Como antigamente não havia qualquer coerência e consistência para a dedução do ágio, a falta de regulamentação específica estava sendo utilizada para distorcer a lógica do sistema, o que gerou motivação suficiente para que o legislador barrasse esses artifícios prejudiciais à completude do ordenamento jurídico.

15. Exposição de Motivos da Medida Provisória 1.602/1997: "11. (...). Atualmente, pela inexistência de regulamentação legal relativa a esse assunto, diversas empresas, utilizando dos já referidos 'planejamentos tributários', vêm utilizando o expediente de adquirir empresas deficitárias, pagando ágio pela participação, com a finalidade única de gerar ganhos de natureza tributária mediante o expediente, nada ortodoxo, de incorporação da empresa lucrativa pela deficitária. Com as normas previstas no Projeto, esses procedimentos não deixarão de acontecer, mas, com certeza, ficarão restritos às hipóteses de casos reais, tendo em vista o desaparecimento de toda vantagem de natureza fiscal que possa incentivar a sua adoção exclusivamente por esse motivo".

Verificando esse panorama que surgiu com a nova regulamentação fiscal em matéria de ágio, Ricardo Mariz de Oliveira e João Francisco Bianco bem observaram que "a nova lei não ignora a existência dos ágios e deságios e não obriga, pura e simplesmente, que eles sejam descartados, pois passa a preservá-los e a reconhecer-lhes efeitos no devido tempo, conforme as circunstâncias de cada caso".[16]

Sendo assim, a partir de 1998, ano em que entrou em vigor a Lei 9.532/1997, adveio um cenário diferente em matéria de dedução fiscal do ágio. Desde então, restringiram-se as hipóteses em que o ágio seria passível de ser deduzido no caso de incorporação entre pessoas jurídicas, com a imposição de limites máximos de dedução em determinadas situações.

Ou seja, nem sempre o ágio contabilizado pela pessoa jurídica poderia ser deduzido de seu lucro real quando da ocorrência do evento de incorporação. Pelo contrário. Com a regulamentação ora em vigor poucas são as hipóteses em que o ágio registrado poderá ser deduzido, a depender da fundamentação econômica que lhe seja conferida.

4.1.2 *Encontro de contas: a justificativa para o tratamento fiscal do ágio na incorporação*

Como destacado anteriormente, a lei fiscal impõe que o ágio deva possuir uma das seguintes fundamentações: (i) valor de mercado de bens do ativo da coligada ou controlada superior ao custo registrado na sua contabilidade; (ii) valor de rentabilidade da coligada ou controlada, com base em previsão dos resultados futuros; ou (iii) fundo de comércio, intangíveis e outras razões econômicas.

A Lei 9.532/1997 introduziu sistemática segundo a qual após a incorporação entre pessoas jurídicas apenas poderia ser deduzido do lucro real o ágio que fosse considerado realizado. Mas como e quando se dá a realização do ágio?

Essa questão é o cerne do entendimento que este estudo apresenta, e dependerá justamente da fundamentação econômica do ágio pago. Para fins fiscais, diversos são os eventos que fazem com que as variadas fundamentações econômicas do ágio sejam consideradas realizadas, nem sempre coincidindo esses eventos com a operação de incorporação. E por que isto assim acontece?

Para melhor expor a questão, primeiramente considerem-se três situações. Na *situação 1* a Empresa "A" adquire participação com ágio na Empresa "B", sendo esse ágio fundamentado no valor de mercado dos bens do ativo da Empresa "B". Na *situação 2* a Empresa "A" adquire participação com ágio na Empresa "B", sendo esse ágio fundamentado na rentabilidade futura da Empresa "B". Por fim, na *situação 3* a Empresa "A" adquire participação com ágio na Empresa "B", sendo esse ágio fundamentado nos fundos de comércio e outros intangíveis da Empresa "B".

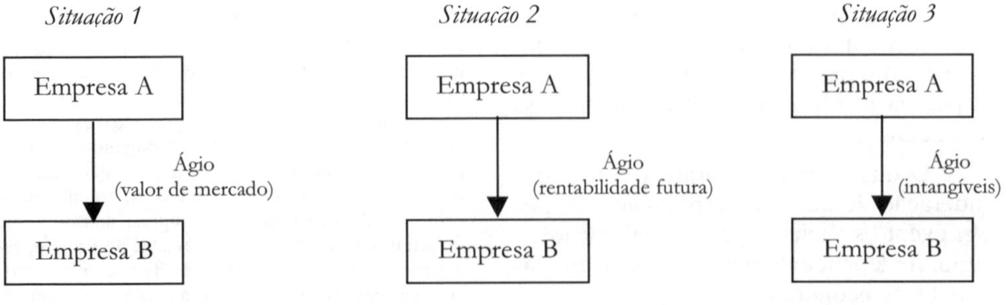

16. Ricardo Mariz de Oliveira e João Francisco Bianco, "Extinção de participação societária em fusão, incorporação ou cisão – Tratamento ao ágio e deságio pela Lei n. 9.532", in Valdir de Oliveira

Conforme já demonstrado, pelo princípio contábil do confronto das despesas com as receitas (o *matching principle*), as despesas que sejam diretamente relacionadas a receitas de determinado período devem ser com estas confrontadas, a fim de que não sejam geradas quaisquer distorções.

Não seria razoável que se contabilizasse uma receita sem que a despesa que a originou fosse a esta contraposta; caso contrário se verificariam valores absolutamente fictícios, com resultados negativos no período em que se contabilizasse a despesa e positivos no período em que se escriturasse a receita, quando, em verdade, esses valores contrapostos acarretariam um resultado global neutro.

Segundo explana Sérgio de Iudícibus, os princípios dão as grandes linhas filosóficas da resposta contábil aos desafios do sistema de informação da contabilidade, operando num cenário complexo, no nível dos postulados, formando, pois, o núcleo da doutrina contábil.[17]

Muito além de influenciar as ciências contábeis, é de se notar que os princípios afetam todos os demais âmbitos de estudo dotados de cientificidade, dentre estes o Direito. Um princípio que fornece respostas satisfatórias a uma ciência pode perfeitamente oferecer respostas também satisfatórias a outros âmbitos científicos.

E ocorreu justamente isso em matéria de amortização de ágio.

Além de fornecer resposta aos desafios contábeis, o princípio do confronto das despesas com as receitas também foi utilizado pelo legislador para fornecer respostas satisfatórias aos desafios fiscais de amortização de ágio.

Rocha (coord.), *Imposto de Renda: Alterações Fundamentais*, vol. 2, São Paulo, Dialética, 1998, p. 185.

17. Sérgio de Iudícibus, Eliseu Martins, Ernesto Rubens Gelbcke, *Manual de Contabilidade das Sociedades por Ações: Aplicável às Demais Sociedades (FIPECAFI)*, 6ª ed., p. 53.

Foi de rara felicidade a introdução desse princípio, de natureza primordialmente contábil, na apuração do lucro real das pessoas jurídicas nacionais por parte do Poder Executivo quando formulou o tratamento do ágio na incorporação que atualmente observamos em nosso ordenamento jurídico.

Entendeu-se que o momento da dedutibilidade fiscal do ágio deveria estar estritamente vinculado ao momento em que as receitas que acarretaram seu pagamento fossem auferidas, isto é, o momento em que o ágio fosse considerado realizado.

Ora, qual o motivo de se ter pagado um montante superior ao valor de patrimônio líquido de uma pessoa jurídica para adquiri-la?

A expectativa de auferir resultados positivos futuros em decorrência desse ágio pago é a resposta.

Se resultados positivos futuros tiveram sua origem em despesa com ágio ocorrida no passado, nada mais correto que registrar esse ágio em ativo para que apenas seja considerado em conta de resultado quando os referidos resultados positivos futuros forem auferidos. Eis onde o legislador acertou ao editar a regulamentação do ágio ora em vigor.

O legislador e o intérprete do Direito devem, conjuntamente, conciliar esforços para fazer com que o sistema jurídico seja um todo consistente e coerente, com estruturação que lhe confira lógica hermenêutica.

Conforme ensina Tércio Sampaio Ferraz Jr. sobre o processo interpretativo do Direito, a concepção do ordenamento jurídico como sendo um sistema dotado de unidade e consistência nada mais é que um pressuposto ideológico que a dogmática do Direito, prevalecentemente, assume.[18]

18. Tércio Sampaio Ferraz Jr., *Introdução ao Estudo do Direito*, São Paulo, Atlas, 2003, p. 206.

Isso faz com que surjam três critérios básicos para compor a interpretação do exegeta: coerência, consenso e justiça.[19] As normas, segundo Eros Roberto Grau,[20] devem ser harmônicas dentro de um sistema jurídico, sem haver qualquer tipo de contradição entre estas, a fim de que não seja deturpada a noção de consistência do sistema.

Portanto, nada mais correto que trazer a harmonia para todas as searas do Direito, gerando a harmonia necessária através da conciliação entre a coerência, o consenso e a justiça.

Tratando-se do espectro fiscal dessas considerações, não basta que se registrem resultados positivos na pessoa jurídica investidora que efetuou o pagamento do ágio – a Empresa "A", nas situações supraexpostas – para que se possa deduzir a despesa de ágio incorrida.

Decorrência do fato de que a despesa com ágio reduzirá o lucro real da Empresa "A", é necessário que os resultados decorrentes do ágio pago sejam tributáveis nessa pessoa jurídica; caso contrário não se poderá realizar o encontro de contas que sustenta o princípio do confronto de receitas e despesas, que o legislador tributário parece ter adotado em matéria de ágio.

Retomando o que foi dito anteriormente, tem-se que o método da equivalência patrimonial/MEP é exatamente o motivo que embasa a impossibilidade de dedução fiscal do ágio quando ainda não realizada operação de incorporação entre as pessoas jurídicas envolvidas, independentemente de sua fundamentação econômica.

Enquanto não realizada a incorporação, apenas o MEP consegue captar reflexos positivos na investidora; mas como, em regra, esses reflexos não são tributados, não haveria como já ser deduzido o ágio que originou as receitas de equivalência patrimonial.

Nesse diapasão, a argumentação de que as receitas de equivalência patrimonial nada mais são que um reflexo do ágio que foi pago com base na rentabilidade futura da investida – o que, em tese, faria com que o ágio fundamentado nessa motivação econômica fosse realizado – se esvai justamente na consideração de que ao não tributar, em regra, a investidora com base na equivalência patrimonial, o legislador tributário optou por fazer incidir imposto sobre renda realizada (*realization basis*), e não sobre renda acumulada (*accrual basis*).[21]

Tendo sido eleita a *realization basis* pelo legislador tributário através da instituição da neutralidade dos resultados de equivalência patrimonial, incabível afirmar que o ágio, ainda que fundamentado na rentabilidade futura, pode ser considerado realizado antes da incorporação de uma das pessoas jurídicas envolvidas (exceto se antes disso tiver ocorrido baixa da participação societária adquirida, quando, em regra, o ágio será considerado realizado).

Após a incorporação entre as pessoas jurídicas com as quais o ágio se relaciona, diferente é o panorama verificado. Eis o que ocorre com a incorporação da investida pela investidora, tomando como base as mesmas situações expostas anteriormente envolvendo a Empresa "A" e a Empresa "B":

19. Idem, p. 286.

20. Eros Roberto Grau, *Ensaio e Discurso sobre a Interpretação e Aplicação do Direito*, São Paulo, Malheiros Editores, 2002, p. 74.

21. Cf. Henry Tilbery, *A Tributação dos Ganhos de Capital*, São Paulo, Resenha Tributária, 1977, p. 24.

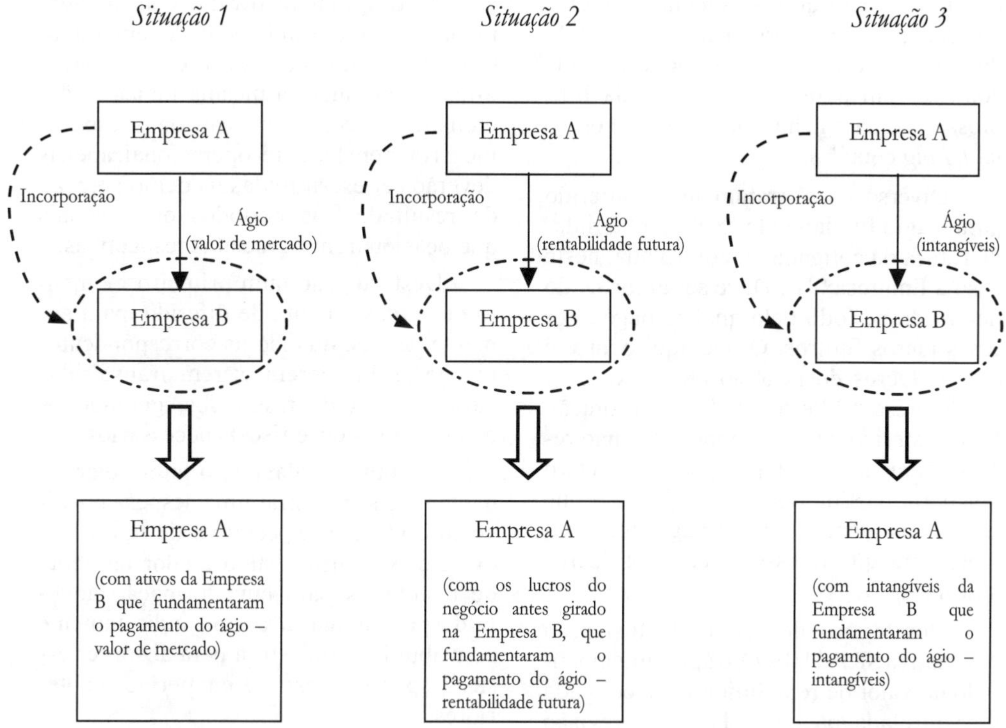

Com o advento da incorporação, a Empresa "A" e a Empresa "B" tornam-se uma única realidade, com a Empresa "B" sendo de fato extinta, mas seus ativos, lucros e intangíveis que motivaram o pagamento do ágio nas situações respectivas 1, 2 e 3 passando diretamente para a Empresa "A".

Dessa maneira, no caso do ágio fundamentado no valor de mercado de bens da investida e do ágio fundamentado na existência de fundo de comércio e outros intangíveis nessa pessoa jurídica a incorporação não faz com que sejam computadas as receitas originadas do pagamento dos aludidos ágios.

Os bens e direitos, tangíveis e intangíveis, que os originaram continuam intactos, sem que a Empresa "A" tenha auferido qualquer rendimento realizado, passível de tributação. Os possíveis rendimentos continuam acumulados, com a única diferença consistente no fato de que passam a compor o patrimônio da Empresa "A", uma vez extinta a Empresa "B", incorporada.

Como decorrência disso, dispõe o art. 7º da Lei 9.532/1997, refletido no art. 386 do RIR, que o ágio com fundamento em valor de mercado deverá ser registrado em contrapartida à conta que registre o bem ou direito que lhe deu causa, e o ágio com fundamento em fundo de comércio, intangíveis e outras razões econômicas deverá ser registrado em contrapartida à conta de ativo permanente, não se sujeitando a amortização.

Note-se que, uma vez que os ativos ou direitos sejam contabilizados na Empresa "A", passarão a se sujeitar às regras de depreciação/amortização, daí sendo dedutíveis na medida do período em que contribuírem para os resultados da Empresa "A", na estrita consonância com o *matching* contábil.

Diverso é o tratamento conferido para o ágio fundamentado em rentabilidade futura da coligada ou controlada, neste caso a Empresa "B". Deve ser amortizado dentro do período pelo qual se pagou por esses lucros futuros. O que aqui ocorre é que os lucros do negócio antes existente na Empresa "B" e que pela incorporação foi transferido para a Empresa "A" não representam um resultado positivo efetivo por parte da Empresa "A", haja vista que esta inicialmente já havia pago um montante para que tivesse direito aos lucros auferidos.

Nos termos do art. 1º da Instrução Normativa SRF-11/1999, o ágio fundamentado no valor de rentabilidade da coligada ou controlada, pago com base em previsão dos resultados nos exercícios futuros, deve ser registrado em contrapartida à conta do ativo diferido. Essa conta de ativo é destinada a classificar, como dispõe literalmente o art. 179 da Lei 6.404/1976, "as aplicações de recursos em despesas que contribuirão para a formação do resultado de mais de um exercício social".

As despesas incorridas com o pagamento de ágio fundamentado em rentabilidade futura, contabilizadas em ativo diferido, possuem a mesma lógica já demonstrada de amortização das despesas incorridas em fase pré-operacional: apenas deverão ser escrituradas na demonstração de resultado dos períodos operacionais que ocasionarem as receitas respectivas.

Destarte, são num primeiro momento debitadas à conta de diferido, para somente depois, quando as correspondentes receitas sobrevierem, serem transferidas para a conta de resultados, gerando os efeitos contábeis e fiscais necessários.

Em outras palavras, o fator determinante para se registrar uma despesa no ativo diferido é a expectativa de haver, em exercícios futuros, saldo credor na conta de resultados para cuja formação aquela despesa tenha direta ou indiretamente contribuído, e que sirva para absorver essas despesas incorridas em períodos anteriores.

Feitas essas considerações, eis, de forma gráfica, a justificativa para amortização do ágio fundamentado em valor de mercado e em rentabilidade futura, considerando os resultados positivos e negativos sob a perspectiva da Empresa "A", para que possamos compreender o tratamento fiscal dado ao ágio que é conferido:

Ágio pago com base no valor de mercado de ativos da investida
(ativo não depreciável ou amortizável)

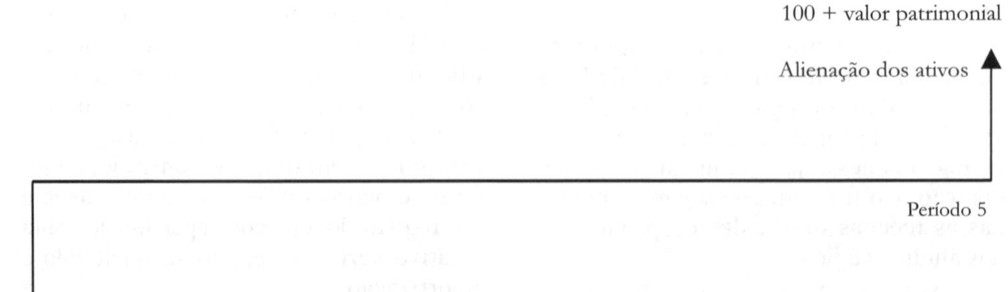

Ágio pago com base na rentabilidade futura da investida

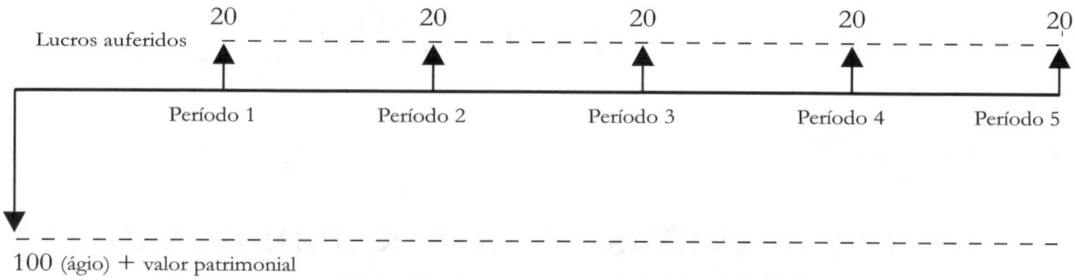

Em ambas as situações supra-expostas não se deve considerar que a Empresa "A" auferiu resultado positivo global em suas operações, pois nos dois casos houve pagamento de ágio no valor de 100 e foi auferida receita relacionada ao ágio pago com exato valor de 100. Houve, portanto, uma mera recuperação de custo.

A realização do ágio valor de mercado apenas ocorre quando da baixa do ativo, nesta situação representada por uma alienação. Se essa alienação não ocorrer por valor superior ao do ágio acrescido do valor patrimonial pago, isto é, o custo de aquisição do ativo, não haverá qualquer ganho. A incorporação da Empresa "B" pela Empresa "A" em nada influencia essa situação, porquanto o bem permanece na esfera patrimonial da Empresa "A". O que interessa realmente é a baixa do ativo.

Já na hipótese do ágio rentabilidade futura o auferimento de lucros tributáveis na Empresa "A" é *per se* suficiente para traduzir a realização do dispêndio com o ágio antes incorrido, que deverá ser utilizado para compensar os resultados positivos à medida que forem ocorrendo.

Daí o porquê de após a incorporação o ágio ser considerado realizado, uma vez que apenas a partir desse momento os lucros passam a ser tributados na investidora, pois antes disso no máximo haverá receita de equivalência patrimonial, não-tributável.

Dessa forma, para que se possa considerar os lucros auferidos pela Empresa "B" como real resultado global positivo na Empresa "A", faz-se essencial primeiramente baixar o ágio contra esses lucros. Isso porque os lucros passarão a ser tributados na Empresa "A", e se não for baixada a despesa com ágio contra as receitas que o fundamentaram proceder-se-á à tributação de uma não-renda.

Foi nisso que pensou o legislador ao determinar no art. 7º da Lei 9.532/1997 que a pessoa jurídica que absorver, em virtude de incorporação, patrimônio de outra na qual detenha participação societária adquirida com ágio poderá amortizar o valor do ágio cujo fundamento seja o de rentabilidade futura da coligada ou controlada incorporada. Somente neste caso ocorre efetiva realização imediata do ágio.

Nos termos do art. 7º da Lei 9.532/1997, a amortização do ágio fundamentado em rentabilidade futura poderá ocorrer à razão de um sessenta avos, no máximo, para cada mês do período de apuração, o que corresponde a um período mínimo de amortização de cinco anos.

Importante se faz destacar que antes do advento da Lei 9.718/1998, que, em seu art. 10, alterou a redação do art. 7º da Lei 9.532/1997, havia a imposição de um limite temporal máximo fixado em 10 anos para a dedução total do ágio fundamentado em rentabilidade futura.

CADERNOS DE DIREITO TRIBUTÁRIO

EXTENSÃO ÀS EMISSORAS DE RADIODIFUSÃO OPTANTES PELO *SIMPLES NACIONAL* DA SITUAÇÃO DE NÃO-INCIDÊNCIA DE ISS SOBRE A VEICULAÇÃO DE PUBLICIDADE

ROQUE ANTONIO CARRAZZA

Professor Titular de Direito Tributário da Faculdade de Direito da PUC/SP – Mestre, Doutor e Livre-Docente em Direito Tributário pela PUC/SP – Advogado e Consultor Tributário –Presidente da Academia Paulista de Direito

1. Circunscrição do problema e encaminhamento de sua solução jurídica. 2. Considerações gerais. 3. O perfil constitucional do ISS: 3.1 Os "serviços definidos em lei complementar". 4. Da intributabilidade por meio de ISS da divulgação de publicidade pelas rádios e TVs abertas. 5. Da extensão às emissoras de radiodifusão da diretriz contida no art. 14 da Resolução 5/2007 do Comitê Gestor de Tributação das Microempresas e Empresas de Pequeno Porte. 6. Dos procedimentos a serem adotados pelas emissoras de radiodifusão optantes pelo SIMPLES Nacional, para terem reconhecido seu direito de não-recolher ISS sobre as receitas que auferem quando prestam serviços de divulgação de propaganda. 7. Conclusões.

1. Circunscrição do problema e encaminhamento de sua solução jurídica

A Lei Complementar 123, 14.12.2006 – mais conhecida como *Lei Geral da Micro e Pequena Empresa* – instituiu o *Regime Especial Unificado de Arrecadação de Tributos e Contribuições – SIMPLES Nacional.*

O *SIMPLES Nacional*, nos termos do Anexo III da Lei Complementar 123/2006, acarreta para as empresas optantes o recolhimento mensal dos seguintes impostos e contribuições: IRPJ, CSLL, COFINS, PIS/PASEP, INSS e ISS.

Ocorre, porém, que a *Lista de Serviços* anexa à Lei Complementar 116/2003 não prevê a tributação por meio de ISS dos serviços de veiculação de publicidade prestados por emissoras de rádio e televisão.

Por outro lado, o Comitê Gestor de Tributação das Microempresas e Empresas de Pequeno Porte/CGSN editou, em 30.5.2007, a Resolução CGSN-5, dispondo sobre o cálculo e o recolhimento dos impostos e contribuições devidos pelas empresas optantes pelo *SIMPLES Nacional* e estabelecendo, em seu art. 14, que: "Sobre a parcela das receitas sujeitas a imunidade, serão desconsiderados os percentuais dos tributos sobre os quais recaia a respectiva imunidade, conforme o caso".

Diante disso, deseja-se saber se: (i) a situação de não-incidência de ISS sobre a prestação de serviços de veiculação de publicidade por emissoras de rádio e TV é extensiva às emissoras de radiodifusão optantes pelo SIMPLES Nacional; e (ii) o termo "imunidade" contido no art. 14 da Resolução CGSN-5 pode ser de algum modo aplicado às emissoras de radiodifusão optantes pelo SIMPLES Nacional.

Para levarmos a bom termo nossa tarefa, dividiremos o presente artigo em duas partes. Na primeira teceremos considerações gerais sobre o tema. De seguida, com apoio nas conclusões a que tivermos chegado, procuraremos dar resposta fundamentada às duas questões acima formuladas.

2. Considerações gerais

I – O *Regime Especial Unificado de Arrecadação de Tributos e Contribuições*, mais conhecido como *SIMPLES Nacional* (ou *Super SIMPLES*) – como já adiantamos –, foi introduzido em nosso ordenamento jurídico pela Lei Complementar 123, de 14.12.2006.

O SIMPLES Nacional objetiva, dentre outras coisas, dispensar tratamento tributário favorecido às microempresas (MEs) e às empresas de pequeno porte (EPPs), tal como estipulado no art. 146, III, "d", e parágrafo único, da CF, *verbis*:

"Art. 146. Cabe à lei complementar: (...) III – estabelecer normas gerais em matéria de legislação tributária, especialmente sobre: (...) d) definição de tratamento diferenciado e favorecido para as microempresas e para as empresas de pequeno porte, inclusive regimes especiais ou simplificados no caso do imposto previsto no art. 155, II, das contribuições previstas no art. 195, I e §§ 12 e 13, e da contribuição a que se refere o art. 239.

"Parágrafo único. A lei complementar de que trata o inciso III, 'd', também poderá instituir um regime único de arrecadação dos impostos e contribuições da União, dos Estados, do Distrito Federal e dos Municípios, observado que: I – será opcional para o contribuinte; II – poderão ser estabelecidas condições de enquadramento diferenciadas por Estado; III – o recolhimento será unificado e centralizado e a distribuição da parcela de recursos pertencentes aos respectivos entes federados será imediata, vedada qualquer retenção ou condicionamento; IV – a arrecadação, a fiscalização e a cobrança poderão ser compartilhadas pelos entes federados, adotado cadastro nacional único de contribuintes."

Claro está, pois, que tudo o que disser respeito à tributação das MEs e das EPPs deve receber uma interpretação *generosa*, posto ser vontade do constituinte – explicitamente manifestada – incentivá-las e submetê-las a uma carga fiscal mais branda que aquela que alcança as empresas privadas em geral.

Deveras, dispensar, em matéria fiscal, "tratamento diferenciado e favorecido para as microempresas e para as empresas de pequeno porte" é reconhecer-lhes as peculiaridades e, ao fazê-lo, eximi-las, o quanto possível, de tributação. Afinal, como é de comum sabença, a tributação lanha a propriedade dos contribuintes, já que fica com uma parcela, por vezes significativa, de suas riquezas.

Logo, por injunção constitucional, as pessoas políticas, mais que a mera faculdade, têm o dever inarredável de dispensar tratamento tributário o quanto possível vantajoso às MEs e às EPPs. Melhor dizendo, os montantes dos tributos a serem por elas recolhidos e os deveres instrumentais tributários a seu cargo devem ser menores que os suportados pelas empresas de médio e grande porte.

Por outro lado, eventuais dúvidas que a legislação tributária possa, a respeito, suscitar devem ser solvidas em favor das MEs e das EPPs.

Destarte, as normas tributárias devem ser editadas, interpretadas e aplicadas de tal modo que as MEs e as EPPs sofram um mínimo de tributação e suportem o menor número possível de deveres instrumentais tributários.

Em resumo, o já citado art. 146, III, "d", da CF traduz o reconhecimento de que as MEs e as EPPs somente reúnem condições de sobreviver, num mercado dominado pelas grandes empresas (nacionais e internacionais), se receberem tratamento tributário mais benéfico que o dispensado a estas últimas. Estamos, aqui – permitimo-nos dizer –, diante de um *valor* que o Estado é obrigado a perseguir e realizar.[1]

II – Consoante dispõe o art. 13 da Lei Complementar 123/2006, a adesão, pela ME ou pela EPP, ao SIMPLES Nacional implica recolhimento mensal, por intermédio de documento único de arrecadação, do *imposto sobre a renda da pessoa jurídica* (IRPJ), do *imposto sobre produtos industrializados* (IPI), da *contribuição para o financiamento da seguridade social* (COFINS), da *contribuição para o Programa de Integração Social* (PIS), das *contribuições para a seguridade social* a cargo da pessoa jurídica, de que trata o art. 22 da Lei 8.212/1991, do *imposto sobre operações relativas à circulação de mercadorias e sobre prestações de serviços de transporte interestadual e intermunicipal e de comunicação* (ICMS) e do *imposto sobre serviços de qualquer natureza* (ISS).

Deixando de lado detalhes, que não vêm para aqui, o montante destes tributos a ser mensalmente recolhido pelas MEs e pelas EPPs optantes pelo SIMPLES Nacional será obtido mediante a aplicação, sobre a receita bruta mensal por elas auferida, de alíquotas progressivas, variáveis conforme o montante da receita bruta acumulada, dentro do ano-calendário, até o próprio mês da incidência. A cobrança dá-se por meio da incidência de alíquotas específicas, ou seja, sobre as receitas decorrentes da atividade industrial, comercial e de prestação de serviços, contabilizadas em separado (cf. art. 18, § 4º, da Lei Complementar 123/2006).

Em meio a todas estas questões, uma idéia, porém, precisa ficar clara: a Lei Complementar 123/2006 não instituiu nenhum novo tributo, mas apenas abriu espaço, em favor das MEs e das EPPs que voluntariamente aderirem ao SIMPLES Nacional, à unificação da fiscalização, do lançamento e da arrecadação de determinados impostos e contribuições.[2] Em nenhum momento – convém que se frise – atropelou as garantias formais e materiais, plasmadas pela Constituição Federal, que protegem o contribuinte contra eventuais excessos fazendários.

Noutras palavras, o SIMPLES Nacional não criou – para as MEs e as EPPs que a ele voluntariamente aderirem – novas incidências tributárias, mas, pelo contrário, mitigou as existentes, por meio de uma série de reduções de bases de cálculo e de alíquotas, de simplificações contábeis, de isenções e de benefícios fiscais em geral.

1. A idéia, de resto, vem confirmada pelo art. 179 da Carta Suprema: "Art. 179. A União, os Estados, o Distrito Federal e os Municípios dispensarão às microempresas e às empresas de pequeno porte, assim definidas em lei, tratamento jurídico diferenciado, visando a incentivá-las pela simplificação de suas obrigações administrativas, previdenciárias e creditícias, ou pela eliminação ou redução destas por meio de lei".

2. James Marins e Marcelo M. Bertoldi assim conceituam o *SIMPLES Nacional*: "Regime especial de tributação por estimação objetiva, constituído em microssistema tributário, material, formal e processual, que unifica a fiscalização, o lançamento e a arrecadação de determinados impostos e contribuições de competência da União, Estados, Municípios e Distrito Federal, aplicável opcionalmente às microempresas e empresas de pequeno porte, com o escopo de atribuir a estes contribuintes tratamento fiscal diferenciado e favorecido, em caráter parcialmente substitutivo ao regime geral e compulsório" (*Simples Nacional – Estatuto da Microempresa e da Empresa de Pequeno Porte Comentado*, São Paulo, Ed. RT, 2007, p. 68).

Assim, nenhuma interpretação da Lei Complementar 123/2006 será havida por jurídica – e, portanto, por boa – se fizer *tabula rasa* de direitos fundamentais destes contribuintes, como o de só serem tributados na forma da Constituição Federal, maiormente como determinado em seus arts. 146, III, "d", e parágrafo único, e 179.

III – Para dirimir eventuais dúvidas, controvérsias ou conflitos acerca do microssistema tributário forjado pelo SIMPLES Nacional, o art. 2º, I, da Lei Complementar 203/2006 criou o "Comitê Gestor de Tributação das Microempresas e Empresas de Pequeno Porte", que, no exercício desta verdadeira *função explicitadora* (que há de ser desempenhada estritamente *secundum legem*),[3] editou várias *resoluções*, dentre as quais a de n. 5/2007, que, em seu art. 14, estabelece: "Art. 14. Sobre a parcela das receitas sujeitas a imunidade, serão desconsiderados os percentuais dos tributos sobre os quais recaia a respectiva imunidade, conforme o caso".

Muito bem. O que se deseja saber, em última análise, é se esta correta diretriz vale também nas hipóteses de não-incidência dos tributos, mais especificamente do ISS (imposto sobre serviços de qualquer natureza). Estamos convencidos de que *sim*.

Realmente, nas hipóteses em que o ISS não incide não há como nem por quê compelir a ME ou a EPP aderente ao SIMPLES Nacional a se submeter a tal gravame fiscal.

Aliás, seria um rematado contra-senso exigir ISS da ME ou da EPP quando a média e a grande empresas que exercem a mesma atividade estão a salvo desse tributo.

Neste ponto de nosso raciocínio, é o caso de colacionarmos os sempre preciosos ensinamentos de Carlos Maximiliano, *verbis*: "Deve o Direito ser interpretado inteligentemente, *não de modo que a ordem legal envolva um absurdo, prescreva inconveniências, vá ter a conclusões inconsistentes ou impossíveis*".[4]

Ora, por levar a uma conclusão juridicamente absurda e inconsistente, deve ser afastado de plano o entendimento de que mesmo quando a atividade da ME ou da EPP não está sujeita ao ISS o tributo deverá ser recolhido, caso ela venha a aderir ao SIMPLES Nacional.

Assentada esta premissa, vejamos, agora, qual é o perfil constitucional do ISS e se este tributo incide sobre a veiculação de publicidade por meio de emissoras de rádio e TV abertas.

3. O perfil constitucional do ISS

I – O ISS está previsto no art. 156, III, da CF, *verbis*: "Art. 156. Compete aos Municípios instituir impostos sobre: (...) III – serviços de qualquer natureza, não compreendidos no art. 155, II, definidos em lei complementar".

Portanto, o Município tem competência para tributar as prestações onerosas de serviços de natureza diversa dos *de transporte transmunicipal* e *de comunicação* (que cabem ao Estado-membro, nos termos do disposto no art. 155, II, da CF).

Note-se que, quando a Constituição autorizou os Municípios a criar o ISS, delimitou o *núcleo* do fato que podem eleger como suporte material da *hipótese de incidência* desse tributo: a prestação de "serviços de qualquer natureza, não compreendidos no art. 155, II".

3. Registramos, *en passant*, que a Lei Complementar 123/2006 atribuiu ao *Comitê Gestor* atribuições regulamentares que, para dizer pouco, são de duvidosa constitucionalidade, até porque arremetem contra o *princípio da legalidade tributária*. Como, porém, o assunto é estranho aos propósitos deste artigo, deixaremos de aprofundá-lo.

4. Carlos Maximiliano, *Hermenêutica e Aplicação do Direito*, 9ª ed., Rio de Janeiro, Forense, 1980, p. 166.

Há, pois, uma noção constitucional de "serviços", que consagra a idéia de que o ISS só pode nascer da execução de uma *obrigação de fazer*, isto é, do fato de uma pessoa, física ou jurídica, *prestar serviços a terceiros*.[5]

II – Somente possibilita a tributação por meio de ISS o serviço prestado – por particulares, empresas privadas, empresas públicas ou sociedades de economia mista – *sob regime de direito privado* (desde que não envolva a chamada "relação de emprego").

Assim, o ISS depende, para nascer *in concreto*, da existência de um esforço de pessoa, realizado em favor de terceiro, com autonomia e fito de lucro, em caráter profissional ou empresarial.

Em síntese, o *núcleo material* da *hipótese de incidência* do ISS consiste na prestação, a terceiro, de um serviço, com conteúdo econômico, sob *regime de direito privado*.

III – Ainda a propósito, vale destacar que por meio de ISS se tributa a efetiva prestação do serviço, e não a relação jurídica (contrato) que a ela subjaz (isto é, que se instaura entre o prestador e o tomador). Isto porque – tornamos a insistir – o imposto incide sobre o *fato material* "prestação de serviço".

Tal prestação, para que nasça o dever de recolher o tributo, há de ser remunerada, ou seja, onerosa.

Esta característica é fundamental, até porque os impostos só podem advir de fatos econômicos, apreciáveis em pecúnia.[6]

IV – Portanto, a Lei Maior traçou, com riqueza de pormenores, os contornos do ISS, de tal sorte que o legislador ordinário municipal, ao instituí-lo, terá que respeitar uma série de parâmetros.

Desenvolvendo a idéia, a lei municipal, ao cuidar do ISS, não poderá, por força do *princípio da rigidez das competências tributárias*, ir além do conceito de "serviços tributáveis" constitucionalmente posto.

Também o campo de incidência do ISS não poderá ser dilargado pelo labor exegético, ainda que em nome das conveniências arrecadatórias. Com efeito, estas jamais poderão sobrepor-se ao inalienável direito dos contribuintes de serem tributados de acordo com o figurino constitucional.

É o que acontece – já adiantando a conclusão central deste trabalho – quando se pretende tributar (inconstitucionalmente), por meio de ISS, ME ou EPP que aderiu ao SIMPLES Nacional mas que não está sujeita a esta exação, porque a atividade que desenvolve não tipifica nenhum dos serviços "definidos em lei complementar".

Então, vejamos.

3.1 Os "serviços definidos em lei complementar"

I – Sem embargo da opinião em contrário de parte expressiva da doutrina (José Souto Maior Borges, Geraldo Ataliba, Paulo de Barros Carvalho, Aires Barreto, Misabel Derzi etc.), tem preva-

5. Conforme leciona Aires Fernandino Barreto: "A distinção entre *dar* e *fazer* como objeto de Direito é matéria das mais simples. Basta (...) salientar que a primeira (obrigação de dar) consiste em vínculo jurídico que impõe ao devedor a entrega de alguma coisa já existente; por outro lado, as obrigações de fazer impõem a execução, a elaboração, o fazimento de algo até então inexistente. Consistem, estas últimas, num serviço a ser prestado pelo devedor (produção, mediante esforço humano, de uma atividade material ou imaterial)" (*ISS na Constituição e na Lei*, 2ª ed., São Paulo, Dialética, 2005, pp. 42-43).

6. Assim é por força do *princípio da capacidade contributiva*, veiculado no art. 145, § 1º, primeira parte, da CF ("Sempre que possível, os impostos terão caráter pessoal e serão graduados segundo a capacidade econômica dos contribuintes ...").

lecido o entendimento de que cabe à lei complementar apontar, numa *Lista*, quais serviços podem ser tributados pelos Municípios por meio de ISS – e, por exclusão, quais escapam a tal incidência.

Noutras palavras, a *Lista* é havida por *taxativa* (*numerus clausus*), de tal sorte que somente quem presta os serviços nela referidos é alcançável pelo ISS. Fixando casuisticamente os serviços ensejadores de tributação, inibe a competência municipal. Em suma, para os adeptos desta corrente o Município não pode, nem mesmo por meio de lei, ampliar o rol de serviços constantes da *Lista*.

Com supedâneo nesta diretriz – que aqui não discutiremos – foram sendo editados, sucessivamente, o Decreto-lei 406/1968, o Decreto-lei 834/1969, a Lei Complementar 56/1987 e a Lei Complementar 116/2003, cada qual veiculando uma *Lista de Serviços* tributáveis pelos Municípios. Sob esta ótica, atualmente, somente a pessoa que preste um dos serviços expressamente referidos neste último ato normativo pode ser alvo de tributação por meio de ISS.

Dito de outro modo, é ponto pacífico que a *Lista* encerra um *numerus clausus*, de tal sorte que prestações que tipificam serviços podem perfeitamente nela não estar incluídas, inibindo, destarte, a competência tributária dos Municípios. Em suma, o Município não pode, nem mesmo por meio de lei ordinária, ampliar o rol de serviços tributáveis constante da *Lista*.[7]

Assim, vamos aceitar *como premissa de trabalho* que compete à lei complementar apontar os serviços que os Municípios estão credenciados a tributar por meio de ISS. Em contranota, vamos igualmente ter por certo que, à falta de autorização em lei complementar, não é dado aos Municípios tributar nenhum serviço. Ou, em se preferindo, que os Municípios podem tributar *apenas* as pessoas que, em caráter negocial, vierem a prestar os serviços de qualquer natureza que a lei complementar tiver definido.

II – Também não é dado ao aplicador da legislação criar "serviços tributáveis" por analogia ou equiparação a qualquer um dos mencionados na *Lista*.

Desdobrando a idéia: quando um serviço não está expressamente referido na *Lista*, a pessoa que o presta não pode ser submetida, por analogia, à tributação por meio de ISS. Afinal, como bem proclama o art. 108, § 1º, do CTN, "o emprego da analogia não poderá resultar na exigência de tributo não previsto em lei".

Depois, na medida em que cada *item* da atual *Lista de Serviços* vem desdobrado em *subitens*, foi criado um verdadeiro *número cerrado*, que protege o contribuinte. Assim, tudo o que nos aludidos *subitens* expressamente não se contiver escapa à tributação por meio de ISS.

De fato, a Lei Complementar 116/2003, ao listar os serviços tributáveis, valeu-se de – ao contrário do que faziam o Decreto-lei 406/1968 e a Lei Complementar 56/1987, que se limitavam a enumerá-los taxativamente – *itens* e *subitens*.

Os *itens* não têm caráter normativo, mas simplesmente interpretativo. Noutros falares, incidem não sobre os serviços prestados pelos contribuintes, mas sobre os *subitens*, que – estes, sim – apontam os *tipos tributários* do ISS.

Dito de outro modo, os *itens* da *Lista* apontam o *gênero*, e os *subitens*, as *espécies*. Assim, os *itens* aclaram a compreensão dos *subitens*, já que traçam, por assim dizer, as "molduras" dentro das quais os *subitens* incidem. São estes últimos, pois, que revestem caráter normativo, e, por força dos princípios da *estrita legalidade* e da *tipicidade fechada da tributação*, não comportam extensão – vale dizer, devem receber interpretação e aplicação estrita.

7. Tal linha de pensamento tem encontrado acústica em nossos Tribunais, sendo mansa e remansosa no Pretório Excelso.

Com base nestas ponderações, vejamos, agora, se os serviços de *divulgação (veiculação) de publicidade* levados a efeito pelas emissoras de rádio e TV são alcançáveis pelo ISS; e, em caso negativo, se as que aderiram ao SIMPLES Nacional devem, só por isso, sujeitar-se a esta exação.

4. Da intributabilidade por meio de ISS da divulgação de publicidade pelas rádios e TVs abertas

I – Antes de tudo, queremos deixar assentado que a elaboração de anúncios e mensagens se enquadra perfeitamente na noção de *serviço de publicidade*. Trata-se de típica prestação de utilidade material, fruível individualmente, sob regime de direito privado. É, pois, alcançável, em tese, pelo ISS.

Abonando a assertiva, a Lei Complementar 116, de 31.7.2006, estipula, em seu *item 17*, serem tributáveis por meio de ISS os: "17. Serviços de apoio técnico, administrativo, jurídico, contábil, comercial e congêneres".

E o *subitem 17.06* explicita que, dentre estes serviços, são alcançáveis pelo tributo os *de publicidade*, *verbis*: "17.06 Propaganda e publicidade, inclusive promoção de vendas, planejamento de campanhas ou sistemas de publicidade, elaboração de desenhos, textos e demais materiais publicitários".

Portanto, não resta dúvida de que os *serviços de publicidade* estão no campo material de incidência do ISS.

II – Ocorre, porém, que o serviço prestado pelas rádios e TVs abertas não pode ser juridicamente considerado *de publicidade*.

Com efeito, estas empresas veiculam, mediante contraprestação econômica, o material de propaganda que lhes é disponibilizado, já pronto, pelas pessoas que as contratam.

Terceiros, ouvindo as emissoras de rádio ou assistindo aos programas de TV, informam-se sobre os produtos e serviços anunciados e, se assim o desejarem, adquirem-nos ou contratam-nos.

Saliente-se, por oportuno, que as rádios e TVs abertas cobram dos seus contratantes um *preço* simplesmente por lhes veicularem as mensagens, já que estas são inteiramente elaboradas pelas agências de publicidade. Também em momento algum deles recebem qualquer comissão ou adicional quando terceiros (que não têm como identificar) adquirem os produtos ou contratam os serviços anunciados.

Em suma, as rádios e TVs abertas não criam as publicidades, não tomam conhecimento de quem por elas é influenciado, nem têm qualquer participação econômica nos negócios que, com base nelas, são concretizados. Simplesmente prestam *serviços de divulgação de publicidade*, não previstos em nenhum *item* ou *subitem* da predita *Lista*.

Aqui chegados, é o caso de indagarmos: por que tais serviços não são *de publicidade*?

III – Para respondermos à pergunta, precisamos, antes de tudo, discorrer sobre o papel da linguagem no Direito, já que muitas vezes, nesta área, as palavras e expressões se revelam equívocas – o que demanda um particular esforço hermenêutico para lhes aclarar o sentido, no contexto em que se encontram.

É ponto bem averiguado que em Direito as realidades são reveladas pelo *regime jurídico*[8] a que estão submetidas, e não pela designação recebida.

Corretíssima, a respeito, a lição do consagrado mestre Pontes de Miranda: "Na exposição científica do Direito não

8. *Regime jurídico* é o conjunto de princípios e normas que incidem sobre determinado objeto de Direito, moldando-lhe as feições.

podemos deixar que a terminologia perturbe o sistema jurídico ou a visão dele".[9]

As palavras e expressões são meros *rótulos* que utilizamos para designar as coisas que formam o Universo. Não é à toa que Henry Bergson as comparava a *prisões*, dentro das quais se comprimem idéias em constante conflito. Cabe ao exegeta, invadindo estas "prisões", quebrar a estrutura gráfica das palavras e expressões, desvendando-lhes o conteúdo.

Como preleciona Hospers,[10] qualquer palavra ou expressão é conveniente na medida em que nos colocamos de acordo sobre ela e a empregamos de maneira adequada. As palavras ou expressões manifestam somente o estabelecido, convencionalmente, pela linguagem comum ou científica, e não estão ligadas a exclusivas essências conceituais, determinadas como verdadeiras e únicas.

IIIa – Pois bem. "Prestar serviços *de publicidade*" não é divulgar idéias, mercadorias ou serviços, mas, mediante contraprestação econômica, estudar, conceber, executar e distribuir o material publicitário para os veículos de divulgação.

Neste sentido prescreve o art. 3º da Lei 4.680/1965: "Art. 3º. A Agência de Propaganda é pessoa jurídica especializada na arte e técnica publicitária, que, através de especialistas, estuda, concebe, executa e distribui propaganda aos veículos de divulgação, por ordem e conta de clientes anunciantes, com o objetivo de promover a venda de produtos e serviços, difundir idéias ou informar o público, a respeito de organizações ou instituições colocadas a serviço deste mesmo público".

Portanto, o serviço de publicidade é prestado por empresas que, mediante paga, concebem o anúncio, que será divulgado por outras pessoas, titulares de veículos de comunicação – como, por exemplo, as emissoras de rádio e TV abertas.

Estas últimas prestam outro tipo de serviço – qual seja, o de *divulgação de publicidade* –, que não está capitulado na *Lista de Serviços* anexa à Lei Complementar 116/2003 e, portanto, refoge à tributação por meio de ISS.

IIIb – Em abono à nossa tese podemos invocar a *Lista de Serviços* veiculada pela Lei Complementar 56/1987 (revogada pela Lei Complementar 116/2003), que distinguia, com todas as letras, os *serviços de publicidade* dos *serviços de veiculação de publicidade.*

Com efeito, em seu *item 85* tratava do serviço *de publicidade*,[11] e em seu *item 86*, do serviço *de veiculação e divulgação de materiais de publicidade.*[12]

É justamente este tipo de serviço que é realizado pelas emissoras de radiodifusão, que – tornamos a insistir – se limitam a veicular, em caráter negocial, para terceiros, material publicitário pronto; e, portanto, não planejam, nem elaboram, nenhum tipo de publicidade.

Abrimos, aqui, um ligeiro parêntese para lembrar que o Direito cria suas próprias realidades. Assim, é irrelevante se na linguagem vulgar ou, mesmo, no jargão dos publicitários os dois serviços (o *de publicidade* e o *de divulgação de publicidade*) às vezes são confundidos.

Neste passo, vale considerar, apenas, que o ordenamento jurídico distingue o

9. Pontes de Miranda, *Tratado de Direito Privado*, vol. 22, Rio de Janeiro, Borsói, 1958, p. 13.

10. Hospers, *Introdución al Análisis Filosófico*, t. I, Buenos Aires, Abeledo-Perrot, 1966, p. 35.

11. O *item 85* da *Lista* veiculada pela Lei Complementar 56/1987 autorizava tributar por meio de ISS as prestações de serviços de "propaganda, publicidade, inclusive promoção de vendas, planejamento de campanhas ou sistemas de publicidade, elaboração de desenhos, textos e demais materiais publicitários".

12. O *item 86* da *Lista* veiculada pela Lei Complementar 56/1987 autorizava tributar por meio de ISS as prestações de serviços de "veiculação e divulgação de textos, desenhos e outros materiais de publicidade, por qualquer meio (*exceto em* jornais, periódicos, *rádios e televisão*)" (grifamos).

serviço de publicidade do *serviço de divulgação de publicidade.* Daí não poderem receber o mesmo tratamento para fins de tributação por meio de ISS, mormente considerando-se que a atual *Lista de Serviços* (veiculada pela Lei Complementar 116/2003) não alude – ao contrário do que fazia a anterior – ao serviço *de divulgação de publicidade.*

Nunca é demais insistir em que a interpretação de qualquer ato normativo – aí compreendida a *Lista de Serviços* tributáveis por meio de ISS – pressupõe seu cotejo com o ordenamento jurídico globalmente considerado. Como, de resto, leciona José de Oliveira Ascensão, *verbis*:

"(...) o que vulgarmente se chama interpretação da lei (...) é sempre interpretação não de uma lei ou norma singular, mas de uma lei ou norma que se examina atendendo à posição que ocupa no ordenamento jurídico em globo: o que quer dizer que o que efetivamente se interpreta é esse ordenamento e, como conseqüência, a norma singular.

"De facto, a interpretação é sempre revelação de um trecho da ordem global, pelo quê esta é condição de relevância de cada elemento, e termina o seu significado."[13]

Logo, considerando sistematicamente a Lei Complementar 116/2203, sentimo-nos confortáveis para reiterar que as emissoras de radiodifusão prestam, em caráter negocial, a seus contratantes o serviço *de divulgação de publicidade*, que não está previsto em nenhum *item* ou *subitem* da *Lista.* A este título, pois, não podem ser alvo de tributação por meio de ISS, nem mesmo com base na analogia, como passamos a expor e a fundamentar.

IIIc – Como se sabe, a analogia – meio de integração das lacunas jurídicas – é o procedimento lógico que consiste em aplicar a um caso, não regulado de modo expresso, norma que disciplina outro a ele semelhante. Tal integração supre ausência de norma expressa e específica.

A necessidade de semelhança entre a situação regulada e a lacunosa é ressaltada por Tércio Sampaio Ferraz: "O uso da analogia, no Direito, funda-se no princípio geral de que se deva dar tratamento igual a casos semelhantes. Segue daí que a semelhança deve ser demonstrada sob o ponto de vista dos efeitos jurídicos, supondo-se que as coincidências sejam maiores e juridicamente mais significativas que as diferenças. Demonstrada a semelhança entre dois casos, o intérprete percebe, simultaneamente, que um não está regulado e aplica a ele a norma do outro. A analogia permite constatar e preencher a lacuna".[14]

É certo, no entanto – ainda mais em matéria tributária –, que a analogia não pode ser empregada sem critério nem método, mas tão-somente quando entre os dois casos, comprovadamente, haja similaridade ou, se preferirmos, *correlação lógica.* Neste sentido a lição lapidar de Vicente Ráo:

"(...) para que a analogia jurídica seja perfeita e certa a sua solução, é preciso que a semelhança entre o caso previsto e o não-previsto pela lei consista no fato de possuírem, ambos, como termo comum de referência, a razão suficiente da própria disposição da norma: *ubi eadem ratio, ibi eadem juris dispositio.*

"A *ratio legis* deste brocardo mais não indica senão a razão suficiente da lei. O princípio da razão suficiente afirma que para cada coisa existe uma razão que faz com que ela seja o que é."[15]

No campo tributário – todo ele presidido pelos princípios *da estrita legalidade* e *da tipicidade fechada* – a analogia,

13. José de Oliveira Ascensão, *O Direito – Introdução e Teoria Geral*, Lisboa, Fundação Calouste Gulbekian, p. 347.

14. Tércio Sampaio Ferraz, *Introdução ao Estudo do Direito – Técnica, Decisão, Dominação*, São Paulo, Atlas, 1988, p. 274.

15. Vicente Ráo, *O Direito e a Vida dos Direitos*, 1º vol., São Paulo, Max Limonad, 1952, p. 603.

embora possível, há de ser empregada com parcimônia, quando não com mão avara. De qualquer modo, nunca para prejudicar o contribuinte (analogia *in peius*[16]).

Incontroverso, pois, que a *analogia* não tem o condão de ampliar o alcance dos itens que arrolam os serviços tributáveis pelo Município.

Com efeito, isto implicaria criação, por meio que a Constituição não abona, de regra jurídico-tributária nova, como, de resto, bem observou Alfredo Augusto Becker:

"Na analogia por extensão não há interpretação, mas criação de regra jurídica nova. Com efeito, o 'intérprete' constata que o fato por ele focalizado *não* realiza a hipótese de incidência da regra jurídica; entretanto, em virtude de certa analogia, o 'intérprete' *estende ou alarga* a hipótese de incidência da regra jurídica de modo a abranger o fato por ele focalizado. Ora, isto é criar regra jurídica *nova*, cuja hipótese de incidência passa a ser a hipótese *alargada* pelo 'intérprete' e que não era a hipótese de incidência da regra jurídica 'velha'. (...).

"(...) a analogia por extensão não é interpretação, mas *criação* de regra jurídica nova. Por conseguinte, o 'intérprete' estará agindo *ilegalmente*."[17]

Como se tudo não bastasse, não há, no caso concreto, nenhuma lacuna a ser colmatada, mas, pelo contrário, existe um *subitem específico* (o *subitem 17.06*) que, a toda evidência, não se ajusta à atividade desenvolvida pelas emissoras de rádio e TV abertas (*divulgação de publicidade*).

IV – Portanto, concluindo o raciocínio, inaplicável à atividade desenvolvida por estas empresas o *subitem 17.06* da *Lista de Serviços* veiculada pela Lei Complementar 116/2003. Em mais preciso dizer, não há nenhum espaço jurídico para que esta atividade negocial seja submetida à tributação por meio de ISS.

Por muito maior razão o raciocínio vale para as emissoras de radiodifusão que, sendo MEs ou EPPs, aderiram ao SIMPLES Nacional.[18]

É o que melhor procuraremos demonstrar.

5. Da extensão às emissoras de radiodifusão da diretriz contida no art. 14 da Resolução 5/2007 do Comitê Gestor de Tributação das Microempresas e Empresas de Pequeno Porte

I – Conforme adiantamos, a Resolução CGSN-5/2007 esclareceu, em seu art. 14, que, "sobre a parcela das receitas sujeitas a imunidade, serão desconsiderados os percentuais dos tributos sobre os quais recaia a respectiva imunidade, conforme o caso".

Ocorre, todavia, que as emissoras de radiodifusão não são imunes ao ISS enquanto prestam o serviço de *divulgação de propaganda*. O que há, no caso, é uma *situação de não-incidência*, na medida em que a legislação (complementar e ordinária) não contém nenhuma norma mandando tributar as pessoas que, em caráter negocial, exercem tal atividade.

Tudo está em se saber, pois, se também devem ser desconsiderados pelas emissoras de radiodifusão que aderiram ao SIMPLES Nacional os percentuais do ISS sobre a parcela das suas receitas relativa à situação de não-incidência em tela.

Entendemos que *sim*.

Para que, no entanto, a assertiva não permaneça no campo das meras alegações, trataremos de demonstrá-la, come-

16. Em homenagem à segurança jurídica do contribuinte, não se podem aplicar em seu prejuízo disposições legais distintas das que concretamente contemplam o fato por ele praticado.

17. Alfredo Augusto Becker, *Teoria Geral do Direito Tributário*, 2ª ed., São Paulo, Saraiva, 1972, pp. 119-120.

18. V., supra, item 2.

çando por conceituar a *não-incidência tributária.*

II – A *não-incidência* é um conceito didático, e não técnico. É simplesmente a explicitação de uma situação que ontologicamente não está dentro da *hipótese de incidência possível* do tributo.

Deveras, não há incidência quando não ocorre nenhum fato ou quando ocorre um fato tributariamente irrelevante, isto é, que não se ajusta (subsome) a nenhuma hipótese de incidência tributária.

Geraldo Ataliba equiparava – com sua extraordinária didática – a situação de *não-incidência tributária* ao *não-crime.* Chegava, até, a falar em *fato não-imponível* para aludir ao acontecimento que não realizava qualquer *hipótese de incidência tributária.*

Assim, não faz sentido declarar imune ou, mesmo, isentar situação que não figura, nem mesmo em tese, no *campo tributável* da pessoa política. Reforçando a idéia, não há como nem por quê imunizar, ou isentar, situação de *não-incidência. Venia concessa,* tomando por empréstimo a sabedoria popular, seria o mesmo que "chover no molhado".

Portanto, a não-incidência decorre da própria natureza das coisas, podendo – e devendo – ser deduzida por mero labor exegético. Ou, se preferirmos, a não-incidência deriva em alguns casos da falta de lei, e em outros da impossibilidade jurídica de se tributar certos fatos, em face de a eles não se ajustar a regra-matriz constitucional do tributo.

Como quer que seja, a obrigação tributária não pode nascer de situações de não-incidência.

III – Muito bem. Havendo uma situação de não-incidência sobre os serviços de divulgação (veiculação) de publicidade, as emissoras de radiodifusão que os prestam estão, em relação a eles, a salvo do ISS.

Esta situação não se altera por haverem aderido ao SIMPLES Nacional.

A uma, porque a Lei Complementar 123/2006 não pode ser interpretada de modo a fazer nascer para as MEs e EPPs obrigações tributárias novas.

A duas, porque a Constituição Federal exige que tais pessoas jurídicas recebam tratamento tributário mais favorável que o dispensado às empresas de médio e grande porte.

E, *a três,* porque definitivamente briga com o senso jurídico a tese de que a ME e a EPP sejam compelidas a arcar com gravames fiscais que antes não suportavam pelo só fato de terem aderido ao SIMPLES Nacional.

IV – E nem se argumente que, embora as rádios e TVs abertas tenham o direito subjetivo de não recolher o ISS sobre os serviços que prestam de *veiculação de propaganda,* a circunstância de terem voluntariamente aderido ao SIMPLES Nacional, agora, a tanto as obriga.[19]

É que tal circunstância não lhes retira direitos constitucionais. Notadamente o de não serem compelidas a recolher tributos (no caso, o ISS) indevidos.

Noutros falares, tais empresas não *renunciaram* ao direito de não recolher ISS enquanto prestam, em caráter negocial, serviços *de divulgação de propaganda.*

Mas, ainda que o tivessem feito – o que se admite apenas *ad argumentandum tantum* –, tal "renúncia" não seria válida.

De fato, *renunciar* é abrir mão de direito que se tem sobre algo. A renúncia, como quer o erudito De Plácido e Silva, "importa sempre num abandono ou numa

19. Argumentos do tipo "se não estavam de acordo com esta tributação, que permanecessem no sistema tributário usual", ou "quem entra no SIMPLES Nacional não pode ficar apenas com sua *parte boa,* mas, pelo contrário, deve suportar também a *parte desfavorável*", não valem quando estão em jogo os indisponíveis direitos fundamentais dos contribuintes.

desistência voluntária, pela qual o titular de um direito deixa de usá-lo ou anuncia que não o quer utilizar".[20]

Desta definição ressai que na renúncia há de estar sempre presente, sob pena de invalidade, o *fator* "vontade do renunciante". Tal vontade, livre e espontânea (e não violentada ou enganada), pode manifestar-se de maneira *expressa* ou *tácita*. *Expressa*, quando o renunciante declara ou anuncia o abandono de seu direito; *tácita*, quando se verifica a omissão ou inexecução do ato, dentro do prazo legal, que viria assegurar a fruição deste mesmo direito.

Mas não basta isto para que a renúncia seja válida: é mister, ainda, que o direito a abandonar ou desistir seja *disponível*, isto é, *passível de transação*. Não se renuncia ao que não se tem ou não se pode exercer.

Direitos dos quais não se pode dispor são irrenunciáveis. É o caso do direito de ser tributado de acordo com as regras-matrizes constitucionais. Este é um limite incontornável e intransponível.

V – Aproximando-nos, ainda mais, do ponto que ora faz nossos cuidados, não pode ser objeto de renúncia o direito que a Constituição deu a cada contribuinte de só ser compelido a recolher ISS enquanto presta a terceiros, em caráter negocial – isto é, mediante contraprestação econômica –, serviços "definidos em lei complementar".

O preceito constitucional tributário em foco traduz-se, *positivamente*, no dever de interpretá-lo e aplicá-lo de modo a lhe conferir a máxima eficácia possível e, *negativamente*, na não-aplicação de normas legais ou infralegais que o desrespeitem. Daí a nulidade, de pleno direito, de quaisquer renúncias – expressas ou tácitas, explícitas ou implícitas – que tenham sido feitas com base em tais normas.

Nenhum contribuinte (pessoa física ou jurídica) pode validamente concordar com a privação, definitiva ou temporária, total ou parcial, de seus direitos constitucionais tributários. Se, por qualquer razão (*v.g.*, para fruir de uma possível vantagem econômica), anuir com tal privação, poderá, a qualquer tempo, retomar o que lhe é devido, valendo-se, em última análise – graças ao *princípio da universalidade da jurisdição* –, da tutela do Poder Judiciário.

VI – Queremos deixar remarcado que exigir ISS sobre o serviço de divulgação (veiculação) de propaganda prestado pelas emissoras de radiodifusão que aderiram ao SIMPLES Nacional fere-lhes direito subjetivo fundamental, qual seja, o de só serem tributadas observados os ditames constitucionais pertinentes.[21]

Ora, *dada a taxatividade da Lista*,[22] apenas se pode tributar por meio de ISS as pessoas que prestam *os serviços, não compreendidos no art. 155 da CF, que a lei complementar defina*. Serviços não definidos na lei complementar não abrem espaço à tributação em pauta. Nem mesmo para as MEs e as EPPs que aderirem ao SIMPLES Nacional.

VII – Portanto, melhor é entender e aplicar as normas da Lei Complementar 123/2006 em harmonia com o sistema jurídico-tributário como um todo considerado – na esteira, diga-se de passagem, da exortação de Goffredo da Silva Telles Jr: "*Na interpretação das leis, mais importante que o rigor da lógica racional é o entendimento razoável dos preceitos, porque o que se espera inferir das leis não*

20. De Plácido e Silva, *Vocabulário Jurídico*, 3ª ed., vol. IV, Rio de Janeiro, Forense, 1991, p. 96.

21. A propósito, é o caso de invocarmos a clássica lição de Marnoco e Souza: "O valor de uma Constituição não está tanto no que nela se encontra disposto, como no modo como ela é aplicada" (*Constituição Política da República Portuguesa*, Coimbra, F. França Amado, 1913, p. 44).

22. V., supra, subitem 3.1.

é, necessariamente, a melhor lógica, mas uma justa e humana solução".[23]

Muito bem. A posição que estamos defendendo afina-se com as idéias dos consagrados juristas acima citados. Qualquer outra, segundo pensamos, afasta-se da *lógica da prudência* (*jurisprudência*), conatural à ciência do Direito.

Posto isto, cabe-nos apenas apontar os procedimentos a serem adotados pelas emissoras de rádio e TV optantes pelo SIMPLES Nacional para não serem compelidas a recolher – indevidamente, frise-se uma vez mais – o ISS sobre as receitas que auferem pela prestação de serviços *de divulgação de propaganda.*

6. Dos procedimentos a serem adotados pelas emissoras de radiodifusão optantes pelo SIMPLES Nacional para terem reconhecido seu direito de não recolher ISS sobre as receitas que auferem quando prestam serviços de divulgação de propaganda

Para fazerem valer seu direito de não recolher a parcela correspondente ao ISS (sobre os serviços de divulgação de publicidade), as emissoras de radiodifusão optantes pelo SIMPLES Nacional têm ao alcance da mão vários procedimentos.

Primeiramente, podem descontar tal parcela (desconsiderando as receitas decorrentes da prestação dos aludidos serviços), sem a necessidade de a questão em pauta ser previamente submetida ao crivo administrativo ou judicial. Assim agindo estarão arrimadas na CF, máxime no § 2º de seu art. 5º, que implicitamente confere a todo e qualquer contribuinte o "direito de resistência à tributação indevida".

Tal conduta, porém – convém que se registre –, poderá suscitar autuações.

23. Goffredo da Silva Telles Jr., "O chamado direito alternativo – Interpretação razoável", *Revista da Faculdade de Direito da USP* 94/79, São Paulo, 1999.

Para evitá-las, permitimo-nos sugerir que busquem caminhos administrativos e/ou judiciais, a saber: (i) a *consulta*; (ii) o *mandado de segurança preventivo* (com pedido de *liminar*); e (iii) a *ação declaratória* (com pedido de *tutela antecipada*).

Uma coisa, porém, é certa: a posição das emissoras de radiodifusão que aderiram ao SIMPLES Nacional é plenamente defensável e, conforme estamos convencidos, reúne sólidas possibilidades de receber, se necessário, o aval do Poder Judiciário.

Assim, quanto às possibilidades de bom êxito em eventuais embates, administrativos ou judiciais, com a Fazenda Nacional, nossa avaliação – como não poderia deixar de ser – é otimista.

Faltaria fundamento jurídico à eventual negativa da extensão às empresas de radiodifusão optantes pelo SIMPLES Nacional da situação de não-incidência de ISS sobre a prestação de serviços *de veiculação de publicidade.*

7. Conclusões

Tudo posto e considerado, só nos resta sumular as seguintes conclusões:

7.1 A situação de não-incidência de ISS sobre a prestação de serviços de veiculação de publicidade por emissoras de rádio e TV – decorrente da não-inclusão de tais atividades na *Lista* veiculada pela Lei Complementar 126/2003 – é extensiva às optantes pelo SIMPLES Nacional.

7.1.1 O SIMPLES Nacional não criou – para as MEs e as EPPs que a ele voluntariamente aderirem – novas incidências tributárias, mas, pelo contrário, mitigou as existentes, por meio de uma série de reduções de bases de cálculo e de alíquotas, de simplificações contábeis, de isenções e de benefícios fiscais em geral.

7.1.2 Nenhuma interpretação da Lei Complementar 123/2006 poderá fazer *tabula rasa* de direitos fundamentais destes contribuintes, como o de só serem tributados na forma da Constituição Federal, maiormente como determinado em seus arts. 146, III, "d", e parágrafo único, e 179.

7.1.3 Assim, nas hipóteses em que o ISS não incide não há como nem por quê compelir a ME ou a EPP aderente ao SIMPLES Nacional a se submeter a tal gravame fiscal, ainda mais considerando-se que a média e a grande empresas que exercem a mesma atividade estão a salvo desse tributo.

7.2 O termo "imunidade" contido no art. 14 da Resolução CGSN-5 aplica-se, por analogia *in bonam partem*, às emissoras de radiodifusão optantes pelo SIMPLES Nacional.

7.2.1 A Resolução CGSN-5/2007 esclareceu, em seu art. 14, que, "sobre a parcela das receitas sujeitas a imunidade, serão desconsiderados os percentuais dos tributos sobre os quais recaia a respectiva imunidade, conforme o caso".

7.2.2 Esta correta diretriz vale também, por analogia *in bonam partem*, nas hipóteses de não-incidência dos tributos, aí compreendido o ISS.

7.2.3 As emissoras de radiodifusão não são imunes ao ISS enquanto prestam o serviço *de divulgação de propaganda*. O que há, no caso, é uma *situação de não-incidência*, na medida em que a legislação (complementar e ordinária) não contém nenhuma norma mandando tributar as pessoas que, em caráter negocial, exercem tal atividade.

7.2.4 Havendo uma situação de não-incidência sobre os serviços de divulgação (veiculação) de publicidade, as emissoras de radiodifusão que os prestam estão, em relação a eles, a salvo do ISS.

7.2.5 Esta situação não se altera por haverem aderido ao SIMPLES Nacional. *A uma*, porque a Lei Complementar 123/2006 não pode ser interpretada de modo a fazer nascer para as MEs e EPPs obrigações tributárias novas. *A duas*, porque a Constituição Federal exige que tais pessoas jurídicas recebam tratamento tributário mais favorável que o dispensado às empresas de médio e grande porte. E, *a três*, porque definitivamente briga com o senso jurídico a tese de que a ME e a EPP, pelo só fato de terem aderido ao SIMPLES Nacional, sejam compelidas a arcar com gravames fiscais que antes não suportavam.

7.2.6 Assim, também devem ser desconsiderados pelas emissoras de radiodifusão optantes pelo SIMPLES Nacional os percentuais do ISS sobre a parcela das suas receitas relativas à situação de não-incidência em tela.

7.2.7 Em suma, exigir ISS sobre o serviço de divulgação (veiculação) de propaganda prestado pelas emissoras de radiodifusão aderentes ao SIMPLES Nacional fere-lhes direito subjetivo fundamental, qual seja, o de só serem tributadas observados os ditames constitucionais e legais.

CADERNOS DE DIREITO TRIBUTÁRIO

O CRIME DE SUPRESSÃO OU REDUÇÃO DE TRIBUTO

HUGO DE BRITO MACHADO
Juiz aposentado do TRF-5ª Região – Professor Titular de Direito Tributário da UFC – Presidente do Instituto Cearense de Estudos Tributários – Membro da Academia Brasileira de Direito Tributário, da Associação Brasileira de Direito Financeiro, da Academia Internacional de Direito e Economia, do Instituto Ibero-Americano de Direito Público e da *International Fiscal Association*

1. Introdução. 2. Elementos do tipo: 2.1 Ações-núcleo do tipo – 2.2 Ações-meio: 2.2.1 Ações-meio como elementos do tipo – 2.2.2 Omitir informações ou prestar declaração falsa – 2.2.3 Elementos inexatos – 2.2.4 Falsificar ou alterar documento – 2.2.5 Elaborar, distribuir, fornecer, emitir ou utilizar documento falso – 2.2.6 Em desacordo com a legislação – 2.3 Elementos normativos: 2.3.1 Conceitos normativos – 2.3.2 Tributo como um elemento normativo – 2.3.3 Empréstimo compulsório – 2.3.4 Supressão ou redução de tributo e entidade imune – 2.4 Elemento subjetivo – 2.5 Sujeitos do crime – 2.6 Possibilidade de configuração de quadrilha ou bando – 2.7 Os crimes-meio absorvidos pelo crime-fim. 3. Consumação e tentativa: 3.1 Crime material ou de resultado – 3.2 O resultado e o meio para alcançá-lo – 3.3 Tentativa e crime impossível – 3.4 Distinção entre crime impossível e tentativa – 3.5 Crime consumado – 3.6 Limite entre tentativa e crime consumado. 4. Unicidade do tipo "supressão ou redução de tributo": 4.1 Não-atendimento de exigência da autoridade – 4.2 Omissão como tipo específico – 4.3 Objeto jurídico protegido.

1. Introdução

É relativamente recente a definição como crime de condutas peculiares da relação tributária, vale dizer, o surgimento do denominado *direito penal tributário*, ou ramo do direito penal que cuida dos crimes em matéria tributária ou que alberga a definição dos tipos penais que se podem configurar na relação tributária e comina as penas criminais a estes aplicáveis pela autoridade judiciária competente. Antes tínhamos o direito tributário e o direito penal, como distintos ramos do Direito, e os que a um deles se dedicavam pouco ou nada conheciam do outro. Por isto, muitos advogados, nas questões concernentes aos crimes contra a ordem tributária, passaram a atuar em dupla: um criminalista e um tributarista.

Realmente, o trato das questões relativas aos crimes contra a ordem tributária exige conhecimento das duas áreas – a saber: do direito penal e do direito tributário. E esse conhecimento não é comum aos operadores do Direito, que geralmente trabalham em uma ou outra dessas duas áreas da Ciência Jurídica.

Começamos nossa atividade profissional como contabilista, e nessa condição tivemos estreito contato com questões tributárias, e com essas questões quase exclusivamente trabalhamos depois, como advogado. Além disto, ingressamos no ensino universitário em concurso público para o cargo de professor de "Direito Tributário", disciplina que ainda hoje lecionamos. Por outro lado, como juiz federal, quando ainda não tínhamos Varas especializadas, tivemos de lidar com o direito penal. Não foram poucas as ações penais que tivemos de julgar como Juiz Federal da 2ª Vara no Ceará, e mais tarde como Juiz do TRF-5ª Região. Daí por que não tivemos as dificuldades em geral enfrentadas por quem se lança ao estudo dos crimes contra a ordem tributária.

Conscientes, porém, dessas dificuldades, em nosso livro a respeito do tema cuidamos de incluir um capítulo dedicado aos criminalistas, contendo noções fundamentais de direito tributário. E outro dedicado aos tributaristas, contendo noções fundamentais de direito penal. No presente estudo, aliás, para justificar o que nos parece ser a adequada interpretação da expressão "suprimir ou reduzir tributo", buscamos valioso subsídio no *Curso de Direito Tributário*, obra do eminente tributarista Paulo de Barros Carvalho – o que confirma a necessidade de conhecimentos do direito tributário para a abordagem do crime em questão.

2. *Elementos do tipo*

2.1 *Ações-núcleo do tipo*

Constituem o núcleo do tipo penal em questão as ações de *suprimir* ou de *reduzir* tributo ou contribuição social e qualquer acessório mediante uma ou mais de uma das condutas legalmente descritas na definição do crime. Não basta a ocorrência de uma ou de mais de uma dessas condutas. Para a caracterização do crime é necessária a *supressão*, ou a *redução*, do tributo.

A referência a *contribuição social* é desnecessária, porque contribuição social é uma espécie de tributo. O legislador parece ter tido o propósito de evitar controvérsias a esse respeito, e somente assim se explica tal referência. Já a referência a *qualquer acessório* pode ser entendida como destinada a ampliar o tipo, nele incluindo a supressão ou redução de multas ou de juros eventualmente devidos. Ação com a qual o agente não suprime nem reduz o tributo, mas suprime ou reduz a multa ou os juros.

O significado dos verbos "suprimir" e "reduzir" no contexto do tipo penal em questão ainda não foi bem explicado pela doutrina. Alguns sustentam que "suprimir tributo" é tarefa privativa do legislador. Outros afirmam que "suprimir" é deixar de pagar. Parece que uns e outros não perceberam com precisão o significado da expressão "suprimir ou reduzir tributo", porque não levaram em consideração o sentido da palavra "tributo" nesse contexto.

Assim é que Juary Silva formulou: "(...) reparo à equivocidade da figura descrita na lei, uma vez que não se cuida de 'suprimir ou reduzir tributo', porém de não pagá-lo no *quantum* legalmente exigível, o que é coisa diversa; a supressão ou a redução de tributo compete ao Legislativo, não podendo efetuá-la o particular, por definição".[1]

No mesmo sentido manifestou-se José Alves Paulino, escrevendo: "O objeto do tipo previsto no *caput* do art. 1º da Lei 8.137/1990, ou os *atos* ou *fins* do agente ativo, é 'suprimir ou reduzir tributo ou contribuição social e qualquer acessório'. No entanto, o que está previsto na ordem tributária, no sistema tributário nacional – art. 150, § 6º, da Constituição – , é que somente lei específica pode 'suprimir'

1. Juary C. Silva, *Elementos de Direito Penal Tributário*, São Paulo, Saraiva, 1998, p. 90.

ou 'reduzir' tributo, daí essa supressão ou redução ser um ato impossível de ser praticado pelo contribuinte – é o crime impossível".[2]

E, ainda, invocando a opinião de Lindemberg da Mota Silveira:

"Esse crime, na forma de sua descrição, é impossível de ser realizado, em virtude de sua impossibilidade jurídica, posto que é impossível qualquer contribuinte, seja pessoa física ou jurídica, 'suprimir' ou 'reduzir' tributo ou contribuição social. 'Suprimir tributo' é acontecimento do mundo do Direito que somente pode acontecer mediante norma legal, ou seja, norma jurídica extintiva ou modificativa de determinado tributo ou contribuição, aprovada pelo Legislativo e sancionada pelo chefe de Estado – art. 97, inciso I, do CTN –, a qual tem a natureza de lei complementar.

"'Reduzir tributo' é, também, ato juridicamente impossível de ocorrer, mesmo por meio da atividade legislativa, pois o que pode ocorrer é a redução da alíquota ou da base de cálculo, por intermédio do Legislativo ou do Poder Executivo, naqueles casos em que a Constituição lhes dá essa competência – art. 150, § 6º, e art. 97, inciso II, do CTN."[3]

Há também quem afirme: "Suprimir tributo significa aqui deixar inteiramente de pagar o montante devido a tal título. Reduzir tributo quer dizer pagar importância menor do que a efetivamente devida."[4]

São manifestações apressadas de quem não meditou a respeito do nascimento do dever jurídico de pagar o tributo, pois é no contexto desse dever jurídico – vale dizer, da denominada *obrigação tributária principal* – que se coloca a questão do significado da expressão "suprimir ou reduzir tributo". "Suprimir o tributo", na verdade, é retirá-lo do mundo das realidades ordinariamente perceptíveis pelo Fisco; e "reduzir o tributo" é fazer com que ele se faça perceptível com expressão econômica menor que aquela que deve ter em face do fato efetivamente ocorrido e da lei que sobre o mesmo incidiu. Com a supressão deixa de aparecer *inteiramente*, enquanto com a redução deixa de aparecer *parcialmente*, no mundo das relações jurídicas ordinariamente perceptíveis, uma relação tributária que nascera da incidência da lei.

É certo que o "suprimir ou reduzir tributo" geralmente implica deixar de pagar ou pagar em valor menor o tributo, mas o "suprimir" não quer dizer *não pagar*, assim como o "reduzir" não quer dizer *pagar menos*. Quem simplesmente não paga não está suprimindo se o tributo continua existindo, embora não pago. E quem paga menos não está reduzindo se a diferença não-paga continua sendo devida, em condições de ser cobrada pelo credor. O "não pagar" pode ser mas nem sempre é uma conseqüência da *supressão*, como o "pagar menos" pode ser mas nem sempre é uma conseqüência da *redução*. O "suprimir" e o "reduzir" são condutas que se identificam independentemente do "pagar" ou do "pagar menos".

Para que possamos entender adequadamente o significado da expressão "suprimir ou reduzir tributo" no contexto do tipo penal de que se cuida – vale dizer, na definição albergada pelo art. 1º da Lei 8.137/1990 –, devemos investigar o sentido no qual ali está a palavra "tributo". Como assevera Paulo de Barros Carvalho, em pelo menos seis sentidos essa palavra tem sido empregada pela doutrina do direito tributário. Assim, "tributo" pode significar: (i) quantia em dinheiro; (ii) prestação correspondente ao dever jurídico do sujeito passivo; (iii) direito subjetivo de que é titular o sujeito ativo; (iv) relação jurídica

2. José Alves Paulino, *Crimes Contra a Ordem Tributária – Comentários à Lei 8.137/1990*, Brasíla/DF, Brasília Jurídica, 1999, p. 17.

3. *Apud* José Alves Paulino, *Crimes Contra a Ordem Tributária – Comentários à Lei 8.137/1990*, p. 18.

4. Pedro Roberto Decomain, *Crimes Contra a Ordem Tributária*, 2ª ed., Florianópolis, Obra Jurídica, 1995, p. 44.

tributária; (v) norma jurídica tributária; e, ainda, (vi) norma, fato e relação jurídica.[5] Resta-nos, portanto, verificar em qual desses sentidos ela está empregada na definição do tipo penal em questão.

Quando se diz que somente a lei pode *criar* tributo, a palavra "tributo" está aí empregada com o significado de *norma jurídica tributária*. O tributo, nesse contexto, é apenas uma norma, é algo que ainda está apenas no plano normativo, ou plano da abstração jurídica. Se entendermos que a palavra "tributo" no art. 1º da Lei 8.137/1990 tem esse sentido, teremos de concordar com Juary Silva quando este afirma que "a supressão ou a redução de tributo compete ao Legislativo, não podendo efetuá-la o particular, por definição".[6]

Não nos parece razoável, porém, admitir que a palavra "tributo" na definição do tipo penal em questão tenha o sentido de *norma tributária*. Não apenas porque a supressão ou a redução do tributo enquanto norma jurídica seja conduta somente possível para o legislador, como porque, enquanto conduta do legislador, a supressão ou redução do tributo é conduta lícita, que, por isto mesmo, não poderia ser definida como crime. E também não nos parece que a palavra "tributo" na definição do tipo penal de que se cuida possa ter outro significado que não seja o de *relação jurídica tributária*, vale dizer, o resultado da incidência da norma tributária.

O tributo, nesse contexto, é uma realidade situada no plano da concreção jurídica. É resultado da *incidência* da lei. Resultado da ocorrência do fato gerador respectivo, da concretização da situação de fato descrita na *hipótese* normativa.

Na linguagem que lhe é peculiar, assevera Paulo de Barros Carvalho: "Com o relato em linguagem competente do evento descrito na hipótese de incidência da regra tributária, instala-se, por força da imputação deôntica, um liame de conteúdo patrimonial, pois seu objeto é expresso em termos econômicos. Assim, numerosas construções doutrinárias empregam 'tributo' para designar a relação jurídica que se instaura por virtude do acontecimento daquele fato previsto no antecedente da norma".[7]

A palavra "tributo", portanto, na definição do crime de supressão ou redução de tributo significa *a relação jurídica obrigacional que se instaura com a concretização da hipótese de incidência tributária*. Concretizada a hipótese normativa – vale dizer, ocorrido o fato gerador da obrigação tributária principal –, a existência do tributo é constatada através de fatos de exteriorização, vale dizer, fatos indicados pela lei como aptos a demonstrar que nasceu o tributo, quer dizer, nasceu o dever jurídico de pagar o tributo. Assim, "suprimir o tributo", como elemento normativo do tipo penal de que se cuida, quer dizer impedir que seja demonstrado seu nascimento. Impedir a constatação do fato gerador da obrigação tributária. E "reduzir o tributo" significa, nesse mesmo contexto, fazer com que seja demonstrado o nascimento de um tributo com expressão econômica menor que o decorrente dos fatos efetivamente ocorridos.

Reportando-se a lições de Geraldo Ataliba, que recorta e transcreve, Roberto dos Santos Ferreira justifica, com razão, que "somente haverá crime tributário se o sujeito passivo, após a ocorrência do fato gerador, dolosamente praticar qualquer das condutas descritas nos vários tipos da Lei 8.137/1990, com o fim de reduzir tributo ou, mesmo, eximir-se da obrigação tributária".[8]

Por outro lado, quem apenas deixa de pagar, ou paga menos que o devido,

5. Paulo de Barros Carvalho, *Curso de Direito Tributário*, 15ª ed., São Paulo, Saraiva, p. 19.

6. Juary C. Silva, *Elementos de Direito Penal Tributário*, p. 90.

7. Paulo de Barros Carvalho, *Curso de Direito Tributário*, 15ª ed., p. 22.

8. Roberto dos Santos Ferreira, *Crimes Contra a Ordem Tributária*, São Paulo, Malheiros Editores, 1996, pp. 42-43.

sem haver apagado da realidade conhecida a obrigação tributária ou sem haver feito com que sua expressão econômica se apresente menor, não suprime ou reduz tributo, tanto que este segue sendo devido e, por se tratar de dívida cuja existência está documentada, pode ser cobrado pelo credor. Subsiste, portanto. Não foi suprimido. Nem reduzido.

Não há dúvida, portanto, de que "suprimir ou reduzir tributo", no art. 1º da Lei 8.137/1990, quer dizer ocultar, total ou parcialmente, fato gerador de obrigação tributária. Essa ocultação, todavia, para configurar o tipo penal em questão, há de se dar mediante uma das condutas descritas nos incisos daquele art. 1º. Por isto, Costa Jr., reportando-se ao tipo penal descrito no citado dispositivo legal, diz que: "Suprimir significa eliminar, cancelar, extinguir, impedir que apareça".[9] "Suprimir tributo", portanto, quer dizer impedir que o tributo, como objeto de uma relação jurídica concretizada, apareça para a autoridade da Administração Tributária, impedindo que esta tome conhecimento dos fatos tributáveis, pelos meios ordinários ou normais, e possa, assim, fazer o lançamento correspondente.

A correta definição da ação nuclear desse tipo penal tem enorme importância, porque dessa definição vai depender a determinação do momento em que se considera consumado esse tipo penal. Como alguns autores têm afirmado que "suprimir" significa "não pagar", chegam esses autores, coerentemente, à conclusão de que o tipo se consuma na data em que o pagamento deveria ser feito, e não o foi, por conta da supressão do tributo. Entretanto, na medida em que considerarmos que "suprimir" é algo diverso do "não pagar", chegaremos a conclusão bem diversa no que diz respeito ao momento de consumação do delito, como veremos adiante.

9. Paulo José da Costa Jr., *Infrações Tributárias e Delitos Fiscais*, São Paulo, Saraiva, 1995, p. 104.

Tanto na palavra "tributo" como em algumas expressões utilizadas na descrição das condutas-meio para o aperfeiçoamento desse tipo penal estão albergados conceitos jurídicos. Esses conceitos constituem os denominados *elementos normativos* do tipo penal, que adiante vamos examinar.

2.2 Ações-meio

2.2.1 *Ações-meio como elementos do tipo*

Insista-se em que nos incisos do art. 1º da Lei 8.137/1990 não estão definidos tipos penais, como pode parecer. O tipo é, na verdade, apenas um, compreendido pelas ações de "suprimir" ou "reduzir" tributo, ditas *ações nucleares do tipo*, e uma ou mais de uma das ações ou omissões descritas nos incisos daquele dispositivo, ditas *ações* ou *condutas-meio.*

Ao descrever as ações ou condutas-meio mediante as quais o agente suprime ou reduz o tributo, a Lei 8.137/1990 utiliza, em seu art. 1º, as expressões "omitir informações", ou prestar "declaração falsa" (inciso I), inserindo "elementos inexatos" ou omitindo "operação de qualquer natureza" (inciso II), "falsificar ou alterar" (inciso III), "documento falso" (inciso IV) e "em desacordo com a legislação" (inciso V). Por isto se diz que essas ações-meio são, tanto quando as ações-núcleo – "*suprimir* ou *reduzir* tributo", elementos do tipo penal. É de decisiva importância, pois, na definição do tipo penal em tela, a determinação do sentido dessas expressões utilizadas na descrição de tais condutas ou ações-meio. E para esse fim é indispensável que se tenha sempre presente a conexão que existe entre a norma da cabeça do artigo e a norma do inciso em que está descrita a conduta-meio. São normas que se completam na definição do tipo penal em questão.

Cada um dos cinco incisos do art. 1º é um complemento do que se diz na cabeça do artigo. Nenhum deles, portanto, tem sentido isoladamente. A ocorrência de qualquer das condutas neles descritas sem que aconteça o resultado "supressão ou redução de tributo ou qualquer acessório deste" pode, em princípio, configurar outro crime, mas não configura o crime de "supressão ou redução de tributo". E a "supressão ou redução de tributo" obtida por outro meio que não seja uma das condutas descritas nos incisos do art. 1º da Lei 8.137/1990 também não configura o tipo penal em questão.

Examinemos, pois, essas condutas ou ações-meio, elementares do tipo penal.

2.2.2 *Omitir informações ou prestar declaração falsa*

No inciso I do art. 1º da Lei 8.137/1990 tem-se a conduta de "omitir informação, ou prestar declaração falsa às autoridades fazendárias".

Independentemente das divergências a respeito da relevância da distinção entre *falsidade material* e *falsidade ideológica*,[10] é possível entender que no contexto do art. 1º, I, da Lei 8.137 a constatação do sentido da expressão "declaração falsa" prescinde totalmente daquela distinção. "Informar" e "declarar", neste contexto, dizem a respeito a fatos relevantes para a apuração de tributo. Assim, "omitir informações" e "prestar declaração falsa" são condutas, ambas, atinentes a fatos. Condutas que se caracterizam por terem como objetivo impedir o conhecimento, pelo Fisco, da ocorrência de fato gerador de tributo, para, desta forma, impedir a apuração ou ensejar a apuração de tributo menor que o efetivamente devido.

Quem omite informação sobre fato relevante do ponto de vista tributário poderá estar prestando uma declaração falsa. Justifica-se, porém, no dispositivo legal, a presença das expressões "omitir informação" e também "prestar declaração falsa". Quem nada declara não presta *declaração falsa*, mas pode estar *omitindo informações*. A lei, na verdade, tinha de ser abrangente daquele que se omite no dever de prestar declarações ao Fisco.

A expressão "omitir informações", no contexto da lei, há de ser entendida em termos. Não se refere a quaisquer informações, mas somente àquelas informações cuja omissão seja capaz de ensejar a supressão ou a redução do tributo. Neste sentido manifestam-se José Cassiano Borges e Maria Lúcia Américo dos Reis: "Ora, se o sujeito passivo deixa de prestar as informações a que está obrigado, ou se presta, intencionalmente, informações falsas, a autoridade fazendária não terá condições de constituir o crédito tributário e, em conseqüência, haverá prejuízo para a Fazenda Pública, ou por falta, ou por recolhimento insuficiente de tributo ou contribuição social".[11]

A omissão ou a falsidade, para que integrem o tipo penal em questão, devem ser aptas a impedir que a autoridade promova o lançamento do tributo pelos meios dos quais ordinariamente dispõe. E sempre dizem respeito a fatos. Não são concernentes ao significado jurídico-tributário de fatos, mas à existência ou ao modo de ser destes, à realidade meramente factual.

Toda declaração pode ser verdadeira ou falsa. É verdadeira quando seu conteúdo corresponde inteiramente ao *fato* declarado, e falsa quando seu conteúdo diverge, no todo ou em parte, do *fato* declarado.

O "fato" aqui referido é aquele perceptível independentemente de seu significado jurídico-tributário, sendo a possível controvérsia em relação ao significado jurídico-tributário dos fatos incapaz de afastar a veracidade da declaração. Não configura declaração falsa, portanto, aquela que, envolvendo de alguma forma o significado jurídico-tributário de um

10. Cf. Magalhães Noronha, *Direito Penal*, 19ª ed., São Paulo, Saraiva, 1992, p. 158.

11. José Cassiano Borges e Maria Lúcia Américo dos Reis, *Crimes Contra a Ordem Tributária – Pareceres*, Rio de Janeiro, Forense, 1998, p. 42.

fato, atribua a este fato um significado diverso daquele que lhe atribui a autoridade da Administração Tributária. Assim, não é falsa uma declaração na qual o contribuinte do imposto de renda coloca como *não-tributável* um rendimento que a autoridade entende ser *tributável*, desde que identifique corretamente tal rendimento quanto a seus elementos fáticos. Ser "tributável" ou "não-tributável" é questão que diz respeito ao significado jurídico-tributário do fato "rendimento", e a divergência em torno desse significado em nenhuma hipótese configura falsidade.

Assim, não presta declaração falsa aquele que, na condição de presentante de uma instituição de educação, afirma ser esta inume, nos termos do art. 150, VI, "c", da CF. Será falsa, porém, a declaração se afirmar que a instituição não distribui qualquer parcela de seu patrimônio ou de suas rendas a título de lucro ou participação no seu resultado (CTN, art. 14, I) quando tal distribuição efetivamente acontece. A falsidade, repita-se, diz respeito ao fato, e não ao significado jurídico deste. Não haverá falsidade na declaração de que a instituição é *imune* ainda quando a mesma, na verdade, não o seja, porque não preenche os requisitos legais para o gozo da imunidade, desde que não exista falsidade quanto aos fatos constitutivos dos requisitos, vale dizer, desde que tais fatos sejam informados como efetivamente acontecem.

A informação – assim como a declaração – objeto da omissão ou da falsidade diz respeito sempre a fatos. Não ao significado jurídico deles. A omissão – ou a falsidade – que pode ensejar a supressão ou a redução do tributo é apenas a que diz respeito a fatos. O significado jurídico dos fatos, este, o Fisco, conhecendo os fatos, poderá atribuir como entender que é correto.

A ação-meio como elemento do crime de supressão ou redução de tributo há de ser sempre enganosa e ter por objetivo produzir *erro de fato*. No dizer de Villegas:

"(...) a fraude ao Fisco exige objetivamente a realização de determinados atos ou manobras enganosas, cuja finalidade é induzir em erro a Administração Tributária, para lograr a evasão, no todo ou em parte, do tributo devido.

"É fundamental que a ação seja enganosa e tenha por objetivo produzir erro, ou seja, que, com o propósito de produzi-lo, se usem artifícios para simular a existência de fatos que não existem, ou para ocultar a realidade de fatos existentes."[12]

Este aspecto da configuração do crime de supressão ou redução de tributo é da maior importância, sobretudo quando se examina a questão do planejamento tributário, quando se impõe a distinção essencial que existe entre o ilícito tributário e o ilícito penal. Pode haver o primeiro e não haver o segundo. O crime só se caracteriza se houver ocultação ou simulação dos fatos. Há de ser fruto da manipulação de fatos. Jamais pode decorrer de artifícios na interpretação da norma, por mais maliciosos que sejam.

Entretanto, a distinção entre o fato e seu significado jurídico é importante também na consideração da ocorrência, ou não, do ilícito tributário administrativo. Eloqüente, a esse respeito, a decisão do STJ que admite não ensejar aplicação de multa a errônea classificação fiscal de um produto, para fins de imposto de importação, se o produto está corretamente descrito – o fato está apontado corretamente – e do erro de classificação – o significado jurídico do fato – não decorre exclusão ou redução do tributo. Realmente, o STJ decidiu que: "A legislação tributária é rigorosa quanto à observância das obrigações acessórias, impondo multa quanto o importador classifica erroneamente a mercadoria na guia própria. A par da legislação sancionadora (art. 44, I, da Lei n. 9.430/1996 e art. 526, II, do Decreto n. 91.030/1985),

12. Héctor Villegas, *Direito Penal Tributário*, trad. de Elisabeth Nazar e outros, São Paulo, Resenha Tributária, 1984, p. 153.

a própria Receita preconiza a dispensa da multa quando não tenha havido intenção de lesar o Fisco, estando a mercadoria corretamente descrita, com o só equívoco de sua classificação (REsp n. 660.682-PE, 2ª Turma, rela. Min. Eliana Calmon, *DJU* 10.5.2006; REsp n. 728.999-PR, 1ª Turma, rel. Min. Luiz Fux, *DJU* 12.9.2006)".[13]

2.2.3 *Elementos inexatos*

Nos termos do inciso II do art. 1º da Lei 8.137/1990, a ação-meio para a supressão ou redução do tributo consiste em "fraudar a fiscalização tributária inserindo elementos inexatos ou omitindo operação de qualquer natureza em documento ou livro exigido pela lei fiscal".

Qual seria o alcance da expressão "elementos inexatos"?

A inexatidão, sabemos todos, pode ser quanto ao *fato*, como pode ser quanto ao *significado jurídico* deste. Assim, uma interpretação na qual se leve em conta apenas o elemento literal, ou lingüístico, não resolve a questão do alcance da norma incriminadora em tela. Tanto poderia indicar um alcance restrito, tendo-se como consumado o crime apenas nos casos em que a inexatidão fosse pertinente ao fato, como poderia indicar um alcance amplo, tendo-se como consumado o crime sempre que a interpretação da lei tributária adotada pelo contribuinte, implicando não-pagamento ou pagamento menor de tributo, fosse a final considerada incorreta pela autoridade competente, vale dizer, pelo tribunal de última instância.

O elemento literal, não obstante seja indispensável, é absolutamente insuficiente, como se está a ver. Deve o intérprete, por isto mesmo, valer-se de elementos outros, entre os quais o sistêmico, ou contextual, e o teleológico, ou finalístico. Além disto, deve levar em conta os direitos e garantias fundamentais, cujo elenco constante da Constituição, aliás, não é exaustivo, porque não exclui aqueles decorrentes do regime e dos princípios por ela adotados (CF, art. 5º, § 2º).

Em face do elemento contextual, tem-se de considerar que o dispositivo em que se encarta a expressão "elementos inexatos" começa com o verbo "fraudar", que indica deva ser aquela expressão tomada em sentido restrito, tendo-se como inexato o *fraudulento*, vale dizer, aquilo que não corresponde à verdade fática, ou material. Por outro lado, todo o sistema jurídico há de ser considerado. Não se pode pretender que uma norma tenha, na definição de um tipo penal, anulado as garantias albergadas por outras normas do sistema, inclusive pelas situadas no altiplano constitucional.

Com efeito, entre as garantias asseguradas pela vigente Constituição está aquela segundo a qual "a lei não excluirá da apreciação do Poder Judiciário lesão ou ameaça a direito" (art. 5º, XXXV). Consagra, outrossim, a Constituição vários princípios limitadores do poder de tributar, aos quais o legislador ordinário deve obediência. E, em face do princípio da legalidade, a Administração Tributária tem sua atividade limitada aos estritos termos da lei. Tudo isto restará inútil se admitirmos que o contribuinte não tem o direito de questionar o significado e o alcance das normas segundo as quais está obrigado ao pagamento dos tributos. A autoridade da Administração Tributária poderá lançar e cobrar os tributos a seu modo, como bem entender, sem que o contribuinte possa questionar seu modo de interpretar as leis.

Em face do elemento finalístico, tem-se de considerar que a lei, ao definir os crimes contra a ordem tributária, não pretendeu, nem pode ter pretendido, substituir o sistema de cobrança de tributos pela ameaça de prisão. A finalidade da norma penal tributária, no caso, é proteger o direito

13. STJ, 1ª Turma, AgRg no REsp 653.263-PR, rela. Min. Denise Arruda, j. 22.5.2007, *DJU* 18.6.2007 e *Boletim Informativo Juruá* 446/33, 16-31.10.2007.

do Estado aos elementos de que necessita para exercitar a atividade tributária, vale dizer, as informações concernentes aos *fatos*. E, assim, na verdade, definiu como crime a ocultação, total ou parcial, de fato relevante para efeitos tributários.

É fora de qualquer dúvida razoável, portanto, que o significado da expressão "elementos inexatos" no art. 1º, II, da Lei 8.137/1990 é restrito. Não abrange a inexatidão do significado jurídico, como pretendem o Fisco e o Ministério Público do Estado de Santa Catarina, de sorte a colocar o contribuinte em situação de absoluta insegurança jurídica, deixando-o obrigado a adotar, sempre, a interpretação da qual resulte maior ônus tributário, pois do contrário estaria, em todos os casos, sujeito à imputação de cometimento criminoso. A inexatidão a que se refere a lei é, evidentemente, aquela concernente ao fato, em sua pura facticidade considerado.

Desnecessário é dizer que os "elementos" aos quais diz respeito a inexatidão, neste contexto, são apenas aqueles relevantes na determinação do tributo.

Assim, quem escritura como despesa o valor de determinado pagamento que não é dedutível, nos termos da legislação tributária aplicável, mas indica com indiscutível clareza a natureza daquele pagamento não pode ser acusado de ter inserido elemento inexato em seus livros, porque a inexatidão, neste caso, diz respeito ao significado jurídico-tributário do fato, mas não ao fato em si mesmo.

Também não pode ser acusado de inserir elementos inexatos em seus livros ou documentos quem escritura incorretamente, ou inexatamente, elementos absolutamente irrelevantes na apuração de tributos. A *inexatidão* dos elementos, capaz de configurar a ação-meio para a configuração do tipo penal em questão, é somente aquela que seja relevante na configuração do tributo, seja quanto à própria existência deste, seja quanto ao montante respectivo.

2.2.4 *Falsificar ou alterar documento*

No inciso III do art. 1º da Lei 8.137/1990 estão definidas como integrativas do tipo "supressão ou redução de tributo" as condutas-meio de "falsificar ou alterar nota fiscal, fatura, duplicata, nota de venda, ou qualquer outro documento relativo a operação tributável".

"Falsificar" um documento quer dizer "produzi-lo falsamente". Produzir um documento falso, como tal entendido aquele que alberga uma falsidade, seja material ou ideológica – embora a interpretação sistêmica esteja a indicar que no inciso III a referência é feita apenas à falsidade material, porque a falsidade ideológica está melhor compreendida no inciso II.[14]

Para a compreensão e delineamento do tipo penal em questão é absolutamente irrelevante a distinção entre falsidade material e ideológica, porque as descrições dos vários incisos do art. 1º são – insista-se neste ponto – de meras condutas-meio, que se integram com a conduta-resultado prevista na cabeça daquele dispositivo legal, e se a falsidade ideológica não se comporta no inciso III, seguramente está contemplada no inciso II, de sorte que a disputa em torno da questão de saber se neste último se inclui a falsidade ideológica é desprovida de conseqüência prática.

Seja como for, vejamos a distinção doutrinária entre a *falsidade material* e a *falsidade ideológica*, especialmente relativas aos documentos. Em outras palavras, vejamos o que se deve entender por "documento *materialmente* falso" e "documento *ideologicamente* falso".

Para compreendermos mais facilmente essa distinção, tenhamos presente que um documento é o meio, ou instrumento, pelo qual se demonstra um fato.

14. Cf. Juary C. Silva, *Elementos de Direito Penal Tributário*, p. 204.

Diz-se que um documento é *materialmente falso* quando a falsidade reside nele próprio, em sua materialidade, posto que o documento não é o que parece ser. Não se questiona, neste ponto, a representação. Não se aponta uma possível diferença entre o objeto representado e a representação dele, constante do documento. Questiona-se o documento, em sua materialidade.

Diz-se que um documento é *ideologicamente falso* quando a falsidade reside apenas na representação, no mesmo contida, do fato. O documento, em sua materialidade, é perfeito, mas o fato que ele representa não existe, ou é diverso do representado.

Não obstante simples, como se vê, a distinção entre falsidade *material* e *ideológica*, na prática, nem sempre é fácil de ser estabelecida. No que diz respeito à configuração do tipo penal "supressão ou redução de tributo", porém – repita-se –, isto não tem importância, tanto porque a falsidade, em qualquer de suas modalidades, preenche o tipo como porque o legislador teve o cuidado de usar também o verbo "alterar", de sorte a afastar dúvidas que poderiam resultar da abrangência do verbo "falsificar".

"Alterar" é modificar. Quem altera, geralmente, está falsificando. Ocorre que a alteração, sendo uma mudança da verdade, nem sempre consegue ser uma imitação da verdade. A falsidade somente se caracteriza quando ocorre mudança e imitação, pois "não há falsidade sem a possibilidade objetiva de enganar (isto é, sem a capacidade de, por si mesma, iludir o *homo medius*). Não basta a *immutatio veri*: é também necessária a *imitatio veri*. Sem esta (ou, seja, sem a potencialidade de engano), inexiste, praticamente, a ofensa à fé pública ou a possibilidade de dano (elemento condicionante do crime)".[15]

A falsificação, ou alteração, capaz de configurar o crime de supressão ou redução de tributo é apenas aquela concernente a documento relativo a operação tributável, vale dizer, concernente a fato relevante do ponto de vista tributário; porque se o fato não é relevante, do ponto de vista tributário, a falsificação não conterá a possibilidade de supressão ou de redução do tributo.

A referência a "documentos geralmente utilizados pelos sujeitos passivos de obrigações tributária" é meramente exemplificativa, e inútil diante da abrangência da expressão "qualquer documento relativo a operação tributável". Justifica-se apenas por seu efeito didático, posto que dirigida a pessoas que lidam com os documentos especialmente nominados, restando de mais fácil compreensão para estas.

2.2.5 *Elaborar, distribuir, fornecer, emitir ou utilizar documento falso*

No inciso IV do art. 1º da Lei 8.137/1990 estão definidas como meio para a supressão ou redução do tributo as ações de "elaborar, distribuir, fornecer, emitir ou utilizar documento que saiba ou deva saber falso ou inexato".

O objetivo do emprego dos diversos verbos foi evitar deixar fora do tipo uma conduta relevante do ponto de vista da supressão ou da redução do tributo ainda que praticada por não-contribuinte, que poderá ser, então, colocado como partícipe do crime. Assim é que, referindo-se a "elaborar", inclui no tipo a conduta daquele que não emite a nota fiscal, por exemplo, mas a confecciona ou "elabora". Referindo-se a "distribuir", inclui no tipo a conduta daquele que adquire notas fiscais falsas de terceiros e as distribui a vários interessados em seu uso. Referindo-se a "fornecer", inclui no tipo a conduta daquele que, sem ter elaborado a nota fiscal falsa e sem havê-la distribuído a várias pessoas, ainda assim "fornece" dito documento a determinado interessado em seu uso. Referindo-se a "emitir", inclui no tipo a conduta daquele que não elabora, não distribui,

15. Nelson Hungria, *Comentários ao Código Penal*, vol. IX, Rio de Janeiro, Forense, p. 263.

não fornece, mas "emite" uma nota fiscal falsa; e, finalmente, referindo-se a "utilizar", inclui no tipo a conduta de quem não elabora, não distribui, não fornece, não emite, mas "utiliza", faz uso, vale-se de uma nota fiscal falsa.

Como "documento" entende-se o instrumento utilizado para comprovar determinados fatos. Se há relação de adequação entre os fatos e o que deles diz o documento, este é verdadeiro. Se não há, o documento é falso. É falso um documento, portanto, que diz existente um fato que não existe, ou inexistente um fato que existe. Ou diz que o fato é de determinado modo, quando ele é de outro. A falsidade caracteriza-se, em qualquer caso, pela inadequação, total ou parcial, entre o fato e o que dele diz o documento.

Insistimos em que em qualquer caso o fato há de ser *relevante* do ponto de vista tributário, e há de ser considerado em sua pura *facticidade*, sendo inteiramente irrelevante o significado jurídico-tributário do fato. Assim, uma nota fiscal na qual está dito que a operação de venda nela documentada é *isenta* do imposto, ou é *imune* ao ICMS, não é falsa ainda que tal isenção ou imunidade não exista, porque a *isenção* assim como a *imunidade* não são fatos, mas qualificações jurídicas. Desde que a nota fiscal descreva com exatidão as mercadorias às quais corresponde, não estará tipificado o crime de que se cuida.

2.2.6 *Em desacordo com a legislação*

Define o art. 1º, V, da Lei 8.137/1990 como ação-meio para o cometimento do crime de supressão ou redução do tributo "negar ou deixar de fornecer, quando obrigatório, nota fiscal ou documento equivalente, relativa a venda de mercadoria ou prestação de serviço efetivamente realizada, ou fornecê-la em desacordo com a legislação".

"Negar" ou "deixar de fornecer". É claro que quem nega deixa de fornecer, mas nem sempre quem deixa de fornecer nega. A preocupação do legislador com o uso dos dois verbos tem uma explicação. Pode ocorrer que a outra parte na compra e venda, ou na prestação de serviços, não peça a nota fiscal, ou até mesmo pretenda sua não-emissão, para se favorecer com a exclusão do imposto, pagando, assim, um preço menor. Neste caso vale a expressão "deixar de fornecer". O "negar" vale apenas para a hipótese em que, tendo havido solicitação, tenha sido esta recusada. É verbo menos abrangente, que na lei está seguido do mais abrangente, "deixar de fornecer". O legislador penal, talvez com o intuito de evitar que o réu escape mediante interpretações literalistas, geralmente é superabundante no uso dos verbos descritores das ações incriminadas.

Cuidado maior do intérprete está a exigir a parte do dispositivo legal em tela que descreve a ação-meio do tipo penal afirmativamente: "ou fornecê-la em desacordo com a legislação". Pode parecer que afirmar esse desacordo da nota fiscal, ou do documento equivalente, com a legislação envolverá sempre apenas uma questão de direito. Não é assim, porém, e neste ponto o intérprete há de ter redobrada atenção para o elemento finalístico da norma que exige a emissão da nota fiscal, ou documento equivalente.

Nota fiscal é o documento no qual é descrita a mercadoria vendida, ou simplesmente transferida, e que se presta para permitir o controle físico dos estoques, documentando as entradas e as saídas de mercadorias, e especialmente para acompanhar aquela mercadoria nela descrita, desde a saída do estabelecimento remetente até a entrada no estabelecimento destinatário. Não faz sentido, assim, a exigência de nota fiscal relativamente à prestação de serviço, albergada pela legislação de vários Municípios, de forma absolutamente inconseqüente. Exatamente porque não faz sentido falar de *nota fiscal de prestação de serviços*, refere-se a lei a "documento equivalente", que pode ser um simples *recibo*.

Seja como for, o importante é que nas operações de circulação de mercadorias e nas prestações de serviços tributados deve haver sempre um documento em que o fato – a operação de circulação de mercadoria ou a prestação do serviço – seja registrado. Esse documento deve atender às exigências da legislação tributária, geralmente feitas com o intuito de que a operação, ou prestação, e as mercadorias, ou os serviços, bem como os que naquelas operações ou prestações sejam partes restem a final perfeitamente identificados.

Nesse contexto, a nota fiscal, ou documento equivalente, está "em desacordo com a legislação" apenas quando não contém os elementos necessários à perfeita identificação da mercadoria ou do serviço, bem como das partes envolvidas na operação de venda[16] ou na prestação do serviço. Não se há de considerar em desacordo com a legislação a nota fiscal, ou documento equivalente, que indique, por exemplo, tratar-se de operação ou prestação imune ou isenta quando não ocorram hipóteses de imunidade ou de isenção. O "desacordo" com a legislação, para configurar a ação-meio necessária à configuração do tipo, há de ser concernente a *fatos relevantes* do ponto de vista tributário. Não apenas concernente ao *significado jurídico* de tais fatos. O ser *imune* ou *isento* não é fato, mas significado jurídico-tributário de fato.

O estar "em desacordo com a legislação" somente configura a ação-meio de que se cuida quando seja apto a provocar o resultado "supressão ou redução de tributo". Assim, se uma nota fiscal referente à venda de livros, que são objeto de imunidade tributária, é emitida em desacordo com a legislação porque não indica o nome do destinatário da mercadoria, não estará configurado o crime se esse desacordo não viabiliza o não-lançamento da receita correspondente a essa venda, que seria capaz de propiciar a supressão ou a redução de tributos.

2.3 Elementos normativos

2.3.1 *Conceitos normativos*

Recorde-se que na definição dos tipos penais o legislador utiliza, além dos conceitos ditos *naturais*, conceitos *normativos*. Denominamos "conceitos naturais" aqueles cuja definição não depende, ao menos diretamente, do conhecimento das normas jurídicas. São conceitos da linguagem comum. Assim, quando se fala em "suprimir" ou "reduzir" tributo, entende-se que "suprimir" e "reduzir" são conceitos naturais, pois qualquer pessoa sabe, sem ser jurista, o que significa "suprimir" e o que significa "reduzir". Nem todos, porém, sabem exatamente o que significa "tributo". Dizemos, então, que "reduzir" e "suprimir" são conceitos *naturais*, enquanto "tributo" é um conceito *normativo.*

Em síntese, portanto, *conceitos normativos* são aqueles cujo conhecimento depende do conhecimento especificamente jurídico. O conhecimento adequado dos conceitos naturais depende apenas do conhecimento geral, enquanto o conhecimento dos conceitos normativos depende, por assim dizer, do conhecimento especificamente jurídico.

A leitura dos artigos, incisos, alíneas e parágrafos de uma lei penal mostra que os diversos *tipos penais* albergam tanto conceitos naturais como conceitos normativos.

16. Note-se que no inciso V do art. 1º da Lei 8.137/1990 há referência apenas a "venda". Não a outras operações das quais decorra a circulação de mercadorias. Isto, porém, não tem nenhuma importância, porque o "negar ou deixar de fornecer" uma nota fiscal, ou documento equivalente, numa operação que não seja de venda, mas seja relevante do ponto de vista tributário, estaria capitulado tranqüilamente no inciso II do mesmo dispositivo legal, na medida em que haveria omissão de operação em documento ou livro...

2.3.2 *Tributo como um elemento normativo*

Na definição do tipo penal conhecido como crime de "supressão ou redução de tributo" o legislador utilizou, juntamente com outros elementos, o conceito "tributo". Este, portanto, é um elemento normativo do tipo penal em questão.

É fácil, assim, compreender por que no estudo dos crimes contra a ordem tributária é importante que os operadores do Direito tenham atenção redobrada para os conceitos normativos utilizados na definição dos diversos tipos. Geralmente os penalistas não dispõem de conhecimento seguro do direito tributário, daí por que geralmente precisam da colaboração dos tributaristas.

O mais importante dos conceitos normativos utilizados na definição dos crimes contra a ordem tributária é o conceito "tributo", que é um elemento *normativo* desses tipos penais. Para demonstrar essa importância basta que se diga que a supressão ou redução de um *empréstimo compulsório*, por exemplo, ou de uma *tarifa*, não configura o tipo definido no art. 1º da Lei 8.137/1990, exatamente porque empréstimo compulsório não é tributo, assim como tarifa ou preço público também não é tributo.

Muitos outros conceitos utilizados na legislação tributária também são de decisiva importância, como acontece, por exemplo, com o conceito de "imunidade tributária".

Quem sabe o que significa "imunidade tributária" certamente entende por que um ilícito qualquer praticado no âmbito de uma instituição que seja titular de imunidade tributária, mesmo sendo capaz de eliminar o direito à imunidade, não configura o tipo penal "redução ou supressão de tributo".

A seguir vamos examinar essas duas questões, vale dizer, a da não-inclusão do empréstimo compulsório na definição de tributo e a da impossibilidade de ocorrência da supressão ou da redução de tributo no âmbito de uma entidade titular de imunidade tributária.

2.3.3 *Empréstimo compulsório*

Há quem sustente que o *empréstimo compulsório* está incluído no conceito de "tributo" – e, assim, o tipo penal de "supressão ou redução de tributo" alcança quem pratique as condutas integrantes do crime de "supressão ou redução de tributo" em relação ao empréstimo compulsório.[17] Tal entendimento, porém, é insustentável.

Realmente, o empréstimo compulsório não é tributo.

É certo que a Constituição Federal inclui os empréstimos compulsórios no capítulo do sistema tributário. Mas também é certo que estabelece para estes um regime jurídico diferente do regime jurídico dos tributos. Regime jurídico peculiar, que os faz absolutamente distintos, especialmente em função da regra segundo a qual a aplicação dos recursos deles provenientes será vinculada à despesa que fundamentou a respectiva instituição (CF, art. 148, parágrafo único), posto que é vedada a vinculação da receita de impostos a órgão, fundo ou despesa (CF, art. 167, IV).

Por outro lado, o empréstimo compulsório não chega sequer a ser uma "receita", no sentido próprio que a palavra tem no âmbito da ciência das Finanças Públicas e no âmbito do direito positivo.

A Lei 4.320, de 17.3.1964, distingue expressamente as *receitas correntes*, entre as quais classifica a receita tributária (art. 11, § 1º), das *receitas de capital*, entre as quais coloca as provenientes de realização de recursos financeiros oriundos de constituição de dívidas (art. 11, § 2º). Além disto, define "tributo" como "a receita derivada, instituída pelas entidades de direito públi-

17. Cf. Pedro Roberto Decomain, *Crimes Contra a Ordem Tributária*, 2ª ed., pp. 41-42.

co, compreendendo os impostos, as taxas e contribuições, nos termos da Constituição e das leis vigentes em matéria financeira, destinando-se o seu produto ao custeio de atividades gerais ou específicas exercidas por essas entidades" (art. 9º).

Não se venha argumentar com a definição de "tributo" albergada pelo art. 3º do CTN, porque esta não é incompatível com a definição albergada pelo art. 9º da Lei 4.320/1964.

Essas duas definições legais são compatíveis e, na verdade, se completam. Assim, no plano rigorosamente jurídico, é verdadeira a afirmação segundo a qual o tributo é uma receita, no sentido econômico, e não apenas no sentido financeiro. Essas definições, na verdade, se completam.

O tributo é uma *receita pública*. E esta, segundo lapidar definição de Aliomar Baleeiro, "é a entrada que, integrando-se no patrimônio público sem quaisquer reservas, condições ou correspondência no passivo, vem acrescer o seu vulto, como elemento novo e positivo".[18]

Destaque-se, com Aliomar Baleeiro, que "as quantias recebidas pelos cofres públicos são genericamente designadas como 'entradas' ou 'ingressos'. Nem todos esses ingressos, porém, constituem receitas públicas, pois alguns deles não passam de 'movimentos de fundo', sem qualquer incremento do patrimônio governamental, desde que estão condicionados à restituição posterior ou representam mera recuperação de valores emprestados ou cedidos ao Governo".[19]

Não apenas no Brasil tem-se tal compreensão do tributo. No sentido de que o tributo opera a transferência de recursos financeiros do contribuinte para o ente público é a lição de Tulio Rosembuj: "La prestación tributaria es un comportamiento positivo, dar sumas de dinero, que establece el simétrico empobrecimiento patrimonial del obligado y el enriquecimiento del ente público, y debido, en el sentido de la absoluta prevalencia de la ley sobre la autonomía de voluntad del sujeto obligado".[20]

Do ponto de vista da ciência do Direito, importa o conceito que se possa formular em face do sistema jurídico, vale dizer, do direito positivo. E diante do sistema jurídico brasileiro, como visto, é inegável que o tributo é instrumento de transferência de elementos patrimoniais, devendo a expressão "prestação pecuniária compulsória" ser entendida como o objeto da obrigação jurídica, consistente em dinheiro coativamente transferido do patrimônio do sujeito passivo para o patrimônio do sujeito ativo da relação de tributação.

Não se argumente – porque não seria razoável – com o fato de que no Brasil os empréstimos compulsórios, na verdade, não são restituídos. E que, assim, seriam, na verdade, tributo, posto que a diferença – vale dizer, a restituição – não seria efetiva, mas simplesmente teórica. O fato da não-restituição, embora geralmente ocorra, só se presta para demonstrar a forma imoral de atuação do Governo – o que, de certa forma, até retira do Estado Brasileiro o respaldo moral para criminalizar a conduta de quem se furta ao recolhimento de empréstimos compulsórios. Se o Estado não cumpre a lei, que ele próprio edita, nada justifica que possa impor sanções penais àqueles que igualmente não a cumprem.

No plano jurídico, e muito especialmente no plano ético, é muito difícil admitir possa o Estado, que geralmente não devolve as quantias recebidas a título de empréstimo compulsório, impor pena criminal a quem se furta ao pagamento daquele empréstimo.

18. Aliomar Baleeiro, *Uma Introdução à Ciência das Finanças*, 13ª ed., Rio de Janeiro, Forense, 1981, p. 116.

19. Idem, ibidem.

20. Tulio Rosembuj, *Elementos de Derecho Tributario*, Barcelona, Editorial Bleme, 1982, p. 114.

2.3.4 *Supressão ou redução de tributo e entidade imune*

Outro exemplo de falta da compreensão adequada de conceitos do direito tributário, ou do direito tributário, no trato de questões relativas a crimes contra a ordem tributária tem ocorrido com o oferecimento de denúncia por suposto crime de supressão ou redução de tributo praticado por dirigente de entidade titular de imunidade tributária.

O Ministério Público Federal tem promovido ação penal contra diretores de instituições sem fins lucrativos em decorrência de certos fatos que, no entender das autoridades da Administração Tributária, constituiriam fundamento para a quebra da imunidade tributária de que gozam tais instituições.

A questão que se coloca, então, é a de saber se o fato praticado pelos dirigentes de uma instituição que goza de imunidade tributária pode configurar o crime contra a ordem tributária legalmente definido como crime de "supressão ou redução de tributo". Questão a que os advogados Hugo de Brito Machado Segundo e Schubert de Farias Machado responderam negativamente em debate que realizamos em reunião do Instituto Cearense de Estudos Tributários.

Trata-se de questão nova, ainda não tratada pela doutrina, mas não temos a menor dúvida de que a tese sustentada pelos referidos advogados, e acolhida já pelo TRF-5ª Região, é inteiramente procedente.

O fato imputado aos dirigentes da instituição imune, se for verdadeira a imputação e se o fato realmente tiver o significado jurídico-tributário pretendido pelo Fisco, produzirá como conseqüência a perda da imunidade. Em outras palavras, se admitirmos que o Fisco tem inteira razão na ação fiscal promovida contra a instituição imune, a conseqüência jurídica daquele fato terá sido a de tornar existente o tributo que não existiria – vale dizer, não seria devido –, em razão da imunidade tributária. E se o Fisco não tiver razão, seja porque o fato não ocorreu ou porque, tendo ocorrido, não tenha o significado jurídico pretendido por seus agentes, a instituição continuará com direito à imunidade tributária.

Logo, o fato imputado aos dirigentes da instituição titular de imunidade tributária não pode ter implicado supressão ou redução de tributo devido. Sem a ocorrência daquele fato subsistiria a imunidade. O tributo não seria devido. A ocorrência do fato, portanto, teve o efeito de tornar devido um tributo, e não o efeito de suprimir ou de reduzir um tributo.

Ressalte-se que não se está discutindo a imputação. Não se está pondo em dúvida a ocorrência do fato, nem seu significado jurídico-tributário. O que se está discutindo é simplesmente seu significado jurídico-penal.

O crime de que se cuida consubstancia-se pela supressão ou pela redução de tributo devido. A conduta capaz de realizar o tipo penal, no caso, é aquela conduta que suprime ou que reduz um tributo. Pressupõe a existência de um tributo devido, que teria de ser pago se não ocorresse o fato imputado ao acusado. E no caso de dirigente de uma instituição imune esse pressuposto não comparece. Do fato imputado não decorrem nem a supressão nem a redução de tributo, mas, muito pelo contrário, do fato imputado ao acusado resulta, se verdadeira a imputação, que um tributo se tornou devido.

Assim, as denúncias por crime contra a ordem tributária oferecidas contra dirigentes de instituição titular de imunidade tributária devem ser rejeitadas, nos termos do art. 43, I, do CPP; e, se recebidas, os réus devem ser absolvidos, com fundamento em seu art. 386, III.

2.4 *Elemento subjetivo*

O *elemento subjetivo* no crime de supressão ou redução de tributo, definido pelo art. 1º e seus incisos da Lei 8.137/1990, é o *dolo específico*, vale dizer, a vontade do agente dirigida para o evento "supressão ou redução de tributo".

A vontade do agente há de ser consciente, vale dizer, o dolo somente se configura se houver a denominada *consciência da ilicitude*. Assim, se o agente adota determinado comportamento que poderia, em princípio, ser considerado uma conduta-meio para a configuração do crime em questão, mas não tem a consciência de que está cometendo o crime, não estará configurado o tipo, à míngua do elemento subjetivo, que é essencial. Da mesma forma, se o agente entende que não é devido o tributo em determinada situação que assume, embora esteja equivocado, se tem a convicção de não estar suprimindo tributo devido, o crime não se consuma, à míngua do elemento subjetivo, vale dizer, por estar ausente o dolo.

A propósito do dolo como elemento subjetivo necessário à configuração do crime de supressão e redução de tributo é importante a distinção que se há de estabelecer entre a redução ou supressão do tributo que se opera por meios lícitos, ou que o agente supõem serem lícitos, e aquela supressão ou redução de tributo que se opera por meios fraudulentos, em relação aos quais o dolo específico é demonstrado pela manipulação de elementos fáticos.

Em outras palavras, podemos afirmar que o erro na compreensão da lei tributária tem decisiva importância na tipificação do crime contra a ordem tributária.

Sobre o tema já escrevemos, e com apoio no entendimento do chefe do Ministério Público Federal, acolhido pela jurisprudência do STF, já sustentamos que, "mesmo quando o contribuinte, ao interpretar a lei tributária, incorre em erro quanto a ser ou não ser devido o tributo, em determinado caso, ou quanto ao valor deste, porque se engana quanto à base de cálculo, ou à alíquota, o que se tem configurado, em qualquer destes casos, é o *erro de tipo*, que exclui o dolo, e, assim, a configuração do crime, que não existe na modalidade culposa".[21]

Embora sustente – a nosso ver, sem razão – que a consciência da ilicitude não faz parte do elemento subjetivo do tipo, Andreas Eisele assevera:

"Diversa é a situação quando o sujeito omite (em sua contabilidade e nas informações prestadas ao Fisco) operação que caracteriza fato imponível tributário e, mediante este artifício, suprime o tributo correspondente, pensando que a hipótese não gerou a obrigação tributária respectiva, motivo pelo qual entendia que não tinha o dever de declarar a ocorrência do fato, assim como não havia tributo a recolher (art. 1º, I e II, da Lei 8.137/1990).

"Nesse caso, devido à incorreta interpretação da legislação tributária, o sujeito entendeu estar ausente, em seu comportamento, a elementar do tipo 'tributo'.

"Portanto, agiu incidindo em erro de tipo, o que exclui o dolo de seu comportamento, devido à ausência da consciência da presença (na situação de fato) de uma das elementares do tipo (no caso, o tributo).

"Na hipótese (erro de tipo), o dolo é excluído do comportamento do agente, não obstante este tenha realizado intencionalmente a conduta (omissão de informações) e alcançado o resultado pretendido (não-pagamento do valor correspondente), porque o sujeito não possuía a consciência da situação fática no contexto da qual atuou."[22]

Pensamos que em todos os casos nos quais a conduta do contribuinte seja guiada pela consciência que tem de não estar

21. Hugo de Brito Machado, "A fraude como elemento essencial do tipo nos crimes contra a ordem tributária", in *Estudos de Direito Penal Tributário*, São Paulo, Atlas, 2002, p. 54.

22. Andreas Eisele, *Crimes Contra a Ordem Tributária*, 2ª ed., São Paulo, Dialética, 2002, p. 64.

violando a lei tributária, ainda que sua consciência resulte de erro na interpretação desta, haverá erro de proibição – e, consequentemente, não se configura o crime contra a ordem tributária, à míngua do elemento subjetivo.

E não poderia, mesmo, ser de outro modo. Se o erro na compreensão da lei tributária pudesse configurar crime, estaria inteiramente destruído todo o direito tributário. A rigor, na prática, o tributo não seria devido nos termos da lei, mas nos termos da compreensão oficial desta pelas autoridades da Fazenda. Toda e qualquer dúvida do contribuinte sobre o significado da lei tributária teria de ser submetida à autoridade, e o entendimento desta teria de ser adotado, sem o quê o contribuinte estaria correndo o risco de ser, a final, condenado por crime contra a ordem tributária.

Em definitivo, portanto, os crimes contra a ordem tributária somente se configuram com a presença do dolo. Em matéria de direito penal a punição somente ocorre a título de dolo. Os crimes, em regra, são dolosos. O crime culposo é exceção.

Por isso mesmo só existe quando previsto em norma específica. Por isto mesmo assevera Decomain, com inteira razão:

"Não havendo no texto da Lei 8.137/1990 qualquer regra que preveja modalidade culposa de algum dos crimes contra a ordem tributária nela enumerados, tem-se que os mesmos apenas admitem a modalidade dolosa.

"É preciso, portanto, a consciência e vontade de realizar alguma das condutas previstas nos arts. 1º a 3º da lei para que a ação típica seja punível."[23]

Realmente, nos crimes contra a ordem tributária o elemento subjetivo é sempre o dolo. Neste sentido Eisele afirma, com inteira razão: "Como os crimes contra a ordem tributária apenas podem ser praticados na forma dolosa, a presença de situação configuradora de erro de tipo no comportamento do agente afasta a tipicidade da conduta".[24]

É a lição autorizada de Héctor Villegas:

"Do ponto de vista subjetivo, a fraude fiscal requer o propósito deliberado de ocasionar a evasão total ou parcial de tributo efetivamente devido. Diz Giuliani Fonrouge que nela subjaz a intenção de lesar, supondo a realização de um ato voluntário, ou a ocultação (omissão) de qualquer circunstância de relevância fiscal, com a finalidade deliberada de subtrair, total ou parcialmente, uma obrigação fiscal.

"(...).

"Vale dizer, o engano vinculado à evasão do gravame só se harmoniza à fraude tributária se o autor revela intenção de fraudar. Essa intenção pressupõe que conheça este, de maneira positiva, os fatos e as circunstância estruturais do ardil, e que a manobra empregada seja contrária à verdade. Em conseqüência, se o aparente expediente lesivo se deve, na realidade, a um erro de fato ou de direito, o dolo fica excluído e a conduta não é punível."[25]

2.5 Sujeitos do crime

Sujeito do crime de supressão ou redução de tributo pode ser qualquer pessoa física ou natural. Diz-se "qualquer pessoa" porque nenhuma qualificação se faz necessária. Nem mesmo a de sujeito passivo de relação tributária; embora quase sempre o agente seja contribuinte, essa qualificação não lhe é indispensável, porque pode agir no interesse de outrem.

23. Pedro Roberto Decomain, *Crimes Contra a Ordem Tributária*, 2ª ed., p. 25.

24. Andreas Eisele, *Crimes Contra a Ordem Tributária*, 2ª ed., p. 65.

25. Héctor Villegas, *Direito Penal Tributário*, pp. 153-154.

Esse parece ser o entendimento de Decomain, para quem o sujeito ativo do crime em questão "será, via de regra, o contribuinte que, empreendendo a fraude ou omitindo simplesmente a emissão de documento fiscal ou o fornecimento de informações ao Fisco, obtém com isso supressão ou redução de tributo".[26]

Embora o agente do crime seja geralmente o sujeito passivo da obrigação tributária, tal condição não é essencial. O sujeito passivo da obrigação tributária pode ser uma pessoa jurídica, e esta jamais é autora de crime. Autor do crime será a pessoa física ou natural que age em seu nome.

Pode ocorrer também que uma pessoa natural seja o sujeito passivo de determinado tributo mas o agente do crime que se consubstancia com a supressão deste seja outra pessoa natural.

Geralmente são agentes desse tipo de crime as pessoas físicas ou naturais que, atuando em atividades empresariais, praticam as condutas descritas no respectivo tipo. Neste sentido, a Lei 8.137/1990 estabelece: "Art. 11. Quem, de qualquer modo, inclusive por meio de pessoa jurídica, concorre para os crimes definidos nesta Lei, incide nas penas a estes cominadas, na medida de sua culpabilidade".

A culpabilidade, ou culpa em sentido amplo, designa o gênero. Estão abrangidos pela culpabilidade a culpa em sentido restrito e o dolo. No dispositivo legal acima transcrito "culpabilidade" significa dolo. E o dolo só existe na conduta das pessoas físicas, ou naturais.

Assim, podemos dizer que, nos termos do dispositivo legal supratranscrito, a pessoa física, ou natural, que, de qualquer modo – inclusive por meio de pessoa jurídica –, concorre para a supressão ou redução do tributo, praticando uma das condutas descritas em um dos incisos do art. 1º da Lei 8.137/1990, incide nas penas nesse dispositivo cominadas, na medida do dolo com o qual tenha atuado.

26. Pedro Roberto Decomain, *Crimes Contra a Ordem Tributária*, 2ª ed., p. 48.

2.6 Possibilidade de configuração de quadrilha ou bando

Pode ocorrer que o mesmo crime de supressão ou redução de tributo tenha como sujeito ativo duas ou mais pessoas. Seja nos casos de atuação no âmbito de pessoa jurídica, seja em outras situações de fato, duas ou mais pessoas podem agir com o objetivo comum de suprimir ou reduzir tributo devido por uma pessoa jurídica, ou por uma daquelas pessoas naturais.

Questão importante que se coloca nesse contexto é a de saber se, havendo sido o crime de supressão ou redução de tributo cometido por mais de três pessoas, configura-se, ou não, o crime de quadrilha ou bando, definido no art. 288 do CP.

A resposta a essa questão depende do exame de cada caso concreto. O fato de haver sido o crime de supressão de tributo praticado por mais de três pessoas no âmbito de uma pessoa jurídica não é suficiente para a configuração do tipo penal definido como quadrilha ou bando. Note-se que a configuração desse tipo penal independe do cometimento de qualquer outro crime, mas depende de haver sido a associação formada com o fim específico de cometer crimes.

As pessoas que atuam no âmbito de uma pessoa jurídica regularmente constituída, que desenvolve atividade econômica normalmente, associam-se, em regra, para a prática dessa atividade econômica. O cometimento do crime de supressão ou redução de tributo pode ser um acidente naquela atividade. Quase sempre não constitui o fim para o qual se deu a associação. Não se pode, portanto, pelo simples fato de mais de três pessoas haverem atuado no cometimento de crimes de supressão ou redução de tributos no âmbito de uma pessoa jurídica concluir que se configurou o crime de quadrilha ou bando.

O dolo específico cuja presença é exigida pela expressão "para o fim de cometer crimes", albergada pelo art. 288 do CP, há de ser demonstrado para que se possa afirmar consumado o crime de quadrilha ou bando. Pode ocorrer que mais de três pessoas se associem para o fim de cometer o crime de supressão ou redução de tributo e utilizem uma pessoa jurídica como instrumento para alcançar seus objetivos. A atividade econômica objeto da pessoa jurídica será mero pretexto. Será absolutamente secundária ou até, de fato, inexistente. Na prática são conhecidos casos de pessoas jurídicas constituídas com o fim de emitir notas fiscais com as quais "fabricam" créditos de ICMS que são utilizados por seus "clientes", em razão do princípio da não-cumulatividade desse imposto. Em tais casos, se mais de três pessoas participam da associação, pode estar configurado o tipo do art. 288 do CP. Não é isto, porém, o que geralmente acontece.

2.7 Os crimes-meio absorvidos pelo crime-fim

Entre as condutas adotadas pelo agente para a realização do tipo supressão ou redução de tributo podem ser encontradas condutas que, isoladamente consideradas, seriam aptas à configuração de tipos penais tais como estelionato, falsificação de documento, uso de documento falso, entre muitos outros. Tais condutas, todavia, não devem ser consideradas isoladamente para fins penais. Devem ser consideradas como condutas-meio, que integram o tipo penal previsto no art. 1º da Lei 8.137/1990. Esse tipo absorve os demais, que, assim, não devem ser tidos como tipos penais autônomos.

Este assunto, que diz respeito não apenas ao crime de supressão de tributo, mas aos crimes contra a ordem tributária em geral, será objeto de um capítulo no final da terceira parte.

3. Consumação e tentativa

3.1 Crime material ou de resultado

Sem prejuízo de outras classificações, os penalistas geralmente classificam os crimes em duas categorias, a saber: *crimes formais*, ou *de mera conduta*, e *crimes materiais*, ou *de resultado*.

São materiais ou de mera conduta os crimes que se consumam independentemente do resultado que venha ou não a ser alcançado com a conduta típica. E são materiais, ou de resultado, aqueles crimes que somente se aperfeiçoam se e quando é alcançado determinado resultado visado com a conduta.

O crime definido no art. 1º e seus incisos da Lei 8.137/1090 é crime *material*, ou *de resultado* – vale dizer: somente se configura se e quando é alcançado o resultado pretendido pelo agente, que é a supressão ou a redução do tributo. O núcleo do tipo penal em questão é definido pelos verbos "suprimir" e "reduzir", referidos ao tributo.

3.2 O resultado e o meio para alcançá-lo

Realmente, a supressão ou a redução do tributo constitui o resultado, que configura o tipo penal em tela desde que decorrente de uma ou de várias das ações ou omissões descritas nos diversos incisos do art. 1º da Lei 8.137/1990.

As ações ou omissões descritas nos incisos I a V desse art. 1º são simplesmente meios necessários à realização do fim, com os quais se integra o tipo penal. Qualquer dessas ações ou omissões que não seja hábil para a realização do fim – vale dizer, que não seja hábil para produzir a supressão ou a redução do tributo – poderá configurar um ilícito tributário, mas nenhuma delas configura, por si só, o tipo penal de que se cuida.

Indispensável é que sejam adequadas e tenham sido adotadas para esse fim de produzir a supressão ou a redução do tributo.

Confirmando essa idéia, Paulo José da Costa Jr. ensina:

"Para que se configure o crime tributário não basta a mera omissão da informação, ou a realização do *falsum*. Indispensável ainda que a omissão ou a falsidade da informação visem à redução do pagamento do tributo, da contribuição social ou acessórias e a obtenham.

"(...).

"Além do dolo genérico, para que se aperfeiçoe o tipo penal em causa, necessária a presença do dolo específico. Consistirá este na vontade voltada à redução do tributo ou da contribuição social devidos, ou à eliminação completa do pagamento devido."[27]

Diríamos nós "vontade voltada para a eliminação completa do dever jurídico de efetuar o pagamento devido". Esse há de ser o objetivo visado pela conduta típica, para que o crime se aperfeiçoe.

Como se trata de um crime material, ou de resultado, podemos afirmar que em princípio no crime definido no art. 1º da Lei 8.137/1990 é possível a tentativa. É importante, porém, que se examine essa possibilidade sem perder de vista outros dispositivos da mesma lei.

3.3 Tentativa e crime impossível

Nosso Código Penal define o crime como consumado quando nele se reúnem todos os elementos de sua definição legal (art. 14, I). E como crime tentado quando, iniciada a execução, não se consuma por circunstâncias alheias à vontade do agente (CP, art. 14, II). No dizer de Mirabete:

"A tentativa é a realização incompleta do tipo penal, pois o agente pratica atos de execução, mas não ocorre a consumação por circunstâncias alheias à vontade do agente. Seus elementos são, portanto: (a) ato de execução; (b) não-consumação por circunstâncias alheias à vontade do agente; (c) dolo. Situa-se, assim, no *iter* criminoso, a partir da prática de um ato de execução, desde que não haja consumação por circunstâncias independentes da vontade do agente".[28]

Em princípio, portanto, seria possível a tentativa no crime de supressão ou redução de tributo, porque as denominadas condutas-meio podem ser consideradas atos de execução, e o resultado eventualmente poderia não ser alcançado em virtude de uma intervenção do Fisco, ou de terceiro, independentemente da vontade do agente.

Ocorre que algumas das condutas-meio descritas nos incisos do art. 1º estão descritas no art. 2º da mesma Lei 8.137/1990, como tipo autônomo. Assim, resolve-se o conflito aparente de normas com a aplicação do *princípio da especialidade*. Tem-se como consumado o crime descrito no art. 2º, em vez de se cogitar de tentativa do crime de supressão ou redução de tributo, tipificado no art. 1º, da Lei 8.137/1990.

Relevante, por outro lado, é a distinção que se há de ter presente entre a tentativa e o crime impossível. O Código Penal estabelece que "não se pune a tentativa quando, por ineficácia absoluta do meio ou por absoluta impropriedade do objeto, é impossível consumar-se o crime".

Na tentativa o crime não se consuma "por circunstâncias alheias à vontade do agente". Entre essas circunstâncias, todavia, não se deve admitir que estejam a "ineficácia absoluta do meio", nem a "absoluta impropriedade do objeto". Se

27. Paulo José da Costa Jr., *Infrações Tributárias e Delitos Fiscais*, p. 110.

28. Julio Fabbrini Mirabete, *Código Penal Interpretado*, São Paulo, Atlas, 2000, p. 145.

a conduta-meio é ineficaz para alcançar a supressão ou a redução do tributo porque a autoridade administrativa dispõe de instrumentos ordinários de ação que lhe fornecem o conhecimento do fato gerador do tributo, instrumentos que não são de nenhum modo afetados pela ação-meio desenvolvida pelo agente, tem-se caracterizado o crime impossível.

É o caso, por exemplo, do servidor público que deixa de fazer sua declaração anual de imposto de renda, mas o lançamento do imposto de renda de pessoa física, mesmo assim, é plenamente viável, porque a repartição correspondente informa à Fazenda os seus rendimentos. Ou, ainda, o caso da empresa que deixa de apresentar sua DCTF[29] mas mantém todos os seus livros e documentos em condição de absoluta regularidade, à disposição do Fisco. A omissão no cumprimento do dever de fazer a declaração anual pela pessoa física, ou de apresentar a DCTF pela empresa, são meios absolutamente ineficazes para alcançar o resultado indispensável à consumação do crime.

Também não haverá tentativa – e sim crime impossível – se o contribuinte pratica qualquer das ações descritas em um dos incisos do art. 1º da Lei 8.137/1990 com o objetivo de suprimir ou reduzir um uma tarifa ou preço público, ou um empréstimo compulsório, posto que em tais casos se estará diante de absoluta impropriedade do objeto. Não se terá um tributo a ser suprimido ou reduzido, mas uma receita pública de diversa natureza.

3.4 Distinção entre crime impossível e tentativa

É importante que se tenha bem clara a distinção essencial entre o crime impossível e a tentativa. No *crime impossível* o resultado não é obtido em decorrência da ineficácia absoluta do meio utilizado pelo agente ou da impropriedade absoluta do objeto. Não ocorre nenhuma interferência alheia. Já na *tentativa* o resultado não se realiza em decorrência de intervenção alheia.

Assim, se o contribuinte efetua a venda de mercadorias e deixa de emitir a nota fiscal correspondente, mas a mercadoria é apreendida pela Fiscalização, tem-se configurado caso típico de tentativa do crime de supressão ou redução de tributo. O resultado foi frustrado pela interferência alheia, vale dizer, a interferência da Fiscalização. Entretanto, se o contribuinte, em vez de emitir nota fiscal do modelo adequado para o caso de venda a comerciante, emite nota fiscal a consumidor, ainda que assim tenha agido com a intenção de não pagar o ICMS, ter-se-á caso de crime impossível, porque a nota fiscal de venda a consumidor presta-se igualmente como instrumento de controle na apuração do valor do ICMS devido no final do período.

O TACrimSP decidiu que: "No crime impossível, enquanto se desenrola a ação do agente, ela não sofre interferência alheia, ao passo que na tentativa quase sempre a ação é interrompida por injunção externa. Nesta, também, o resultado delituoso é sempre possível porque os meios empregados são, por sua natureza, idôneos, e o objeto contra o qual dirigiu sua conduta é um bem jurídico suscetível de sofrer lesão ou perigo de lesão, ao passo que, naquele, o emprego de meios ineficazes ou o ataque a objetos impróprios, isto é, a bens jurídicos que não comportam ofensa ou perigo de ofensa, inviabiliza o resultado delituoso".[30]

3.5 Crime consumado

Não é fácil dizer quando o crime de supressão ou redução de tributo está, na

29. DCTF – sigla pela qual é conhecido o documento denominado *Declaração de Contribuições e Tributos Federais*.

30. Decisão citada e transcrita por Júlio Fabbrini Mirabete, *Código Penal Interpretado*, p. 161.

verdade, consumado. Há quem sustente que a consumação ocorre no momento em que termina o prazo para o pagamento do tributo. É o entendimento de Eisele:

"Como o crime material se consuma com a realização do resultado decorrente da conduta (materialização da hipótese fática indicada no verbo contido na descrição típica), no caso dos crimes contra a ordem tributária cujo resultado consiste em evasão tributária o crime se consuma na data em que deve ser pago o valor correspondente ao tributo ou à contribuição social.

"Esse é o momento em que ocorre a lesão ao bem jurídico protegido, independentemente de eventual prática de atos fraudulentos anteriores, realizados com a finalidade de obtenção da evasão."[31]

Esse entendimento é coerente para os que afirmam que "suprimir ou reduzir tributo" significa não pagar, ou pagar menos que o valor devido. Entretanto, se entendermos que "suprimir ou reduzir tributo" significa fazer desaparecer a relação jurídica obrigacional tributária que surgira com a ocorrência do respectivo fato gerador, aí, já não podemos, sem incoerência, admitir que o tipo esteja consumado com o escoamento do prazo para o respectivo pagamento.

O não-pagamento pode decorrer de simples omissão no cumprimento do dever de pagar, sem que tenha sido atingida a relação obrigacional. E mesmo em face de uma das condutas-meio descritas nos incisos do art. 1º da Lei 8.137/1990 e do não-pagamento do tributo pode subsistir incólume a relação obrigacional tributária. Pode ocorrer, por exemplo, que um funcionário público deixe de apresentar sua declaração anual de rendimentos de pessoa física e, em conseqüência de tal omissão, tenha deixado de recolher imposto de renda devido em face da denominada declaração anual de ajuste. Ainda assim a relação tributária, o "tributo" – no sentido em que esta palavra está empregada na definição do tipo penal em questão –, subsiste inteiramente.

A nosso ver, no exemplo citado nem chega a se configurar o tipo penal, pois a omissão no cumprimento do dever de declarar rendimentos, no caso, é inteiramente inábil para ensejar a supressão do tributo, e nesse estar-se-ia diante – isto, sim – do denominado crime impossível. Imaginemos, porém, situação na qual a conduta do contribuinte, descrita como ação-meio para alcançar a supressão ou redução do tributo, seja hábil para excluir os meios pelos quais a autoridade lançadora toma conhecimento do fato gerador do tributo. Ainda assim a falta de pagamento não suprime o tributo, vale dizer, não faz desaparecer a relação obrigacional tributária, que pode, a qualquer momento, ser constatada pela autoridade da Administração Tributária no desempenho ordinário de suas atribuições.

A rigor, portanto, a consumação do crime em questão somente ocorre no momento em que o tributo já não pode mais ser lançado. No momento em que, pelo decurso do tempo, se extinguiu o direito de lançar. Esse raciocínio, todavia, deixa a consumação do crime de que se cuida a depender da omissão da autoridade da Administração Tributária, e por isto não nos parece razoável.

Talvez a melhor solução seja a de considerar consumado o crime de supressão ou redução de tributo no momento em que se aperfeiçoa o lançamento tributário no qual, como decorrência da conduta-meio legalmente definida, deixa de ser incluído o valor do tributo, ou e parte dele. Tratando-se de lançamento por declaração, ou de lançamento de ofício, esse raciocínio parece razoável. Uma vez consumado o lançamento sem que no mesmo tenha sido considerada a relação obrigacional tributária que lhe emprestaria substância, que esteve escondida em razão da conduta-

31. Andreas Eisele, *Crimes Contra a Ordem Tributária*, 2ª ed., p. 70.

meio realizada pelo agente, o crime estaria consumado. Entretanto, tratando-se de tributos lançados por homologação o raciocínio somente seria válido para o caso de homologação expressa. E como, na prática, geralmente não ocorre homologação expressa, restaria o problema, pois a homologação tácita coincide com a decadência do direito de lançar.

Por outro lado, considerar-se consumado o crime de supressão ou redução de tributo no momento em que se perfaz o lançamento por declaração, ou de ofício, nos leva a resultado mais oneroso para o agente que considerar consumado o crime na data do vencimento do tributo, como sustenta Eisele. É que o vencimento ocorre algum tempo depois do lançamento, e pode o agente desistir de seu intento, pagando o tributo integralmente. Se entendermos que o crime está consumado na data em que se perfaz o pagamento, o pagamento não excluiria o crime, mas simplesmente extinguiria sua punibilidade.

3.6 Limite entre tentativa e crime consumado

Como se vê, tratando-se do crime de supressão ou redução de tributo é extremamente difícil estabelecer o limite entre a tentativa e o crime consumado. A primeira atitude que se há de adotar para superar essa dificuldade é a de reexaminar as definições de alguns conceitos envolvidos nessa questão, sejam conceitos de direito penal ou de direito tributário, que, se tomados em seus limites por nós até agora adotados, aparentemente não nos permitem o adequado tratamento da questão.

E a segunda e definitiva atitude que se há de adotar é a do reconhecimento, também aqui, da absoluta relatividade de tudo, inclusive e principalmente dos conceitos utilizados na linguagem jurídica, porque somente assim poderemos chegar a formulações razoáveis. Formulações que até poderão ser equivocadas, mas que, ao menos agora, neste estágio de nossa compreensão, poderão satisfazer nossas necessidades intelectuais.

Assim é que nos parece devemos ter como consumado o crime de supressão ou redução de tributo na prática de condutas-meio, legalmente descritas como integrantes desse tipo penal, quando tenham produzido o resultado que compõe uma das ações nucleares do tipo, a saber: a supressão ou a redução do valor objeto da relação obrigacional tributária. Em outras palavras, no momento em que essa relação tributária já não possa ser tomada pela autoridade administrativa como suporte para a constituição de crédito tributário contra o sujeito passivo correspondente.

Em regra, tal situação somente se concretiza quando esteja consumada a decadência do direito de a Fazenda Pública constituir o crédito tributário pelo lançamento. Todavia, em determinadas situações pode ocorrer que a conduta-meio praticada pelo agente seja de tal ordem que torne inteiramente impraticável o lançamento, e, neste caso, a consumação do tipo penal se dá independentemente do decurso do prazo decadencial.

Na verdade, não ocorre a supressão do tributo, nem a redução do valor deste, simplesmente porque o contribuinte deixou de entregar à autoridade competente uma informação dando conta da ocorrência de fato gerador do tributo,[32] ou entregou a esta uma informação com valor inferior ao devido, especialmente se aquele contribuinte escriturou em seus livros contábeis e fiscais todos os fatos geradores dos tributos corretamente. Se o contribuinte tem estabelecimento regular, é inscrito no competente cadastro e tem escrituração regular de todos os fatos geradores de tributos dos quais é sujeito passivo, esses tributos existem e podem ser a qualquer momento conhecidos pela

32. Uma DCTF, por exemplo.

autoridade, no exercício regular de seu dever de fiscalizar.

Em conclusão, tem-se que se a conduta-meio realizada pelo agente é capaz de subtrair do conhecimento da autoridade os fatos geradores de tributo, ou de os fazer aparecer com valores reduzidos, o crime de supressão ou redução de tributo estará consumado na data em que se fizer o pagamento a menor ou não se fizer o pagamento devido. Entretanto, se a conduta-meio apenas subtrai do conhecimento da autoridade o fato gerador do tributo ou leva ao conhecimento daquela autoridade fato gerador de tributo com valor inferior ao devido, mas não suprime desde logo a possibilidade desse conhecimento pelos meios regularmente postos à disposição daquela autoridade, o crime somente estará consumado quando se operar a decadência do direito da Fazenda Pública de constituir o crédito tributário.

4. Unicidade do tipo "supressão ou redução de tributo"

4.1 Não-atendimento de exigência da autoridade

O parágrafo único do art. 1º da Lei 8.137/1990 estabelece que "a falta de atendimento da exigência da autoridade, no prazo de 10 (dez) dias, que poderá ser convertido em horas em razão da maior ou menor complexidade da matéria ou da dificuldade quanto ao atendimento da exigência, caracteriza a infração prevista ao inciso V".

No inciso V está descrita como ação-meio para a supressão ou redução de tributo "negar ou deixar de fornecer, quando obrigatório, nota fiscal ou documento equivalente, relativa a venda de mercadoria ou prestação de serviço, efetivamente realizada, ou fornecê-la em desacordo com a legislação".

A questão que se coloca consiste em saber se no parágrafo único, aqui transcrito, está a definição de um tipo penal específico, ou se ali está apenas um preceito relativo ao tipo "supressão ou redução de tributo".

4.2 Omissão como tipo específico

Há quem sustente que se trata de um tipo autônomo. Ítalo Farias Pontes, por exemplo, assevera que:

"Embora o parágrafo único do art. 1º da Lei 8.137/1990 faça referência ao inciso V do mesmo artigo, entendemos que ele define um tipo penal específico, que tem por finalidade não tutelar o patrimônio público, mas sim dar maior efetividade à atividade administrativa de fiscalização.

"Chegamos a essa conclusão por entendermos que o crime previsto no inciso V do art. 1º não se confunde com aquele previsto no parágrafo único do referido artigo. Isso porque, enquanto o primeiro somente se consuma com a redução total ou parcial do tributo (crime de resultado), para o segundo isso é absolutamente irrelevante, já que se trata de crime meramente *formal*, que irá se concretizar, independentemente da existência de prejuízo ou não ao Erário, com o término do prazo legal para o atendimento da exigência formulada pela autoridade fazendária."[33]

Pedro Roberto Decomain, eminente membro do Ministério Público de Santa Catarina, manifesta-se também pela existência de um tipo penal específico no parágrafo único do art. 1º da Lei 8.137/1990; entretanto, sem o dizer, oferece elemento seguro para contestação de sua tese. Depois de afirmar que o referido dispositivo legal define um crime formal, que se configura ainda que a final se apure a inexistência de débito tributário, assevera:

"Tal entendimento é uma decorrência natural do bem jurídico tutelado com as condutas omissivas retratadas no pará-

33. Ítalo Farias Pontes, "Sanções penais tributárias", in *Sanções Penais Tributárias*, livro de nossa coordenação, São Paulo/Fortaleza, Dialética/ICET, 2005, p. 455.

grafo. Aqui, não se cuida diretamente de defesa do crédito tributário (que pode, inobstante, ser acautelado, e provavelmente o será, na maioria das hipóteses), mas sim de preservar a dignidade da Administração Pública e o respeito às ordens legais emanadas de seus agentes.

"Por todas essas razões, seria bem melhor que, em lugar de constar de um parágrafo, o crime em questão figurasse em artigo distinto da lei, mais claramente formulado e com raiz no crime de desobediência, de redação tão cristalina e sucinta."[34]

Como se vê, Decomain adota uma posição no plano da política, preconizando uma norma melhor formulada para configurar um crime específico de desobediência. Ocorre que o legislador assim não fez. E não se pode desprezar a norma que existe, fincando a interpretação desta em norma que se imagina como melhor solução para o caso.

Schubert de Farias Machado assevera, com inteira propriedade, que o dispositivo legal em questão "não pode ser considerado em separado do inciso V, que, por sua vez, não pode ser separado do *caput* do art. 1º da Lei 8.137/1990. Na verdade, somente se configura o crime em tela com a efetiva supressão ou redução de tributo devido. A negativa de fornecimento só pode ser considerada para efeitos jurídicos penais quando funcionar como instrumento suficiente e necessário para a prática do crime de redução ou supressão de tributo, e somente nessa medida."[35]

Juary C. Silva, embora sem se reportar especificamente ao parágrafo único, alude ao assunto em lição atinente às hipóteses de omissões, e nos leva à mesma conclusão, afirmando: "Nos casos do art. 1º da Lei 8.137/1990 a omissão do tipo penal não comparece de per si, porém necessariamente conjugada ao inadimplemento da obrigação tributária, que a lei chama, atecnicamente, de 'suprimir ou reduzir tributo ou contribuição social e qualquer acessório'. Faz mister, por conseguinte, que a omissão, a que se refere a fatispécie penal, seja relevante para conduzir ao inadimplemento da obrigação tributária, pois se esta é inadimplida em si própria, sem o recurso à omissão de informação, de operação ou de fornecimento de nota fiscal etc., permanece-se no domínio indiferente para o direito penal tributário. Disso deflui que para a caracterização desses crimes faz-se necessário precisar, à luz do direito tributário, que espécie de informação, operação etc. terá sido omitida, a fim de aferir a sua conexão com o inadimplemento de obrigação tributária".[36]

Entendemos, também, que a norma do parágrafo único do art. 1º da Lei 8.137/1990 não define um tipo penal específico. Sobre o assunto já escrevemos:

"Em face do disposto no art. 1º, inciso V, e parágrafo único, da Lei 8.137/1990, tem-se que, realizada uma operação de venda, ou uma prestação de serviço, e não emitido o documento correspondente, pode a autoridade da Administração Tributária, ao tomar conhecimento do fato, intimar o responsável pela mesma para que emita ou forneça o documento no prazo indicado, ou no prazo de 10 dias, se outro não for concedido.

"É que a não-emissão do documento em questão geralmente implica a ausência de registro da operação, ou da prestação, nos livros fiscais correspondentes. Assim, em vez de simplesmente questionar-se a ocorrência da supressão ou redução do tributo, resultado que na hipótese seria de difícil comprovação, a autoridade da Administração Tributária tem a faculdade de notificar o responsável pela omissão, e o não-atendimento então poderá configurar

34. Pedro Roberto Decomain, *Crimes Contra a Ordem Tributária*, 2ª ed., p. 79.

35. Schubert de Farias Machado, "Sanções penais tributárias", in *Sanções Penais Tributárias*, livro de nossa coordenação, p. 588.

36. Juary C Silva, *Elementos de Direito Penal Tributário*, p. 118.

o crime, independentemente daquele resultado final lesivo à Fazenda Pública.

"Evidentemente poderá o notificado, em face da notificação, esclarecer que fez o registro, e fez constar o fato de seus registros fiscais para a competente apuração do imposto devido. Ou demonstrar que a operação, ou prestação, efetivamente não ocorreu. Ou prestar, enfim, informação que o desobrigue de emitir o questionado documento. Assim, se prestados esclarecimentos satisfatórios no sentido de demonstrar que não ocorreu, nem vai ocorrer, o resultado 'supressão ou redução do tributo', a autoridade dará por encerrada a questão.

"De todo modo, não se poderá ter como consumada a conduta descrita no inciso V do art. 1º sem uma prova inequívoca do descumprimento da obrigação tributária acessória de emitir nota fiscal, ou documento equivalente. E o crime contra a ordem tributária, daí resultante, somente estará configurado se (a) comprovado o resultado 'supressão ou redução do tributo', ou, então, (b) se, feita a notificação do responsável, pela autoridade, não forem prestados esclarecimentos satisfatórios, no sentido de elidir a presunção, que então se estabelece, de ter havido aquela supressão ou redução do tributo."[37]

É possível também que, em face do estabelecido pelo parágrafo único do art. 1º da Lei 8.137/1990, se tenha como consumado o crime de supressão ou redução de tributo em cujo tipo esteja a conduta-meio descrita no inciso V do citado artigo no momento em que se esgota o prazo estabelecido pela autoridade para o atendimento da exigência consubstanciada naquele dispositivo, vale dizer, para o fornecimento da nota fiscal, ou documento equivalente, relativa à venda de mercadorias ou prestação de serviços.

37. Hugo de Brito Machado, "Sanções penais tributárias", in *Sanções Penais Tributárias*, de nossa coordenação, p. 396.

Realmente, em face da natureza e do alcance da omissão descrita no inciso V e da possibilidade de se ter, na prática, situação em que a omissão é apenas aparente, porque, na verdade, a nota fiscal já fora emitida, o parágrafo único apenas estabelece providência sem a qual não se pode considerar consumada a conduta-meio do tipo "supressão ou redução de tributo". Se o agente, notificado pela autoridade a atender à exigência legal em tela, não o faz no prazo estipulado para esse fim, não superior a 10 dias, restará, então, consumado o crime.

É razoável entender que em tal caso se deve considerar consumado o crime, porque não haverá mais elemento material do qual se possa valor a autoridade para lançar o tributo correspondente à operação de venda de mercadorias ou de prestação de serviços. O fato tributável fica desde logo e em definitivo excluído do conhecimento da autoridade competente para lançar o tributo.

4.3 Objeto jurídico protegido

Como se vê da manifestação de Ítalo Farias Pontes, a consideração de se tratar de um tipo penal específico repousa na idéia de que o objeto jurídico protegido nos crimes contra a ordem tributária seria o patrimônio público ou, em outras palavras, o crédito tributário. Na verdade, porém, não é assim, como já procuramos demonstrar. O objeto jurídico protegido nesses crimes é a ordem tributária, o poder de tributar em sua conformação ampla e genérica, e não cada uma das relações jurídicas obrigacionais que ensejam a constituição do crédito tributária relativo a cada um dos tributos isoladamente considerados.

O que há de específico na norma do parágrafo único do art. 1º da Lei 8.137/1990 é tão-somente a definição do momento no qual se tem como consumado o crime de supressão ou redução de tributo integrado pela conduta-meio descrita no inciso V do mesmo art. 1º. Na verdade, não-emissão da nota fiscal, ou documento equivalente, relativa à venda de mercadorias ou prestação de serviços pode ser a única forma de exteriorização do fato "venda" ou "prestação de serviços", vale dizer, do fato gerador da relação obrigacional tributária. Assim, a não-emissão da nota fiscal (inciso V), omissão que é confirmada pelo não-atendimento da exigência feita pela autoridade (parágrafo único), implica ocultação definitiva e irreversível desse elemento fático, sem o qual não se poderá afirmar a existência da relação obrigacional tributária. Em outras palavras, tal omissão, somada à recusa de atendimento da exigência da autoridade administrativa, torna inquestionável a supressão do tributo, e, assim, consumado o tipo penal de que se cuida.

CADERNOS DE DIREITO TRIBUTÁRIO

IMPORTAÇÃO – POLÊMICAS TRIBUTÁRIAS

José Eduardo Soares de Melo

Doutor e Livre-Docente em Direito – Professor Associado da PUC/SP – *Visiting Scholar* da Universidade de Berkeley – Consultor Tributário

1. Imposto de importação. 2. IPI. 3. ICMS: 3.1 Competência (sujeito ativo): 3.1.1 Âmbito normativo – 3.1.2 Postura fazendária – 3.1.3 Jurisprudência – 3.2 Base de cálculo. 4. ISS. 5. PIS/COFINS.

1. Imposto de importação

A "importação de produtos estrangeiros" (CF, art. 153, I), constitui o cerne da materialidade da hipótese de incidência tributária, compreendendo um negócio (jurídico) relativo a uma contraprestação de uma obrigação de dar, consoante os postulados do direito privado.

A incidência ocorre em decorrência da prática de "operações" (jurídicas) que têm produto por objeto, em face do quê, para a configuração jurídica do tributo, são apontados os requisitos seguintes: (i) existência de um produto e (ii) razão jurídica.

O gênero "produto" tem sido conceituado da forma seguinte:

"*Produto* – Tudo aquilo que se extrai da coisa ocasionalmente, ou sem periodicidade, com redução da própria substância que, por sua natureza, não se reproduz; a mica de ouro, que se extrai de uma mina; a madeira que se tira de uma floresta etc. 2 (leg. Ind.) – A coisa que se obtém da indústria humana, empregada para transformar em utilidades a matéria-prima; *produto* manufaturado" (Pedro Nunes, *Dicionário de Tecnologia Jurídica*, 12ª ed., Rio de Janeiro, Freitas Bastos, 1990, p. 687).

"Produto. Juridicamente exprime o vocábulo de toda utilidade produzida. E, neste sentido, tanto designa as utilidades materiais, tiradas do solo e subsolo, ou produzidas direta ou indiretamente por eles, como os que se fabricam ou se produzem pela ação do homem, pela transformação de uma coisa em outra e pelo trabalho. Desse modo, os produtos dizem-se naturais ou industriais" (De Plácido e Silva, *Vocabulário Jurídico*, 2ª ed., Rio de Janeiro, Forense, 1990, p. 464).

Tendo em conta as definições de Sebastião de Oliveira Lima (*O Fato Gerador do Imposto de Importação na Legislação Brasileira*, São Paulo, Resenha Tributária, 1981, pp. 45-46), Américo Masset Lacombe (*Imposto de Importação*, São Paulo, Ed. RT, 1979, p. 18) e José Roberto Vieira (*IPI – A Regra-Matriz de Incidência – Texto e*

Contexto, Curitiba, Juruá, 1993, pp. 72-73), entendeu-se o seguinte: "Extraem-se os pontos comuns ora relevantes: a inclusão da necessidade de produto ser um *bem corpóreo*, que atende às necessidades humanas (por isso avaliáveis economicamente), resultante da transformação progressiva dos elementos da Natureza. Então, a doutrina predominante entende ser ínsita ao conceito de produto a sua existência física, corpórea, atômica" (Miguel Hilú Neto, "Imposto sobre importações e bens virtuais, em Internet", in Luís Eduardo Schoueri (org.), *O Direito na Era Virtual*, Rio de Janeiro, Forense, 2001, p. 79).

O "produto" pode resultar de uma determinada atividade (física, mecânica, digital etc.), compreendendo as elaborações artesanais, naturais, intelectuais, artísticas, de natureza corpórea; e também intangível, como é o caso de um *software* (abrangendo instruções em linguagem natural ou codificada, apresentadas de forma digitalizada), bem como a energia elétrica.

No caso do imposto de importação (art. 153, I, da CF) a incidência é mais significativa, uma vez que abrange o gênero "produto", e não unicamente uma de suas espécies ("produto industrializado"), como previsto para a incidência do IPI (art. 153, IV, da CF).

Entretanto, o legislador ordinário restringiu o âmbito da tributação ao estabelecer que "o imposto incide sobre *mercadoria* estrangeira" (Decreto-lei 2.472/1988, dando nova redação ao Decreto-lei 37/1966), que pode ser considerada como o bem corpóreo, ou incorpóreo (energia elétrica), da atividade empresarial do produtor, industrial e comerciante, tendo por objeto sua distribuição para o consumo, compreendendo-se no estoque da empresa, distinguindo-se das coisas que tenham qualificação diversa, segundo a ciência contábil, como é o caso do ativo permanente e bens de uso e consumo.

Relativamente ao *software*, há que ser observada diretriz jurisprudencial no sentido de que – regra geral – não representa mercadoria, mas operações de "licenciamento ou cessão de direito de uso de programas de computador; e que essa qualificação jurídica restringe-se à circulação de cópias ou exemplares dos referidos programas produzidos em série e comercializados no varejo (*software* de prateleira), os quais, materializando o *corpus mechanicum* da criação intelectual do programa, constituem mercadorias postas no comércio" (STF, 1ª Turma, rel. Min. Sepúlveda Pertence, j. 10.11.1998, *DJU*-1 11.12.1998, pp. 10-11).

Portanto, em face da postura do STF, "a importação de *bens virtuais* (bens não-corpóreos) não está inclusa na descrição da conduta tributável pelo imposto sobre importações, o que impede a sua incidência" (Miguel Hilú Neto, "Imposto sobre importações e bens virtuais, em Internet", in Luís Eduardo Schoueri (org.), *O Direito na Era Virtual*, p. 82). Também sendo concluído que "a operação de transferência via Internet de *softwares*, livro ou música não é passível de tributação pelos impostos de importação/exportação, sob a égide do atual texto constitucional" (Leo Krakowiak e Ricardo Krakowiak, "Tributação aduaneira e problemas jurídicos decorrentes da informatização do comércio exterior", in Marco Aurélio Greco e Ives Gandra da Silva Martins (coords.), *Direito e Internet – Relações Jurídicas na Sociedade Informatizada*, São Paulo, Ed. RT, 2001, p. 74).

Conforme observado (Marco Aurélio Greco, "Comércio exterior e novas realidades – Problemas emergentes", *RDTributário* 44/121, São Paulo, Malheiros Editores), revelam-se a insuficiência de conceitos clássicos, a crise da idéia de fronteira, a perda do controle da aduana, em que não ocorre a conferência documental e física da mercadoria, objetivando identificar o importador e determinar seu valor e classificação e constatar o cumprimento das obrigações fiscais, questionando a respeito do cabimento do controle das operações e atividades concernentes a elemento virtual.

A União não exerceu sua ampla competência (instituição do imposto sobre negócio jurídico atinente a *produto* importado), limitando-se a estabelecer a tributação sobre uma determinada categoria de produtos, ou seja, *mercadorias*, inseridas num ciclo mercantil, tratando de nítida distinção que o operador do Direito se encontra compelido a observar.

Embora já se tenha ponderado que "o vocábulo 'mercadoria' utilizado no art. 1º do Decreto-lei 37/1966 não pode restringir o conceito de produto – previsto na Constituição Federal, e mercadoria – no decreto-lei, devem ser entendidas como sinônimas, Isto é, como 'bem corpóreo" (Luiza Nagib, *O Sistema Tributário Brasileiro e o Imposto sobre a Importação*, dissertação de Mestrado apresentada na PUC/SP em 1998, pp. 145-146, inédita), penso que não se pode desprezar a marcante distinção conceitual.

Em conseqüência, a legislação ordinária apenas permitiria a exigibilidade do imposto de importação relativamente às importações de mercadorias, isto é, os bens que sejam objeto de atividade mercantil, em face do quê os bens (produtos) que tenham destinação diversa (imobilização, uso e consumo) não poderiam ser objeto de exigência tributária. Dessa forma, não acompanho o entendimento no sentido de que seja irrelevante o título que se dá ao ingresso no território nacional, ou a sua destinação, como adverte Osíris de Azevedo Lopes Filho (*Regimes Aduaneiros Especiais*, "Coleção de Textos de Direito Tributário", São Paulo, Ed. RT, 1983, p. 66).

2. IPI

A Constituição Federal de 1988 dispõe que compete à União instituir o imposto sobre produtos industrializados (art. 153, IV). A materialidade tributária não se contém na simples expressão constitucional, muito menos no conceito de "produto industrializado" previsto no Código Tributário Nacional (art. 46) como sendo aquele que tenha sido submetido a qualquer operação que lhe modifique a natureza, a finalidade ou o aperfeiçoe para consumo.

A incidência tributária não se verifica sobre o ato de elaboração do bem (produção industrial), inserida exclusivamente no âmbito de "fazer" alguma coisa. A realização de "operações" é que molda a tipicidade prevista na Constituição Federal, configurando o verdadeiro sentido do fato juridicizado, ou seja, a prática de operação jurídica, como a transmissão de um direito (posse ou propriedade). Essa operação tem "produto industrializado" por objeto, em razão do quê, para a configuração jurídica do IPI, podem ser apontados os requisitos seguintes: (i) existência de um produto industrializado e (ii) um negócio jurídico, conforme examinado em estudo específico (José Eduardo Soares de Melo, *O Imposto sobre Produtos Industrializados – IPI – na Constituição de 1988*, São Paulo, Ed. RT, 1991, p. 117).

De modo arguto observou-se que "as operações com produtos industrializados, contidas no descritor da regra-padrão do IPI, constituem operações sempre jurídicas. E operações jurídicas que promovem a saída de produtos industrializados, transferindo-lhes a propriedade ou ao menos a posse, donde se pode afirmar que a materialidade da hipótese de incidência do IPI consiste numa *obrigação de dar*" (José Roberto Vieira, *IPI – A Regra-Matriz de Incidência – Texto e Contexto*, p. 80).

Não há dúvida de que a industrialização de um bem constitui atividade imprescindível para cogitar da existência concreto do fato gerador do IPI. Para conceituar "produto industrializado", o intérprete deve pautar-se por elementos técnicos, físicos e operacionais (e mesmo empresariais), dentro de um contexto constitucional.

Produtos industrializados podem ser considerados "aqueles obtidos pelo esforço humano aplicado sobre bens móveis quaisquer, em qualquer estado, com ou sem uso de instalações ou equipamentos. Haverá produto industrializado se, do esforço humano sobre bem móvel, resultar acréscimo ou alteração de utilidade, pela modificação de qualquer de suas características. Inocorrendo tal efeito, tratar-se-á de simples prestação de serviços" (Antônio Maurício da Cruz, *O IPI – Limites Constitucionais*, São Paulo, Ed. RT, 1974, p. 33).

Compreende-se "por *industrialização* as atividades materiais de produção ou beneficiamento de bens, realizadas em massa, em série, estandardizadamente; os bens industrializados surgem como espécimes idênticos dentro de uma classe ou de uma 'série intensivamente produzida' (ou produtível 'denotando homogeneidade não-personificada nem personificável de produtos'), sendo certo que *industrializar*, em suma, é conceito que reúne dois requisitos (aspectos) básicos e necessários, quais sejam: a) alteração da configuração de um bem material; b) padronização e massificação" (Marçal Justen Filho, *O Imposto sobre Serviços na Constituição*, São Paulo, Ed. RT, 1985, p. 115).

Nesse contexto, há fundamento para aceitar o arraigado conceito encartado no Regulamento do IPI (Decreto federal 4.544, de 26.12.2002), *verbis*: "Art. 4º. Caracteriza industrialização qualquer operação que modifique a natureza, o funcionamento, o acabamento, a apresentação ou a finalidade do produto, ou o aperfeiçoe para consumo, tal como (Lei n. 4.502, de 1964, art. 3º, parágrafo único, e Lei n. 5.172, de 25 de outubro de 1966, art. 46, parágrafo único): I – a que, exercida sobre matéria-prima ou produto intermediário, importe na obtenção de espécie nova (*transformação*); II – a que importe modificar, aperfeiçoar ou, de qualquer forma, alterar o funcionamento, a utilização, o acabamento ou a aparência do produto (*beneficiamento*); III – a que consista na reunião de produtos, peças ou partes de que resulta um novo produto ou unidade autônoma, ainda que sob a mesma classificação fiscal (*montagem*); IV – a que importe em alterar a apresentação do produto, pela colocação da embalagem, ainda que em substituição da original, salvo quando a embalagem colocada se destine apenas ao transporte da mercadoria (*acondicionamento ou recondicionamento*); V – a que, exercida sobre produto usado ou parte remanescente de produto deteriorado ou inutilizado, renove ou restaure o produto para utilização (*renovação ou recondicionamento*)".

O IPI tem como fatos geradores (i) o desembaraço aduaneiro dos produtos, quando de procedência estrangeira; e (ii) a saída dos produtos industrializados dos estabelecimentos do importador, industrial e comerciante equiparado.

Nas *operações de importação* o fato gerador não deveria ocorrer pela simples entrada de produtos estrangeiros no território nacional, ou mesmo pela circunstância de os produtores estarem relacionados em manifesto de carga, no caso de extravio, como ocorre no importo de importação. É necessária a efetiva realização do "desembaraço" dos bens, mediante a liberação pela autoridade aduaneira, em razão do quê o extravio dos produtos importados ou mesmo o abandono no recinto alfandegado não acarretam a incidência do IPI.

Há fundamento jurídico para se entender que não deveria ocorrer a incidência do IPI na importação de quaisquer espécies de produtos, porque, além de inexistir industrialização no território nacional, a Constituição Federal já prevê um imposto federal relativo à importação.

Em razão do princípio da territorialidade, somente os fatos, atos e negócios efetuados dentro do país é que podem ser objeto de tributação, salvo os casos excepcionais contemplados na Constituição Federal.

O IPI não se qualifica como "imposto sobre comércio exterior" (como é o caso do imposto sobre a importação e do imposto sobre a exportação), mas como imposto sobre a "produção", tornando-se imprescindível promover a distinção entre o "ato industrial realizado no estrangeiro" e o "ato industrial realizado no Brasil", uma vez que "para a configuração da hipótese do fato gerador tem de ser considerado o ato industrial, que é elemento essencial à concretização do elemento material dessa hipótese. Ele é um *prior* em relação a esse elemento material, que é, afinal, produto industrializado" (Evaldo Brito, *Comentários ao Código Tributário Nacional*, vol. 1, São Paulo, Saraiva, 1998, p. 379).

No que tange aos negócios internacionais relativos a produtos oriundos de outros países, a União somente poderia dispor de um único tipo de imposto ("importação"), em conseqüência do quê somente podem ficar sujeitos a um único gravame tributário federal, para que não se configure o malsinado *bis in idem* (exigência de dois impostos pela mesma pessoa jurídica – União – sobre uma única e mesma materialidade).

O STJ tem se posicionado no sentido da incidência do IPI sobre mercadorias importadas (1ª Turma, REsp 660.192-SP, rela. Min. Denise Arruda, j. 26.6.2007, *DJU*-1 2.8.2007; e 2ª Turma, REsp 846.667-RJ, rel. Min. Humberto Martins, *DJU* 7.3.2007).

Todavia, o STF decidiu que não incide o IPI na importação de veículo para uso próprio de pessoa física não-comerciante e nem empresário, mediante a aplicação do princípio constitucional da não-cumulatividade (2ª Turma, AgRg no RE 255.682-3-RS, rel. Min. Carlos Velloso, j. 29.11.2005, *DJU*-1 10.2.2006, p. 14).

Em conseqüência, o STJ passou a afastar a exigência do IPI, a fim de manter congruência e compatibilidade com o sistema jurídico pátrio (1ª Turma, REsp 937.629-SP, rel. Min. José Delgado, j. 18.9.2007, *DJU*-1 4.10.2007, pp. 203-204).

3. ICMS

3.1 Competência (sujeito ativo)

3.1.1 *Âmbito normativo*

A Constituição Federal/1988 (art. 155, § 2º) estabelece que o ICMS "IX – incidirá também: a) sobre a entrada de bem ou mercadoria importada do exterior por pessoa física ou jurídica, ainda que não seja contribuinte habitual do imposto, qualquer que seja a sua finalidade, assim como sobre o serviço prestado no exterior, *cabendo o imposto ao Estado onde estiver situado o domicílio ou o estabelecimento do destinatário da mercadoria, bem ou serviço*" (grifei).

Entretanto, a Lei Complementar 87, de 13.9.1996, dispôs o seguinte: "Art. 11. O local da operação ou da prestação, para os efeitos da cobrança do imposto e definição do estabelecimento responsável, é: I – tratando-se do exterior, o do estabelecimento onde ocorrer a entrada física".

Constata-se antinomia entre a Constituição Federal (art. 155, § 2º, IX, "a"), que trata do domicílio ou do estabelecimento destinatário (jurídico), e a Lei Complementar 87/1996 (art. 11, I, "d"), que menciona a entrada física no estabelecimento.

O ICMS não incide sobre a mera entrada física de bem ou mercadoria no país, e não se torna devido pelo simples ingresso físico no estabelecimento ou domicílio do importador. A titularidade do imposto (sujeito ativo da relação fiscal) não cabe a qualquer Estado na forma prevista em lei complementar, seja em razão da origem ou do destino do produto. A competência tributária vincula o Estado (ou o Distrito Federal) ao sujeito passivo que, juridicamente, promoveu o ingresso dos bens e mercadorias estrangeiros no país.

Por vezes os produtos importados até nem chegam, mesmo, a ingressar fisicamente em nenhum estabelecimento (casos de furto, incêndio, perdas e quaisquer outros sinistros), acarretando estranha situação pertinente à aquisição (transmissão de propriedade) pelo importador, mas inexistência de sujeito passivo e indefinição de sujeito ativo.

A sistemática das importações estabelece procedimentos flexíveis para permitir intensa operacionalidade do comércio exterior. Possibilita que bens/mercadorias importados por empresa estabelecida em um Estado possam ingressar (fisicamente) em porto (ou aeroporto) de outro Estado, e, ainda, se destinar a um terceiro Estado.

A dinâmica aduaneira consubstancia agilidade operacional para que os produtos importados por empresa situada no Estado "A" possam ser objeto de desembaraço físico em outro Estado ("B"), e com posterior remessa (a qualquer título) a destinatário localizado num terceiro Estado ("C"). Consoante o princípio da autonomia da vontade, que permeia os negócios privados, o importador (localizado no Estado "A") poderá desembaraçar os bens em Estado diverso ("B") e destiná-los tanto a revendedor situado no mesmo Estado ("A") como em outro Estado ("B", "C" etc.), para consumidor final (Estado "D").

Esta complexa situação torna extremamente difícil estabelecer com precisão o destinatário físico (efetiva entrada no estabelecimento), porquanto os bens/mercadorias importados podem nem mesmo transitar (fisicamente) pelos estabelecimentos adquirentes, não havendo segurança para determinar o real destinatário (intermediário ou final).

O aspecto físico (preconizado pela lei complementar) não tem cabal relevância para fixar matéria de conteúdo constitucional (titularidade do ICMS na importação), em obediência ao princípio da hierarquia normativa. Em termos objetivos (mera natureza física), não teria sentido que, por exemplo, uma empresa situada no Estado do Ceará (mas com transação realizada com empresa destinatária do Estado do Paraná), para tornar tranqüila a obrigação do ICMS ao Estado do Paraná, tivesse que adotar um dos procedimentos seguintes: (i) desembaraçar os bens importados em seu Estado (Ceará), fazê-los ingressar fisicamente em seu estabelecimento e, depois, promover sua remessa para empresa do Estado do Paraná; ou (ii) abrir estabelecimento no Estado do Paraná, desembaraçar os bens (também no Estado do Paraná), ingressá-los fisicamente no mesmo estabelecimento para, então, remetê-los à empresa do mesmo Estado (Paraná).

As duas hipóteses não ensejariam nenhum tipo de questionamento fiscal (a teor da mera literalidade do art. 11, I, "d", da Lei Complementar 87/1996), uma vez que os fatos físicos estariam consentâneos com as operações relativas às mercadorias/bens importados, ficando perfeitamente delineada a territorialidade.

No entanto, tais práticas são onerosas, desnecessárias e incompatíveis com as dinâmicas empresariais; e, além de tudo, impertinentes para fins tributários, que devem considerar a realização de "operações jurídicas", e não meras "circulações físicas".

A circunstância de os bens importados transitarem unicamente no Estado destinatário (devido à exclusiva facilidade de trânsito, ou economia de frete) não é motivo jurídico para se cogitar de exclusiva incidência do ICMS neste Estado, visto que a *circulação jurídica* é concretizada pelo sujeito passivo localizado em outro Estado (importador), sendo inconsistente a regra que fixa como local da operação "o do momento onde ocorrer a entrada física" (Lei Complementar 87/1996, art. 11, I, "e").

3.1.2 *Postura fazendária*

A Procuradoria-Geral da Fazenda Nacional atendera a indagação formulada pela Secretaria-Executiva da Comissão Técnica Permanente do ICMS-COTEPE (Memorando 36, de 12.5.1997) referente a questionamento relativo à incidência do ICMS na importação de mercadorias ou bens, no sentido do exato entendimento da expressão "entrada física", de que trata a alínea "d" do inciso I do art. 11 da Lei Complementar 87/1996.

Para tanto, alinhara as considerações seguintes:

"8. Fica evidente que o estabelecimento destinatário da mercadoria ou serviço é aquele que efetivamente praticou o fato jurídico, ou seja, aquele que realizou a importação.

"É irrelevante que a entrada das mercadorias tenha se dado em Estado diverso. Um importador no Estado 'A' pode efetivar importações através de porto situado no Estado 'B'. O imposto sempre será devido ao Estado destinatário, no caso, o Estado 'A' (...).

"(...).

"10. Não é cabível que os efeitos jurídicos da importação fiquem condicionados ao ingresso físico da mercadoria no estabelecimento destinatário, para que, então, seja fixado a qual Estado é devido o imposto. A circulação que interessa ao legislador é meramente jurídica.

"11. Não há como transladar a figura do contribuinte descrita na lei complementar (importador) e o momento da concretização da hipótese de incidência (desembaraço aduaneiro) para um terceiro evento (entrada física), que não possui relevância jurídica, a não ser através de razoável interpretação dos dispositivos da Lei Complementar n. 87/1996, como adiante será levado a efeito."

Analisando o alcance do art. 11 da Lei Complementar 87/1996, em aparente desacordo com a Constituição Federal, a Procuradoria-Geral da Fazenda Nacional busca compatibilizar os dispositivos, entendendo que a regra inserta no art. 11 deve ser entendida apenas para fixação de responsabilidade, salientando o seguinte:

"Na verdade, o imposto é devido no momento do desembaraço aduaneiro (geralmente no porto ou aeroporto) e deve ser recolhido ao Estado da localização do importador, àquele que juridicamente promoveu a entrada dos bens ou mercadorias no território nacional (Estado destinatário da importação).

"16. A figura da responsabilidade aparece no cenário do direito tributário por diversos fatores que são definidos pelo legislador ao fixar a sujeição tributária. Após a definição do fato gerador (desembaraço de mercadoria) e, naturalmente, localizar a pessoa que deve ocupar o pólo passivo da obrigação tributária na condição de contribuinte (importador), o legislador pode ignorar ou não esse personagem, elegendo como sujeito passivo outra pessoa. Esse terceiro não participa do binômio Fisco/contribuinte. A eleição desse terceiro decorre de razões que vão da conveniência até a necessidade.

"(...).

"17. Cremos que este é o tipo de responsabilidade a que se refere a Lei Complementar n. 87/1996. O estabelecimento onde se verificar a entrada física da mercadoria só assume a obrigação de pagar o imposto quando deixar de adotar alguma providência a que esteja obrigado por lei. Se isto ocorrer, a lei o responsabiliza solidariamente no que respeita ao cumprimento do dever de recolher o tributo."

E firma as conclusões seguintes:

"a) Destinatário da mercadoria ou do bem, na importação, é o próprio estabelecimento importador, cujo domicílio fiscal define a unidade da Federação competente para cobrar o ICMS nessa operação.

"b) A designação contida na alínea 'd' do inciso I do art. 11 da Lei Complementar n. 87/1996 simplesmente determina a fixação de responsabilidade tributária, de que tratam os arts. 121 a 134 do Código Tributário Nacional (Lei n. 5.172, de 25 de outubro de 1966)" (Parecer PGFN/CAT-1-093/1997, de 9.7.1997).

3.1.3 *Jurisprudência*

O STF firmou o entendimento seguinte: "O ICMS incidente na importação de mercadoria é devido ao Estado onde estiver localizado o destinatário jurídico do bem, isto é, o estabelecimento importador. Precedente (RE n. 299.079, Carlos Britto, *Informativo STF* 354)" (1ª Turma, AgRg no RE 396.859-9-RJ, rel. Min. Sepúlveda Pertence, j. 16.11.2004, *DJU* 10.12.2004).

No *leading case* (RE 299.079) tratou-se de importação de álcool por estabelecimento localizado em Pernambuco. A mercadoria ingressou no território nacional por meio de porto no Rio de Janeiro, onde foi feita a revenda para a Petrobrás. O Tribunal de Justiça fluminense entendeu que o beneficiário do ICMS seria o Estado pernambucano. Isso porque, independentemente de o desembaraço aduaneiro ter ocorrido no Rio de Janeiro, a empresa que promoveu a entrada do produto no Brasil fica em Pernambuco.

O Relator (Min. Carlos Ayres Britto) entendeu que o ICMS incidente na importação de mercadoria não tem como sujeito ativo da relação jurídico-tributária o Estado onde ocorreu o desembaraço aduaneiro, local onde a mercadoria ingressou no país, mas sim onde está situado o sujeito passivo do tributo, ou seja, a empresa que promoveu juridicamente o ingresso do produto em território nacional.

A diretriz jurisprudencial – *ICMS devido ao Estado/Distrito Federal onde estiver localizado o estabelecimento do destinatário jurídico (importador) da importação* – vem sendo mantida pelo STF, a saber:

• Plenário – ACOr 854-MS – autor: Estado do Mato Grosso do Sul – réu: Estado de São Paulo – rel. Min. Celso de Mello – j. 15.5.2006 – *DJU* 18.5.2006.

• Plenário – ACOr 1.076-MS – autor: Estado do Mato Grosso do Sul – réu: Estado de Santa Catarina – rel. Min. Ricardo Lewandowski – j. 16.10.2007 – *DJU* 16.10.07.

• Plenário – ACOr 1.093-MS – autor: Estado do Mato Grosso do Sul – réu: Estado do Rio Grande do Sul – rel. Min. Celso de Mello – j. 4.12.2007 – *DJU* 12.12.2007.

O STF examinou questão tributária versada em ações judiciais promovidas pelo Mato Grosso do Sul em face de São Paulo, Santa Catarina e Rio grande do Sul, relativa à importação de gás natural procedente da Bolívia, realizada pela Petrobrás (Corumbá/MS), através do gasoduto da empresa Transportadora Brasileira Gasoduto Bolívia-Brasil (TGB).

O estabelecimento da importadora (adquirente Petrobrás), em Corumbá/MS, promove o desembaraço aduaneiro mediante o registro de uma única Declaração de Importação relativamente à quantidade total que ingressa no país, com posterior distribuição comercial.

O gás importado é transferido para os demais estabelecimentos da importadora e vendido às distribuidoras de gás localizadas em demais Estados (o próprio Mato Grosso do Sul, São Paulo, Paraná, Santa Catarina e Rio Grande do Sul), em que ocorre a respectiva comercialização.

O gás adquirido pela importadora (ocupando a extensão e a capacidade totais do gasoduto, permitindo fluxos e refluxos à vista da demanda contratada com as distribuidoras) é transportado, em operação interestadual, por um terceiro (proprietário dos ativos de transporte), até os *City Gates* (estações de entrega) existentes ao longo do duto, para outros postos da importadora, adentrando cada um dos Estados.

A rede de gasodutos contém ramificações e interligações em que o gás importado pode misturar-se com o gás nacional, antes da entrega ao destinatário. É injetado gás no duto para manter a pressão, sendo que parte do gás fica armazenada no gasoduto (gás de empacotamento).

O Mato Grosso do Sul ajuizara ação declaratória de legitimidade ativa para exigência do ICMS sobre a importação do gás natural. Justificara a necessidade de instauração de medida judicial com o objetivo de pacificar a controvérsia travada com os referidos Estados (destinatários físicos do gás importado), ao pretender lançar contra o importador o ICMS relativo à importação, e operação posterior (que considerou interna), sob o suposto de que a entrada física da mercadoria no estabelecimento fixaria a competência para a cobrança do tributo.

O STF decidiu que no momento da ocorrência do fato gerador "importação" (consoante preconiza a Constituição Federal) incide o ICMS em favor do Estado onde esteja localizado o estabelecimento importador; e que a expressão "destinatário da mercadoria", empregada pelo dispositivo constitucional, indica que seja o próprio destinatário da importação do produto. No que tange à exegese do artigo, é como se a expressão "da importação" estivesse inserida no dispositivo constitucional, haja vista que o ato jurídico relevante e determinante para a tributação do ICMS nesse caso é o próprio ato de importar, de forma que nele mesmo se exaure e encerra qualquer ilação ou efeito da tributação do ICMS quanto à mercadoria vinda do exterior.

Enfatiza o STF que o critério físico somente subsiste enquanto não contrariar o critério jurídico preconizado pela Constituição Federal, o que, inclusive, vem sendo a tônica do posicionamento jurisprudencial no que se refere à tributação. Isso porque, dentre os diversos elementos que integram a regra-matriz do ICMS sobre as operações mercantis, é o fato jurídico que pode desencadear a obrigação de pagar o imposto. Realmente, embora as operações mercantis estejam sujeitas a efeitos econômicos e físicos, para fins de tributação somente o fato jurídico pode ser levado em consideração.

3.2 Base de cálculo

A Constituição Federal (art. 155, § 2º, XII, "i") dispõe que a lei complementar poderá fixar a base de cálculo, de modo que o montante do imposto a integre também na importação do exterior de bem, mercadoria ou serviço (redação da Emenda 33 de 11.12.2001).

A Lei Complementar 87/1996 (art. 13, V, na redação da Lei Complementar 114/2002) preceituara que nas operações de importação a base de cálculo do ICMS é a soma das parcelas seguintes: (i) o valor da mercadoria ou bem constante dos documentos de importação; (ii) imposto de importação; (iii) imposto sobre produtos industrializados; (iv) imposto sobre operações de câmbio; (v) quaisquer outros impostos, taxas, contribuições e despesas aduaneiras.

Todavia, inexiste respaldo jurídico para considerar os tributos federais e as despesas aduaneiras no cálculo do ICMS, uma vez que este imposto somente poderia ser calculado sobre o valor do negócio relativo à importação, compreendido como tal, exclusivamente, o preço da mercadoria, do bem e do serviço, sendo inadmissível a agregação de valores que não se traduzem no pacto negocial.

Os aludidos impostos (II, IPI e IOC) são elementos estranhos à remuneração devida pelas mencionadas aquisições, só podendo ser cogitada a inclusão do montante do próprio ICMS (por força da Emenda Constitucional 33/2001).

Deveria ser afastada a inclusão de taxas decorrentes da prestação de serviço público, conforme julgado do STF: "Recurso especial – Taxa de armazenagem e capatazia – ICMS – Não se incluem na base de cálculo do ICMS as taxas de armazenagem e capatazia – Decisão impugnada que julgou válido ato local, mas contestado em face da lei federal – Recurso especial conhecido pela letra 'b' e provido" (1ª Turma, REsp 77.694-BA, rel. Min. José de Jesus Filho, j. 4.12.1995, *DJU* 4.3.1996, p. 5.385).

Não se poderia cogitar da inclusão dos valores atinentes às contribuições sociais seguintes: (i) CIDE-combustível (contribuição de intervenção no domínio econômico) instituída pela Lei federal 10.336, de 19.12.2001, incidente sobre a importação e a comercialização de petróleo e seus derivados, gás natural e seus derivados e álcool combustível; (ii) contribuição para o PIS-importação e COFINS-importação, incidentes na importação de produtos e bens estrangeiros ou de serviços (Lei federal 10.865, de 30.4.2004, com base na Emenda Constitucional 42/2003); (iii) AFRMM (adicional ao frete para a renovação da marinha mercante) incidente nas prestações de serviço de transporte porto a porto (Lei federal 10.893, de 13.7.2004; Decretos 5.252, de 22.10.2004, 5.269, de 10.11.2004, e 5.324, de 29.12.2004).

Também deveriam ficar fora do alcance do ICMS as despesas aduaneiras, assim entendidas (Convênio ICMS-7, de 1.4.2005) todas as importâncias indispensáveis cobradas ou debitadas ao adquirente no controle e desembaraço da mercadoria, ainda que sejam conhecidas somente após o desembaraço aduaneiro, especialmente: I – o Adicional ao Frete para Renovação da Marinha Mercante (AFRMM); II – o Adicional de Tarifa Aerportuária (ATAERO); III – a Taxa de Utilização do SISCOMEX; IV – os valores desembolsados com despachante, bem como as contribuições para os Sindicatos dos Despachantes Aduaneiros; V – o manuseio de contêiner; VI – a movimentação com empilhadeiras; VII – a armazenagem; VIII – a capatazia; IX – a estiva e desestiva; X – a arqueação; XI – a paletização; XII – o *demurrage*; XIII – a alvarengagem; XIV – as multas aplicadas no curso do despacho aduaneiro; XV – os direitos anti-*dumping*; XVI – a amarração e a desamarração de navio; XVII – a unitização e a desconsolidação.

Ressalte-se que a multa (previsão no inciso XIV) constitui ressarcimento por ato ilícito (autêntica indenização), ou seja, elemento totalmente estranho à anterior fixação do preço da mercadoria/bem/serviço importado.

Preocupa a regra prevista na Lei Complementar 87/1996 (art. 14, parágrafo único) no sentido de que "o valor fixado pela autoridade aduaneira para base de cálculo do imposto de importação, nos termos da lei aplicável, substituirá o preço declarado". Realmente, é difícil imaginar seu alcance, tendo em vista que não se sabe se a fixação do valor pelo órgão federal decorrerá da aplicação das regras atinentes à "valoração aduaneira" (Acordo aprovado pelo Conselho do Mercado Comum do Mercosul, pelo Decreto federal 1.765, de 28.12.1995), ou se em razão de valores declarados incorretamente pelo importador (subfaturamento ou superfaturamento).

4. ISS

A Lei Complementar 116, de 31.7.2003 (art. 1º, § 1º) inova a ordem jurídica ao dispor que "o imposto incide também sobre o serviço proveniente do exterior do país ou cuja prestação se tenha iniciado no exterior do país".

Este preceito é questionável, porque não retira fundamento de validade do ordenamento constitucional, uma vez que objetiva alcançar fatos ocorridos fora do território nacional, além de criar uma esdrúxula obrigação tributária (inexistência de contribuinte-prestador do serviço) na legislação e a exclusiva estipulação do responsável pelo imposto, na pessoa do respectivo tomador.

É cediço que as competências estabelecidas na Constituição Federal tomam em conta o local onde se verifica o fato gerador tributário e onde se revela a respectiva riqueza. A extraterritorialidade tem sido considerada em situações peculiares, com expressa determinação constitucional. Diante dessa circunstância excepcional é que a legislação pode incidir tanto sobre fatos ocorridos dentro do país, colhendo as pessoas aqui residentes e domiciliadas, como também relativamente a fatos verificados fora do território nacional.

Há que ser feita distinção entre os diversos sentidos da territorialidade: o "negativo", significando que as leis estrangeiras não se aplicam no território do país em causa, ou seja, que os órgãos de aplicação do Direito de cada Estado apenas aplicariam suas próprias regras tributárias, jamais podendo desencadear a produção dos efeitos previstos nas leis tributárias estrangeiras; enquanto o "positivo" representa a função de excluir que a nacionalidade constitua, por si só, elemento capaz de fundamentar ou de afastar a tributação sob um mínimo de conexão das situações em causa com o território nacional (Alberto Xavier, *Direito Tributário Internacional*, Coimbra, Livraria Almedina, 1993, p. 23).

A Constituição Federal contempla os tributos que podem incidir sobre situações ocorridas fora do território nacional, a saber: (i) imposto de importação de produtos estrangeiros (art. 153, I); (ii) imposto sobre a renda e proventos de qualquer natureza (art. 153, III, e § 2º); (iii) ICMS relativamente às operações e prestações que se iniciem no exterior (art. 155, II) e aos serviços prestados exclusivamente no exterior (art. 155, § 2º, IX, "a"); (iv) ITCMD (art. 155, I e III, "b"), no caso de bens situados no exterior; (v) CIDE, PIS-importação (art. 149, § 2º, II) e COFINS-importação (art. 195, IV).

Assim, são específicas, excepcionais e limitadas as previsões de incidências tributárias no que concerne a fatos, estados, negócios e situações ocorridos no exterior, ou deles decorrentes.

Não prospera o argumento de que podem ser gravados o consumo, a destinação ou a aquisição do serviço, porque a Constituição Federal teria firmado incidência de "imposto sobre serviços" (art. 156, III), e não sobre "prestação de serviços", como no caso do ICMS (art. 155, II).

É elementar que os impostos sobre a produção, a circulação e serviços recaem sobre negócios bilaterais, envolvendo distintas pessoas na relação de direito privado (pertinentes às obrigações de dar ou fazer), em consonância com os ancilares postulados do direito privado. Não há sentido jurídico em tributar um bem (vidro) ou uma coisa (limpeza), mas situações contempladas pelo Direito, que têm por conteúdo tais elementos (materiais ou imateriais).

Não se sustenta o argumento de que se objetiva incentivar a economia nacional, desestimulando a importação de serviços, fundada em lei complementar, uma vez que competiria à Constituição Federal tratar da referida discriminação, como até mesmo procedeu no caso do ICMS, ao ampliar a tributação nas operações de importação (art. 155, IX, "a", na redação da Emenda Constitucional 23/1983).

Portanto, inexiste amparo constitucional para exigir o ISS relativamente a serviço proveniente do exterior, ou cuja prestação se tenha iniciado no exterior. Assim, por exemplo, é objetável o imposto relativamente a bens estrangeiros que ingressam no país a título de arrendamento mercantil; bem como a assistência técnica desenvolvida no exterior e implementada no país (negócios tipificados na Lista anexa à Lei Complementar 116/2003).

A inconstitucionalidade do ISS sobre "serviços provenientes do exterior" encontra-se assentada nas seguintes sínteses conclusivas:

"a) Tal serviço é prestado exclusivamente nos limites territoriais de país estrangeiro, nos termos da legislação pertinente.

"b) Os Municípios Brasileiros não têm competência para instituir ISS sobre serviços executados fora de seus limites territoriais, segundo o entendimento do STJ.

"c) A fruição de serviço prestado no exterior por tomador situado no país não consiste em fato gerador do ISS, pois a Constituição Federal/1988 atribuiu aos Municípios competência para tributar o serviço *prestado no seu território*. Note-se que esta conclusão decorre da seguinte abordagem sistemática da Constituição Federal de 1988:

"(...).

"c.ii) O § 3º do art. 156 da CF/1988, com a atual redação dada pela Emenda

Constitucional 37/2002, revela que o fato gerador do ISS ocorre no Município em que se dá a prestação do serviço, pois atribui à lei complementar a competência para *excluir* da incidência do ISS a exportação de serviço para o exterior. Note-se que tal 'exclusão' somente se justifica caso admita-se que, nos termos da Constituição Federal de 1988, o ISS incide apenas no local da prestação do serviço (no caso, em Município Brasileiro) e não onde esteja situado o tomador do serviço (no caso, em território estrangeiro), pois, se assim não fosse, tal exclusão seria desnecessária, em razão da inexistência de fato gerador em Município Brasileiro" (Eduardo de Carvalho Borges, "O ISS, os serviços provenientes do exterior e a jurisprudência", in Rodrigo Brunelli Machado (coord.), *ISS na Lei Complementar 116/2003*, Quartier Latin e IPT, 2004, p. 138).

Precioso estudo sobre a temática também concluíra que "exigir o ISS sobre serviços prestados integralmente no exterior parece configurar desnaturação da regra-matriz de incidência da obrigação insculpida pelo art. 156, inciso III, da CF de 1988, atribuição inconstitucional de eficácia extraterritorial às leis municipais; desvirtuamento do sistema federativo de descentralização; violação ao art. 22, inciso VIII, do texto constitucional de 1988, na medida em que se estaria permitindo aos Municípios legislar sobre matéria privativa da União" (Fábio Soares de Melo, "Imposto sobre produtos industrializados (IPI) e imposto sobre serviços de qualquer natureza (ISS). Impossibilidade das referidas exigências sobre as importações de produtos industrializados e de prestações de serviços", in Eduardo Domingos Bottallo (coord.), *Direito Tributário – Homenagem a Geraldo Ataliba*, Quartier Latin, 2005, pp. 174-175).

5. *PIS/COFINS*

A Lei federal 10.865, de 30.4.2004 (art. 7º), estabelece que a base de cálculo será "I – o valor aduaneiro, assim entendido, para os efeitos desta Lei, o valor que servir ou que serviria de base para o cálculo do imposto de importação, acrescido do valor do ICMS incidente no desembaraço aduaneiro e do valor das próprias contribuições, na hipótese do inciso I do *caput* do art. 3º desta Lei; ou II – o valor pago, creditado, entregue, empregado ou remetido para o exterior, antes da retenção do imposto de renda, acrescido do ISS e do valor das próprias contribuições, na hipótese do inciso II do *caput* do art. 3º desta Lei".

O Acordo de Valoração Aduaneira (Implementação do art. VII do Acordo Geral de Tarifas e Comércio de 1994 – GATT/1994, aprovado pelo Decreto 1.335/1994) fixa as bases para a aplicação nos tributos incidentes sobre a importação, determinando a observância de métodos específicos para uma apuração, numa ordem seqüencial e obrigatória. O valor aduaneiro corresponde ao preço da transação, isto é, o preço efetivamente pago ou a pagar pelas mercadorias em uma venda para exportação para o país da importação, não cogitando da inclusão de qualquer espécie de tributo.

O Decreto federal 4.543, de 26.12.2002 (Regulamento Aduaneiro), dispõe (art. 77) que integram o valor aduaneiro, independentemente do método de valoração utilizado: "I – o custo de transporte da mercadoria importada até o porto ou aeroporto alfandegado de descarga, ou o ponto de fronteira alfandegado, onde devam ser cumpridas as formalidades de entrada no território aduaneiro; II – os gastos relativos à carga, à descarga e ao manuseio, associados ao transporte da mercadoria importada, até a chegada aos locais referidos no inciso I; e III – o custo do seguro da mercadoria durante as operações referidas nos incisos I e II".

Considerando que o Acordo fora estabelecido em tratado internacional (incorporado à legislação interna), as regras que nele se contêm devem ser observadas pelos seus destinatários. A circunstância de as partes contratantes (adquirentes de bens, prestadores de serviços, tomadores etc.) terem liberdade para pactuar o preço dos bens/produtos que entenderem conveniente (autonomia da vontade) não prejudica o entendimento de que, para efeito de tributação, devem ser aplicadas as diretrizes pertinentes à valoração aduaneira.

Inexiste amparo jurídico para considerar os mencionados tributos (ICMS, ISS e as próprias contribuições) no cálculo das contribuições incidentes na importação, uma vez que as contribuições ao PIS/PASEP e à COFINS só poderiam ser calculadas sobre o valor das operações relativas aos bens e serviços importados, sendo inadmissível a agregação de valores que não se traduzem no efetivo preço.

Realmente, representam elementos estranhos à remuneração devida pela aquisição de bens importados e serviços prestados no exterior, uma vez que a Constituição Federal apenas cogita da inclusão de imposto na base de cálculo do imposto em situações específicas (como é o caso do ICMS – art. 155, XI e XII, "i", com o advento da Emenda Constitucional 33/2001; e do IPI – art. 155, XI).

Percuciente análise demonstra que a inclusão de valores estranhos à base de cálculo (baseado no Ato Declaratório SRF-17, de 30.4.2004) implicou manifesta majoração tributária (COFINS – de 7,6% para 11,04%; PIS – de 1,65% para 2,39%), passando a carga tributária estimada de 9,25% para 13,43% (Antônio Carlos Rodrigues do Amaral e Douglas Yamashita, "PIS e COFINS sobre a importação de produtos: ilegalidades e inconstitucionalidades", in Marcelo Magalhães Peixoto e Octávio Campos Fischer (coords.), *PIS-COFINS – Questões Atuais e Polêmicas*, pp. 274-286).

Os TRFs têm decidido a questão de modo controvertido, destacando-se os arestos relativos à mencionada inconstitucionalidade:

– 2ª Região

"*Ementa:* Tributário – Contribuição para a seguridade social – PIS/PASEP-importação e COFINS-importação – Lei n. 10.865/2004, art. 7º.

"I – O PIS/PASEP-importação e a COFINS-importação foram introduzidos no sistema tributário nacional com base nos arts. 149, § 2º, incisos II e III, alínea 'a', e 195, inciso IV, da CF/1988, dispositivos alterados pela Emenda Constitucional n. 42/2003.

"II – Por determinação constitucional, a contribuição social sobre a importação, em tendo alíquota *ad valorem*, será calculada com base no valor aduaneiro, sendo que o art. 7º da Lei n. 10.865/2004 dispõe que a base de cálculo das contribuições em questão é o valor aduaneiro acrescido das parcelas referentes ao ICMS e às próprias contribuições PIS e COFINS-importação, extrapolando o comando constitucional.

"III – O valor aduaneiro não abrange o ICMS e, conseqüentemente, não se inclui o ICMS na base de cálculo da contribuição social incidente sobre as importações" (3ª Turma, ApMS 2004.51.01.012764-4, rela. Desa. federal Tânia Heine, j. 28.8.2007).

– 3ª Região

"*Ementa:* Tributário – PIS e COFINS – Incidência do ICMS na base de cálculo sem previsão legal.

"1. O constituinte reformador inseriu determinação contundente no sentido de que 'as contribuições sociais e de intervenção no domínio econômico de que trata o *caput* deste artigo 'poderão ter alíquotas' *ad valorem*, tendo por base o faturamento, a receita bruta ou o valor da operação e, no caso de importação, o valor aduaneiro'.

"2. O valor aduaneiro não é qualquer valor. Não é também, como tem sustentado a oficialidade, o preço que o produto possa alcançar no mercado de compra e venda à vista. O valor aduaneiro é conceito bem específico, perfeitamente delineado nas normas que regem os tributos incidentes sobre o comércio exterior" (3ª Turma, Processo 2004.03.00.060108-4, rel. Des. federal Nery Jr.) .

– *4ª Região*

"*Ementa:* Incidente de argüição de inconstitucionalidade – PIS e COFINS – Importação – Art. 7º, I, da Lei n. 10.865/2004.

"1. A Constituição, no seu art. 149, § 2º, III, 'a', autorizou a criação de contribuições sociais e de intervenção no domínio econômico sobre a importação de bens ou serviços, com alíquotas *ad valorem* sobre o valor aduaneiro.

"2. 'Valor aduaneiro' é expressão técnica cujo conceito encontra-se definido nos arts. 75 a 83 do Decreto n. 4.543, de 26.12.2002, que instituiu o novo Regulamento Aduaneiro.

"3. A expressão 'acrescido do valor do imposto sobre operações relativas à circulação de mercadorias e sobre prestação de serviços de transporte interestadual e intermunicipal e de comunicação – ICMS incidente no desembaraço aduaneiro e do valor das próprias contribuições', contida no inciso I do art. 7º da Lei n. 10.865/2004, desbordou do conceito corrente de valor aduaneiro, como tal considerado aquele empregado para o cálculo do imposto de importação, violando o art. 149, § 2º, III, 'a', da Constituição" (Corte Especial, ArgInconst na Ap. cível 2004.72.05.003314-1/SC, rel. Des. federal Antônio Albino Ramos de Oliveira, sessão de 22.2.2007).

GRÁFICA PAYM
Tel. (011) 4392-3344
paym@terra.com.br